国别史系列

THE HISTORY OF

ENGLAND

英国史

（修订版）

阎照祥 著

人民出版社

石阵：阿维伯利的巨石阵，约营造于公元前 1800 年。

铜艺术品：公元 1 世纪初由克尔特人打制的铜盾牌。

教堂壁画：肯特郡卢林斯通的原罗马居民村基督教教堂壁画。

比德：8 世纪的英国史学家比德在修道院写作的情景。（壁画）

哈德良长城：英格兰北方的哈德良长城，全长73英里，修建于公元122—128年。

撒克逊人的圣劳伦斯教堂，在今瓦特郡的布拉福德。

诺曼征服：在 1066 年的哈斯廷斯战役中，英格兰国王哈罗德在诺曼征服者手中殒命。（壁画）

圣婴：大卫王及其乐师（公元 8 世纪一部祈祷书上的插图）。

《末日审判书》——1086 年土地调查记录。

“无地王”约翰：在王属森林中行猎的“无地王”约翰。他在位时的著名事件是“自由大宪章”的诞生。（壁画）

兴建于1230—1260年的威尔士大教堂。

英法百年战争：在 1346 年的克雷西战役中，英国人战胜法军。(油画)

瓦特·泰勒起义爆发于 1381 年夏，很快被镇压。(油画)

英法百年战争：1415 年，英王亨利五世率领英军，在阿让库尔重创法军。（油画）

亨利三世。

西班牙“无敌舰队”；西班牙舰队素有“无敌”之称，却于 1588 年 7 月败于英国舰队。（壁画）

都铎王朝前期北安普顿侯爵建造于沃里克郡的庄园。

查理一世。（油画）

审判查理一世：1649 年 1 月 30 日，查理一世经审判被处死。（油画）

“复辟”：1660 年，流亡 11 年的查理二世登上英国王位，斯图亚特王朝复辟。（油画）

1746 年 4 月 16 日，以“詹姆士分子”为核心的叛军惨败。（油画）

托德莫登：19 世纪的一个典型的工业区。

1834 年的一场大火将议会大厦吞噬；尔后，新的议会大厦拔地而起。

祖鲁战争：1879 年，武器落后而斗志高昂的非洲祖鲁人怒歼英国殖民侵略者。（油画）

20 世纪 30 年代经济萧条之际，首都伦敦大剧院仍然熙熙攘攘。(油画)

台球运动：20 世纪后期，英国失去了体育强国的地位，但某些展现绅士风范的运动仍为英国人所钟爱。

温莎大火：1992 年温莎宫大火使许多珍藏品化为灰烬，王室声誉跌入低谷。

女王伊丽莎白二世：女王伊丽莎白品行端庄，统而不治，仍能得到多数英国人的拥戴。

再版前言

不觉间，10年倏忽。其间《英国史》曾被加印，但不敷需求，市面久已断供，网络上千寻不得，修订和再版的任务提上日程。

根据责任编辑和读者们的建议，这次再版，适当做了修改，增添了一些内容。它们主要是：

1. 为解释英国中古时期司法制度变迁的多样性，在第三章中增加了“神判法的实施及其终结”的内容。

2. 为使读者较多地理解英国地方管理体制，第四章中增加了“治安法官起源”一节，旨在揭示，一国地方秩序的维持，并非取决于行政开支的增加、官僚队伍的膨胀及薪酬的丰厚。

3. 第八章增添内容有两处：一是18世纪前后英国贵族和乡绅欧陆游学的历史，二是苏格兰启蒙思想家大卫·休谟和亚当·斯密等人在当时思想变革中的杰出作用。前一史实表明，一国统治阶级文化素养的提升，会强化该群体的社会治理能力和水准；教育进步是社会发展的要素。后一事件揭示，社会经济的变革往往会与思想变革同步，并受到先进思想的促进。18—19世纪，地处北疆人口稀少的苏格兰涌现出了诸如瓦特、麦克斯韦和亚当·斯密等世界级文化科学巨人，其影响力持续存在，绝非偶然。

4. 第九章增加了“近代体育的萌生和发展”，展示了英国近代体育活动的群众性、地方性特色，以及拳击、划艇、赛马和板球等是如何成为大众性体育竞赛项目的，并由此肯定了英国在世界近现代体育事业中的卓越贡献。

5. 第十章增加了“牛津运动和宗教信仰自由”一节，从中可以看出，英国宗教自由的发展步伐也是快慢交替，并非一蹴而就。

6. 在最后一章里，笔者补充了21世纪以来的英国政治史内容，包括“工党的失势和保守党的复出”、“君主制：未曾奏响的挽曲”。

7. 附录中的“大事年表”等也做了修改。

笔者在撰写该序言时，适逢我国“两会”召开之际。从新闻中得知：这次“两会”，不封路、不用警车引道、不摆花、降低餐饮规格……对此颇有感慨。笔者记得，不少国家的政府和议会奉行节俭，已历多年，即便是高官要员，也不敢违逆纳税人的意向，过分铺张。还记得，1994 年 11 月的一天下午，我在伦敦詹姆士王家公园的长椅上小憩，忽见英国外交大臣赫德带一随员，信步走过，是前往议会大厦开会的。他笑着向游人致意，游人坐着回应，无须起立。平民和高官之间如此的平等关系，在岛国已是平常。笔者还想到，不同的国家间，会有差异。社会主义国家出现官本位的现象，其原因值得反思；而所谓西方资本主义国家也有一些值得借鉴的经验。

这次再版修灯，增幅约为 10%，不算太大。惋惜的是，书稿虽经修改，仍有不少缺憾。对各时段的事件、人物的评述还有疏漏。尤其是不列颠现当代的内容多属政治史方面，而社会生活、科学技术和教育文化发展方面的篇幅则明显不足。笔者有年，当继续研读，好在以后适当增补。

恳请读者对书中的谬误、不当和疏漏之处，批评指正。

2013 年 4 月

目　录

前言

多年来笔者结识了许多学友。他们不少是历史专业的本科生，希望在学习世界史或在准备报考研究生时，能有一册简明扼要、贯通古今的英国史读本；有的是外语系或中文系的学子，渴望在学习英国语言和文学时，对不列颠历史沿革能有大致的了解；有的是准备负笈英伦的留学生和访问学者，想预先领略该国历史文化的真实内涵，以备将来能与矜持自重的英国人交流；还有一些朋友是研究人员或英国历史文化的业余爱好者，希望拥有一册文图并茂的英国通史专著……

出于一贯的热心，我尽力向他们介绍自己所熟知的几种英国史作。可他们或嫌篇幅过长，或嫌观点陈旧，或认为内容过专，不能使他们纵览英国史梗概。而一些外文版的英国史作，或部头过大，或不易寻觅。况且一些朋友受阅读文字的限制，没有充裕的时间去读那些英文史籍。鉴此，我渐渐萌发了撰写一册简明英国史的念头。人民出版社乔还田主任和杨美艳女士的精心策划、及时建议和认真审阅，则使此书的问世最终成为可能。

我作为本书的作者，谨向读者介绍一下这本书的特点：

首先，我为了缩短篇幅和激发读者的兴趣，尽量在“简明”上下了些工夫。先写了一个40余万字的初稿，再加以删减，最后保留了眼下的篇幅。

其次，在体裁格式上，我受到宋人袁枢《通鉴纪事本末》的启发，试图运用“讲故事”的办法，注重讲清时代更替、政治沿革和重大事件的原委。同时，又借鉴国外一些简明史的写法，有意补写了一些多年来常被国内有关史作忽略的社会文化史方面的内容，以图增加历史的厚度、真实感和可读性。其中的数十幅插图和地图，则有利于读者获取一些直观印象。

再次，是尽量顾及本书的学术性。既注意吸收国内外研究成果，又尽量就一些问题提出自己的见解。以往，我们曾受极“左”观念的影响，对所谓西方资产阶级政治和文化常常过于敏感，习惯于“矫枉过正”，对英国某些历史现象，或“立足于批判”，或做简单武断的阐述。事实证明有些做法是有悖于历史主义精神和科学原则的。英国历史上难免会有不少问题，但它更向世界展现了其独特的政治、经济和科学文化的宝贵财富，并且其中许多成就都是经过了时间的检验和公众认定的，我们有必要从中借鉴经验。还有一些问题涉及英国重大历史事件的评判，如光荣革命性质的两重性、空想社会主义的影响、宪章运动失败的原因、现实主义文学的起点和评价、两党制的形成和作用等，笔者也力图提出自己看法，以便向读者和同行讨教。对于英国一些众说纷纭的历史疑案，如“巨石之谜”、莎士比亚的身世等，因本人尚缺乏研究和定见，便把主要流行观点列上，请读者们辨正。

笔者原本从事世界近代史的教学和研究，其中英国近现代史则是自己多年教学和研修的重点。目下自己独立撰写一册英国通史，虽属简明之类，难免越轨之嫌。幸而自己出版过几册时间跨度较大的英国专门史，搜集了一些英国通史的资料。更重要的是，笔者深知自己在学业方面的局限性，真诚渴盼读者和同行专家的批评指教，以备将来此书重印和再版时及时改正。

本书写作过程中，得到诸多师友的真诚帮助。这里，我不再一一介绍列举各位的大名了。但他们对我的关心、勉励和支持，我将终生铭记。

阎照祥

2001 年 4 月 8 日于开封

第一章

史前时期和罗马统治

（远古至公元 5 世纪中叶）

一、史前不列颠

英国国土主体位于欧洲大陆西边的大不列颠岛上。东濒北海，西临大西洋，南与欧洲大陆有英吉利海峡和多佛尔海峡的一水之隔，其史前的发展自然不在欧陆发展的主线上。英国的全称是“大不列颠及北爱尔兰联合王国”，简称“联合王国”。它主要由大不列颠岛上的英格兰、威尔士、苏格兰以及爱尔兰北部和周围的众多小岛组成。由于其中英格兰人口最多，经济最发达，又是首都伦敦所在地，所以人们常常以“英格兰”来代表整个英国。而且，由于不列颠岛是联合王国的主体部分，所以“不列颠”除是英国的地理名称之外，又是英国的代称。

英国是个面积不大的岛国，其地形地貌缺少鲜明的对比和反差。最高的山峰是苏格兰高地的本尼维斯山，海拔 1343 米。最长的河流是发源于威尔士中部、注入大西洋布里斯托尔湾的塞文河，全长 354 公里，流域约 11 300 平方公里。最大的湖泊是北爱尔兰的劳尼湖，计 394 平方公里。肯特郡的多佛尔，是距离欧洲大陆法国的最近点，只有 50 公里。①

根据地质学家的看法，当人类已经出现时，不列颠岛还不是一个游离于欧洲大陆的孤岛，而是与之毗连。它什么时候与大陆分离的？难以准确回答。有的学者认为，在十分久远的年月里，一直延续到大约 1 万年前的后冰川纪，它与欧洲大陆的最后连接处曾经是横跨现今北海南部浅处的一片沼泽地带，或者是一片尚未沉入水中的大陆架地区。② 少量原始猎人虽然可以设法从大陆抵达不列颠，但由于条件的限制，大批的人口迁徙却难以成功；深入腹地定居更非易事，因为不列颠的自然环境比较复杂。东南部低地多土丘、河谷和平原，气候温暖干燥，植被茂密，适于居住和耕作，入侵者可以立足。而中部和西北多山地、沼泽，交通不便，气候较为寒冷潮湿，不易吸引外来者。这种地理特点决定了不列颠岛以后的人口分布和经济生活特点。

谁是最早的“不列颠人”？这是一个大致上解决了的问题。根据地质学家的考察，人类从大陆来到不列颠，大约是在 25 万年之前。而考古学家在泰晤士河谷发现的最早的人骨化石被称作“斯旺斯孔布人”(Swanscombe Man)。斯旺斯孔布人处于直立猿人到早期智人的过渡阶段，即处于新石器时代和旧石器时代的交接点——中石器时期。

在北海陆沉之前，整个北欧旧石器和中石器时代的野蛮人在技艺、生活方式、身高体型上是大体相同的。不列颠岛上的斯旺斯孔布人体现了早期北欧人的许多特点。

如同 17 世纪思想家托马斯·霍布士所推想的那样，旧石器时代人们的生活是“孤独、贫穷、困难、愚昧和短命的”。能活到 40 岁的堪称高寿。居民平均生命大约 25 岁。多数儿童夭折。在游猎社会，不列颠人烟稀少。他们住在洞穴之内，难免会食不果腹，遭受病魔的戕害，天气寒冷时则迁徙到南部。

大约一万年前，气候突然变暖，全新世到来。考古学家在不列颠发现的最早的新石器，是在大约 5500—6000 年前使用的。不列颠新石器时代即开始于此时。岛上的人口继续从欧洲大陆得到补充。新来者带来了农耕技术和驯养牲口的知识，狩猎在居民谋生方式中退居到次要地位。陶器和磨光石斧被使用了。宗教祭祀成为生活内容。这时出现的妇女雕像，丰满富态，神情欢

① *Britain 2000, The Official Yearbook of the United Kindom*, National Statistics, 1999, p. 3.

② 根据地质学家的观点，不列颠与大陆的分离大约发生在 9000 年前。

愉，可能是用于原始宗教或巫术的目的，也可能是人们表达自己对大地女神的崇拜。[①] 在泰晤士河南边，村落建筑、牲畜围栏和谷仓出现了，农耕定居生活慢慢确定下来。而在北部和西部高地，村落遗址很难见到，估计那里的居民还是以游牧为生。由于食品匮乏，食人之风犹存。

大致在公元前 2000—前 600 年间，不列颠进入青铜时代。有关这一时期的考古发现主要有：

"陶盆文化"，是一批头形较圆的人在公元前 2000—前 1200 年创造的，主要分布在英格兰南部的苏塞克斯、林肯郡和泰晤士河流域。"陶盆人"居住在圆形或长方形的木草屋内，拥有粮窖，懂得耕作、施肥和豢养牲畜。

"威塞克斯文化"，公元前 2000—前 1600 年出现在英格兰南部。其中一些大墓里不仅有青铜匕首、青铜斧，还有多种金器、琥珀饰品，表明墓主曾经占据着统治地位。当时埋葬单个人的坟墓显著增加，说明那时的人们比以前较为注重等级。

很可能，此时不列颠青铜冶炼技艺是一些"渴求土地的农民"从大陆带入的。他们被泛称为"克尔特人"，分为布立吞、高特尔、比尔格等部落。不列颠的名称就是来自布立吞部族。从此时的遗址中，发现克尔特人善于经营农业，使用木犁翻地，种植小麦和大麦。他们的耕作方法一直沿用到铁器时代，但畜牧业仍占重要地位。

自公元前 1200 年起，历经数百年青铜器时代中后期。金属加工技术提高。出现了青铜盾牌、镰刀、剃刀、手镯等。爱尔兰的黄金制品流向其他地方，造型纹饰与欧陆的制品近似，说明当时有着文化交流。泰晤士河流域渐渐成为武器制造中心，武器种类增多。村庄用壕沟圈围起来，说明当时战争的进攻和防御水平提高了。居民社会可能已进入军事民主阶段了。

谁是不列颠铁器时代缔造者？欧洲学者大多认为不列颠最早的铁器是从欧洲中部传来的，其形制显然受到了奥地利、希腊等地的影响。但英国考古界有人认为，此时的铁器并非全是从外界传入的；不列颠土著居民有的已经掌握了冶铁技术。铁器的出现同时加强了人们对敌人和自然的征服能力。居住条件和农耕技术相应提高。不列颠南部流通着熟铁条货币。其价值按照轻重分等，至少有 6 种单位。此外，还有大陆流入的金币、银币和青铜币。货币使用说明当

---

① Lloyd & Jennifer Laing, *The Origins of Britain*, Routledge, 1980, p. 89.

时有了商业。

可见，不列颠的史前史的层次丰富多彩，犹如它的地貌千姿百态。然而，历史是件无缝的天衣。不列颠的石器时代、铜器时代和铁器时代并非是截然分明的，用燧石、青铜和铁等材料制成的工具往往会同时存在很久。后人只能大致地划分出它们的时期和阶段。

铁器使用加快了国家的出现。不列颠南部的克尔特人建立了若干小国。由于最后一批（大约在公元前 2 世纪末至公元前 75 年之间）进入不列颠的布立吞部落被称为比尔盖人，所以当时的诸王国又被称作“比尔盖王国”。比尔盖人与西欧北部的高卢人有着血缘关系和从属关系。

20 世纪的学者试图运用自己的才智去估算史前史各个时代的居民人数。在旧石器时代，居民大约在 250—5000 人之间；中石器即狩猎时代，3000—20 000 人；新石器时代的人口在 10 000—40 000 人之间；在青铜器时代，最多也不会超过 10 万人；铁器时代，人口在 50 000—500 000 人之间。当然，这些都是推测。

二、巨石之谜

新石器后期，即大约在公元前 3000—前 1000 年间，不列颠出现了一种特殊的建筑工程——“斯通亨治”(Stonehenge)，又可译为“巨石群”、“巨石圆阵”，称为“巨石文化”、“石林文化”。根据巨石的组合排列形状，分为“巨石林”和“巨石圈”两类。现今英国有巨石林遗迹 80 处，巨石圈多达 900 处。巨石林大多建在河流附近，相对集中在索尔兹伯里的埃文河畔、泰晤士河畔的门第普斯、约克郡的里彭河谷、爱尔兰的伯因河谷和因弗内斯郡的莫里湾一带。这些石林大多呈同心多圆形，入口多寡不等，直径或长或短。仅有一个入口的石林其入口方向不定，直径在 10.6—305 米之间。而拥有多个入口的石林大多朝着西北、正南和正东，中心或许有坟墓遗址，侧面入口处有两块门石，外圆入口处 30 米之外有巨石一块，其上端有的正好对着仲夏太阳升起的位置。在数圈石头之外，筑有土埂，土埂外有壕沟。具有多处入口的石林的直径在 365—

石 林

518 米之间，其中最著名的遗迹是阿维伯里石林。

应该说，将所有的石头遗迹都称作“巨石文化”是有失笼统的。因为有的石林或石圈是用较小的石块砌成。但石块重量达几吨、十几吨的比比皆是。最重的竟有 50 余吨。大概是从 20 多公里之外，甚至更远的地方运来的。有些遗址的坚硬青石竟然是来自 200 多公里之外的威尔士的封布罗克郡。最令人叹为观止的是：这些工程不仅要用数十块重达 40—50 吨的巨石围成圆圈，而且在每两块巨石的顶端，还要横架上一块沉重的石条，成为“门”字形。

文明社会开始以来，人们难免会反反复复地思考着有关这些石头遗迹的一系列问题。

首先，这种“巨石文化”源于何处？答案似乎比较一致。考古学家经过多方考察，认为它起源于地中海，经过马耳他、撒丁和巴利阿里群岛，绕过西班牙和葡萄牙的沿海区域，横贯法兰西中部，到达布里塔尼，向北发展，经苏格兰而散及不列颠岛的康沃尔至奥克尼岛之间的广阔地带。

其次，它们是为了什么目的修造的？最早建成的石林可能是为了测量时间和季节转换。另外，根据石林出现的路线，后世学者发现它们可能与远古宗教传播的路线相符，因此可能是宗教行为。另外，从石林工程的规模来看，它也可能属于贵族的墓葬，因为如此宏伟和壮丽的建筑绝非为普通人建造的。

这样的回答依然不太令人满意。因为它又引起了一个似乎更重要的疑案：

测量时间的巨石阵：远处巨石的顶端正好与日出的位置重合

在4000—5000年前的新石器时代，按照目前所知的人类历史发展的脉络来看，那时的不列颠最早也不过处在原始部族联盟的社会阶段，还不可能有阶级社会，哪来的贵族？可是，若是没有贵族和阶级划分，当时人们又依靠什么样的社会劳动组织，来修筑数目如此之多、规模如此之大的“巨石阵”？难道当时能有什么类型的行政组织和政治权力？

有的学者用逆向推理的方式做了解释：当时之所以能够修建如此规模的工程，是“由于政治权力——至少在一段时间内——集中在一个人手里，一个唯一能够为修建这种工程创造并保持必要的条件的人手里”。另有学者反驳道：在没有个人集权的情况下，宗教的力量也可以达到权力强制的目的。

与以上问题密切相关的、使人感到迷惘的问题还有：那时的人们靠什么样的劳动器具和技术，来搬运和吊装那些巨大石块？若干年前，英国广播公司做了一个试验后得出结论：100人合作运送一块5—7吨的石块，一日移动一英里；而一块数十吨的巨石移动一英里则需要700人的通力合作。这样算来，一座典型的巨石阵竟然需要150万个劳动日。[①] 而当时的不列颠正处在史前的原始社会，能有多少人参加此类工程？

---

① C. Roberts & D. Roberts, *A History of England*, *Prehistory to 1714*, Prentice-Hall, Inc. , Englewood, N. J., 1980, pp. 11–13.

有的学者从中世纪大教堂的建筑得到启发，设想不列颠的巨石阵或许是某种形式的宗教仪式场所，是人们在漫长的岁月中慢慢地修建起来的，不需要在短期内驱使成千上万的人通过汗流浃背的高强度劳动来完成。有的学者认为巨石阵也可能是胜利者强迫大群战俘，通过残酷的、有组织的艰苦劳作在较短时间内堆砌而成的大坟丘。当然，这也是一家之言。

这些默默无言的巨石，是史前不列颠人树立的无字丰碑，我们很难把它们解读清楚。所以，后人对巨石文化的迷惘和争论还会继续下去。

但人们却永远不会怀疑不列颠先民伟大的创造能力。

三、罗马行省

公元前 55 年 8 月末的一个夜晚，1 万名装备精良的罗马兵，在恺撒的率领下，乘坐 80 艘船只由布伦附近出发，抵达多佛港。次日凌晨，他们看见了陡峭的灰白色悬崖，发现了严阵以待的守备部队。为避开敌人的锋头，他下令北向绕行。布立吞人立即移师迎敌。随即发生了激战。组织严密的罗马军团获胜。

罗马帝国杰出政治家和大将朱利斯·恺撒进兵不列颠的原因是多方面的。他垂涎于不列颠的金、银、锡、铅、粮食和奴隶，极想把这片岛屿变成帝国的一个行省，为自己再添新功。恰巧，在此之前，恺撒率领重兵进攻高卢人时，不列颠的布立吞人曾经出兵襄助，使这位好战的统帅轻易找到了进兵不列颠的借口。

然而，胜利只是暂时的。布立吞人用求和拖延时间。很快，一场暴风雨致使罗马军的后援部队中途返回，入侵者立即身处险境。恺撒权衡了情势，被迫带着战俘返回大陆。

翌年，恺撒又带领 5 个军团和一些骑兵，乘 800 艘船只再度赶来。布立吞人不敢应战，进攻者顺利登陆。不料，风暴再次捉弄了好战者。恺撒正要带兵深入，得到了船只毁坏的消息，只得折回修理。时来运转的布立吞人得到了鼓舞。他们在卡土维拉尼国王卡西维拉努斯的领导下，使用战车和骑兵灵活作战，使入侵者进退两难。一个月后，大陆传来了高卢人起义的消息。恺撒再次与布立吞人言和，率军无功而归。

现在看来，恺撒进兵是一次里程碑式的事件。正是自这两次入侵时起，英格兰开始了文字记载的历史。恺撒本人也是一位记载不列颠社会情况的最重要的作家。他写道：妻子们由“10—12 个一群”的不同辈分的男人所共有。足见当时的“国家”仍然具有原始部落群的特征。此后，布立吞人与罗马人的联系增强了，商业贸易逐渐扩大。拉丁文明对不列颠的渗透在继续着。公元 1 世纪前期，继任卡土维拉尼王国君主库诺比林努斯① 为不列颠南部的霸主，自称“不列颠之王”。他鼓励大陆人来不列颠通商侨居，与罗马皇帝奥古斯都和提比略保持着友好关系。是时，伦敦城在泰晤士河北岸建立。

公元 42 年，卡利古拉皇帝遇刺，克劳狄登上罗马帝位，帝国局面稳定，征服不列颠的计划重新提出。翌年，克劳狄亲自统领重兵 5 万征伐不列颠，经过激战得到成功。以后 10 多年里，布立吞人屡屡反抗。60 年又爆发了波迪卡女王领导的起义。起义坚持一年余，一度扫荡伦敦城。千万罗马人死难。② 罗马总督集结重兵残酷镇压了起义者。许多村庄成为废墟。波迪卡服毒自杀。

而后，罗马统治者对布立吞人实行军事管制。整个不列颠被分割管理，先后划分为若干行省——公元 97 年为两个省，284 年为 4 个省，369 年 5 个省。罗马驻军在公元 100 年时仍有 5 个军团；以后减至 3 个军团，4 万人。罗马化居民连同罗马官吏和驻军约占所有居民的 5%。统治者通过征收货币和实物，将政府财政负担强加于不列颠居民。渐渐又招募不列颠人入伍，减少罗马官吏常驻不列颠的人数，利用各地的上层人物帮助管理行政事务。

本来，罗马人就擅长于大工程的营造，眼下则把此种才能用来巩固他们的统治。为了军事目的修建的大型工程有多种。一是用来输送军队、传运信息和货物的“罗马大道”。这是一套系统的公路网，路面宽阔，路基坚实，辅于坚固的桥梁。其中有 3 条是以伦敦为中心向外辐射的干线，分别通向约克及其北部，切斯特和卡莱尔，格罗斯特、威尔士及西南地区。大道上每隔 8—15 英里设有驿站。

---

① 即在莎士比亚戏剧中出现的名字“辛白林”。

② 据塔西佗的记载，死难人数为 70 000 人，似嫌夸大。而且，这时的“罗马人”实际上是个泛称，意指罗马化的居民。早期罗马军队也是由大量的其他国籍或部落的人所组成，如高卢人、西班牙人、多瑙河省份及莱茵河地区的人，以后又有不列颠人加入。真正意大利籍的兵民很少。

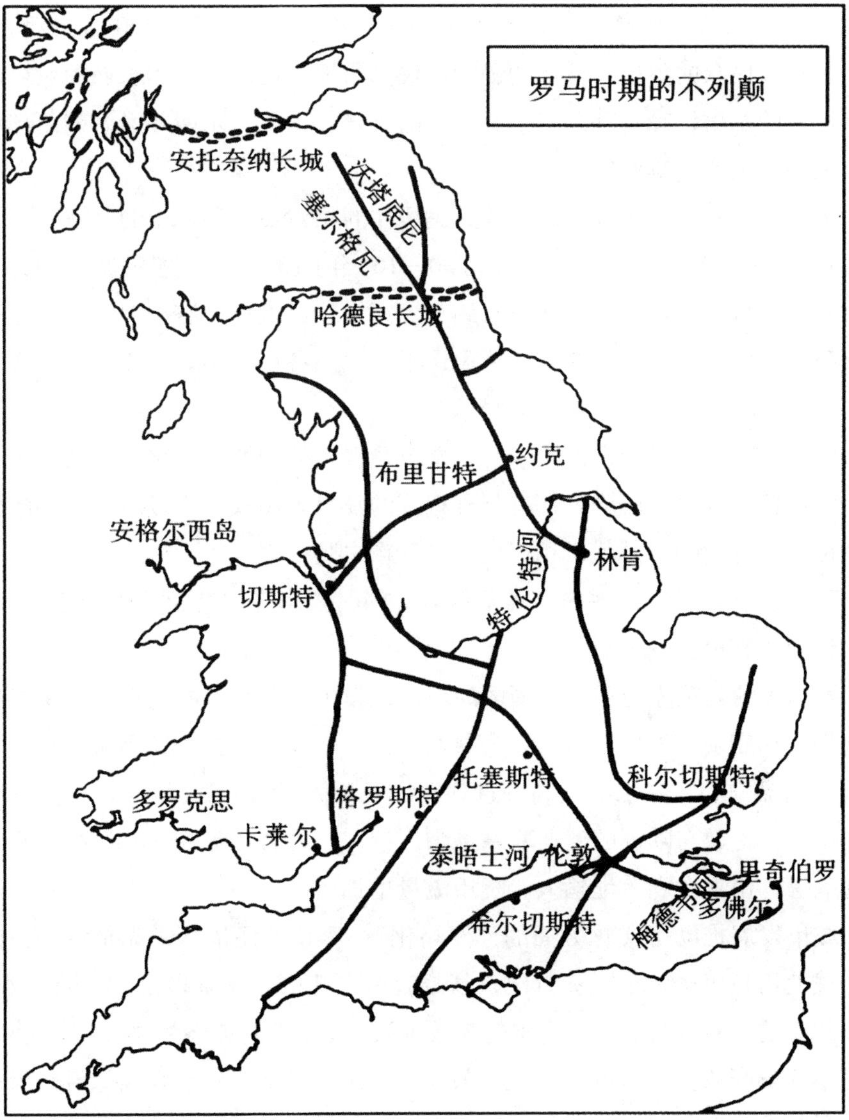

再一种是用做军事屏障的“罗马长城”。其中一条叫“哈德良长城”，修建于122—128年，连接泰恩河口和索尔威湾；约长120公里，高4.5米，底宽3米，顶宽2米余，用石块筑成。大墙两侧各有一条深沟。全线共有17座要塞，每座要塞由300—600名士兵守卫。另有炮台、烽火台多处。20年后，罗马军队又向北方推进，在福斯—克莱德地峡砌起一道60公里的长墙，称“安托奈纳长城”。它比哈德良长城厚得多，目的是为了阻止苏格兰地区的皮克特人南下。两道“长城”耗费了上百万个劳动日，修成后又需要9500名士兵驻守，必然会加重民众的负担。城墙两侧的居民都憎恨不已。大道和长城固然可以用作陆地上的军事设施，却无法抵御海盗的袭击。鉴此，东南部沿海到西部切斯特的要地，也要筑城设防。

军事防备的主客观因素还导致兵民居住的相对集中和城市的修建。一类城市是由罗马军队的退伍军人在公元50—160年间建立的“殖民城”，共4个，即科尔切斯特、林肯、格罗斯特和约克。每个殖民城都设有类似于罗马元老院的议事会，由拥有财产权的成年公民选举产生。各市每年选举4名执政官，其中2人主要掌管公共建筑与公众娱乐。

罗马不列颠时代的维鲁拉米乌鲁是个显得例外的城市，它最早获得了一个自治特许权，其中上层居民拥有某种程度的罗马公民权。伦敦城是罗马政权的所在地，约有15 000人①，稍后也在自治市之列。

帝国政府还强使各地建立部落都城，同时要求克尔特上层人士迁居其中，以便控制和利用。

罗马人的建筑才能还在不列颠的城市建设中得到较好的展现。许多城市认真规划，有庙宇、讲坛、市场、公共剧场、园圃、浴场、公共厕所、给水系统和寒季供热中心。其水准之高一直到18世纪都未能超出。城镇是消费场所和贸易中心，伦敦与欧洲的商业联系最为广泛。一些奢侈品如亚麻织品、香料首饰玻璃等，由意大利等地输入。货币流量增加。

城市发展推动了文化方面的“罗马化”。尽管乡民依然讲克尔特语，但多数市民使用拉丁语。公元2世纪，基督教传入英格兰。314年，来自伦敦、林肯和约克的3名主教出席了阿尔的宗教会议,30多年后英格兰共有4个主教区，足见不列颠皈依基督教的人数已比较可观。375年以后，不列颠基督教为社会上层所接受。但由于当时的教堂均属小型——最大的希尔切斯特教堂仅能容纳60人，看来多数本土居民仍然不信仰基督教。

罗马时期的城市与乡村是互相依存的。农业依然是经济的主要来源。当时

---

① 对此时伦敦人口最高的估算是30 000人。关于罗马时代不列颠的人口的估算，更是人言言殊，保守的估计是在50万至100万之间。M. E. 琼斯则认为在30万—400万之间。见C. J. Arnold, *Roman Britain to Saxon England*, Croom Helm, 1984, pp.244–245. 二战后英国有的学者最高的估算达400万—600万人，甚至大大高出中古后期英格兰的人口。

有大量的由定居移民组成的村庄，他们曾经排干和开垦了英格兰中部的沼泽地。带有铁头的先进犁具的出现，说明耕作水平强于以往。由于罗马人的征服，不列颠的土地所有制发生了大的变化，出现了私人大地产和称为“维拉”(Villa) 的庄园。罗马地主把地产出租给无地者和少地者，或者由奴隶和隶农耕种。总的看来，不列颠虽然被外来者统治多年，但宗主国的奴隶制始终未能生根。

手工制造业的水平有所发展。不列颠粗呢绒闻名欧陆。金属制品、陶器的产量明显增多。

英国绝大多数有关史籍都不介绍罗马统治下的政权机构设置。因为在多数英国史学家的心目中，罗马不列颠的历史属于罗马帝国史，而非英国史。在公元前 1 世纪至公元 4 世纪，不列颠的行政机构也像那时意大利的政权一样，向着中央集权的专制方向发展。而且，这个帝国中央政府之下的地方政权也行使着与其他罗马行省一样的权力，忍受着与其他地区类似的苦难，其衰败也出自相同的原因。

罗马时期不列颠的衰败既有本土的原因，又受外部大环境的影响。在异族所建立的军事管制和社会等级制之下，乡镇经济生活的繁荣时期颇为短暂。罗马化的富有阶层因重税和生活奢靡而穷困潦倒。商业因货币贬值和政府盘剥而凋敝。政府财政因冗员增加入不敷出。军队内讧时起，互相劫掠。火灾、疾病驱使市民外逃。一个个辉煌的城市衰落了，许多剧场、广场毁坏后无力重建。巨宅阔院成了鼠雀的窝巢。吴罗赞特广场在公元 300 年左右烧成废墟。费罗拉米恩的剧场成了采石场。当然，罗马不列颠的内部衰败是缓慢的，不像外部因素那样来得突然和明显。

在许多史学家看来，多种外部因素是罗马军队撤出不列颠的重要因素。罗马帝国的衰落最终导致了罗马在不列颠统治的瓦解。197 年，罗马驻不列颠总督格罗狄斯·阿尔比努斯为追逐罗马帝位，带领不列颠的大部分军队挺进高卢，造成防务空虚，北方部族攻破了哈德里长城，四下打劫。撒克逊海盗的袭击使罗马当局穷于应付。4 世纪中叶，罗马皇帝认识到不列颠海防的重要性，任命撒克森·肖尔公爵指挥海港驻军，但他对付不列颠内地部族骚扰却无能为力。367 年，皮克特人、苏格兰人，以及北海对岸的撒克逊人和法兰克人同时进兵英格兰。肖尔公爵殒命，游牧部落蜂拥而入，到处留下废墟。383 年，不列颠驻军统领马格努·马克西姆为争夺帝位，带领不列颠的大部分军队匆匆赶

巴思温泉浴场（始建于罗马统治时期）

到高卢。罗马帝国在哈德里长城的防务从此放弃。马克西姆死后，部分不列颠军人重返英格兰，400 年，罗马政府为了抵御哥特人对意大利的进攻，下令再从不列颠撤兵，驻守帝国首都。以后数年里，不列颠出现了 3 名拥兵自立的僭主，罗马对这块遥远行省的统治已经瓦解。410 年，自顾不暇的罗马皇帝写信给不列颠部族的首领，命令他们实行自保。罗马人在不列颠的统治结束了。

第二章

盎格鲁—撒克逊时期

（5 世纪中叶—1066 年）

一、蛮族入侵

英国历史发展的一个突出特点，是从罗马征服到诺曼征服后的一千多年里，一再出现较大规模的民族融合。伊比里亚人、克尔特人、罗马人、盎格鲁—撒克逊人、丹麦人和诺曼人先后融入英国民族群体之中。而 5 世纪北欧部族的入侵，是标志着英国文明史开始的一个重大事件，它较大地改变了不列颠居民的成分。英格兰和英吉利成了不列颠的代称，实际是从“盎格鲁”演变而来。“英格兰”意为“盎格鲁人的土地”（Angle–land）。至今英国人还常以“盎格鲁—撒克逊人”自称。

早在公元 287 年，北欧海盗就开始骚扰不列颠沿海。429 年，他们深入内地，少量武士开始滞留下来。但大规模入侵尚未开始。

北欧原始部族的大规模侵入开始于 449—450 年。早期的编年史作家，如威尔士僧侣伯特·吉尔达斯和诺森伯兰学者比德，记载了撒克逊人前来不列颠的情形。那时，不列颠国王沃尔蒂格恩模仿罗马的惯用做法，想从海外招募雇佣军，以防范苏格兰人和皮克特人。不料引狼入室。成批的野蛮人，在其首领亨吉斯特和霍萨的带领下，乘船源源而来。他们主要沿着泰晤士河、亨博河和瓦士河溯流而上，用刀剑换取奖赏。亨吉斯特和霍萨兄弟是居住在日德兰半岛北部朱特人的首领，他们所获取的土地就是以后的肯特王国。

其他接踵而来的还有盎格利人、撒克逊人、佛里西安人和斯瓦本人等，但以盎格利人、撒克逊人和朱特人最多。他们都属于北欧日耳曼人的分支。匈奴人的东进所引起的民族大迁徙以及人口增长的压力，是他们被迫进入不列颠的原因。出于习惯，他们还被泛称为“盎格鲁—撒克逊人”、“盎格利人”或“撒克逊人”。

盎格鲁—撒克逊人对不列颠的征服是陆续进行的，他们一拨拨地来到英格兰，犹如断断续续的溪流，早期编年史记载了这种情形：

489 年，两个头领，即塞尔迪克与其子西恩利克，乘坐 5 条船抵达不列颠，在塞尔迪克港登陆，当日与布立吞人交战。

501 年，波特同二子比尔达、迈格拉，乘坐 2 条船来到不列颠，杀死一个青年贵族。

508 年，塞尔达和西恩利克杀死了一位名叫纳坦里奥德的英吉利国王，有 5000 人跟随着他。

514 年，西撒克逊人斯图夫和威特加乘坐 3 条船来到不列颠，在塞尔迪克港与布立吞人交战，并将他们赶走……①

异族入侵前后达一个多世纪，屡遭顽强抵抗。公元 6 世纪初的某一年，不列颠人在巴登山战役中重创外来者，暂时阻止住了他们的西进。由于攻掠和迁徙密切结合，原有的不列颠人有的被杀戮，有的逃亡威尔士、苏格兰、爱尔兰和欧洲大陆，留下来的逐渐与入侵者融合同化。引人入胜的亚瑟王的传奇故事可能就是来源于不列颠人的反抗斗争。

入侵破坏了过去几百年间培育的罗马文化。基督教也难同昔比。罗马大道有利于入侵者调兵遣将，却无人养护。城市衰落，庄宅荒弃，失去土地者被迫向山区退却。货币成了装饰品而非交换媒介。许多地名被更换。

在征战和定居过程中，英格兰出现了许多“王国”，包括若干布立吞人王国。“国家”和部落同时存在，它们为争夺地盘和霸权互相讨伐，其寿命之短促犹如过眼烟云。诸国林立的局面维持了数百年，至今仍无足够的资料来说明

① F. M. Stenton, *Anglo-Saxon England, c. 550—1087*, Oxford: The Clarendon Press, 1947, pp. 20–21.

7 世纪之前所有王国的兴衰过程。唯有地盘较大历时较久的强国才能长期流传史册。

盎格鲁—撒克逊人来前，正处在原始社会末期，氏族公社制度尚未解体，部落首领仍由民众大会选出。而后，因他们可以依仗职权和军功侵吞公产，便逐渐破坏了氏族内部的平等关系。加速了私有财产的积聚和贫富的分化，原来公有制的基础渐渐动摇。因那时战争频仍，对指挥和组织才能的要求越来越高，个别军事首领的个人素质得到充分发挥，其权力一再扩充，最终获取了国王的特权和称号。而先前追随首领的侍从爱将，先是演变为氏族贵族，当首领成为国王时他们则顺理成章地成为封建贵族，被称为“贵人”、“哥塞特”或“塞恩”。

盎格鲁—撒克逊人先用暴力改变了不列颠社会，大陆传教士后用基督教潜移默化地改造着他们的心灵。基督教传入英格兰有赖于中世纪罗马教皇制奠基人格列高利的努力。传说他在首次听到盎格利人还不是基督教徒时，就决心使他们皈依教廷，成为名副其实的“天使”。① 公元 597 年，他派遣圣·奥古斯丁率领 40 人到肯特王国传教，受到王室殷勤接待。国王艾塞伯特（560—616 年在位）已娶信仰基督教的高卢公主为王后，目下主动接受洗礼，赞助他们在坎特伯雷建立了教堂。奥古斯丁任首届坎特伯雷大主教。艾塞伯特还利用其霸主地位并通过婚姻关系，劝说他国君主皈依基督教。② 各国君主的宗教信仰变化对英格兰社会产生了示范作用，许多居民成为基督教徒。教堂和修道院陆续建立起来。663 年，教会要员在约克郡的惠特比集会，就克尔特基督教徒③ 与隶属于教廷的基督教徒之间关于复活节日期的分歧举行讨论和表决。结果后者的意见得到认可。惠特比会议的意义不容低估，英格兰在全国统一实现之前就先实现了教会的统一，有助于以后统一国家的形成。

在传播基督教方面，小亚细亚人塔苏斯·西奥多的作用也很突出。他自 669 年起，连续 20 余年担任坎特伯雷大主教，足迹遍及各地。672 年，他在赫伯特召开了全英格兰宗教大会，制定了教会管理章约、神职人员的职责和道德规范。尤其重要的是，他还把英格兰划分为若干主教区，由专职主教主持。

---

① 在西语中，“盎格利人”（Angle）和“天使”（Angel）谐音。

② D. Fisher, *The Anglo–Saxon Age*, *c.440—1042*, Longman, 1983, pp. 67–68.

③ 一些克尔特人早在罗马人统治时就信奉基督教，他们在盎格鲁—撒克逊人入侵后没有改变信仰，并自有一套修道制度。

735年，鉴于教民的增加，罗马教廷又任命了约克大主教。经过一个多世纪，英格兰形成了包括两个大主教区、10余个主教区和许多基层教区的宗教管理体系，初步定下了以后一千多年英格兰教区的格局。

盎格鲁—撒克逊人的征服还加速了封建制的产生。罗马人撤离后，流行于东南英格兰的奴隶制瓦解。尔后的北欧入侵者处在原始社会瓦解阶段，与布立吞人发展水平相当，所以他们建立的一些小国，都是从衰老的原始社会母体中脱胎而来。虽有阶级对立，但不普遍。氏族军事贵族一时未失王室亲兵的特色，封建领有制的建立需要一个过程。

社会另一阶层是人数最多的“刻尔”，即享有人身自由的农人。他们生活在农村公社中，除集体使用林地、牧场、池塘外，每户分得一些份地。份地耕种纳入公社的“两圃制”[①]耕作系统，即所有耕地按春种、秋种或休耕分为两部分，各刻尔的份地条田散布在称作“敞田”的大田中，按照计划集体耕作，收获后按照份地的条田数额分配成果。份地可供刻尔长期占有和时代相传，但不得任意转让、出售和误耕。可见，封建国家诞生初年的刻尔份地制，是一种从土地公有制向封建土地私有制转化过程中特有的土地占有形式。刻尔要交纳捐贡，根据份地多寡出工服役，参加民军履行军职。

英格兰曾有少量奴隶，他们本是罪犯和战俘，眼下多是家奴。以后由于教会和民众的谴责，奴隶使用近乎绝迹。

封建国家的产生促进封建土地所有制的发展。各国君主常常根据军功大小，将掠获的土地赐予军事贵族，甚至通过文书形式处理封赐土地的手续。所赐土地为“册地”，以别于按照传统方式获取的刻尔份地。册地领有人对所获土地享有较充分的所有权。国王赐予教会和修道院的土地所有权也属于封建领有性质。接受国王赐地的军事贵族“哥塞特”转变为土地贵族后，改称“塞恩”。塞恩将土地分给农户，坐享地租，并能在领主法庭中对他们行使司法特权。塞恩不必陪住宫廷，其生活费用和武器装备全靠领地收入操办。于是，封建义务和土地占有密切结合，国王与塞恩的关系变成了封君—封臣关系。这也是封建骑士制的萌芽。

为塞恩耕种土地的农奴，是由丧失份地的刻尔转化而来。8—10世纪中

---

① 有的学者认为，盎格鲁—撒克逊时代，英国仅有“两圃制”。“三圃制”是诺曼征服后由大陆引入不列颠的。

叶，农村公社继续瓦解，自由农的份地减少，生活难以维持，被迫投靠塞恩或教会，寻求强者的保护。委身之后，农民变成丧失自由的农奴，改称“维兰”。维兰不得随意离开份地，必须为主人服劳役并承担其他封建义务。各国王室通过法律手段，将失去份地流离失所的农民拘押，然后为他们指定领主，这就加快了自由农民农奴化的进程。教会、修道院占有的土地相当可观。10—11世纪，肯特郡的教会占有全郡1/3的土地。自由农民在全国人口中所占的比例很低。军事贵族领主化和广大自由农民的农奴化，标志着英国封建制度的初步形成。

二、争霸和统一

盎格鲁—撒克逊时代是英格兰国家产生和统一国家形成的时期，君主制和国家发展均呈现出若干阶段。

5世纪中叶到7世纪末属于早期，英格兰从原始社会向阶级社会过渡。众多小国与原始部落犬牙交错，面积颇小，寿命长短不等。它们为保卫和扩充疆域混战不已。有的国君尚未脱净部落首领特色。

诸国混战大约延续了一二百年，能够幸存的多是较大的王国。肯特王国首先脱颖而出。到了650年，英格兰共有10个国家，即北部的伯尼西亚和德伊勒，中部的麦西亚、赫威赛和林赛，靠近东海岸的肯特、东盎格利亚和艾塞克斯，南部的威塞克斯和苏塞克斯。

名气较次的伯尼西亚地处亨伯河流域，首见记载的国王是艾达（547年即位）。其邻国德伊勒第一个见于记载的国王是艾尔莱，统治时期为560—588/590年。伯尼西亚国王艾特尔弗里思在位（593—616年）时，就曾与德伊勒合并为诺森伯利亚王国。641年两小国又各立国王，7世纪末两国再次合并为诺森伯利亚。

赫威赛的版图大约在目前的伍斯特郡、格洛斯特郡和沃里克郡的西南部。577年后，其南半部被西撒克逊人侵占，北半部由来自东面的盎格鲁人定居。7世纪初，全境由麦西亚托管，而它的国名却一直保留到9世纪麦西亚王国的崩溃为止。林赛原来是盎格鲁人的移民地，疆域为现在林肯郡的一部分，建成王国后长期接受麦西亚的庇护。名义上，两小国长期存在，实际上它们在当时的政治和军事斗争中，始终未能发挥主导性作用。故而一位 16 世纪的史学家将 7 世纪至 870 年称为“七国时代”，以后沿用至今。

七国为扩充疆域和争夺霸权征战不止。肯特国王艾塞伯特先成霸主，但因国土狭小，霸业难以久存，632 年被诺森伯利亚取代。

而后诺森伯利亚的两代君主艾德温和奥斯威称雄数十年，被尊为英吉利的“最高统治者”。但由于地理位置不利——各个方向都容易受到邻国和皮克特人的进攻，以及国力不强等，它的霸主地位受到威胁。

8 世纪是麦西亚王国的黄金时代。艾塞尔巴德和奥发先后在位共 80 年，他们的 3 个继承人将霸业延续到 9 世纪 20 年代。其中奥发（757—796 年在位）的影响波及欧洲大陆。他即位不久就吞并了肯特王国，血腥镇压境内和周围弱国的反抗，然后建立单一制的王国，其疆域是现在约克郡以南的大部分英格兰地区。[①] 他为了与欧洲大陆的君主平起平坐，与罗马皇帝查理大帝联姻；796 年签订了贸易条约，加强商业往来，提高了他在海峡两边的声威。他与罗马教廷保持友好关系，允许教皇加强对英格兰教会的控制，并在利奇菲尔德建立大主教座堂。他的突出成就是制造流行不列颠的新币，上有他的名字和“英格兰国王”的称号。

825—829 年间，各国为争夺霸权再次较量，威塞克斯国王艾格伯特得操胜券，被各国尊为“全英格兰的国王”。

英格兰列国君主互竞雄长达二百年，杀伐不断，民众深受其害。但长远看来，还有积极的一面。某国霸主地位确立后，可以凭借其威慑力制服异己，这在一定时间内会相对减少各国间的军事摩擦，发展经济交流。有的国王还发行全不列颠流通的货币，组织调动较多的人力物力兴建军事工程和公共设施。麦西亚国王奥发就以他的一道长达 70 英里的长城而闻名于世。它是从爱尔兰至布里斯托尔的一道防线，是为防御克尔特人而动用了大量的人力物力建成的，是盎格鲁—撒克逊时代最宏大的工程。

当英格兰诸国向着统一的方向蹒跚而行时，北欧斯堪的纳维亚半岛的上丹麦人，仿效数百年前盎格鲁—撒克逊部族的做法，进犯不列颠。这些人比起当

① D. Fisher, *The Anglo-Saxon Age, c.440—1042*, Longman, 1983.

年的撒克逊海盗来，更为骁勇善战，能乘坐着一种“长船”[①] 在波涛汹涌的大海上任意颠簸。8 世纪以来，他们曾经会同挪威人、瑞典人攻打君士坦丁堡，骚扰地中海沿岸各国，其中一股海盗奔向不列颠群岛。789 年夏季的一天，3 艘海盗船在多尔切斯特海港靠岸，挑起衅端；4 年后，另一股丹麦舰队骤然来临，洗劫了诺森伯利亚的一个富裕的修道院，带走珍宝、留下尸体后呼啸而去。就这样，一场场残酷的斗争开始了，以后折磨和蹂躏英格兰达 250 年之久。

起初，丹麦海盗劫掠英格兰的一个特色，是把富足的教会和修道院作为首选对象。如在 9 世纪前期，爱奥拿岛遭难 3 回，爱尔兰基德尔的一个修道院被洗劫了十余次。几十年后，他们对草木葳蕤、“地上树上结满果实”的不列颠岛有了感情，把家眷带来，安家立业；于是更重视攻城略地，定居移民，抢夺牲畜和农具。867 年他们包围并攻克了约克城，终止了盎格鲁—撒克逊人在诺森伯利亚王国的统治。10 年后，又进兵麦西亚王国，占领其大部。于是，这支成分复杂的北欧“野蛮人大军”发生了深刻的变化，一部分先由长船海盗变成陆战士兵，再由士兵转变为以稼穑为主的自耕农。在这里，还应指出他们行为的另一方面：比起几百年前的盎格鲁—撒克逊人来，由于他们纪律性强，目标和行动容易一致，心理上的恐惧感要少些，所以就不那么凶残地屠杀原有的居民；他们在语言上和英格兰人差别不大，易于同失去了田产的英格兰人建立和谐关系。他们体格强壮，富于活力，有助于改进岛上居民的素质。他们个人主义意识强烈，既自信又善于协作，所以不但会影响英格兰人的性格和文化，还潜移默化地影响以后英格兰的政治事务。另外，他们习惯于使用“十二进位制”，这也在以后英国的社会生活中留下了深刻的痕迹。可在当时，上述这些还不被当地人所看重，他们面对的首要问题是如何解除丹麦人的军事威胁。

英格兰人为抵御入侵者付出了沉重的代价。尽管各王国经常协同作战屡创战绩，却未能遏制丹麦人的攻势。公元 871 年，具有杰出才能的阿尔弗列德登上威塞克斯王位（871—899 年在位）。经过多方努力和准备，他于 876 年 5 月率领各地民军，在爱丁顿与丹麦人激战，取得战略性胜利，迫使敌酋签订和约，退居北方“丹麦区”。丹麦区主要在英格兰东北部的里斯特郡、约克郡、诺丁汉郡、林肯郡的广大地区。后来这里实行“丹麦法”。南部 4 国由阿尔弗

① “长船”（Viking ship）又译为“海盗船”，后世发现的这种船只约为 76 英尺长，17.5 英尺宽，中部吃水却不足 3 英尺。

列德统一治理。886 年他进驻伦敦，成为除“丹麦区”外所有英格兰人的公认领袖。①

为了战胜丹麦人，阿尔弗列德一方面加强陆上武装力量，如兴建堡垒、扩充骑兵，实行民军轮番作战制等；另一方面建造军舰、发展海军，主动追击拦截海盗船舰。他不仅是优秀的军事家和政治家，还是一位难得的历史学家和法律建设者。他亲自撰写史籍，主持制定法典，发展文化教育，铸造货币，发展经济，把国家治理得井然有序。892 年，一支丹麦大军进犯英格兰，阿尔弗列德给予迎头痛击。在反抗丹麦人入侵的斗争中，英格兰大体上结束了列国纷争的局面。鉴于阿尔弗列德伟大的历史作用，他被英格兰人尊称为“阿尔弗列德大王”。

阿尔弗列德死后，几代继任者征伐不止，不但于 10 世纪中叶收复了部分失地，还迫使威尔士人和苏格兰人称臣。威塞克斯国王成了不列颠的统治者，英吉利国家统一终于形成。

三、晚期撒克逊王国

英格兰在 10 世纪的统一带有明显局限性，阿尔弗列德及其继承者对丹麦占领区的认可，使英格兰人仅仅拥有半壁江山。980 年丹麦人大举进犯英格兰，几乎整个英格兰都被蹂躏，迫使愚钝无知、刚愎自用的国王艾特尔雷德二世（978—1016 年在位）大批屠杀移民，引起丹麦人的再度侵犯。战败后，国王于 991 年支付巨额赔偿金，换取暂时的和平，此为第一次缴纳“丹麦金”的开始。以后英格兰王国必须定期征收和奉送“丹麦金”。992—994 年间，年度支付额约在 2 万—2.2 万英镑之间。

起初，丹麦金系靠临时税收获得。后来，丹麦人从对手的妥协中尝到甜头，要求对方按时加量奉送，丹麦金就成为固定的国税。997 年以后，他们连连劫掠康沃尔、德文、西萨默塞特、南威尔士和威塞克斯、肯特、苏塞克斯等

① D. Fisher, *The Anglo–Saxon Age*, *c.440–1042*, pp. 229–231.

地。艾特尔雷德二世用增加贡金的办法来委曲求全。1002 年增加到 24 000 英镑；1007 年达 30 000 英镑；1012 年为 48 000 英镑。[①] 丹麦金首先加重了刻尔的负担。1013 年，丹麦国王之子斯威因抵达不列颠，赢得“丹麦法区”的拥戴，他率领重兵西进南侵，英王只好携家眷逃往诺曼底。

艾特尔雷德二世在位时，英格兰社会经济体制发生较大变化。首先，战争引起动乱和饥荒，部分民众流离失所，离开份地。其次，部分刻尔因欠税被罚款，其份地被迫转让或被王室没收。再次，是教堂、修道院依势兼并土地。还有，丹麦金作为官方收取的国税为时不长，后来全部委托地方领主征集，这就不仅会使领主多征捐税，还有利于他们加强对农民的控制，加速了封建依附农制向农奴制的转变。部分刻尔沦为农奴。但居于社会最底层的仍然是前撒克逊时代居民的后裔，完全没有人身自由。上层贵族惧怕社会动荡，对国王的蛮干心存疑虑；当艾特尔雷德二世流亡时，他们竟推选斯威因为英王。

1016 年，斯威因逝世，其子克努特兴兵再犯英国，艾特尔雷德二世的儿子艾德曼德奋力应战，不久殒命，王位空虚。贤人会议推举克努特为英格兰国王（1016—1035 年在位）。克努特用刀剑得到了英国王位，在位初年正值血勇年华，注重铁腕控制和镇压。1020 年，他回丹麦继承王位，成为两国共主。英国成了撒克逊—丹麦王国的一部分。1027 年他又远征苏格兰，取得苏格兰 3 个王国的承认。为此，后世有的史学家认为，只是到了此时，英格兰才同“丹麦法区”融合为一体；从这种意义上看，克努特应该是“真正统一英国的第一位统治者”。[②] 一些史籍还称他为“克努特大帝”。

克努特归来后，展露政治家才能，处事宽容。他允准教会征收什一税，给修道院大量捐助；用赏赐赢得了教会和修道院的支持，再通过教会的说教，取得民众的承认。他自视为统一的实现者和法律的制定者，注意利用贤人会议处理要事。同时还编撰了法典，强化社会治理。他作为征服者领袖的难得之处，是注意缓解英格兰人和丹麦移民的对立情绪，允许盎格鲁—撒克逊文和丹麦文并用。他组成了一个作为国王顾问官的权力核心团体，其中多数是斯堪的纳维亚裔大贵族，可诸如戈德温、里奥弗利克等英裔显贵也在政府中扮演了重要角色。他较为大胆地在地方上任用英裔贵族，但特意强调各地高级官吏应该由国

① 关于“丹麦金”，英国有的学者指出，起初，它纯粹是用做支付丹麦人的贡金；可后来成为国王收益的一部分，用来豢养了一支雇佣军。

② C. Roberts & D. Roberts, *A History of England, Prehistory to 1714*, p. 68.

王任命。他把英国分为 4 个伯爵区，由丹麦权贵和靠近宫廷的英格兰贵族治理，戈德温又在其列。

克努特意欲建立海上强国，扩大在欧洲的影响，但中年夭亡。其嫡子哈迪克努特因事滞留在丹麦，尚且年幼，徒有英格兰国王的名义，只好由其庶兄、克努特的私生子哈罗德任英格兰的摄政。哈罗德大权在握，操纵贤人会议于 1037 年获取王位，将哈迪克努特的母亲放逐。1040 年，哈罗德亡故，哈迪克努特终于得到王权。他为了筹集雇佣军军饷征收附加税，激起兵变。诺森伯利亚的艾德伍尔夫起兵后，控诉伯爵戈德温等人谋害艾特尔雷德二世的幼子阿尔弗列德。哈迪克努特为了改变形象，邀请艾特尔雷德二世的长子爱德华从诺曼底归国，并把他作为自己的继承人。1042 年，年仅 24 岁的哈迪克努特无嗣而亡，性格懦弱的信士爱德华即位。丹麦人在英国的统治结束。

11 世纪以来，英国贵族在几十年的王位变换过程中俯仰浮沉，个别羽毛丰满者若有机可乘，就会扯起叛旗，觊觎王位。最典型的如威塞克斯伯爵戈德温，其家族的领地居全国之首，收益不亚于王室；家族要员担任了十几个郡的郡守，具有割据称雄的实力。1045 年他将女儿嫁给爱德华国王，成为国内最显赫的人物。爱德华意欲削减戈氏势力，便竭力安插来自诺曼底的亲信。1051 年，戈德温父子和朋党反对国王亲诺曼底的做法，强硬对抗，爱德华下令将他们放逐。

1052 年戈德温带领儿子斯威因和哈罗德集结了大股兵力，围困国王驻跸的城堡，威逼他交出亲随和卫队。

勤王大军从各地赶来，斡旋游说，使爱德华免于羞辱。面对重兵威胁，叛军军心动摇。值此关键时刻，虔诚荏弱的国王竟认为大动干戈对国家不利，在大贵族的调解下与叛军互换人质，不战而退。仅有的惩罚是召开贤人会议，谴责戈德温父子，令戈氏家族主要成员在数日内离开英格兰。面对尴尬局面，戈德温宣誓忠于国王，王亲贵族笑颜说合，爱德华归还了戈德温家族的领地和官职。1053 年戈德温死去，其子哈罗德继承伯爵爵位后，又为他的 3 个兄弟斯蒂格、吉尔斯和利奥弗温取得伯爵称号，家族势力超过以往。1063 年他和兄弟斯蒂格征服了威尔士，尾大不掉的情势已属昭然。1066 年，爱德华国王临死时，据说曾指定哈罗德为王储。但在更早的时候，还答应将王位传给诺曼底公爵威廉。这又为以后的动荡和征服埋下了隐患。

四、贤人会议和郡区制

盎格鲁—撒克逊时代中后期的王权，向着强大的方向演变，拥有军权，财产权和财政权，立法司法和行政特权，等等，但在不同程度上受到种种制约。

其一，是受到法律的限制。英吉利人是在原始社会解体时直接进入封建社会的，公众的民主意识仍然残留着，长期被公认的习惯法有着深厚久远的影响，对国王和王室有着强韧的约束力。不少君主在重大场合，一再表示维护遵守法律。个别违反习惯法的国王还受到惩处。“七国时代”开始后，许多王国都制定法典，如《艾塞伯特法典》、《伊尼法典》，等，内容大多是重申已有的习惯法，一经公布，对国王均有制约作用。

其二，是受教会限制。基督教早期传播者来自文明程度较高的欧洲大陆，多是信仰虔诚、知识丰富的学者，受到罗马教廷的委任，善于借上帝名义，引导芸芸众生，协助国王治邦安国。而且，坎特伯雷大主教和约克大主教的活动和影响不受国界限制。他们可直接规劝国王服从教规，勤政爱民。坎特伯雷大主教不仅利用各种宗教活动影响和约束王权，还借用加冕礼向大众和国王展示他作为上帝和教廷使者的威仪。国王为使自己的权力合法化神圣化，也乐意借用神权的庇护。

其三，是受贤人会议的限制。贤人会议是王国中央政府的重要机构，其起源可以追溯到欧洲大陆日耳曼人条顿部落的“马克大会”或民众大会。盎格鲁—撒克逊人在不列颠立足后，人口增加，阶级出现，氏族关系瓦解，旧式的民众大会已不敷需要。贤人会议逐渐产生。

贤人会议由国王主持召开，人数不等。参加会议的“智者”和“贤者”是高级教士、世俗贵族、国王近臣和地方官员。据记载：在934年的温彻斯特贤人会议中，有大主教和主教19人，修道院院长4人，威尔士贵族4人，以及若干地方官员和59个塞恩。可见，就成分来看，贤人会议的参加者几乎都是僧俗两界贵族，它实际上是贵族会议。

“七国时代”之后，贤人会议的会期、会址和规模形形色色。召开过贤人会议的地点起码有60多个。圣诞节、复活节、显圣节等宗教节日是理想的集

贤人会议（中间持剑者为国王）

会时间。

贤人会议职权范围广泛。一是参与国家税收、外交、防务和分封等重大决策活动，选举、废黜国王。二是行使司法权。贤人会议作为群体性贵族机构，是国家最高法庭，能审理各种讼案，包括涉关王室和达官显贵的要案和地方法庭的疑难案件。① 由于贤人会议的判决是集体行为，任何人不得更改。三是为国王提供信息。

贤人会议是盎格鲁—撒克逊时代的一种特有的中央机构，它既是国王的助手，又是王权的制约者。贤人会议存在的意义，是它保留了群体表决、多数认可的原则，将民主遗风演化为一种新型的民主制，对以后英国政治制度的发展产生了深远影响。

贤人会议职权虽重，但它不是常设性机构，其作用有局限性。国王在处理日常事务时，必须依赖一些专职的宫廷官吏，如总监、仆役长、司膳官、司厩官、典礼官和宫廷神甫等。其中常常在国王左右的内务总管负责保管国王的礼服、珍宝首饰、钱币，以后演变为主管宫廷收支的要员。宫廷神甫文化素养高，能用拉丁文为国王起草诏谕，是国王不可或缺的臂膀。

同以后各代相比较，盎格鲁—撒克逊时期地方管理体制变化较大。前期史料缺乏，中期各国疆域屡屡变化，管理方式形形色色。直到晚期，以郡、区、

① D. Fisher, *The Anglo–Saxon Age c.440–1042*, Longman, 1983.

乡3级管理为主、城镇为辅的地方管理制度才基本形成。

郡区制是先自下而上地出现，再定为行政管理体制自上而下地实行的。5—6世纪小国出现时，先有村的设置，但人数不多，居民不甚集中。村长称“里夫”。若干村邑组成为“百户区”。百户区是王室为征收税捐、摊派徭役、征召民军、强化地方治安和司法管理而设置的，形成时间也不易确定。

与郡区相关的是郡守的出现，郡制未定型之前，各地统治者一度称“方伯”。他们多是王室宗亲，地位类似于封建诸侯和地方总督，权力可继承。平时除代管王室领地外，主要负责地方治安，征召民军，主持地方法庭，并可从地方法庭和自治市的贸易税中提取1/3的收益。

郡政府每年开会两次。出席者有中上层教士、塞恩和各类土地所有者。它除贯彻国王旨谕、管理治安和公务外，还负责征税，行使司法职能，是地方的二审机关。

各郡划分为诸多百户区。数目以居民多寡而定。11世纪中叶，康沃尔郡有140个百户区，艾塞克斯郡仅有20个。百户区设有百户长和百户会议。百户长由郡守任命。百户区定期开会，其成员构成和职能与郡会议类似，但偏重于处理民事讼案和维护治安。

村庄是在农村公社的基础上演变而来的社会基层组织。村长由百户长指定或由村民推举，负责村务，诸如处理邻里纠纷，缉捕盗贼等。

自治市独立于郡区制之外，也是地方一级的政府单位，但其自治程度比郡大些。全国大小自治市几十个。有的是军营所在地，大多是商品产地和造币点。各城市以伦敦居首，1042年约有1.2万名居民。约克、温彻斯特和林肯次之，市民均在5000以上。除坎特伯雷、沃塞斯特等主教所在地属于教会外，全国9成城市属于国王，税收的2/3上缴国库。各市政权组织是市政会，每年召开数次，其职能类似郡区会议。大城市划分为若干市区，设有区会议和法庭。各城、区会议成员大多由市民推选，但常被贵族富豪控制。

郡区制出现和形成于英格兰封建国家产生形成的过程之中，是盎格鲁—撒克逊时代留下的一笔丰厚政治遗产。它在当时所形成的半自治特色，以及中央和地方从属关系的确定，不仅利于地方管理和较广泛的公众参与，还确定了以后英国地方管理体制的基本态势，有助于遏制封建分裂和地方割据。

五、下层居民生活

北欧人初到不列颠时，岛上的景象明显区别于诺曼王朝建立之前。森林、荒原、沼泽地很多。如那时位于萨塞克斯和肯特边界的安德里兹瓦尔德森林，竟有30英里长20英里宽。其他地方森林灌木丛也很多，杂草横生，禽兽出没。为此，那时北欧移民居住点所取的名字，不少带有“森林”、“丛林”（“wood”、“wald”、“wold”）之类的词尾。说明它们距森林很近，或就在丛林乱树之间。其中不仅有猛兽出入，还是强人、罪犯的藏匿和拦劫之处。入侵者为了站稳脚跟，除用武力夺取布立吞人的财产，对反抗者实行报复，还要挖沟排水，清除杂草树丛，营造村落，开荒种地。所以，后代史学家认为，新来下层移民为了生存，在同大自然的斗争中所付出的精力和血汗，并不亚于他们同克尔特人、丹麦人的武装斗争中所付出的代价。而原有居民因异族入侵所遭受的烧杀抢掠和颠沛流离，则肯定甚于北欧入侵者和移民。

盎格鲁—撒克逊时期各种战争不仅引起社会动荡、居民伤亡和流动，致使食品运送和供应发生困难，还伴随着人口流动出现了灾荒和流行病。曾在不列颠岛大量传播死亡的瘟疫（黑死病）很可能就是由丹麦入侵者携带过来的。根据学者比德的记载：病毒蔓延时，死亡率最高的是人口相对集中的修道院。7世纪后半期诺森伯利亚的没落主要就是由于瘟疫传播结果。学者们还认为，当时灾荒和疾病所导致的人口锐减要超过战争中的死亡人数。

战争、灾害和疾病是黎民的三大杀手。许多人过早走完了人生道路。根据考古学家对发掘后的古墓的研究得知，盎格鲁—撒克逊时期死者的年龄大多都很低，早夭的儿童和婴儿占了很高比例；其中许多是佝偻病、结核病和关节炎患者。能活到45岁的人极少。医疗技术是原始的。祷告、巫术是绝望者经常使用的手段。肮脏污秽的生存环境使流行病有恃无恐。正是由于上述多种原因。600多年中英格兰的人口增长极其缓慢。直到“诺曼征服”前，估计不超过150万人。

森林为他们的农耕生活设置了困难，但为他们提供了做饭取暖的燃料、制造工具和建造房舍的原料。根据考古学家的发现和分析可知，不仅一般农舍是用木头茅草搭建的，甚至宫殿、礼拜堂、城墙等，多用木料建成。当时建筑物的遗址显示，盎格鲁—撒克逊时代的建筑水平，远远不能同罗马人占领时代相比。普通居民的住宅大多简陋狭小，地面下陷，阴冷潮湿。幸亏英格兰各地的柴草取之不尽，使他们得以度过阴霾的寒冬。

早期乡村居民的土地占有和使用方式各种各样，他们用牛和带铁尖的步犁翻地，播种大麦、小麦和燕麦。许多农户、牧人养育绵羊、猪和少量的山羊，获取乳、肉和羊毛。后来他们演变成为"刻尔"，邻里之间互相协作，在"敞田"上集体劳作，根据各自份地条田的多寡分配农产品，支付贡赋劳役等。[①] 但这种标志着封建主义产生的刻尔份地制，并非各地通行的土地占有形式。在封建割据时代，各地村民的土地占有量和占有形式不同，所承担的封建义务也不一样。所以，用一幅单色的"敞田制"耕作画面，去刻画不列颠各地的农业生产场面，是有失准确的。实际上，在不同时期，英格兰东南地区的土地占有方式和乡村生活有别于其他落后地带。甚至到了 10 世纪中叶，由于自然条件、生产力发展水平、历史因素，以及丹麦占领区的存在，各地农民的土地占有和使用仍然有着不容忽视的差别。例如，前肯特王国成了威塞克斯王国的一个郡时，当地的农民就比麦西亚王国，甚至比本王国其他各郡的农民拥有较多的财产；自由农民的土地允许分割继承，还可以使用奴隶。而在丹麦占领区，农民的经济情况和土地使用情况就更加复杂，更加多样化。

农民终年劳作，辛苦疲累，渴盼忙中偷闲。他们皈依基督教的一个好处，是每 7 天能有一个礼拜日，放松一下过度疲劳的筋骨。按照当时教会的规定，他们还可以在圣诞节和主显节之际歇息 14 日，在复活节来时歇息 14 日；其他可以休息庆贺的宗教节假日还有基督胜魔日、圣彼得纪念日、圣保罗纪念日、圣母升天日和万圣节。可实际上，即便是普天同庆的圣诞节，他们还必须照料牲畜家禽，为富人当差服役。其他节日多值农忙季节，如 8 月 15 日的圣母升天日，恰逢一年最忙的时刻，他们怎能按照教会的恩准，去喜庆 4 天呢？

普通农民的生活有张有弛，有饱有饥，有乐有愁。风调雨顺时生活勉勉强强，灾害年月难以度日。冬季雨雪交加时，许多牲畜因缺少饲料和厩舍而瘦弱多病，被大量宰杀。歉收后的冬天是穷人的关口，到了春季就更感艰辛了。

在社会最底层的是为数不多的奴隶。奴隶也分有等级。有的在宫廷劳动，

---

① C. Roberts & D. Roberts, *A History of England, Prehistory to 1714*, pp. 54–56.

有的是富人家内奴仆。在肯特的法律中，提到一种脱籍奴，是离开了主人的奴隶：他们获得了自由，却缺少生计，颠沛流离，受到歧视和防范。

在盎格鲁—撒克逊时代，手工业者和小商贩仅在居民中占了很小的比例。居住在城镇里的商贩或坐摊售货，或四处兜售。远方的商人、小贩也时常出现在市场上。按照《伊尼法典》的规定，这些人必须当着证人的面才能做生意。而按照《阿尔弗列德法典》的规定，他们必须在一次民众大会中，把与之结伴而来的伙伴带到国王管事面前，申报人数，并要求他们对自己的行为承担全部责任。

手工业者种类总是多于商人。北欧入侵者刚到英格兰时，就有一些武士本身就是工匠——金匠、铁匠、青铜匠、陶工、造船匠、皮匠、木匠、石匠等。他们带来了胸针和其他装饰品，展示他们的手艺。5—7世纪，肯特王国“五金匠”的首饰多是镀金的，还镶有彩色晶石和青色玻璃，镶有珐琅，刻有花纹，光彩夺目，形式古奇。技术高超的五金匠能制作珍玩和殉葬品。铁匠有的会打造农具，有的擅长锻造兵器。铁匠人数较多，他们有较多的主顾。一些铁匠群居“铁匠村”，协同打造沉重的战斧或其他用具。多数皮匠以制鞋为主，能制造马鞍辔头的被称做制革匠。有的工匠一专多能，如兼做木底鞋的鞋匠会干木工活，石匠、造船匠和车轮匠都会使用木工工具，被泛称为“木匠”。在各种工匠里，最受后世学者赞许的是制磨匠。他们是英格兰最早的木制机械装备——水车——的发明者，能承接磨房和推磨水道的修建工程，是早期的土木工程师和机械工程师，往往和铅管匠一道兜揽生意。①

在下层百姓中，有一个容易被忽略的群体——下级教士。他们尽管不参加体力劳动，但衣食恶劣。如乡村教士被贵族视为家内奴仆。有的虽然成为宗教活动的主持者或参与者，但他所在的教堂是由贵族富人出资建造的；若是失去主人的宠信，可能会失去教职，像吟游诗人那样四处流浪。尽管有的教士能在地方上出人头地，甚至到宫廷供职，可这样的幸运者毕竟是凤毛麟角。

征服者和被征服者都不乏尚武精神。“撒克逊人”的原意就是“带长刀的人”。征服者获得统治权以后，欺凌土著人和下层人，被征服者竭力反抗。并且在他们各自的内部，男人们也常常逞勇格斗，制造凶杀案件，策划血亲复仇。各国

---

① 约翰·克拉潘：《简明不列颠经济史——从最早时期到750年》，上海译文出版社1980年版，第92—99页。

统治者为了减少命案，保护贵族和惩罚下层百姓，颁布法令，规定了颇具等级特色的“偿命金”。如在杀人案中，受害人若是贵族，犯人需交纳1200先令的偿命金；普通自由人为200先令；农奴仅为30—60先令。①

在漫长的岁月里，成分复杂的盎格鲁—撒克逊人经历着世间生活的酸甜苦辣，感受着易被后人遗忘的喜怒哀乐。

六、文学和史学

盎格鲁—撒克逊文学是英国文学的源头。当时诗歌和散文所使用的语言，多是典型的古英语。古英语流行于5—12世纪，分为4种方言：诺森伯利亚方言、麦西亚方言、西撒克逊方言和肯特方言。各种方言中都有许多外来词，后人读起来较费解，颇像阅读外语。它们记载在手抄本里，因种类不同，辗转流传，难免会遗漏散佚，破损和改动。

最早的诗歌作品是一些箴言诗和英雄史诗的片段，创作于遥远的多神教时代。诗歌中提到的诸神名字在以后英语中留下了清晰的痕迹：星期二是专司地下阴暗的索尔日，星期三是战神窝丹日，星期四是雷神索尔日，星期五是女神弗雷亚日。甚至复活节也是由春天的女神奥斯特拉演变而来的。

在现存盎格鲁—撒克逊前期的诗歌里，“英雄史诗”和宗教题材占了很大的分量。由此我们可以联想到当时蛮族武力征服和基督教传播的情景。而长篇史诗《贝奥武甫》反映了盎格鲁—撒克逊时期英语文学的最高成就，最早用欧洲地方语言写成，见于大约公元1000年留存下来的孤本手稿，约有3000行。讲述6世纪初发生的事件。其有关故事可能是6世纪由盎格鲁人口头传诵，700—750年间在英格兰被人撰写成篇。诗中的英雄和情节都与英国无关，但我们可从中窥测到那时日耳曼部落间的社会风貌。

《贝奥武甫》的故事来源于一种宗教文化②，分为两部分。是讲一个名叫

① 当时1只绵羊的价格约为1先令。

② 安德鲁·桑德斯：《牛津英国简明文学史》（上、下册），人民文学出版社2000年版，第31页。

格伦威尔的妖怪，连续12年经常骚扰丹麦国王赫罗斯加的一座华美的酒宴厅——“鹿庭”，抢走并吞噬赫罗斯加的战士。青年勇士贝奥武甫率扈从赶来营救，国王对其勇气表示赞赏，设宴款待。夜晚，贝奥武甫与格伦威尔搏斗，获胜后又在湖底洞穴里同格伦威尔的海妖母亲搏斗。第二部分里，贝奥武甫当了国王，平安治理国家50年，可到了晚年，他还得同一条火龙以命相搏，杀死火龙。史诗以贝奥武甫的葬礼和一首挽歌结束。

《贝奥武甫》不仅是一个单纯的故事，它蕴藏着象征的、宗教的含义。而且，故事中还介绍了宫廷情景。诸如讲究礼节，饮酒欢庆，交换礼物，以及诗人周旋于勇士之间，等等。其庄严场面可使后人领悟到早期贵族武士的行为。

同当时所有的诗歌一样，《贝奥武甫》诗句较长，是用头韵诗体写成的，不押韵，词汇丰富，总用一些不同的形容词描写同一事物；而且其中新的基督教信仰和英雄品德糅合在一起，但诗中的社会准则属于较早的异教时代。

另一首短诗《莫儿登》也是无名氏的作品，写成于10世纪末，它也再现了古老的武士时代的社会准则。其中不乏这样的诗句：

思想得要坚强；情感，更激烈。

当我们体力日渐衰退，勇气得要更大。①

为此，现代学者评价说：“乔叟作品问世之前，没有比这更坚强有力的英语创作；在《力士参孙》之前，没有与此媲美的英雄气概。”

那时基督教传统诗歌的作者姓名和身世几乎都无法考察。有的诗人留下了名字，却不知道他们到底有什么作品。留下名字的两名诗人中只有琴塞武甫的几首诗可以考究出来。佚名作品中质量特佳的有3首，是关于圣经题材或圣徒传记的宗教诗。其中《创世纪乙本》对撒旦性格和地狱的描绘具有高超的水准；《十字架之梦》是古英语诗作中最富于想象力的作品；《朱迪思》则是盎格鲁—撒克逊诗歌中最激动人心的故事，在情节和人物性格描写上属当时最高水平。

比较起来，盎格鲁—撒克逊时期散文的作者留下名字的较多。最早的知名的散文作者是舍博恩的主教奥德赫姆（？—709年），他用优美的拉丁文写过女贞的赞美诗。最伟大的学者、“英吉利学问之父”比德的散文也在其中占一席之地。

维尼拉布尔·比德（672/673—735年）是盎格鲁—撒克逊时代最卓越的

---

① 艾弗·埃文斯：《英国文学简史》，人民文学出版社1984年版，第5页。

学者和历史学家。他出生于诺森伯利亚的韦尔河畔，7 岁进入修道院。不久转入贾鲁修道院，在这生活到终年。

贾鲁修道院拥有丰富的基督教典籍和异教的古典作品，又有附属学校。比德在此受到了良好的修道院教育，精通希腊文、拉丁文，精心研究了圣经和柏拉图、亚里士多德、西塞罗等人的著作。他曾任附属学校的主持，为修士授课。

比德一生勤勉，笔耕不辍，著述多达数十种。大部分是对《圣经》阐释，还有不少历史、天文、音乐、哲学、文法修辞、算术、医药的作品，可以用作修道院学生的教材。但比德最杰出的成就是在历史研究方面，而用拉丁文写成的《英吉利教会史》是他的代表史作。

《英吉利教会史》是以罗马天主教会在不列颠的布教为主要内容，主要记载自 597 年奥古斯丁来不列颠传教，到基督教在岛上各国奠定了较稳定地位的 731 年为止，前后一百多年。这段历史大多距离比德不远，其中有些是他所亲身经历。就材料来看，他不仅利用了现有成果和罗马教廷提供的珍贵资料，还在当地努力收集了一些口头和文字资料。所以，书中对 664 年惠拉比宗教会议的描述，以及当时不列颠的社会经济状况和阶级结构、各国国王对从征贵族的封赐介绍等，都具有较高的可信度和无与伦比的史学价值。比德的历史著作为后人研究盎格鲁—撒克逊前期的历史提供了最宝贵的蓝本，并确立了他的“英国历史之父”的崇高地位。当然，《英吉利教会史》中记载了许多被后人视为荒诞的宗教奇迹，但这些也是他当时亲自耳闻的，同样给后人透露出一些研究当时世风民俗的有用信息。①

在盎格鲁—撒克逊时代人数不多的学者队伍里，阿尔弗列德大王的地位也格外突出。他不但具有追求知识的强烈兴趣和传播知识的能力，而且还是一位国王和战略家，对文化教育的推动作用也是他人无法相比的。阿尔弗列德不仅兴办学校，组织指导学者从事研究和翻译，还亲自翻译了比德的《宗教史》、编译了奥罗西斯的《世界史》。另外，阿尔弗列德还授意学者写作《盎格鲁—撒克逊编年史》。可惜这些史作有的没完成，有的陆续散佚了。

① 比德:《英吉利教会史》，商务印书馆 1996 年版，第 2—9 页。

第三章

诺曼—安茹时期

（1066 年—1216 年）

一、诺曼征服

1066 年，英格兰国王爱德华病故。大陆诺曼底公爵与爱德华血缘关系较近，又有允许他继承英格兰王位的许诺，慨然要求继承英格兰王位。但因其是私生子，被贤人会议拒绝，而推举戈德温家族的哈罗德为国王，是为哈罗德二世。这就给威廉入侵英国提供了借口。罗马教皇纵容威廉夺取英王宝座。经过半年的准备，威廉率 7000 精兵渡海西征。

威廉夺取英国王冠，还有所谓道义上的理由。1064 年，哈罗德曾在一次乘船巡视时被大风刮到英吉利海峡对面，被垂涎于人质赎金的蓬蒂尼伯爵扣留。威廉大公及时斡旋，迫使蓬蒂尼放弃了赎金。威廉对哈罗德盛情款待，实是将其软禁，一直到哈罗德立誓支持威廉继承英国王位为止。1066 年初，哈罗德获得王冠，成了“发假誓者”，引起骑士界和教会的非议。

威廉入侵英格兰的主要原因是为了扩张掠夺。诺曼底公国较早地形成了一种以层层分封为基础的军事体制，这有利于实现他的愿望。这年彗星出现，征服者认为是采取重大行动的吉兆。

英王哈罗德二世本是一位卓越的将军。可他即位不久，其胞弟托斯蒂格怀着嫉恨心理①，面见克努特的继承人、挪威国王哈德拉达，介绍了不列颠岛防御上的缺点，煽动他去夺取英格兰王位。1066年9月，挪威国王和托斯蒂格率领一支庞大舰队，在英格兰东北部登陆，击败艾德温伯爵和莫卡伯爵的军队。哈罗德两面受敌，形势严峻。

同年5月，哈罗德二世就已开始调集舰队和地面部队，抵御威廉的侵略。可目下北方事急，他必须先去迎战挪威军队。他在几天内，率军到达约克，迅即发动进攻，取得了决定性的胜利。哈德拉达和托斯蒂格身亡。很快，南方传来惊人消息："私生子威廉"已于28日，在帕文西兵不血刃地登陆了。

随即，哈罗德领着在斯坦福桥战役中损失惨重的近卫军，日夜兼程赶回伦敦，4日疾行200英里。他尽快在伦敦集结了所能征召到的兵力，向帕文西进军。10月14日与威廉的骑兵和弓箭手在哈斯廷斯展开激战。

哈罗德的兵力可能在8000人以上，但多是手持盾牌和剑矛的民军步兵，缺乏很好的组织训练；入侵者直接参加作战的仅6000余人，却是以骑兵为主，配有弓箭手，冲锋时凌厉迅猛，能远距离杀伤敌人。经过一天厮杀，哈罗德及其卫队全部战死，民军溃败，诺曼军大获全胜。入侵者随即扩大战果，深入英格兰内地，攻占丹佛尔港和坎特伯雷，再沿着泰晤士河西进，先在伦敦周围残杀反抗者，制造了满目疮痍的荒凉地带，迫使伦敦不战而降。②

而后，他带领军队北上，讨伐艾德温伯爵和莫卡伯爵领导的抵抗者。直到1071年镇压了赫里沃德的反抗时，诺曼人的军事征服才告一段落。各地村镇惨遭洗劫，满眼凄凉。逃亡者进入山谷密林，在饥寒交迫中死去，有的卖身为奴。英格兰人最后一次被异族征服。

迫于威势的贤人会议拥戴威廉为国王。当年圣诞节，威廉在威斯敏斯特加冕，称威廉一世，史称"征服者威廉"。地跨海峡的盎格鲁—诺曼王国产生。

1075年，撒克逊首领沃索夫纠集诺曼底反对派骑士，在英格兰中部和威尔士边界发动大规模叛乱，威廉一世从诺曼底赶来。英格兰民众接受了9年的异族统治，已眷恋于安定生活，现在支持国王平叛。叛军溃败后，沃索夫被处决。至此，英格兰彻底归顺。

---

① 1063年哈罗德和托斯蒂格征服了威尔士。可稍后哈罗德屈从反叛的诺森伯利亚的要求，将托斯蒂格的伯爵领地给了麦西亚家族的莫卡。于是托斯蒂格成了他不共戴天的仇人。

② F. Barlow, *The Feudal Kingdom of England 1042–1216*, Longman, 1983, pp. 82–88.

哈罗德国王在哈斯廷斯战役中殒命

暴力征服造成了社会语言的分化。以后长时期内，上层统治者讲法语，下层民众说英语。许多相同的概念有着不同的表达，语言的差异就是阶级的差异。宫廷重要文件多用拉丁文和法文写成，直到 1259 年，即亨利三世在位时，英语才逐渐地在上层政治领域有了一席之地。

傲慢的诺曼人占领了不列颠，不屑于接受战败者的生活方式和文化，反而影响英格兰人的文化取向。法兰西文化渐渐得到上层撒克逊人的认可，他们把自己的儿子送到法国修道院接受教育，学习法语，宛如罗马时代的上流布立吞人主动学习拉丁文。

为了强化中央王权，威廉一世还加强对地方郡区的改造和利用，重用郡守，取消前朝多数伯爵领。新封的十几个伯爵有爵号无伯爵封地，不得干预地方政务。郡长职权得到扩充，可以全面管理政务，很快全部由诺曼男爵担任。郡长职务不得世袭，随时可被国王撤换。为保证国税征收和监督地方，还委派各类专员巡查各地。

威廉一世还对民军、贵族私人军队和城堡加以利用和限制。他下令拆除了原撒克逊多数贵族的城堡，若干年后仅有两家原英格兰贵族的城堡得以保存。而诺曼贵族的新建城堡却散布各处。截至 1100 年，有 500 个城堡分布在英格兰各地的要冲。其中包括俯视泰晤士河的温莎堡和伦敦塔。[①] 诺曼人骑兵以这

① C. Roberts & D. Roberts, *A History of England, Prehistory to 1714*, p. 78.

些城堡为中心，防守威慑着周围地区。威廉对诺曼贵族的私兵和城堡，同样严加监视。宣布所有城堡归国王所有，而建造它们的贵族名义上只是“管理人”。对于原有民军，威廉加以重组和利用。1068—1075年间，先后有几家伯爵兴兵作乱，均被国王征调民军平定。

征服者利用苛刻的法律规定保护诺曼征服者，维持地方秩序。威廉在英国即位之初，宣布保留前国王有关土地和其他方面的可资利用的法律条文，并参照盎格鲁—撒克逊法律，编写一部成文法，作为各级法庭办案的依据。他考虑到英吉利人的敌意以及诺曼征服者人数过少[①]，便在原有十户联保制的基础上专门规定：一旦出现命案，要求案发区尽快交出凶手，提供真实证据，以证实被害者不是诺曼人，或死者是诺曼人却并非被英吉利人所害，否则重罚该地全体英吉利人，并选一人偿命。

除以上措施外，威廉还严格控制教会，有意削弱其独立性，抗拒罗马教廷对英格兰高级教职的任命权。威廉征服英国前曾获教皇支持，即位初年对教廷留些情面；1070年，权力巩固，他先立教皇特使兰弗朗克为坎特伯雷大主教，而后数年高级职位全部改为诺曼人充任。5年后，教皇格雷格利七世颁布敕令，宣布唯有教皇有权任命主教、制定教会法规、决定教区划分，并有权废除皇帝国王。威廉一世便规定：未经国王赞同，教皇一切命令不能在英国生效；教徒不得私自接受教皇函令；未经国王许可，教会法庭不可审判男爵和政府官员，不得解除他们的教籍或施以刑罚。威廉一世最果敢的举措是宣布教会法庭和世俗法庭分离，世俗官员不再参加教会的审判工作。这促进了独立的教会法的成长。

二、封建制发展

多年前，诺曼底已形成了较为完善的封建分封制。“诺曼征服”导入了新的政治军事体制，开创了封建制的兴盛期。威廉一世在其新国土上尽快推行封

① 当时英格兰人约150万，诺曼统治者仅1万人左右。

建主义土地分封制。来自安茹、布列塔尼等地的武士得到了与自己地位和军功相称的封地。而原盎格鲁—撒克逊各级数千名大小贵族，多在征服过程中死亡，侥幸未死的大多逃至大陆或苏格兰。

在盎格鲁—撒克逊中后期，英国封建领有制已有所发展，部分塞恩已成为高级僧俗贵族的附庸。而诺曼人又在军事征服的基础上，将“古英国”的政治遗产与诺曼底的封建领主租地制加以结合和调整，取缔了原有贵族体制中的塞恩阶层，代之以骑士为贵族底层的领有制。

威廉没收了全国一半的耕地，先将其中的 1/6 和大部分森林留作王室领地。王室领地本是王室用度和军事开支的主要来源，威廉一世按照他在诺曼底的做法，设专职人员管理。对农民剥削明显超过以前。如在巴恩比，8 个自由人本来交纳 13.5 先令的地租，威廉时期增至 30 英镑。以后各君主为了赏赐臣下，显示恩宠，争取军役回报，不断把土地分封出去，王室领地逐渐减少。

除了地租、对封臣所征收的继承金、盾牌金等收益之外，王室还可以通过征收国税来满足不断扩大的公共需要。为此，盎格鲁—撒克逊时期的“丹麦金”照样征收，尽管现在根本不需再向丹麦人缴纳。1188 年理查德国王开始征收 1/10 的动产税。另外，国王还可以偶尔向直属于王室管辖的城市征收任意税。亨利二世时期的一次城镇任意税就达 5000 英镑。

其余耕地按照诺曼底制度一次次地实行分封，使任何大贵族都没有连成一片的土地，却可能与王室领地和亲王贵族的领地为邻，从而保证了王室对贵族的监视。国王直属封臣共 1400 人。其中 180 人为高级封臣。高级封臣包括 150 名世俗贵族和 30 名教会贵族。教会贵族等级森严，名分清晰。世俗高级贵族是 12 名获地最多的伯爵或大男爵（great baron），其余为男爵（baron）。① 高级贵族多是威廉亲属、原诺曼底宠幸和军事要员。他们的封地共占全国耕地面积的大半。国王直属封臣仿效上述做法，留下部分采邑作为亲辖领地，其余分给下级封臣。

大贵族得到领地后，可以在自己的家臣、部下和扈从中进行再分封。截至 1086 年，多数大贵族将自己至少一半的田产分给下属。所有直属封臣必须根据自己领地的大小向国王提供骑士和装备。大男爵提供 40—60 名骑士，中下级男爵提供 10—40 名。其余 1200 人各有一块采邑，承担一名骑士的义务。高

① A. B. Adams, *Constitutional History of England*, London, 1984, p. 56.

级骑士也是国王直属封臣，军事义务在所难免。坎特伯雷大主教、温彻斯特主教、林肯主教和伍斯特修道院院长的地产，与大男爵地产不差上下，分别提供60名骑士。其他中下级教士的份地和军事义务多少不等。凭此，威廉一世组织起一支大约5000—7000人的骑士军队。

除了军事义务外，威廉一世还要求所有封建领主在王室庆典时根据采邑（即封地）多寡缴纳礼金；领地更换继承人时缴纳继承税；领地继承人未成年时接受国王的监护，其领地收入全归王室；若领主死后无嗣，其领地全部归国王，等等。就这样，威廉一世迅速建立起以封建骑士领有制为核心的封君—封臣体制。

随着封建主义等级制的发展，英国的大庄园渐渐增加，民众贫富差别加大。1085年，威廉一世为了稳定王室收益，决心了解贵族的财富占有情况。翌年他派出专员到各地普查，将调查结果详细记录在《土地调查清册》中。把许多原来自由或半自由的人列入了土地清册中的维兰（即农奴）一栏，为此英国人民称这次调查土地的清册为“末日审判书”。《土地调查清册》使威廉明了其封臣的收入，也为后人了解当时社会阶级结构和收入情况提供了重要数据。

1086年英国阶级结构①

阶级阶层	人　数	百分比
贵族	9271	3.5
自由人	35 513	12.0
农奴	197 408	69.5
奴隶	26 362	9.0
市民	7968	3.2
其他	5296	1.8
总计	281 818	100.0

注：以上的奴隶很快演变为地位接近农奴的“茅舍农”。

根据统计和后人研究结果可知，当时全英土地年收入为73 000英镑，王室获12 600英镑，约占17%；大约100家主教、修道院长及教会执事等共得19 200英镑；约170户世俗贵族及其封臣的收入为35 400英镑，占49%。同

① 转引自 John Scott, *The Upper Classes: Property and Privilege*, Macmillan, 1982, p. 16。

前朝相比，土地集中程度明显增强，威廉作为诺曼王朝的奠基者，毕生不懈地加强王权。1086 年 8 月 1 日，他在索尔兹伯里召开效忠宣誓会，要求英国所有领主对他行臣服礼，保证永远效忠，反对他的敌人。此举载入史册，称“索尔兹伯里誓约”。

“末日土地调查”和“索尔兹伯里誓约”的重要意义，是突破了欧洲大陆

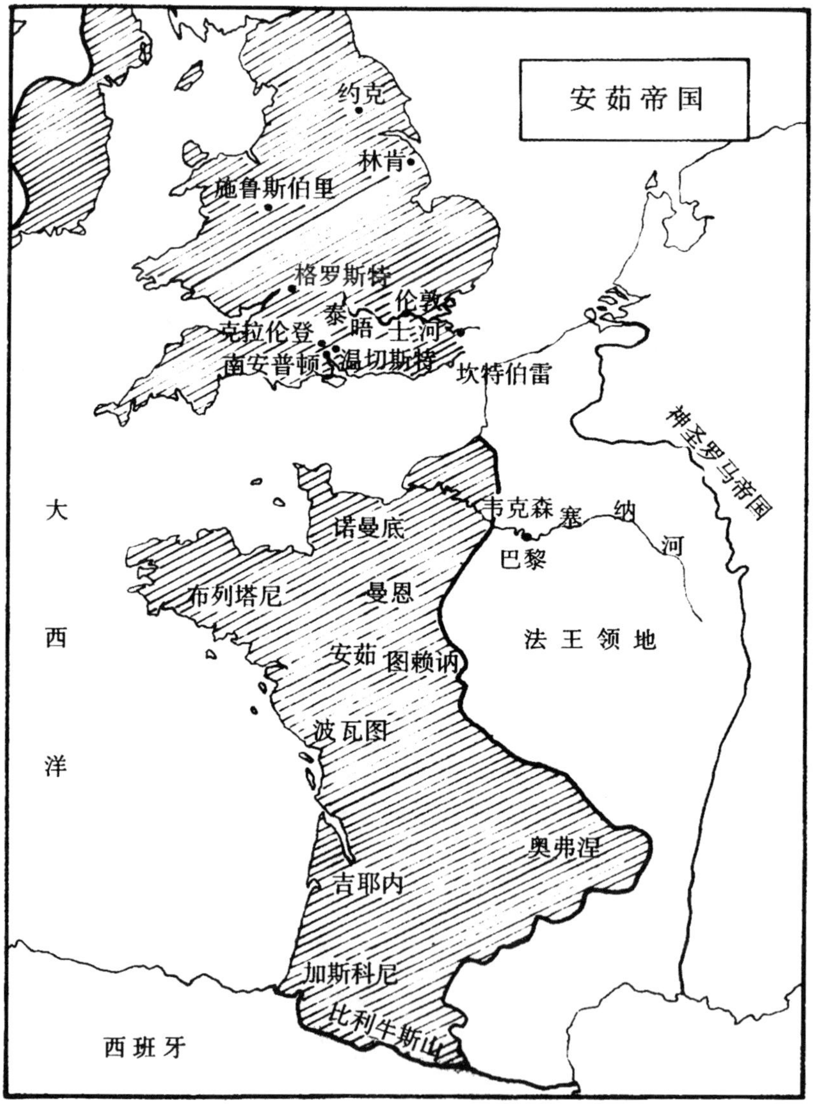

式的封建等级体制中的层次间隔，使国王获得了对各级封臣的财产和人身支配权，增强了英国的“国王附庸的附庸也是国王的附庸”的封建领有制特色。

1086 年底，威廉一世回到诺曼底，为领土最后一次率军作战。1087 年秋 11 月，威廉一世受重伤去世。

三、二元王国

征服者威廉既是英格兰国王，还是诺曼底的大公。他的国土分布在英吉利海峡两侧，形成盎格鲁—诺曼底二元王国。

威廉一世自始就明了治理两地的艰巨和复杂性。他离开诺曼底时，委托王后玛蒂尔达行使摄政权，管理故乡臣民，防备斯堪的纳维亚人侵袭和法兰西人的觊觎；并不时来往于两地之间，镇压反抗。

就经济价值来看，英格兰是他主要的收入来源。王室财产和完善的财政机构，给他提供了巨大的款项。所以，他宁愿费时数年制服英吉利人。1071 年，威廉对英格兰的控制趋于完备，便在尔后 13 年里把主要精力集中在大陆战争和外交上。法兰西国王、安茹大公和佛兰德大公都妒忌他在英格兰的成功，总想乘他离开时蚕食诺曼底。威廉的长子、头脑简单的罗伯特成了可被利用的工具。他在 1078 年就卷入一系列的阴谋之中。还在一次战斗中，亲手将父王刺伤。

威廉一世逝世之前，就认为罗伯特无力统治整个王国，便把公爵封号和故土留给长子罗伯特，把王冠和英格兰留给次子威廉·鲁夫斯（即威廉二世，1087—1100 年在位）。这样安排的弊端，是把王国最高统治权一分为二，使贵族面临着如何对两个主子效忠的问题。其中诺曼籍贵族在海峡两边都有地产，却很难对两个敌对主子同时效忠。他们为保全在欧洲大陆的权益，大多支持罗伯特，反抗威廉二世。而且，威廉面红口吃，生活方式怪诞，即位后故意使主教职位空缺，以攫取教区收益，为教士所不齿。1088 年，王叔奥都纠集一些大贵族叛乱，要拥戴罗伯特为王。英格兰出现了分裂。

面对严峻局势，威廉二世依靠一些王室大贵族、主教以及人数众多的中下级贵族，调兵平定各地叛乱，打退了罗伯特的海上舰队。

自 1089 年起，威廉二世有意扶植了一些诺曼新贵族。1095 年，不列颠北方贵族叛乱，威尔士人东进北上，均被王军击退。同时，他穿梭于海峡之间，兼顾两边事务，并将曼恩并入王国版图。1096 年，罗伯特要参加教皇乌尔班二世所倡导的十字军东征，急需军费，竟然把诺曼底典当给鲁夫斯，使国王真正成为英格兰和诺曼底的最高统治者。区区 10 年光景，威廉二世在各条战线上屡操胜券，其威势比其父王来有过之而无不及。

1100 年 8 月 2 日，威廉二世在新森林中被蒂雷尔射死。这是偶然事故还是蓄意暗杀，成了历史之谜。王弟亨利很快被一伙贵族拥戴为王，是为亨利一世，5 日隆重加冕。他发布宪章，声称将按照旧制征收赋税，制造上等钱币，恢复信士爱德华时期的法度，不再盘剥教会。可事后证明这仅是敷衍之词。

此时，亨利一世（1100—1135 年在位）正值盛年，刚柔相济，文化素养超过两个胞兄。他登基不久，拥戴罗伯特的贵族在海峡两边发起叛乱。英格兰叛军以蒙哥马利伯爵为首，厉兵秣马。王军发动强攻，将之平定。反叛贵族的庄园归入王室领地。亨利深知叛乱祸根远在欧陆，他处理好英吉利时务后，于 1105 年率精兵挺进诺曼底。翌年 9 月，两军在坦什布雷决战，王军全胜，罗伯特被俘，在牢狱中度过了 28 年。撒克逊人则认为坦什布雷的胜利消除了他们的亡国之辱。

1106 年他从长兄手中夺取了诺曼底，一人同时治理两国。29 年里约有一半时间不在英格兰。

鉴于大贵族屡次叛乱的教训，亨利一世在加快中央政府机构建设的同时，注意提拔重用一些出身平平，但忠诚可靠的“新人”，改变贵族成分。他们多在地方政府中行使行政、司法特权，是支持王权、遏制旧贵族的力量。一些旧贵族则明显失势。

亨利一世为加强对贵族的监督和中央对地方的管理，还对郡区加以改造，挑选忠于王室的小贵族担任郡守，削弱大贵族在地方上的势力。同时，还常让郡守调换任区，防止他们结党营私，尾大不掉。他还指令王室法官在巡回审判时，检查郡守工作；发现玩忽职守者，即由法官代行其职责。亨利将北部边远地区划为 5 个国王直辖区，并委任军政长官专司镇守。

亨利一世的擢新抑旧措施收到了良好效果。从 1102 年至亨利统治末期，英格兰保持了 30 余年的和平局面。随着岁月流逝，撒克逊人渐渐不把亨利一世及其继承人看做异邦征服者。不列颠已开始吸收同化诺曼人。英格兰—诺曼底王国的“跨海而治”形势空前好转。

1120年，王储落海丧生。[①] 亨利一世只好将王位传给公主玛蒂尔达，可大贵族不愿裙下称臣。亨利两次召集贵族训话，命令他们郑重宣誓，保证支持公主，但未能免除疑虑牢骚。亨利一世还把玛蒂尔达嫁给安茹伯爵，企图以此稳定英格兰与诺曼底的关系。但这种安排展示出一个由安茹人统治整个帝国的前景，贵族们更加不满。

1135年12月1日，亨利一世去世。玛蒂尔达正在安茹，未及时获讯。威廉一世的外孙斯蒂芬迅速渡过英吉利海峡，在贵族拥戴下尽快登基加冕。

然而，斯蒂芬缺少驾驭权贵的魄力。1139年圣诞节，亨利一世的私生子、艾利主教尼杰尔在康沃尔兴兵造反。苏格兰国王兴兵南侵。[②] 玛蒂尔达来伦敦索取王冠。斯蒂芬没有趁机将她羁押。玛蒂尔达留居英格兰，四处纠集支持者反抗“僭主”。1041年内战爆发。斯蒂芬在林肯战役中被俘，英格兰由玛蒂尔达统治。不到一年，众多贵族难以忍受女王的傲慢，上层集团发生分化，内战重起。不列颠经历了一场更漫长的战乱，经济凋敝，民不聊生，纲纪荡然无存。1048年，玛蒂尔达返回欧陆。斯蒂芬虽保住了王位，但与世俗贵族的合作关系破裂，集权君主制不复存在。多数贵族恢复了法律裁判权，拥兵自重。王室岁入明显减少，中央和地方的行政机构被严重削弱。斯蒂芬在王位上勉强支撑了10余年，鲜有作为。历史上把这段历史称为“大动乱”。

1153年1月，玛蒂尔达的儿子亨利凭着他在欧洲大陆的军事实力和战果来到英格兰，索取本应归属其母的王权。斯蒂芬无心迎战，主动收亨利为义子。翌年，斯蒂芬去世，诺曼王朝终结；安茹王朝建立，又称金雀花王朝。

安茹帝国疆域辽阔。亨利二世从母亲手里继承了诺曼底，从父亲手里继承了安茹、曼恩、布列塔尼，通过与妻子爱琳娜女大公的婚配合并了阿奎丹、波瓦图和加斯科尼。他在欧洲大陆的领地不少于法兰西国王，加上不列颠的领土，势力格外强大。

亨利二世即位后立意革故鼎新，强化君主集权统治，遏制贵族权势。中小贵族和民众渴望加强中央政权，实现社会安定。鉴此，亨利二世下令拆除所有

---

① 亨利一世子女多达23名，但合法婚生者仅有1子1女。

② F. Barlow, *The Feudal Kingdom of England 1042–1216*, p. 217.

擅自建造的城堡，勒令贵族补交欠税，镇压抗税或骚动的领主。另外，他还收回内战中大贵族侵占的王室地产，恢复中小贵族的封地，倚重王室和王亲大贵族掌权辅政；并有意延揽社会政治精英，逐步提拔，使之成为当朝新贵。1168—1187 年间担任宰相的卢西和格兰威尔均属此类典型。

军事上，亨利二世取消了由威廉一世创建的封建骑士军队，实行雇佣军制度，改组民军，以适应海峡两边作战需要。王国有骑士数千人，每年仅有 40 天役期，无法满足亨利在大陆上长期作战的需要。所以，自 1159 年起，他下令征收代役税，取消封臣原有的骑士职责，并用此款招募雇佣军。1181 年颁布《军事敕令》，规定各类臣民均要准备武器，以备国王征召。军事改革削弱了封建制度的基础，减轻了国王对贵族封臣的依赖。

作为安茹王朝的首位君主，亨利二世是一位典型的多国之主。他除任英格兰国王外，又是诺曼底公爵、阿奎丹公爵和安茹伯爵，并通过婚姻关系拥有曼恩、布列塔尼、波瓦图和加斯科尼等地区。其帝国从苏格兰延伸到比利牛斯山，疆域之广袤在西欧诸国中首屈一指。治理这样一个强邻窥伺、兵衅屡起的帝国，要求亨利二世把大部分精力放在欧洲大陆。亨利二世在位 35 年，起码有 22 年是在大陆度过的，亨利二世统治其领土的任务格外艰巨，常骑马奔波各地，德威兼施，维持臣民对他的忠诚，直到去世。

在英国历史上，亨利二世的儿子理查德一世是一个不安分的人物，生性好战，15 岁（1173 年）就为争夺王位继承权发动叛乱反对父王。1189 年，理查德与法王菲利浦合兵打败了亨利二世。老国王悲愤而逝，他高兴地继承了王位（1189—1199 年在位）。

理查德即位前，已经举起了十字军东征的旗帜。以后在位 10 年，仅有 6 个月在英格兰，无政绩可言；但东征时勇猛过人，被称为“狮王”。东征使理查德疏于王权行使，1190 年他立他大弟弟的儿子、布列塔尼的王子约瑟为王位继承人，其幼弟爱尔兰公爵约翰背弃诺言，带兵骚扰英格兰。1192 年理查德在回师途中，成了奥地利人的俘虏，英格兰为赎他花费了 10 万英镑。在此稍前，约翰又在法兰西制造阴谋，听说王兄被俘，就到英格兰挑动叛乱。1194 年理查德被释放回国，约翰赧颜求饶，得到宽恕。翌年约瑟被俘，他终于成了王兄的继承人。1199 年理查德逝世，约翰即位。

1202 年臣服于法王的约瑟为夺回王位兴兵侵入诺曼底，夺取许多城池。约翰率兵鏖战，俘获约瑟和叛乱贵族。约翰为斩草除根，令将亲侄阉割。约瑟痛苦致死。法王恼羞成怒，宣布没收约翰在法国的领地，激起大规模战争。翌年，约翰惨败，诺曼底、安茹、曼恩和波瓦图等领地相继丢失。[①] 贵族利益受到空前严重的伤害。跨海而治的局面结束了。昔日的诺曼底征服者现在彻底失去了异地的采邑，只得把英格兰看做自己的仅有祖国，集中精力处理不列颠的内部事务。英国因此摆脱了沉重负担和危险纠葛，把注意力和财力集中在国内事务上，使诺曼底贵族加快了英国化过程。英国上层阶级的利益认同感和民族意识无形中增强。所以，从长远的观点来看，两地分离对英国相对独立的发展，以及以后英吉利民族的形成，不无积极意义。英国历代国王依然保留了“安茹国王”、“诺曼底大公”等称号，甚至以法国国王的名义自诩。英国上层的这种复仇心理，最终导致了“百年战争”的发生。

四、国王和教会

在盎格鲁—撒克逊时代，由于英格兰是个岛国，距罗马较远，使教廷难以严格控制不列颠教会。故而，英国教会不必像大陆多数国家那样，向罗马缴纳可观的贡捐。而且，由于教会与英格兰君主的联系相当密切，主教与教皇和国王的双重从属关系得到发展，渐渐萌发了英格兰教会相对独立于罗马教廷的理论。这种理论认为：君主是上帝的使者，不仅掌管政务，还拥有保护、领导所在国家教会的职责和特权。这是事实的一方面。

另一方面，5—11 世纪还是基督教征服欧洲的时代，各国统治阶级都在不同程度上接受罗马教廷的领导。其中意大利人努力摆脱了阿拉伯人和伊斯兰教的影响，异教的寺庙转归基督教徒使用；法兰西成了拉丁教会最富有的领土，国王们一再把土地、岁收大量赠予主教。类似情况也在不列颠出现。其中肯特国王虔诚地听奥古斯丁传教，帮他设立了坎特伯雷大主教教堂；诺森伯利亚国王奥斯瓦尔德把东海岸外的林迪斯发尼岛赐予修道会；等等。直到 11 世纪中叶，爱德华国王还因对宗教的虔诚和对教会的关切，被称为“忏悔者”。

① F. Barlow, *The Feudal Kingdom of England 1042—1216*, p. 372.

“诺曼征服”发生时，欧洲仍然处在“信仰的时代”，教会势力无处不在。以后数百年，王权与教权的斗争、妥协交替出现，影响着英国社会政治生活。

当英国国王与教会合作或对之加以控制时，常常会面对着他与坎特伯雷大主教的关系问题。坎特伯雷大主教地位显赫。他作为公认的全英格兰首席大主教和最大的大主教区的管辖人，不仅在坎特伯雷拥有兼做教座的大教堂，还在伦敦设有办公处。他不但是不列颠宗教界领袖，还利用其与教廷的特殊关系，在政界发挥突出作用。正因如此，坎特伯雷大主教与国王的关系往往反映了教权与王权的关系。这种关系可能相当密切，也会相当敏感。在神权相对强大时，两者之间的矛盾和斗争有时会比较紧张和引人注目。诺曼—安茹时期，坎特伯雷大主教与国王的摩擦和斗争一再说明了该问题的两个方面。

威廉一世本来就是宗教改革者。他对英格兰的征服得到了教皇的全力支持，抵达不列颠后，他一面用暴力改造着英格兰世俗社会，一面制服着保守的撒克逊教会。部分主教、大修道院长和其他高级教职改由诺曼底人担任。

1073 年以来，教皇格列高利七世及其后任对教会实行全面改革，旨在扩大教廷权力。他们坚持认为，教会领导权应该归属教士，处在教皇监督之下；而国王只是俗界人士，应该服从配合教会。教会是专门的独立机构，有自己的统治者和法律，因此，所谓“国王是国家教俗首脑”的说法是有问题和不合时宜的。在这样的大环境下，威廉一世加快英格兰教会诺曼化的进程，又运用种种手段来防止政教分裂。教会在兰弗兰克的领导下同国王密切合作，共同对付贵族和民众。兰弗兰克的行为准则是，既要维护教皇超国界的崇高权威，又尽可能使英国教会保持相对独立。大致看来，威廉一世与坎特伯雷大主教的关系比较和谐。

威廉二世时则是另一种情况。他是同性恋者，终生未娶，并对宗教流露疑念，侵夺教会权益。高级教职空缺时，他有意拖延任命期，收入悉入国库。[①]基于这种情况，再因当时史籍由教士编写，威廉二世的形象被丑化。那时最著名的教会人物之一是诺曼血统的弗兰巴德，他是王室牧师兼首席顾问官，一度担任宰相。他主管王室财务时，增加税收，勒索贵族和教会。威廉二世去世后，亨利一世立即把他当做前王不得人心政策的替罪羊。

① A. Pool, *The Oxford History of England*, *From Domesday Book to Magna Carta 1087–1216*, Oxford University Press, 1964, pp. 171–172.

亨利一世在位时，关于教界授职权问题仍未解决。1104—1106 年间，亨利与坎特伯雷大主教安塞姆为此事一再争吵，直到双方达成妥协：国王放弃圣职授予权，而大主教接受教皇任命后再向国王行臣服礼。而后亨利一世地位巩固，照样对教会严加控制，一些高级教职重新空缺，其中坎特伯雷大主教空缺 5 年，收入悉归王室。

斯蒂芬在位时，长期不能摆脱政治困境，被迫向教会让步。教会权势炙手可热。

坎特伯雷大主教与王权的斗争在亨利二世时期达到顶峰。斗争的核心是国王与教会的关系问题。托马斯·贝克特成了最引人注目的教会代表。

贝克特是 12 世纪英国政界和宗教界的显要人物。他于 1154 年任坎特伯雷大主教的首席执事，后升为宰相，在政界充分显示才能，获国王信任。1162 年，他接任坎特伯雷大主教，一改奢靡豪华的生活习惯，对国事和宗教的看法也相应改变。亨利二世实现控制教会的企图，受到他的抵制。

贝克特敢就任职权问题向国王发难，不是偶然的。当时罗马教会的改革运动方兴未艾，并对英国教会产生影响。改革的要点是，自由选举神职人员，教产不可侵犯，教士可向罗马教廷提出申诉，神职人员不受世俗法庭的审判。诺曼征服以来，教士因犯罪被判刑的事例极少，教士犯罪后总由教会法庭审讯，量刑较世俗法庭为轻。亨利二世执意掌握教职任命权，反对主教享有法律特权。贝克特了解亨利的意图，提醒他此举可能引起恶果；亨利针锋相对，声称当时教士犯罪者甚多，原因就在于教会刑罚失之过宽。贝克特毫不让步，要严格遵循当时西欧惯例，全面接受罗马教廷的法律和纲领。

贝克特敢于向王权挑战，还同当时英格兰教会的发展态势有关。诺曼人初到时，原教会机构受到摧残，但由于教会人员的迅速更换、高层神职人员地位的加强以及宗教机构财产的增加，刺激越来越多的人进入教会和修道院，致使修道院和修行布道的人数与时俱增。1046 年，英格兰总共有 48 座修道院，850 名修士修女。1154 年修道院增加到 805 座，修士修女达 5000 名。英国教会机构和人员的增添，有助于扩大教会活动和激发民众的宗教热情。这无疑成了教会挑战对抗王权的社会基础，并刺激有作为的君主抵制教权的膨胀。

1164 年，亨利二世强行颁布《克雷伦登法规》，重申英格兰以前的法规。但贝克特被“大会议”召去解释其行为时，公然否定国王权威，将自己置于教皇和上帝保护之下，公开向王权宣战。亨利要传唤贝克特。他潜逃到大陆

坎特伯雷大主教贝克特遇难

上避难数年，在法兰西受到国王路易七世的庇护，在意大利参与高级教会人士的会议，在罗马得到教皇亚历山大的礼遇。回到英格兰后，他决心使教会集团独立于以国王为代表的国家政权之外。

1169 年末至 1170 年夏，亨利两次召见贝克特，达成表面上和解。可亨利为贬抑他，趁贝克特不在英格兰时，于 6 月 14 日，在一批主教的簇拥下，安排约克大主教主持了仪式，为王子亨利加冕，以保证他顺利继承王位。贝克特认为这侵犯了他的特权，极为不满。①

贝克特返回英格兰，接受狂热的信徒对他的欢呼。修士们在坎特伯雷像谒见天使一样对他行礼。可他竟在布道时宣称，“我是来和你们同死的”，号召神职人员以身殉教。接着，他革除那些参加加冕活动的教士。高级教士赶到诺曼底觐见国王，不无夸大地告发贝克特在宗教界煽动暴乱，企图“拽下年轻国王头上的王冠”。

亨利听到这个消息顿时暴怒，叫道：“真是养了一群蠢货和懦夫，竟无一个人肯为我向这个捣乱的教士复仇！”4 名骑士听到国王抱怨后，擅自渡过海峡，于 1170 年 12 月 29 日赶到坎特伯雷，与贝克特争吵一番，用剑把他刺死。

事情传出，亨利极其震惊。那时，哪个国王敢公开向教会挑战？眼下杀害上帝的重要仆人，引起了普遍愤懑。许多人感到恐怖，尊贝克特为殉教者。甚至认为，贝克特已成为圣者。朝拜者络绎不绝。

面对巨大压力，亨利禁食 3 日以示赎罪，下令逮捕凶手，派密使至教皇处开脱自己；宣布废除《克雷伦登法规》。他多次到贝克特的墓地公开忏悔，光着上身，忍受教士们的象征性鞭笞。1172 年，他与教皇亚历山大三世在比较宽容的条件下得到和解。翌年，教廷追赐贝克特为圣徒。

① F. Barlow, *The Feudal Kingdom of England 1042–1216*, p. 301.

实质上，亨利二世的让步大多是表面性的。其后，他还是一步步地实施了《克雷伦登法规》的基本原则。从另一方面来看，贝克特的血也没有白流。由此到16世纪宗教改革，教会始终保持了独立于王权的宗教法庭系统和直接向罗马教廷上诉的权利。

12世纪末至13世纪初，主教和王权再度蜜月。1193年，曾任王室管家和索尔兹伯里主教的休伯特·瓦尔特当选为坎特伯雷大主教；翌年任首席政法官。因“狮心王”理查热衷于十字军东征和大陆事务，休伯特几乎成为英格兰的最高统治者。

五、政治制度改革

威廉一世在位期间更新政制的重大举措之一，是将贤人会议改造为“大会议”。

大会议大致形成于11世纪70年代。它虽然也像贤人会议那样是以教俗贵族和王室官员为主体的，但又体现着严格的封君—封臣关系。它主要是依照王命召开，成员几乎是清一色的诺曼贵族和王室官员。而且，会议召开时，国王作为最高领主，总是态度威严，出言即如法律；教俗贵族唯唯诺诺，行礼如仪。发言时，征服者的语言——法语——取代了英语。

它的形式和职能也有别于贤人会议。贤人会议行动一致，而大会议自始就存在着一个类似常设性的核心机构——小会议。大会议作为中央政府最大的政治机构，每年召开3次，会址相对固定。大会议的主要职责是：作为国家最高司法机构，处理王室与贵族之间的利益冲突；作为议事咨询机构和立法机构，提出建议，协助国王和王室制定政策和法律；作为中央行政机构，处理各类事务。以上3项职责中，最经常性的事务是司法。司法工作中最主要的内容是审理贵族之间的地产讼案。

小会议由王室要员和国王亲信组成，人数较少，其开会时间、地点和内容都不固定。在职能上和大会议似无区别，也是王室法庭，兼理行政、咨询、司法和立法事宜。但因小会议经常召开，其成员常伺国王左右，实际上是一种御前会议。可它在国王离开不列颠时接受王命管辖处理政府事务。所以小会议又被视为大会议的核心组织和常设机构。因小会议中个别人作用突出，以及它分化出专业行政机构文书署和财政署等，它同侧重于司法工作的大会议比较，又呈现出偏重行政管理的趋势。

当时中央政府和王室依然混为一体，王室官员多由小会议成员兼任，渐渐成为世袭性私产，限制了国王选择官员的自由，导致官员素质和工作效率下降，促使亨利一世革除弊端，选择才具较高的人代掌王权。亨利离开英格兰时，由王后和王储共同摄权。小会议一分为二,一部分跟随亨利去诺曼底，其余留在英格兰，成为代理政府的主体，辅佐王后和太子管理政务。1118 年王后病故，两年后太子罹难，中央政府出现较大的权力空缺。王室宠信的罗杰脱颖而出，在亨利特许下代行王权。亨利返回英国时，他依然统领百官，总理政事，扮演宰相角色。宰相一职大约保留了一个世纪，直到 13 世纪初年。1203—1205 年，约翰丧失了诺曼底及大陆其他领地，从此留居英格兰，宰相没有存在的必要。1234 年，金雀花王朝重臣塞奇雷弗因冒犯亨利三世被罢免，宰相一职从此废弃。

此时和以后相当长时间里，英国中央政府部门中仍然保留了中古特色：其一，王室廷臣和政府官吏没有区别，各级官吏仅向国王负责。其二，当时中央办事机构数目很少，权限不明，相互重叠，某部门可以同时拥有行政、司法、财政和军事等多项权力，也有可能与其他机构在不同程度上分享这些权力。

亨利一世的政治创制不限于上层机关。为加强中央对地方的管理，他还对传统郡区加以改造。他改变过去任命大贵族为郡守的做法，有意挑选忠于王室的小贵族取而代之。

亨利二世重建国家政权时，屡次外出巡视，发现了司法方面的许多问题。12 世纪中叶的各地民事案件多被教俗贵族私家法庭所包揽。郡法庭、百户区法庭多被贵族控制，这不仅使政府司法收益大量流失，更使司法无正义可言。在刑事案件和财产诉讼中，盎格鲁—撒克逊时代的“立誓免罪法”和“神命裁判法”仍在流行。诺曼王朝建立以来又引进了诺曼底野蛮荒诞的判案惯例——决斗判决法。为此教俗贵族专门豢养了狠士杀手，代其出庭肉搏。下层百姓望而生畏，尽量避开司法纠纷，隐忍冤情。

复杂的国内外条件迫使亨利二世着重解决英格兰的政治管理问题。作为多国之主，他需要制定相对划一、切实可行的行政司法制度，以利于代行王权的宰相和其他官员管理国务。

亨利二世改革的重点是司法改革。亨利二世即位初年诏示全国：从此王国只通行一种法律，即由御前会议制定和由王室法庭颁布实施的法律。这即是英国独具特色的普通法的起源。为此亨利二世在历史上被看成为英国习惯法的奠基人。自1163年起，为了削弱领主法庭的权限，他宣布：凡自由民缴纳一定费用者，可把自己的案件从领主法庭转移到王室法庭，这样可使当事人避免仲裁法和宣誓法的错判，使教俗贵族法庭作用大减。1178年他指定5名小议会的成员组成中央常设法院。法院常驻威斯敏斯特，随时受理来自各地的投诉。此事被不少学者视为英国高等法院的产生。

巡回审判制也是王室法院扩大司法管辖权、提高判案质量的重要措施之一。其渊源可溯至诺曼王朝前期。亨利二世即位后经常派遣法官赴各郡开庭审案。1166年颁布《克拉伦登法令》，标志着巡回审判成为制度。巡回法庭的工作使案件审理趋于公正，减少了判案谬误，并促进了另一制度——陪审团制的产生和推广。① 这是亨利二世法制改革的又一重要方面。

陪审团的起源，可以追溯到盎格鲁—撒克逊时代的“公正昭雪法”。威廉一世来英后，把法兰克和洛林王朝后期的陪审团制引入英国，规定每个法庭应设陪审团，其中诺曼人和英格兰人各半。陪审员多从农村中产阶级和城市平民中挑选。亨利二世时期的陪审团人数相对固定——总是由12名表现良好、了解民情的人组成。陪审团一身多职，既是起诉人、证人，又是法律执行人。其工作程序是：集体起誓后向法庭检举地方犯罪分子；被控告者尽快出席受审；审理时，陪审团成员当众陈述案情，提供证据，接着就被告是否有罪作出判决；最后由钦命法官根据法律量刑定罪。因陪审团判案比较公正可信，受到当事人的欢迎。1215年以后，因教士不再参加与神判有关的宗教活动，神判法被废弃，决斗法的使用率大大降低。

在法律意义上，陪审团制所体现的原则也是双重性的。一方面，亨利二世根据“国王是正义之源”的法律原则，规定唯有国王有权组织陪审团，不准私人法庭仿效；另一方面，由于案件要由12名“正直者”秉公审理，这实际上又体现了“法律来源于人民而非由国王臆断”的正义原则。为此，学界公认陪审团制是英国司法制度的核心，它展现了英国普通法系与欧洲大陆的以罗马法

---

① W. S. Houldsworth, *The History of English Law*, Boston, 1922, pp. 71–72.

为基础的法律系统的一项主要区别。亨利二世司法改革的意义还在于：它使原来相对独立的地方法庭和私人法庭逐步纳入国王司法体系，实现了司法的中央集权化；将诺曼征服后英国法律的两大类别①融为一体，促进了全国较统一的法律制度——普通法的形成。

亨利指令王室法庭永驻威斯敏斯特教堂，确定伦敦为国都。根据诺曼王朝行政管理的经验和教训，他注重从中小贵族中挑选中央和地方官员。

亨利二世改革在英国历史上占有重要地位，它达到了巩固中央集权制的目的，并对后世产生重大影响。

六、神判法及其终结

神判法又称“上帝裁决”，是中古时期司法机构试图通过神的意志，来裁决嫌疑人是否有罪的司法程序和决断方式。

早在盎格鲁—撒克逊时期，英国就有采用神判法的案例，其源头是在欧洲大陆。欧陆的神判可溯至6世纪早期，即法兰克人的沸水神判，随后传到其他日耳曼部落，再传入英格兰。980年，即艾特尔雷德在位时，火判法和水判法已较为流行，并被称为“重要判决”。其中火判法为具有自由身份的人所设置，水判法用之于农奴和乡下人。②而且，当时规定由主教们监督神判法的实施。在那种情况下，上帝既是法官，又是陪审者。

神判法能被长期实施，是因为它具有两项功能。一是惩罚功能：通过剧烈痛苦的方式，惩罚犯罪者，造成震慑和警示效果。神判法以令人苦痛的方式，旨在发现被隐蔽的事实真相。以下一段关于热铁神判法的文字尽显被告的极度痛苦。

法官用一副钳子夹来烧红的铁块，将之放在被告（用树叶覆盖着）的手上。然后被告当用双手捧着烧红的热铁块，慢慢地走上8圈。再后法官将摩擦其双

① 即盎格鲁—撒克逊时代遗留下来的刑事习惯法和诺曼人的封建民事财产法。

② Walter Clifford Meller, *A Knight's Life in the Days of Chivalry*, Kessinger Publishing, 2005, p. 116.

手上的谷粒，当后者未对在伤口上的摩擦表现出迟疑，并且伤口上没有创面时，当日结束时他将被宣告无罪。[①]

多数神判法，毫无“无罪推定”或“验明正身”的含义。其中沸水神判法即便是无辜者也要遭受撕心裂肺的疼痛，实际上全无事后无恙的可能。

神判法实施的原因，是当时英国一般不能采用刑罚逼供。加上原告提供的根据不能被有效证实，被告又不肯认供，尤其是一些引发民愤或重大损失的杀人、抢劫、情事、财物毁损、恶性事端等，若不将求助神明作为最后补救手段，则难以结案。固然，悬案不决也可暂时应付，但不能屡屡如此，否则积案过多，显得法官无能，受到原告抱怨，遭到国王、官员和民众的谴责。这样一来，神判法势在必行。

神判法的种类，难易详述，起码有如下多种。

吞食食品，如圣餐枣饼、面包、干奶酪等。据说当某人是伪证者时，致使伪证者在恐惧和紧张的情况下口腔喉咙干燥，造成咽喉堵塞，难以下咽，导致败诉。哈罗德[②]的父亲肯特伯爵就曾被控告犯有弑弟罪，被迫吞咽此类食物。他大呼一声“假如我有罪将会被面包堵塞咽喉!”登时倒地而亡。后世分析其死因，是禁食过久导致食道萎缩粘连，吞咽困难。

冷水浸泡法。被告被绳索紧紧捆绑，由神职人员沉入 7 英尺深的水下。若不上浮，即被宣布其无罪。否则是为罪责所困，不被上帝所接纳，判为败诉。

沸水判法，实验者必须从滚水中迅速抓取出石块，手臂却不得被烫伤，若被烫伤，须在规定时间内痊愈，否则被视为败诉。

最流行的是热铁神判法，试验者手持烧热的铁块或铁圈，走过规定距离，然后将他被烫过的手和胳膊用布包扎，3 日后解开，若是完好无伤，该人被视为无辜。若伤口糜烂，则是有罪，将被施以重罚，甚至处死。其财产被国王没收，地产归还原有领主。[③]若为轻罪，则判支付罚金或缴纳部分财产、驱逐出境或流放。

与热铁神判法类似的验证法，还有多种，如被告将一只手伸入烧热的铁质手套，倘若无伤，视为无罪。还有一种是嫌疑人须从火焰上走过，腿脚不被烧

① Ariel Glucklich, *Sacred Pain: Hurting the Body for the Sake of the Soul*, Oxford University Press, 2001, p. 19.

② 即以后成为“诺曼征服”的丧国之君哈罗德国王。

③ Fred E. Haynes, *Criminology*, Cambridge University Press, 1994, p. 211.

伤者视为胜诉。再一种类似的神判法，是当事人从 9 个烧红的犁头上越过，无恙者无罪。另一种做法是让被告蒙眼，从火红的煤块上走过，然后把烧伤的伤口包扎起来。三天后查看伤口，愈合了无罪，溃烂者败诉。这种验证注定对被告不利。[①]

与热铁神判法相反的是冷冻神判法，是让被告在冰雪天气，穿很少的衣服，长时间忍受冷空气的侵蚀，冻到全身僵硬、大脑迟钝、讲话吃力。若能活命即被视为无罪。

其他不常用的，还有饥饿判法、干渴判法、渡海判法等和十字架判法。其中渡海判法是要求当事人在大风之际冒险乘船出海，接受生死考验。而十字架判法是使两个当事人面对十字架张开双臂挺直站立，直到其中一人站立不住，即为败诉。

神判法无疑属于迷信行径，愚昧、荒诞、残忍、武断，事先未能刨根问底，仓促处理案件，容易酿成冤情。只是由于它属于宗教事件，由教堂神父参与，多在教会中举行，并赋予庄重的礼仪形式，有了郑重宣誓，得到宗教会议的准许，方有实施的可能。

神判法盛行时，原告提出的各类神判的要求容易得到法庭的支持，被告却难以拒绝。若原告善良无辜，往往不会提出辅助审判的要求。倒有一些恶迹昭彰的被告，唯恐法庭判决对自己不利，尽力要求实施神判法，企图借助侥幸，改变败诉的命运。

除司法决斗之外，诸多神判法的再一不合理之处，是它们在多数情况下，只验证被告而不验证原告，违背了司法中立、司法独立的精神。这等于不承认原告具有遭诬陷的可能，并将司法人员与原告置于同席之地。

被告在神判法面前的处境是如此凶险，有的便钻法律程序的空子，在程序之外曲意打点，花钱收买法官、教士和证人，最易于化险为夷。于是，验证前的贿赂屡见不鲜。如在热铁神判中，受贿的执法者设法降低铁块的温度，使之轻易通过验证。

所谓阅读是被告躲避灾难的办法之一。识字且记忆力优秀者具有莫大优势。他只要将规定的某首赞美诗背诵下来，便可获得赦免。为此，基督教世界流行的第 51 首赞美诗被称为“脖颈赞美诗”，它使一些人保住了脖颈上的

---

① 凯林·法林顿：《刑罚的历史》，希望出版社 2003 年版，第 22 页。

头颅。[1] 文盲和记忆力差者望洋兴叹。

神判法弊端如此之多，易被后人嗤之以鼻。若是全面考虑当时的情况，还不应漠视其存在的依据和相对合理之处。

其一，其实施具有理论根据。神判法以基督教信条为信条，试图借助于上帝的“正义判决”，在善恶正误之间得到公平的求证。而且，在神判法履行之前，未武断地、先入为主地确定是非，没有使被告或原告不加区别地承受恶名。而且，它避免了武断的认定。

其二，神判法归属于司法体系，并受司法程体制的制约。除有关司法人员和神职人员的照章操作，业外人士不得随意滥用。这使社会上的权势人物不得使用酷刑，刑讯农奴和敌对者，客观上维护了司法制度。另外，对被验证者也有严格要求。即某人将要经受神判法检验之前，需根据神职人员的要求，节食 3 日，再在公众面前郑重宣誓，申明自己无罪，情愿根据法律，接受上帝的仲裁。[2] 这也在形式上展现了司法事务和案件审理的神圣性和严肃性。

其三，从实施效果来看，在某些弊端较少的地方，由于审判法以其严酷性张扬着警示作用，也使一些顽徒无赖望而生畏，不敢轻易以身试法。

但在另一方面，因神判法弊端种种，长期遭受非议。最响亮的非议来自君主和教会。

威廉二世是公然指责神判法的公正性的英国君主。他宣称：上帝不是公正的判官，因其习惯于保护那些显然有罪的人。他还发现，总是那些地位低下的人容易在审判法中失利。他质疑道：既然上帝无所不察，为何还使当事人在经受痛苦之后才能给予决断？[3]

后人分析，威廉二世很可能是一位无神论者。他不赞成上帝的权力大于王权。他坚信向圣徒祈祷全然无用，反对神判法。[4] 在一次案件审理中，他目睹多名形迹可疑的被告全部通过热铁判法，便嘲笑神明懵懂失察，但未实行司法改革。

英国司法制度改革方面成效卓著的君主是亨利二世。他极力将案件审理权

---

① 凯林·法林顿：《刑罚的历史》，第 22 页。

② Derek Baker, ed., *England in the Early Middle Ages*, Hutchinson, 1966, p. 233.

③ James Q. Whitman, *The Origin of Reasonable and Doubt: Theological Roots of the Criminal Trial*, pp.66–67, 70.

④ Michael Evans, *Death of Kings: Royal Death in Medieval England*, Continuum International Publishing Group, p.40. John Hostettler, *A History of Criminal Justice in England and Wales*, p.20.

从领主那里收回，推行司法令状制度，使诉讼人到国王的法庭起诉，并支持国王法庭和巡回法庭采用陪审团审理案件，一步步取消了封建贵族的司法特权，剥夺教会神职人员对法律事务的干预，使神判法渐渐遁形，为英格兰司法体系注入了理性因素。陪审团由知情乡邻组成，对双方品行和基本情况有较多的了解，可以作出较正确的评判。当一方得到陪审团全体 12 人的支持时，必胜无疑。起初，陪审团主要用于民事和刑事案件。在刑事案件审理中，陪审团提出的证据要由王室司法机构或巡回法庭的审核。上级机构在复审案件时，召唤 12 位或 24 位自由人，履行忠诚宣誓后，接受司法官的质询，据实禀报有关事实。由于他们通常是提供一些不利于犯罪一方之证据的证人，其行为作用和效果显然要强于过去的神判法。这种履行公诉和调查的陪审团，是后世陪审制的先驱机构。①

多数神职人员不是神判法的参加者，他们对神判法的残忍和荒谬不满，有时在宗教会议上严词指责，逐步形成对神判法实施的压力。

广大民众不乏判断能力，深知神判法的荒谬严酷，虽然不敢当场指责，却私下嘲笑非议，对执行者形成无形压力。12 世纪以来，包括英国在内的西欧诸国，开始兴建大学，并设立了法学专业，在不同程度上倡导和传播着法治思想和理性意识，呼吁官方和教会废除神判法。法学者人数虽少，但他们影响往往要超过民众。

神判法还受到教皇的鄙视和质疑。1215 年的第四届拉特兰宗教会议上，教皇英诺森三世作用突出，他不仅主持会议、力主废除神判法，还依靠自己的威望，得到与会者的响应。

此后，使用“血腥判决”的案件在英国逐步减少。1219 年，即亨利三世在位初年，王室法庭指令法官寻找新方式去调整司法审判，在普通法的基础上取代着神判法。② 可见，普通法的兴起和发展是削弱和终结神判法的关键因素。

总体看来，诺曼征服后的最初几代君主虽有非议，但对司法改革无动于衷。司法评论全是学者的事。而亨利二世无愧为伟大的法律和制度改革家。他设计了对全国各阶层实行统一法度的王家法律系统，以代替诸多贵族领主法

① Wallace D. Loh, *Social Research in the Judicial Process: Cases, Reading, and Text*, New York: Russel Sage Foundation, 1984, p.354.

② James Q. Whitman, *The Origin of Reasonable and Doubt: Theological Roots of the Criminal Trial*, p. 127.

庭。他强化了“国王秩序”的法律观念，把所有重要的刑事案件划归王家法庭审理，并将这种做法推广到英格兰所有地区。

七、《大宪章》

在中世纪英国，国王和贵族之间维系着一种双向契约关系。此关系受法律习俗的承认和保护，体现出权力的分割和制约。多数情况下，两者能够互相依赖配合。国王尽意重用贵族，使之参与王国政务，而贵族朝臣积极有效的政务活动，又反过来加强了国王的封建特权。

约翰即位时，英格兰正忍受着通货膨胀的折磨，政府支出激增，约翰为增加政府财力和筹集军费，于 1199—1215 年间将世俗贵族的兵役免除税提高了 16 倍，并提高封建继承税。凡不能及时如数缴纳者，即被没收封地或处以重罚。贵族尽量把经济损失转嫁到给维兰，致使民怨沸腾。1209—1211 年，他从教会掠夺了 2.8 万英镑。城市市民也被课以重税。约翰还在欧洲大陆战争中失败，最后丧失诺曼底。1209 年，他因坎特伯雷大主教的任命得罪罗马教廷，教皇英纳森将其革除教门。

终于，约翰认识到藐视教皇会使自己多方树敌，便向教会求情，答应将英格兰当做教皇采邑称臣纳贡。为此，国民要多纳捐税，顿时怨声四起。1214 年，约翰率军征讨诺曼底，再创败绩，民众大哗。翌年 4—5 月，一批大贵族以约翰未能保护封臣和王国利益为由，发动大规模叛乱。当男爵队伍与王军作战时，市民为叛军助威。王军一败涂地，伦敦洞开城门迎接叛军之师，这场贵族叛乱具备了民众起义的性质，为以后贵族乃至进步势力反对王权提供了范例。

1215 年 6 月 15 日，约翰和大贵族相聚于泰晤士河畔的兰尼米德草地，贵族代表向他呈递了一份文件。由约翰和 25 名贵族签署生效。这即是著名的《大宪章》。①

① F. Barlow, *The Feudal Kingdom of England 1042–1216*, p. 423.

《大宪章》共63条款，主要是重申王国贵族的封建权利和防止国王侵夺这些权利。所表达的内容有：

第一，宣布了国王不可擅自征税的原则，强调：除传统捐税贡赋外，任何赋税的征收都须得到“全国人民的一致同意”。这实指当时以大贵族为核心的大会议的同意。《大宪章》中关于不许对商人任意征税的规定，已突破了以往贵族反抗王权的狭隘性，有助于他们与市民的联合。其他关于遗产税、未成年继承人的财产监护权、领主遗孀的嫁妆等，都作了规定。

第二，是关于国民的权利。其中比较重要的有：

被协商权。文件在有关立法、征税的多项条文中，都有“应与全国人民普遍协商”或征得“全国一致同意”的字样。其中第14款专门规定：为得到全国普遍认可，国王应在规定的时间和地点召集教俗两界大贵族和有关人员协商。召集令需载明召集理由，于40天前及时发出。

享有人身自由的权利。《大宪章》声明：若不经“合法裁决和本国法律的审判，不得将任何人逮捕监禁、不得剥夺其财产、不得宣布其不受法律保护、不得处死、不得施加任何折磨，也不得命我等群起而攻之和肆行讨伐”。

监督国王和反抗政府暴政的权利。第61款规定，为保证《大宪章》的实行，应成立一个有25名男爵组成的常设委员会监督国王和大臣的行为。若委员会发现政府有违章行为，应当要求国王在40天内尽快改正，否则委员会可号召全国人民使用一切手段，包括发动战争夺取国王城堡财产，逼迫国王改过。此款首次提出建立专门委员会以行使对王国政府的监督权，表明英国贵族希望借助一种常设机构，采用和平的而非公开叛变的方式获取政治上的成功；而暴力手段仅是一种迫不得已的最后手段。

就内容和性质而言，因《大宪章》多数条款是重申国王的权限范围和贵族的封建权利，并且是在封建时代的鼎盛时期颁布的，所以它不过是一个典型的封建法文献。其中所说的人民，主要是指大主教、主教、修道院长老、伯爵和男爵等，以及以他们为主体的大会议；所谓自由，是指封建贵族的自由，因为当时为数众多的维兰仍处于农奴地位。尽管如此，《大宪章》的意义仍然是深远的。首先，它通过颁布成文法的方式，比较含蓄地申明和体现了法律至上和王权有限的宪法精神，却把一般性封建原则明确具体地写进条款之中；以后随着岁月流逝，人们渐渐忽略了许多原文，可法律至上、王在法下的法则却被久久铭记。再则，该文件所规定的一些封建原则往往被后人赋予新内

《大宪章》文卷

容，并根据政治需要另作解释。另外，还通过向国王宣告国民有被协商权的原则，明确规定国王必须召开有若干贵族组成的会议，这为数十年后议会的产生铺垫了一块沉稳基石，为数百年后新兴资产阶级参与议会斗争提供了法律依据。

《大宪章》颁布后，约翰企图将之废除，为此引发了内战。翌年 10 月约翰病死，内战结束。教俗贵族总结以往教训，迫使新君亨利三世再三颁布和确认《大宪章》。到了中世纪末期，《大宪章》先后又被确认多次。资产阶级革命开始后，它又成为议会权利的一个法律根据。

八、威尔士、爱尔兰和苏格兰

中世纪的不列颠群岛始终没有形成统一的国家。英格兰和威尔士、爱尔兰、苏格兰之间的关系时好时坏，屡屡出现征服、反抗和屈服。

与英格兰接壤的威尔士多是山地丘陵，给入侵者造成了困难。威廉一世在位末年，派兵占领威尔士北部；但因补给困难，1094 年被迫离开。南方则是另外一种情况。诺曼贵族先在英格兰和威尔士交界处驻军防守，再借地利之便向西北方向推进，就近蚕食许多低地良田，逐步建立城堡村镇。到了亨利一世在位末期，南威尔士实际上成了英格兰一诺曼王国的一个行省。驻守在那里的诺曼贵族则成了所谓的“边疆贵族”。1135 年威尔士人借英格兰王位交替之际，兴兵造反，收复大部分领土，并产生了自己的民族领袖——北方的欧文·格威尼德和南部的里斯·阿普·格鲁菲德。亨利二世即位后，难以忍受二王自立山头，亲率大军讨伐，迫使欧文宣誓臣服。格鲁菲德曾宣誓效忠，但又屡屡反悔。1165 年，他与英军果敢对抗，亨利二世只好从英格兰、诺曼底、安茹和佛兰芒等地募集大批兵力，讨伐造反者。可是，英军行进时，阴雨连绵，到处泥泞不堪，骑士无法作战，迫使他们退兵希鲁兹伯里。北方欧文借机将边界扩展到迪河①。格鲁菲德占领了卡迪根。英军在威尔士失利后，于1170年转而进兵爱尔兰。

8 世纪末，斯堪的纳维亚人侵入爱尔兰，掠夺土地，建立了都柏林等城镇。1001 年，南部氏族首领布赖恩急剧扩张，占领了爱尔兰大部。1014 年他为了统一爱尔兰，在都柏林附近的克伦塔夫击败北欧人及其附属国，可自己也不幸战死，爱尔兰统一事业付诸东流，而后百余年陷于割据动乱。1141 年，伦斯特国王德莫特·麦克莫罗为树立自己的权威，将该国北部的 17 个反叛首领或杀死或刺瞎双目。1153 年德莫特诱拐布赖夫尼·蒂尔南的妻子，两个小国结下深仇。1166 年，蒂尔南联合伦斯特的反叛者，将德莫特逐出爱尔兰。1167 年德莫特带领一群盎格鲁—诺曼人重返伦斯特。这时，亨利二世正在大

① 在北威尔士和英格兰之间，长 70 公里，河口附近是一片沼泽地。

陆，无力远顾，便责令威尔士边疆贵族、诺曼人彭布罗克伯爵前去爱尔兰弹压。彭布罗克不仅靠德莫特的协助，率兵1200人，于1170年占领伦斯特，攻克都柏林，还娶了他的女儿，堂而皇之地成了伦斯特王国的王位继承人。翌年，德莫特病死，彭布罗克即位。

亨利二世大怒，率领500名骑士和4000弓箭手亲征爱尔兰。彭布罗克见势不妙，匆匆退位。入侵者大肆掠夺爱尔兰土地。亨利二世的亲信休·拉西在爱尔兰东部攫取了50万英亩土地；菲茨杰拉德家族占领了爱尔兰西南部的芒斯特王国，驱逐国王麦克卡思；约翰·德·库西在厄尔斯特扩展地盘。到了12世纪末，盎格鲁—诺曼人凭借先进武器和诸多城堡要塞，统治着爱尔兰2/3的领土，强制推行封建土地制度，爱尔兰农民沦为农奴。但他们仍讲本族语言，与征服者分居。①

苏格兰的情况略显特殊。比起威尔士来，它离英格兰政治重心更远，领土宽阔，军事上有回旋余地，实力超过爱尔兰。1005年，苏格兰地方首领马尔科姆杀死国王肯尼斯三世，称马尔科姆二世（1005—1034年在位）。大约在1016—1018年，他在卡雷姆战役中击败诺森伯利亚军队，保卫了国土，将边界南移。马尔科姆死后，苏格兰局面失控。1040年，肯尼斯三世的孙子麦克佩斯崛起，杀死其堂兄邓肯一世，自立为苏格兰国王。到了50年代，邓肯一世的儿子马尔科姆依靠英格兰的支持杀麦克佩斯，夺回王位，称三世（1058—1093年在位）。②1072年，马尔科姆承认英王威廉一世的宗主地位，却不认真履行封臣义务，在一次南侵时被英格兰军队杀死。

1066年诺曼征服时，毗邻的许多诺森伯利亚人来此避难，他们带去了南国的语言、文化和基督教，加快了苏格兰的英格兰化。诺森伯利亚国王的妹妹玛格丽特与马尔科姆三世成婚，她帮助国王改造宫廷和教会。1124年，他们的幼子戴维一世成为苏格兰国王。他支持其侄女、神圣罗马帝国皇后为亨利一世的继承人。斯蒂芬夺取了王位后，他于1136年兴兵南下，迫使斯蒂芬割让坎伯兰。两年后他又乘英格兰发生动乱，出兵拓土，被英军打败。戴维一世统治后期苏格兰致力于苏格兰的发展，初步建立了中央政府，铸造了第一批苏格兰货币，修建了许多城堡，后来在这些城堡周围形成了一批城市，如爱丁堡、

① C. Roberts & D. Roberts, *A History of England, Prehistory to 1714*, p. 116.

② 以上历史情节在莎士比亚的剧作《麦克白》中再现，但做了不少更改。

斯特灵、贝里克等。他还招募英格兰多种人才，引进英格兰封建关系，促使克尔特的部落土地租佃制转化为封建分封制，但名义上苏格兰土地全部归国王所有。国王用伯爵和塞恩等封号代替旧的等级制。

1153 年，戴维一世去世，王位传于 11 岁的长孙马尔科姆四世。几年后亨利二世迫使他臣服，并以亨廷顿伯爵领地为交换条件，要他退出了其先辈所获得的诺森伯兰郡和坎布里亚郡。1165 年，马尔科姆的王权被胞弟雄狮威廉夺去，并丧失性命。新王威廉一世（1165—1214 年在位）性情倔犟，不愿向英王称臣。1173 年他参加亨利的儿子发动的叛乱，企图夺回诺森伯兰。1174 年在阿尼克被俘，囚于诺曼底的法莱西。在承认英格兰国王为其领主之后获释。以后，他的对外政策比较灵活。1189 年将 10 000 马克交予正在筹措十字军东征军费的理查德一世，换回了苏格兰的独立地位和一些失地。1209 年，他与英格兰关系紧张，约翰国王派重兵震慑，威廉投降。而后，苏格兰支付了 15 万英镑，并以两个女儿为人质，才将他换回。在国内，他为了巩固自己的统治，建立了一个规模不大但颇有效率的中央行政机构，并在各地设立了一些自治市。他在晚年曾为王位继承问题困扰，所幸老年得子。1214 年 12 月，其子亚历山大二世即位，统治苏格兰达 35 年。

亚历山大二世实行稳健政策，对内继续加强君主专制政体，坚决镇压贵族反叛。对外尽力与英格兰保持和平。1215 年英格兰诸侯联合反对约翰国王时，他站在叛军一边，希望得到他所要求的英格兰北部的领土。1217 年叛乱失败后，他向亨利三世效忠，主动与英国宫廷联姻，于 1221 年娶了亨利三世的妹妹。1237 年，他与亨利缔结了重要的“约克和约”，放弃了对英格兰的领土的要求，换回了一些领地。自此，苏格兰的边界大致稳定在现今的位置。

第四章

中古鼎盛时期

（12 世纪—14 世纪）

一、贵族和骑士

在中世纪英国，世俗贵族主要是指军事贵族（aristocracy），而广义的贵族（nobility）则包括大贵族和众多骑士。“骑士”（knights）也是一个涵义不甚确定的术语。广义的“骑士”常将伯爵、男爵等高级贵族笼统包括在内。所以，若要了解中世纪英格兰的贵族体制，还须了解当时的骑士制度。

不列颠的骑士制度（chivalry）主要是诺曼征服之后在英国生根的一种贵族制度。根据欧洲贵族间通行的长子继承制，贵族长子拥有优先成为骑士的资格；次子和幼子（王族例外）只可以承受有限的财产，担任骑士的随侍，除非立下战功获得新的领地和封号，才能成为骑士。

12—14 世纪的英国是典型的等级制社会，所有的人都可以在整个社会的金字塔上找到自己的位置。

在金字塔的顶端屹立着国王，他每年有数万英镑收入。国王下面是十几名伯爵，年度收入在 1000—2000 英镑之间。其次是人数稍多的男爵，年度收入在500—1000英镑之间。[①] 再下是为数较多的骑士，年收入从20—100英镑不等。国王、伯爵和男爵的地位明显高于骑士。可骑士又可以轻视其他民众，以小贵族自诩。还有一些地主乡绅，没有骑士的身份，生活水准和骑士接近。

各级贵族的主要收入来自于地产。有的贵族为扩大收入，努力拓展耕地面积，开辟处女地，侵占公有地。尽管有时会被处罚，但因罚款常低于实际收益，一些贵族还是乐此不疲。

农业收入并非贵族地主唯一的来源。他们还可从磨房、鱼塘的管理中得到可观进项。有的贵族还经国王授权管理市场、税卡、渡口码头、盐池，其收益除部分上缴国库外，余额归己。替王室管理森林、城堡和其他不动产名义上是一种义务，实际上收入不菲。贵族的再一收入是来自司法方面。某贵族从国王那里得到大宗土地，就同时得到领地上的司法特权和相关收益。

各级贵族的收入同其他居民的收入形成很大的反差。一位熟练的行会技工一年能挣5英镑。非熟练工匠约挣2.5英镑。洗衣妇仅挣1英镑。

各家贵族的开支相当巨大。除向宫廷缴纳捐税、招待宾客和支付随从薪酬之外，还尽力维持庄园的排场。各庄园都有一个颇大的府第，使唤着40—80名仆役。其中有总管、账房、秘书、厨师、驭手、随从、女仆等等，同样划分为不同的等级。平时，主人虽然不必事事躬亲，但过问家中要事，参与土地经营。贵妇是主人最尽心的帮手，当主人因会议、战事外出时，她亲自主事。

出于安全防护的需要，许多大贵族建有与自己等级地位相称的城堡。12—14世纪的贵族城堡用坚硬的石块砌成厚厚的高墙。墙外有宽而深的壕沟。墙上有数个瞭望塔和一个门楼。门楼下的通道设有狭窄通道和吊桥，以造成一夫当关、万夫莫开之势。墙内上端有专门通道，供士兵巡逻和发射箭弩。城堡内有教堂、起居室、卧室、库房和厨房等一应生活设施。

在13世纪，英国骑士大约在500—1000名之间，数目大大低于前朝。多数骑士或从骑士家庭拥有150—350英亩的领地，宽敞的住处，使唤着二三十名家人，但没有城堡和豪华的府第。亨利二世自1159年征收代役税，取消了封臣原有的骑士职责后，许多骑士为保持武士本色，常常驱犬狩猎，纵马比武。

---

① 美国学者西德尼·佩因特估计：1180—1210年间每名骑士的年平均收入大约在10—20英镑。各级贵族的年平均收入约为115英镑。当时英国物价波动较大，学者们所掌握的数据有较大的差异。

贵族好战尚武的习性源于他们自幼所受的骑士教育。某贵族子弟要想成为一名骑士，自七八岁起就被送到比自己家庭高一级的封建贵族家中充当仆童，接受上流礼仪教育，偶尔观摩骑士训练和比武，然后为侍从教育阶段。到了12—14岁，则侍候领主，形影不离，继续学习贵族礼仪，照料主人日常生活。年龄再大些，在比武场和疆场上观摩、锻炼，学习使用各种武器和战斗技能。中世纪骑士教育的目的，是培养具有征战能力和尚武品质的封建卫士。骑士教育的特点是重视军事能力的训练，忽视文化知识的传授，许多骑士目不识丁。

当“见习骑士”学习生涯结束时，要参加宣誓仪式和授衔仪式。授衔的仪式颇为程式化。被授衔者在颈上挂着一把剑，走到神坛前。神父解开剑来祝福一番，又重新挂在他的颈上。领主再发出一连串的质问，被授衔人必须按照习惯回答。然后，骑士和淑女们帮助他穿上骑士盛装，包括锁子铠、胸甲、臂饰、剑及马刺。

得到金马刺意即得到骑士的名衔。领主傲然站立，亲吻他的双颊，用剑背在他的颈或背上敲击数下，作为他能够忍辱负重的象征。新武士接受了枪、盔，然后分发礼品予见礼者，设宴款待友人。以后，他就有权参加比武大会。骑士比武是从法兰西引进的军事习俗，12世纪末至13世纪盛行于英格兰。最初只是自发地在地方上举行。1179年，被骑士誉为楷模的英王理查德正式承认了骑士比武大会的合法性，并规定凡骑士比武大会必须经国王的特许方可召开，每个参加者必须根据自身级别事先向王室交纳“入场费”；比武大会必须在固定的场地举行。国王如此规定：一是借此扩大财政收入；二是为了促使武士加强军事训练，提高军事技能；三是借此对贵族加以管理和控制，使他们忠于王室。

比武大会短仅一日，长至一周，最精彩的活动是马上竞技，两骑对面厮杀，以搏胜负。胜者可接受裁判官和淑女们的奖品。比赛结束之后，活命的骑士和观战的贵族们就一起参加黄昏时的歌舞宴会。

骑士比武得胜后，发誓忠于君主和领主，保护教会、弱者和妇女，维护地方和平，打击异教徒，勇敢无畏，宽宏大度，等等。所有这些构成所谓的骑士精神。

但在现实生活中，多数骑士的行为都不能达到“誓言中的境界”。倒有许多骑士表现出露骨的凶狠好斗，欺凌弱小，贪生怕死，忘恩负义，在行为上表现出多面性。在封建纷争和十字军东征中，英格兰骑士和欧洲他国骑士一道，将村镇夷为平地，把生灵化作涂炭，灭绝万家，弃尸千里，将残暴发挥到了极致。

骑士精神的核心是勇敢杀敌，建功立业，但在中古战场上，死伤最多的却是步兵，他们多是地位低下的维兰。一名骑士即使身经百战，也会由于敌方骑士的“英雄惜英雄”而得以保留生命。如在1119年的一次有900名骑士参加的战役中，仅有3人殒命。原因之一是他们为铁甲严密包裹，成为“移动的城堡”，不容易为对手所伤害；再是他们考虑到伤亡过重会引起严重的复仇，宁愿用战俘换取高额赎金。

骑士们在战场上表现平平，战场之外却威风八面。他们常常为了无关紧要的理由拔剑私斗。正因如此，凡是骑士群居的地方，总是格杀不断。骑士精神的另一个副产品，是所谓的“英雄爱美人”。他们本身素质会导致对情欲的放纵、见异思迁和对婚姻的厌倦，并在社会上造成不良影响。

纵观之，英国骑士制度作为封建主义贵族制度的伴随物，始于10世纪，发展于12—13世纪，13—14世纪进入“黄金阶段”，而后受到“百年战争”和“玫瑰战争”打击而逐渐萎缩。

二、庄园和新农业

直到14世纪黑死病和农民起义之前，英国农业社会的封建主义性质没有变化。农村庄园仍是乡村经济和政治生活的基本单位。

中古英国的庄园和村庄并非一体。在东盎格利和肯特郡的大部分村庄里，不少农民已是自由人，同庄园脱离了关系。在康沃尔、湖区、威尔士边界和奔宁山区等地广人稀的乡间，个体农户和小村落甚多，也难以组成封建庄园。甚至在庄园制比较流行的英格兰中部和南部，村庄和庄园也并非完全一体。例如，在1279年的沃利克郡，大约有一半的村庄和庄园“一对一”地吻合着的。其他村庄通常有二三个庄园。一个村庄约有300个居民。有鳞次栉比粗糙简陋的农家小屋，有鹤立鸡群豪华宽敞的“庄园宅邸”(manor house)，有一座教堂。“庄园宅邸”是庄园主或其管家的住所和封建领地的管理中心，也是乡村公众生活的中心，宅邸中的大厅是庄园主的会议厅和佃户集会的场所。12世纪时，大厅设在二层楼上，周围有壕沟保护。庄园周围是大片的农田、草场、荒地和树林。

许多村庄在庄园的基础上形成了“庄园制”（manorialism）。庄园制是一种政治、经济和社会制度。在这种制度下，农民依附于土地和领主。庄园主是庄园头目。他把一部分领地租给自由承租人，换取后者的租金、兵役或其他劳务，在自由承租人下面是农奴和奴隶。

各庄园都设有“领主法庭”（manorial court）。它是由庄园主的总管或管家主持。庄园各种吏员，如作为总监工的庄园管理员和看护庄稼、维护治安的村警等，也在这里得到任命。领主法庭可对村民行使司法权。佃户若有违法行为，由该法庭审判，审判后根据情势处以罚金。罚金是庄园主的一项收入来源。佃户间进行的土地交易都要在领主法庭登记。

在领主法庭上，村民可以就敞田和草地管理等问题发表意见，但只有庄园主拥有裁决权。佃农从庄园主那里得到了条田，就必须服从庄园主，并以实际行动在领主法庭上显示出对庄园主的忠诚。庄园中的农户分为不同种类。自由农居于最上层，约占村民的1/7，他们只需向庄园主交纳少量租金。其余村民都是农奴，不得擅自离开庄园，不得私自婚娶；若是犯有轻罪，必须听从领主法庭的处罚。

在庄园里，甚至农奴也因份地的多寡分为不同的等级。家产殷实的农奴大约领有30英亩的条田。其次为15英亩、5英亩不等。农奴依据土地的多寡向庄园主交纳地租和服劳役。农奴去世后，可以将地产传给长子或次子。处于庄园最底层的茅舍农没有土地，靠打工为生。

同任何文明国度的农业社会一样，中世纪英国的庄园既有它平静规律的生活画面，也会因生产力的发展而导致生产关系的变化，并逐渐改变着它的原有的面貌。

中世纪人口的变化也会引起农业水平的提高。历史学家对1086—1300年间人口的估计颇有差异，但都认为其间英国的人口起码增添了一倍。除了英国这时极少出现大规模传染病以外，重要原因之一是农业经营方式的改进提高了社会生产力，改善了食品生产和供应。反过来，人口增长刺激农产品价格上涨，成为人们改进耕作技术的诱因。1190—1203年，英格兰每夸脱小麦的价格由1先令9便士提高到3.5先令；犍牛由4先令增加到7先令；绵羊售价提

中古庄园生活

高了1倍。1210年起,20年里小麦价格先是略有下跌，很快又攀升到6先令。[①]

导致农业生产力提高的一个重要原因，是在11世纪，从大陆塞纳河和莱茵河流域引进了农田耕作的三圃制，逐渐取代了传统的两圃制。过去流行两圃制时，每年有一半土地处于休耕状态。现在春秋两次播种2/3的土地，休耕地减少到1/3，农作物播种面积增加，在技术条件和土地肥力不变的情况下，播种地增加了1/3，农产品也有相应的增加。另外，三圃制的实行还有利于减少农田犁耕的亩数，可以节省畜力和人力。例如，一块30英亩的敞田，在两圃制下15英亩犁耕一次然后播种，另外15英亩休闲地至少犁耕二次，总共要犁耕45英亩。而在三圃制下，同一块田地，有20英亩犁耕一次，10英亩休闲地犁耕两次，总共只犁耕40英亩。当然，三圃制的普及需要一个过程，直到1300年它才比较流行。一些地区受土壤、气候和技术条件的限制，继续保留了两圃制。还有，一些比较发达的农业地区，如东盎格利和肯特等地，休耕地本来就少，农民通过种植豆科作物和增加肥料来保持和提高土地肥力，不需改变耕作体系。

农业技术也有所改进。一项引人注目的变化是农民用马犁田。过去，因马蹄容易磨损，马匹限于货物搬运和狩猎。12世纪初，发明了马蹄铁和皮革牵引颈圈，人们开始用马拉车、耙地、耕田。四轮马车开始取代了小型的两轮车。马匹犁田的效率也比牛耕提高了50%以上。

动力资源扩大的一个事例是水磨使用的扩展和风磨的使用。1185年，约克郡的威德利建成了第一座风磨，以后渐渐流行于东部英国。

同一时期人们对林地、湿地的垦殖是增加农产品产量的又一有效方法。根据数百年前遗留下来的田地分布图，可以看出，在古老农田的边缘地带，出现了新开辟的圈围地，上面写着“从前的灌木丛生荒地”，可以用作牧地和耕地。甚至一些王室森林也被农人强行围占。在英格兰东部的费恩，人们用筑圩排水的办法，将125平方公里的临海沼泽地改造为良田。

在农业生产水平提高的同时，地租形式和农村生产关系也在潜移默化地改变着。20世纪的研究成果证实，到了13世纪末，在英格兰多数地产上，货币地租已经取代了劳役地租。例如，根据有关的计量调查可知，各个地区的劳役在地租中所占的比例不超过40%，有的地方不足10%。劳役地租转变为货币

① C. Roberts & D. Roberts, *A History of England, Prehistory to 1714*, p. 99.

一是可以避免过去农人在领主庄园劳作时的怠工现象，二是地租形式转换时要经过认真的折算，这又刺激着商业经济的发展。

地租形式的变化，使一些维兰原有的封建依附性弱化，统治阶级渐渐地不把他们当做奴隶看待。政府在1252年颁布的有关武器管理的诏令中，允许维兰携带武器，“保卫国家”；这实为维兰地位变化的一项法律依据。维兰同庄园主关系也有所变化。过去，他们必须为庄园主无代价地定期服役，现在演化为“在庄园主的请求之下”，不定期地帮忙。即农忙季节帮助做些季节性的工作，如割草、收获、剪羊毛等。有的庄园主不为“帮忙者”提供膳食，但不少维兰在为主人劳作时可以得到免费的，甚至比较丰盛的饮食。一个维兰可以用支付工资的办法雇佣另一个维兰来替他工作。诸多事实表明，传统的具有农奴身份的维兰已开始演变为半自由人。农奴和自由农之间的界限渐渐模糊了。这在自由农和维兰人数众多并混居在一起的地方最为明显。一个维兰与一个自由民结成亲家，或者一个地主的儿子和管家的女儿结婚，他们子女的后代的社会地位就不容易认定了。当然，在某些全部使用维兰劳动的庄园中，庄园主就容易维持原有的封建关系。[①] 这些庄园通常有着面积较大的保有地。维兰使用了这些保有地，就必须为庄园主服劳役、履行义务和交纳地租。亨利三世在位时，有些维兰的儿子每年交纳一两只鸡，就可以外出谋生。当然，仍然有一些维兰因外逃被捉回，再被领主法庭审判的事件。这些逃亡者大多属于维兰中较低的阶层。

面对维兰地位的变化，有些庄园主力图行使特权申明传统的法权，但常常大题小作，不了了之。1247年，在一个居民都是维兰身份的小俄格布恩镇的贝克庄园中，全体维兰因为没有替修道院洗涤羊群，而被判处6先令8便士的罚金。当时，这笔罚金仅相当于1.5夸脱小麦的代价，并且由许多维兰家庭共同负担。再如，米德尔塞克斯的一个维兰交付了13先令4便士，就可以成为自由民。

对旧的封建关系而言，与货币地租有着类似瓦解作用的是土地交易。13世纪，在英格兰中部实行敞田制的村庄中，土地的出售与买进、出租和交换以及对份地的分割和合并等交易渐渐活跃起来。庄园领主用购进或交换长条地的办法，把他的保有地合并一起。这就为他以后继续扩充土地准备了条件。不完

① 约翰·克拉潘:《简明不列颠经济史——从最早时期到750年》，上海译文出版社1980年版，第140页。

全自由的佃农得到庄园主的许可也可以交换土地。这都在潜移默化地动撼着封建主义的基础。

14世纪以来，英国封建主义庄园经济已到了鼎盛期，并开始显露颓势。只要社会发生大的动荡或受到某种大的刺激，它的基础就会动摇。

三、城镇自治和行会

当人们努力开辟土地和改进农业耕作方式时，养羊业在各地发展起来。早在11世纪，英国羊毛就在本国出口中占有较大比例。12世纪佛兰德、佛罗伦萨等地毛织品加工业的繁荣，增加了对英国羊毛的需求量。许多地方、不同阶级都从事养羊业。1225年，威尔特郡的一个居民区，半数以上的佃农拥有羊群。有的地方，几个村庄或庄园联合起来分类管理羊群。牧羊人具有自由身份。羊的增减有账可查。温彻斯特主教的一些庄园里饲养了29 000只羊，林肯主教的庄园饲养了3400只。一般小农户拥有土地不多，也想从养羊业中获取收益。如在1275年的沃林福德的斯文科姆，有10个维兰佃户，平均每户只有8英亩可耕地，却拥有在公有地上自由放牧的50只羊；对他们来说，牧业的重要性不亚于务农。

养羊业的发展推动着羊毛出口。1194年，英国出口羊毛达5万袋，相当于600余万只羊的产毛量。同时，英国羊毛加工业也已起步，每年生产了12 000匹呢布。1300年，英国羊毛出口达28万英镑，约占全国出口总值的93%。伦敦、纽卡斯尔、南安普顿、波士顿、布里斯托尔和荷兰的多特里奇特、勃艮第的布吕赫等，都成了英国羊毛的集散地。一袋羊毛在英格兰只值4英镑，运到佛兰德卖12英镑，利润高达200%。为此，一个商人在其窗户上刻上了这样的句子：

我将永远赞美上帝，
是绵羊使我衣食无虑。①

① C. Roberts & D. Roberts, *A History of England, Prehistory to 1714*, p. 100.

养羊业促进了商业发展。一些大地主从小农那里收集羊毛，大宗输出国外，还出现了专门从事国际贸易的中介商人。12 世纪，伦敦“汉萨区”的日耳曼商人控制着羊毛贸易。13 世纪转入来自意大利的为教廷征收宗教税的商人手中；他们为了扩大营业额，甚至同英国人预先签订大宗商品合同。外商的介入促使英国人参加激烈竞争。1273 年，他们在本国羊毛出口中，控制了 1/3 的额度。

除了羊毛业外，其他商品的出口量也多超过以往。英格兰的粮食、布匹、铁、铅、锡、煤炭运往佛兰德、佛兰芒和西班牙、地中海的许多口岸。并从塞纳河流域和莱茵河流域进口大量的生活必需品。13 世纪初，英国每年从加斯科尼进口 20 000 吨葡萄酒。

英国的国内贸易远远超过国际贸易。怀特岛西北部港口雅茅斯鲱鱼、约克郡斯卡伯勒的鳕鱼售往全国各地。格罗塞特郡迪恩森林的铁制农具在乡村出售。北部诺森伯兰郡的煤炭率先用于金属锻造、烧石灰、造酒。以后许多地方开采煤炭，使用范围渐渐扩大。商品流通促使人们制造更多更好的运载工具。公路、运河和海港附近成为贸易市场和交易中心。乡村集市类型不一。其中“周集”通常在星期六；年集短则一周，长达一个月。城镇虽然有终年开业的市场和商店，有时还另有集市。英国最大的年集，是在亨廷顿的圣艾甫斯和史密斯费尔德的圣巴斯豪劳姆。届时各地英商和外商来此做生意。12—13 世纪，几代国王相继颁发了 2500 个市场特许状，得到可观收入。

随着岁月流逝，定期乡村集市贸易渐渐地让位于常年开张的城市商店经营。这种变化，是商品经济扩展的结果，又归因于当时城市的发展。

城市发展有个渐变过程。11 世纪末，英格兰许多城市仍带有农业特色。它们的土地分属附近的一些庄园，还拥有休闲地、草地、森林等。居民在城外，甚至城中领有土地，向所属庄园履行义务。

12 世纪是英国城市发展的繁荣时期。旧城市得以扩建，新城市接踵而起，城镇人口逐渐增加。13 世纪，英国共有大小城镇 100 余个。其中最大的城市伦敦约有 30 000 人；约克 10 000 居民；布里斯托尔 8000 人；考文垂 6000 人；诺里奇 5000 人。到了 1400 年，伦敦有 50 000 人左右，其他城市人口均有不同程度的增加，但城市居民仍然不到全国人口的 20%。

城市人口的增加源于两个渠道：原有居民的繁衍生息和乡村居民的补充。那时，一个农奴逃离庄园 1 年后未遭拘捕，可自动成为自由民。他们入城后，做工，经商，成为市民。

各城市里，伦敦以其遥遥领先的人口和工商业中心的地位，稳居于全国城市之首。诺曼征服时，它幸免于战火，而后继续扩充。12 世纪中叶，城中有 10 多个修道院、100 多个基层教区，街道纵横，商旅辐辏，精明的犹太人也有自己的社区。

城市有着不同于农村的管理问题。一些老城率先设立法庭和事务所，由王室任命的专职“里夫”主持，并负责收缴租税、罚金、杂费。市民渐渐对盛气凌人的钦命官吏产生反感，宁愿自行选举官员。

1129 年，贝弗利首先获得了自治特许状，成为英国第一个自治市。但由于该市较小，地处北方约克郡，影响不大。

亨利一世在位时，伦敦市民每年向王室缴纳 300 英镑税金，从王室得到自治特许状，自行选举市长和市政官，得到了自行管理城市的特权，但被亨利二世收回。

王室出尔反尔，迫使伦敦人为争取自治权而继续努力。斯蒂芬在位时，他们曾自发建立了公社，但只存在一年。1191 年他们再次建立公社，又被官方解散。所幸以后理查德一世和约翰王急需钱财，被迫允准伦敦等城市自行收税和自行选举官员，以换取它们的税收支持，这使它们迈出了城市自治的关键一步。1193 年他们选出了市长，并于 1216 年确立了每年改选一次市长的制度。① 为了协助市长工作，市民还选出了一个 24 人的市政议会。伦敦的做法影响了其他城市。截至 1216 年，已经有 10 多个城市自行选举市长。

随着城市人口增加和工商业发展，居民从业情况复杂化。在较大城市，行业多达几十种，不同行业之间和行业内部，竞争渐渐激烈。为了维护本行业利益和避免恶性竞争，一些行业自发建立“基尔特”即行会。

各个基尔特的职权有着不同的规定。如伦敦“面包基尔特”，不仅规定了面包型号、分量和成分等，还规定做白面包的不许做黑面包等。大处观之，基尔特主要是制定商务规章，监督市面贸易、度量衡、商品质量和价格，保护和控制本地商业，联合抵制外来竞争，反对个人垄断、抢购倾销和囤积居奇等不正当商业行为，在本会从业者之间提倡救助。在各种规定中，最引人注目的是维护本会的商业垄断和禁止外来商人随意经商的条文。例如，在 13 世纪，莱

① 爱德华一世在位时，伦敦每年改选市长的做法被迫中断。

斯特的毛纺业基尔特规定：唯有基尔特成员可以在那里大宗买卖羊毛。当时南安普顿的商人基尔特则规定："任何人不准携带货物进入南安普顿叫卖，除非他是本城商人基尔特的成员，或是本城市民。"

附带指出，英国最早出现的基尔特是属于俱乐部、联谊会和宗教性质的，如11世纪温切斯特的骑士基尔特。它们的组织方式和规约先被商人借鉴。1129年出现了"小贩基尔特"。[①]

最初基尔特是自发成立的。如1066年建立的多佛尔同业公会。而后王室为经济目的颁发特许状，并对其加以控制。据记载，牛津郡的贝福德最早获得了建立商人基尔特的特许状。

商人基尔特不同于负责地方自治的市政机构，因为有些市民不一定是基尔特会员，而参加了某基尔特的商人也不一定就是该市市民。一个人可以参加一个或几个基尔特。到了13世纪，英格兰的大部分城镇和苏格兰的部分城镇建立了基尔特。而且苏格兰的商人基尔特具有发展成为市政机构的趋势。

商人基尔特曾兴盛一时，13世纪其优势被行业繁多的手工业基尔特——织工基尔特、洗毛工基尔特、制革工基尔特、金匠基尔特、缝纫师基尔特等——所代替。其中以织工基尔特人数最多。各类工匠基尔特都有工薪待遇的规定。如羊毛打包工每天可获1便士和一些饮食；洗毛工每天得1.5便士，但伙食自理。

另外，还出现了跨越行业的工匠师傅基尔特和学徒基尔特。这类基尔特首先出现于伦敦，它们分别对佣工制和学徒年限等作了具体规定。14世纪，伦敦的基尔特多达一百多个。

当时和以后很长时期内，由于英国人口流动和城市人口变化，基尔特的成员在各城市里均占少数。就技术水平来看，参加基尔特的工匠和未参加基尔特者不仅没有大的区别，有些基尔特的成员反而显得墨守成规。

久而久之，基尔特的团体利益可能与地方政府的利益发生冲突。大约在1200年，伦敦自治机构就为某些原因而对4个基尔特的成员施加压力，要求他们成为本市市民，否则就得放弃他们的行业特权，只能向城市居民出售产品，等等。1256年亨利三世在发给诺里奇的特许状中规定，不得认可"对城

---

① 约翰·克拉潘：《简明不列颠经济史——从最早时期到750年》，上海译文出版社1980年版，第179页。

市有害”的基尔特，不得成立当地居民所反对的基尔特等，也是事出有因。[①]

尽管有一些矛盾和问题，但中世纪英国工商业基尔特的出现和发展，有利于提高城市自治程度和管理水平，有利于当地工商业的发展，却是没有疑义的。

四、教会和教堂建筑

在 12—14 世纪，英国教区设置无显著变化。如在 13 世纪，全英格兰依然划分为两个大主教区，下设 19 个主教区和 40 个分主教区，除了中部英格兰之外，各地分主教区和郡区划分大致相符。主教区之下共辖 9500 个基层教区（perishes）。其中大约 500 个基层教区分布在城市。伦敦就有 120 多个。

13 世纪教界人士达 40 000 人。其中修道院、教会和云游僧约 16 500—17 000 人[②]，修女 7000 人；另有 15 000 名修士修女在医院工作或隐居他处。

由于经济地位的差别，所有教士也划分为不同的等级。高级教士不仅享受什一税和其他宗教收益，还兼有大地主的身份，拥有许多庄园和牧场，获取地租和商业利益。坎特伯雷大主教、约克大主教、温切斯特主教、伊利主教和达拉姆主教等人的财富足以与大贵族相比。其次是教区长，他们若能独享所在基层教区的全部什一税，或兼领两三个基层教区的职位，其经济地位大略和骑士相等；若其收益要被当地修道院、教会分享，用于豢养教会各色人员，其经济地位就下降了许多。基层教区牧师的年收入虽然不过 4 英镑，还是比普通农夫强了不少。他们之下的祭司等教士，经济水平与普通百姓无异。

1221 年和 1224 年，不列颠先后出现了两个较激进的宗教派别——多明各修会和方济各修会。它们有的来自大陆，受新教派思想的熏陶，不少人是行乞四方的托钵僧，厌恶高层教士的豪富奢靡，针锋相对地宣传清贫和简朴，提倡“像尘世中过往香客和流浪者那样乞食，虔诚而谦卑地侍奉上帝”。但他们的游

① 约翰·克拉潘：《简明不列颠经济史——从最早时期到 750 年》，上海译文出版社 1980 年版，第 182 页。

② 一说有 13 600 人。

说未能使多数人理解，而后，也入乡随俗，在他们群居的城市置办了房产。

那时，教会的最大问题是教士愚昧无知。坎特伯雷大主教配卡姆在1291年叹道："教士的混沌无知使人们堕入谬误的深渊。"他们在教堂和修道院里，"像学舌的鹦鹉一样"读经讲道，却未必理解那些拉丁语经文。在教堂之外，他们不顾圣诫，酗酒、偷猎、姘居、成婚、生育子女，又劝说教民以善行赎罪，主动把地产转让教会。土地流入教会影响到国家的税收，为此，政府于1279年和1290年两次颁布《永久管业权法令》，限制教会攫取土地，使这种用花言巧语获取地产的行为有所收敛。

中世纪的英国，个人和家庭生活的重大事件都被基督教会的宗教仪式所包容。出生、婚配和死亡都必须履行宗教仪式。周末几乎人人去教堂，听牧师传经讲道。他们虽然听不懂拉丁语经文的含义，却本能地表现出谦恭、虔诚、驯服和理解，甚至主动反省自己的言行，沉痛忏悔。而教会正是利用他们的这种心态，借助于宗教象征物和世代相传的礼器，借助于墓地、圣殿、圣徒遗物与十字架，以及教堂的宗教仪式，对教徒施加影响。

在各种宗教设施中，对教民最有震慑力、吸引力的是宏大的教堂。教堂尖顶能唤起教民对上帝的崇敬和遐想；教堂大厅使讲经牧师的声音更加悦耳动听。基督教会正是通过教堂修筑，耗费着社会的巨大财富，充分张扬着当时的建筑艺术，为后世留下了宝贵的艺术财富。

英国教堂建设的高潮是在诺曼征服之后出现的。诺曼人用武力征服了英格兰人后，为便于治理这块新国土，就用"圣经"和教义抚平他们心头的创伤，而修建高耸入云的教堂则成了必要。据记载，仅在一个世纪之内，英国就修建了97所大教堂。若是加上各地星罗棋布的教区教堂，教堂数量就大得惊人。尚在农业社会的英格兰百姓所耗费的代价，委实是过于巨大的了。

11世纪后期至14世纪前期，英国的教堂建筑风格有所变化。其中1200年之前建成的教堂虽属于哥特式风格，可因它们具有明显的诺曼时代特色，留下了以往建筑式样的痕迹，而自成体系。

英国的诺曼底式的建筑既体现了罗马式建筑的格调，又是法国建筑的变形。堂顶通常是木质的，用厚石墩之上的圆拱和厚壁支撑着。如果建筑物巨大的穹隆是石料的，负重墙壁的厚度就会有8—10英尺。好在这些建筑大多分散在偏僻地带的修道院，它们很少用复杂的艺术雕塑来修饰外部，所以费工不多。若是在人口聚集的地带建筑大教堂，则会将新旧建筑技术结合起来，规模相当宏大，装饰也复杂得多。例如闻名遐迩的林肯大教堂在1185年的大地震中损害后，重建为哥特式建筑，两个钟塔非常高大，正面的雕饰精细华丽。矗立在威尔河畔的达勒姆大教堂，其前身是一座10世纪石造建筑，1093年诺曼底主教来此任职后，将之拆毁，役使当地将近两万人的居民，修复新教堂。这项工作进行了一百年，1195年竣工。其巍峨的中堂是典型的诺曼底式，在未经雕饰的柱冠上承载着由许多圆拱组成的双排拱廊。同以往修建的教堂相比，达勒姆大教堂的技术起码有两处创新。一是在穹棱上装上肋材，以分担穹顶的重量；二是将横拱改为尖形，将斜拱改为圆形，使教堂内部增添美感。①

公元1175年，诺曼底风格的教堂还在英国兴建着，典型的哥特式建筑已经开始在不列颠立足了。总体来看，英吉利哥特式大教堂的平面图依然保留了罗马式的长方形会堂：一个长长的中堂，里端有神殿以及半圆形厅室，高高地坐落在两条通道之间，其上是由墙、柱支撑的屋顶。中堂和通道被一个“袖廊”所贯穿，使平面构成一个十字的形状。大教堂的建筑面积大多有一万或数万平方英尺，而且几乎都是面朝东方——耶路撒冷的方向。

英国在12世纪末继续引入法兰西的哥特式建筑艺术并非偶然。亨利二世的即位使安茹帝国的疆域空前广袤，英国简直成了半个法国。所以，诺曼底建筑风格自然会影响到不列颠。海峡对面的大教堂采用尖拱不久，英国人就立即效法，但又执拗地保持着岛国特色。其中索尔兹伯里大教堂、诺里奇大教堂等，均有一个尖阁，高度适中，形状优雅。教堂内部，拱形圆顶高度低于法国大教堂的相关高度。英国哥特式教堂的东端呈方圆形，这是盎格鲁—撒克逊艺术的流露。还有，英国大教堂的长度超过大陆的大教堂，但不如它们巍峨高大。如威斯敏斯特大教堂长达511英尺，比亚眠大教堂的长度多76英尺，可其高度却比后者少了37英尺。这或许归因于英国人的保守心态吧。

这时英国也有近似于大陆哥特式的教堂建筑。譬如索尔兹伯里教堂。它仅用25年建成，却打破了不列颠教堂混合几种风格的惯例。它像法兰西的教堂那样，用设计的统一、面积与线条的和谐、袖廊塔和尖顶的宏伟、圣母堂圆穹的优美以及窗扉的美观，弥补了中堂矮塌和圆顶偏低所导致的缺憾。再如诺曼人隐修院院长西米恩奠基的伊利教堂，虽然还有木质穹顶，但木料所体现的生气与温暖，却是石头建筑物所缺少的。

---

① 杜兰：《世界文明史·信仰时代》下册，东方出版社1999年版，第1213页。

索尔兹伯里大教堂

除上面提及的教堂之外，同时建成的还有林肯大教堂、格罗塞特大教堂、坎特伯雷大教堂、威尔斯大教堂等。但它们都不如威斯敏斯特教堂著名。亨利三世为了表达他对忏悔者爱德华的崇敬之情，25 年里征集了 75 万英镑，在伦敦中心重建了反映哥特式建筑最高成就的威斯敏斯特大教堂。这座教堂在亨利三世死后继续修建，总共花费了多少钱财就很难考究了。

同远古的石林一样，中世纪英格兰的大教堂也给后人留下了些许问题。一则：大教堂修建的费用从何而来？名义上，这一笔笔的巨资主要是主教辖区积攒的资金，实际上却是通过征收什一税和其他宗教税，年年月月从普通教民手中搜刮而来的。好在那时的教民十分温顺，在奉献自己的财富时没有被掠夺的感受。其余经费是国王、贵族、社区、基尔特、基层教区和个人的捐赠。

再一个问题：是谁设计了这些大教堂？现代人们会立即想到学识渊博的建筑师。答案不错。可那时的教堂设计人并没有建筑师的头衔，常被称为“监工”或“石匠”。这些称号显示了他们的出身。实际上，他们不仅设计了教堂，还以监工和技术人员的身份，监督了施工的部分或全部过程。当然，从事教堂雕刻、装饰、粉刷等工作的多是精细的艺术家，待遇会比普通工匠好一些，但工作强度却是相同的。

进入 14 世纪后，英国教堂修建转入低潮。黑死病和百年战争几乎耗尽了英国的财富。不仅新的建筑难以奠基，许多 12、13 世纪开始建造的教堂也无法竣工了。教堂修建转为冷落的另一原因，是哥特式建筑的表达风格已经没有继续发挥的余地，人们对于教堂的修建，就像宣泄过度的情感一样，变得索然无味。直到文艺复兴的时代，“巴洛克”和“罗可可”风格风靡西欧后，英国的建筑艺术才有了新发展。

五、大学的早期发展

许多年来，不列颠居民的教育是由家庭、教会和学校共同承担的。家庭教育除了聘请老师在家里教育子弟外，中上层阶级还流行一种“委托教育”。即当男孩子 7 岁左右时，送到别人家里去教养，这一是为了加强家族间的友谊，再是为了避免家长对孩子的过度溺爱。这种家庭教育是中古时期封建骑士教育的组成部分，因为，许多骑士的早期教育也是采取委托教育的方式进行的。

比较而言，教会学校的作用最为突出。教会学校是由大教堂的教士管理，由地位较低的教士任教。纪律森严，体罚是教训学生的必要手段。当时温彻斯特的一所教会学校曾以一首短诗威慑学生：

欲学则来之，
不学则去之，
此外惟有受鞭笞。①

那时，由于对封建道德和宗教教育的过度重视，科学文化知识被放在次要地位。除了用大量时间讲授圣经和圣徒的说教，起初还开设文法学、修辞学、逻辑学，进而讲授数学、几何、音乐和天文学。

教会学校和封建骑士教育无法满足社会多方面要求，11—12 世纪出现了

① 杜兰：《世界文明史·信仰时代》下册，东方出版社 1999 年版，第 1274 页。

"城市学校"，即适应新兴市民阶层的需要而在城镇兴办的世俗学校。11世纪以来，许多城市获得了自治权，拥有相对独立的市政管理机关。城市中的工商人士需要受过实际训练的雇员，不满于宗教教育，便成立了世俗学校，校中教员收取学生家长交付的学费。

若以后来的教育体系和标准衡量，英国最早开办的世俗学校多属初等和中等教育。而12—13世纪牛津大学、剑桥大学的出现则标志着英格兰高等教育的萌芽。

英国第一所大学——牛津大学——的所在地牛津，是10世纪的一个由牲口市场发展起来的城市。克努特父子统治英国时期，这里就有学塾，而后演变为世俗学校，开设了非宗教内容的课程。载入史册的第一位牛津教师是来自诺曼底的西奥巴尔都斯·斯塔姆朋西斯，其受业弟子约有百名。1133年，一位来自巴黎的神学家罗伯特·普伦曾在此讲授神学。但肯定这时仍无大学出现。牛津率先发展学校教育，还因它是当时许多重要国事会议召开的地点，国王多次驻跸于此。

牛津大学创建的年代不易确定。一种意见认为是在1167年。那时亨利二世与法国国王发生冲突，英格兰学生不得进入巴黎大学。英国王室号召本国学者归国，创立牛津大学。13世纪时，一些多明各会和方济各会的修士来此任教，教学力量加强。在牛津进行科学实验和讲学的罗杰·培根（约1214—1294年）就是当时著名的方济各会学者之一。培根作为当时西欧哲学唯名论的著名代表，曾因讲学和科学实验而被关押在巴黎达10年之久，到牛津后继续宣传科学思想，抨击宗教和社会的腐败。他对以后的科学发展做出了可贵的预测，预言以后人们会有眼镜、放大镜和望远镜，车、舟离开人力畜力照样行驶，并在欧洲最早研制出火药。1278年又因"巫术嫌疑"被捕，在修道院里关押了14年。

牛津大学建立初年，以巴黎大学为楷模，设神学、法律、医学、人文艺术和亚里士多德的著作研习。1209年，较为乐观的估计是有3000名教师和学生。

学生年龄多在14—21岁之间，来自不同的阶层。他们大多是在教区学校和文法学校完成早期学业，进大学是为了学习神学等知识，以便以后成为牧师、主教、医生、律师和僧侣。那时，学生不必交纳固定的学费，只需直接向授课的老师呈递"学资"。学校没有公寓，学生须租赁民舍。他们还合伙租用大厅或教堂作为课堂。学生形形色色，穷学生贫困潦倒，衣食无着，常为别人抄书打杂，换取微酬，贴补生活。而后教会和慈善者对贫困学生提供膳宿，主要帮助文学硕士或学士，以便他们继续攻读更高的学位。牛津大学的第一个学院——默顿学院，建立于 1274 年。[①] 到 1280 年，它共资助了 4 名硕士。该校对神学学生的资助力量最大。早在 1249 年，达勒姆的威廉就设置了专项基金，赞助 10 多名学人研究神学。

当时学生没有固定的学期和考试，但必须背诵课文和参加课堂辩论。有时，辩论十分激烈，气氛格外活跃，犹如骑士们的比武大会。

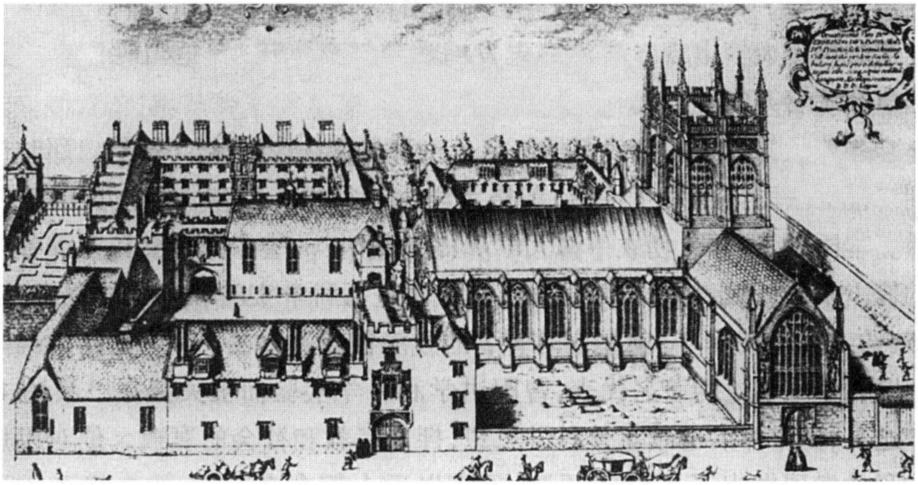

牛津大学默顿学院

那时，普通学生获取文学硕士学位大约要用6年时间，人文艺术需要7年。若要争取神学博士学位，得再费 8 年。多数学生受不了长期煎熬，半道离开学校。

牛津大学的学院本是穷学生免费居住的地方。渐渐地，它们变成了讲堂；老师和学生都住在里面。到了 13 世纪末期，这些讲堂就成了大学组织上和教学上的实体——学院。学院管理采取自治方式，类似当时的工商业行会。牛津学校之所以被称为“大学”（universitates），就是因为它是一个由老师和学生组成的“联合体”。

① F. E. Halliday, *A Concise History of England*, *From Stonehenge to the Atomic Age*, Thamas & Hudson, London, 1974, p. 55.

富家子弟不仅能操办书籍文具，还有舒适的住房和漂亮服饰。但学习状态分为几种。懒生百无聊赖，游游荡荡，常在饭馆酒肆里打发时日；常向家里要钱。“长期生”是指那些不但荒废学业，还乐不思蜀、故意延期获取学位者。愚笨的学生连住六七年，却懵懵懂懂，所学无几。好学生则认真读书听课，具有明确目标和理想的人。最叫人生厌的一些学生，招摇闹市，惹是生非，调戏妇女，耍弄市民。1296 年，牛津的一次暴动，造成了 3000 英镑的损失。1354 年的一天，几名学生饮酒滋事，和市民打架，引起大规模殴斗。骚乱延续数日，学生失败，死亡 63 人。① 那时候，学生和市民之间，俗人和僧侣之间，一旦发生骚乱，圣玛利亚教堂就敲钟召集学生，圣马丁教堂则鸣钟召集市民。

剑桥大学的历史可以上溯到 1209 年。一日，牛津市的一个妇女被害，风传凶手是大学里的人。作为报复，市民突袭了一栋学生宿舍，拘捕了几名学生，2 人得到国王同意后被绞死。师生惊骇，停课抗议市民的暴行。据可能被夸大的说法是，有 3000 名学生和一些老师离开了牛津，其中一部分到了剑桥，开设讲座，剑桥大学的历史自此开始。而牛津大学因此停办 5 年，教会一再抗议。此事惊动了教廷，教皇授权林肯郡主教或其代表拥有对学生的司法权，实际上成了该校校长；为此牛津大学获得了自治特权。

1284 年，伊利主教鲍尔塞姆仿效牛津大学的办学模式，在剑桥创建了该校第一所学院——彼得豪斯学院。到了 1318 年，教皇约翰二十二世正式认可该校为大学。但在一段时间里，当牛津大学成为欧洲一所著名大学的时候，剑桥还是一个地方性大学。②

在英格兰，民法不在大学里教授，而在伦敦的林肯学院、格雷学院、内寺、中寺等四所法学院。这些地方在 12、13 世纪，原是法学教师居住以及开馆授徒的地方，后来演变成了法学院。一些年轻人来到这里，参加专门训练，学习法律、案例和审判程序，探讨胜诉奥妙，再从政府里获得从业许可，成为律师。这 4 所法律学校又被称为“法律协会”，并因为在培养人才方面和牛津大学、剑桥大学作用相同，被称为英格兰的“第三大学”。

直到 13 世纪中叶，牛津大学和剑桥大学都处在幼年时期，它们的组织管理、教学内容和方法，都有明显缺陷。但它们有着比社会上其他的许多机构都

① 事后牛津市长、警官和诸多市民每年举行一次宗教默哀仪式，以表示对此事的遗憾和歉意。此惯例延续到 1825 年。

② 因 14 世纪动乱，剑桥大学的档案被毁，所以后世对剑桥大学早期的历史不甚了解。

要强韧的生命力，不论社会安定、动荡，总能沿着自己的轨道行进，陆陆续续地培养人才：最初多是宗教界人物，以后有政治家，后来还有许多学者和科学家。

中古英国人的可贵之处，是他们不仅建立了这两所大学，并授予其自治特权，并在以后漫长的岁月里，将它们较为妥善地保护下来，使之得到发展。

六、议会的产生

约翰王逝世后，其子亨利三世（1216—1272 年在位）即位。因其年幼，政府权力由大贵族马歇尔和德布尔代掌，大会议连年未开。多数贵族被排斥于权力之外，牢骚怨恨，形成贵族反对派，甚至与王军对垒。1127 年，亨利亲政，继续重用少数宠臣，尤其偏爱法国贵族，除非征税时才召开大会议。大贵族难以忍受，于 1234 年再举叛旗。王军虽获小胜，但在不久召开的大会议上，众多贵族依靠群体力量，迫使亨利三世罢免罗杰斯等人，允准贵族反对派进入小会议。①

以后大贵族与亨利一再较量。1236 年，他们操纵大会议制定《默顿法规》，明确规定了立法、司法和维护土地所有权等事项。这是继《大宪章》后的又一成文法。1242 年，大会议否决了亨利为进行对法战争而征收新税的要求，就外交政策反复讨论。两年后，亨利为征税再次召开大会议，教俗贵族再次回绝，并推举一组法官起草政府改革文件，要求由他们选出 4 名“自由维护人”参加小会议；提出不论国王是否同意，只要他们坚持，必须召开大会议；呼吁国王保证贵族的参政权，由他们选举代表充任大法官、掌玺大臣等重要官职。

随着大会议政治性能的扩充以及贵族实力的增长，人们越来越多地称大会议为“议会”。英文“议会”（parliament）一词的最早使用可溯至 1081 年甚至更早，它是从拉丁文 parliamentum、法文 parler 等几种西方语言转化而来。原指普通人之间的谈话和协商，以及市民会议或公民集会。后来用指政要或者他

① R. Butt, *A History of Parliament, The Middle Ages*, Constable, London, 1989, p. 77.

们的代表之间的谈判、辩论和会议。1236年，“议会”一词见于官方文件。翌年，政界人士则把大会议的全体会议称作议会。

大会议向议会的名称演变还伴随着其成分的变化。13 世纪中叶，平民代表——乡村骑士和城市平民——先后进入议会。

平民代表跻身议会的主要原因，在于英国工商业的发展和社会阶级结构的变化。13 世纪前期，乡村家庭手工业已在东南地区形成规模。采矿业、冶金业迅速发展，国内外贸易明显强于以往。英国商人浪迹海外，牟取厚利。首都伦敦成为全国经济贸易中心。中小城市多达百余，其中部分城市获得了自治权。它们颁布行会和市政法规，自行征税和选举市政官员。伴随着财富的积聚，一些具有市政管理才干和政治欲望的上层市民，要求参加国家高层政治活动的愿望日趋强烈。

商品经济的发展冲击着农村封建主义庄园经济。不少地主允许农民以货币地租代替传统的劳役地租。部分维兰成为自由民。居于贵族阶级底层的骑士自亨利三世军事改革后，可用免役税代替以往跟随国王征伐厮杀的“血税”，目下他们有更多时间和精力参加农牧业或工商业经营，其社会属性和经济利益逐渐与城市平民接近，并开始向新兴资产阶级转化。

城市市民经济实力的发展还使他们所缴纳的财产税在国家岁入中占据重要分额。1221—1257 年，中央政府征收的 9 次骑士免役税只有 2.8 万镑，可 1225 年一次征收城市平民的财产税即达 5.8 万镑。城市中产阶级经济实力的变化，使国王朝臣对他们刮目相看。大贵族为了扩大对抗王权的基础，注意寻求他们的支持。亨利三世在位前期，也多次使用平民代表估产征税，考察地方官员。

首先进入议会的平民代表是乡村骑士。1254 年初，亨利正在大陆率军平叛时，摄政的王后和康沃尔伯爵召开议会，言明国王急需军费。教俗贵族同意缴税，但又说他们的承诺只对自己负责，不代表普通教士和平民。为避免抗税事件，两位摄政通知各郡选派两名代表参加同年 4 月的议会扩大会议。通知强调：两名骑士均应选举产生，有权代表郡内所有居民决定税额。通知还要求郡长做好说服工作，保证所选代表按时莅会；于是，此届议会成了骑士参加议会的起点。

但是，1254 年召集骑士代表与会的作法并未成为定制。1258 年的牛津议会仍然只有教俗大贵族参加。这次议会又是在亨利三世急需金钱的情况下召开的——亨利三世正为其幼子争取西西里王位，要向罗马教廷缴纳 14 万马克的贡礼。以西门·孟福尔为首的贵族集结众多军队，迫使国王召开牛津大会。6 月 1 日，24 人委员会向议会提出了内容激进的《牛津条例》，重申《大宪章》基本原则，并规定：成立以大贵族为主体的 15 人委员会参与国事管理，国王、大臣和地方官员必须依照该委员会意见治理国家；议会每年召开 3 次，届时国家所有重大事宜由其解决；每郡选出 4 名骑士，监督地方官工作，调查民情。《牛津条例》是继《大宪章》之后的又一重要的政治和法律文献，首次提出了定期召开议会的原则。

1262 年，亨利三世下令取消《牛津条例》等成文法，激起许多贵族聚集在孟福尔周围，组织新的反抗活动。1264 年 5 月，贵族军队擒获亨利和王子爱德华，以西门为首的贵族集团成了英格兰统治者。他们依靠 9 人委员会管理国家，借用国王名义控制贵族，但地位始终不够巩固。于是孟福尔又寻求平民支持。

1265 年 1 月，孟福尔在伦敦召开议会。这次除通知部分贵族和各郡骑士代表外，还首次要求各市选派两名市民代表参加。为此，一些学者把它视为英国议会产生的标志。可当时不少贵族因它不是由国王亲自召集而视为非法，准备随时支持王室。1265 年 6 月王子爱德华逃出囹圄，纠集保王势力打败孟福尔，重新恢复王权。① 以后数年，亨利渐渐将实权交付爱德华，自己退居威斯敏斯特颐养天年。1272 年老国王病故，爱德华即位，称一世。

爱德华是英国第一位认识到议会重要作用的国王，在位 35 年中共召开 52 次议会，会址多在威斯敏斯特。1295 年秋季的议会里，出席者达 400 名，包括 91 名宗教界人士、50 名伯爵和男爵、63 名骑士和 172 名城市代表。他们分别代表着社会上的三个重要阶层：教士、贵族和平民，此届议会被称为“模范议会”。

从 13 世纪晚期至 14 世纪初，议会三个阶层的代表数额由不稳定趋于相对稳定。高级教士中，多数修道院长陆续退出议会，爱德华三世时减至 20 余人。2 名大主教和 19 名主教成为宗教界固定代表。13 世纪初，议会中世俗贵族稳定在 80—100 人左右。“西门议会”以后的半个多世纪里，平民代表始终是早期议会中最不稳定的群体。在爱德华一世召开的 52 届议会中，骑士仅出席 12

① B. Wilkinson, *The Latter Middle Ages in England, 1216–1485*, Longman, 1982, p. 79.

爱德华一世时期的议会

届，市民出席 11 届。出席时也常因位卑言轻而作用微小。爱德华二世即位时，政局动荡，国王和世俗贵族关系常显紧张。大贵族于 1310 年迫使爱德华二世同意成立贵族立法团，负责制定政府改革法令。为提高其权威性，立法团自 1311 年起有意吸收平民代表参加。国王为加强王权，扩大政府基础，抑制贵族势力，也乐意召集平民代表出席议会。从 1313 年到 1325 年，只有两届议会没有平民代表。① 英国议会经过 100 余年的漫长岁月，大致走完了萌芽、产生和形成的历程。

七、治安法官的起源

在 12—13 世纪，英国司法和地方管理制度发展的一个亮点，是治安法官

① May Mckisack, *The Fourteenth Century 1307–1399*, Oxford: The Clarendon Press, 1959, p. 182.

的萌芽和早期发展，若干非专业人员得以履行地方管理职责。究其原因，是专职司法机构和人员的出现，逐步削减了原有地方官员的职能和权势，以前的百户区作为地方行政单位渐渐消失，代之以教区。曾经作为郡守助手协理地方治安事宜的治安员，演变为职责相对独立的“治安法官”（Justice of Peace）。当然如此演变，是一个较为漫长的过程。

在相当程度上，治安法官的出现借助了宫廷的名义，秉承了君主的旨意。早在盎格鲁—撒克逊时期，国王的安全被认为至关重要。国王为一国之主，其自身的安危关系到整个王国的命运，故须尽力维护。而后，君主的安全被抽象化，国与君联系起来，并提升到至高无上的地位，凡违反者属叛逆罪，处以重刑。王国内的各级官吏均负有维护王国安全稳定的职责。

1195 年理查德一世任命若干年龄超过 15 岁的骑士，并要他们宣誓维护王国和平。为此，宫廷首席大臣、坎特伯雷大主教华尔特颁发公告，要求所有治安法官依照旧制郑重起誓，将为王国安定而逮捕违法乱纪者。此举被视作英国治安法官名号产生的标志。①

1215 年，《大宪章》问世。其中第 18 款允许各郡选派两名法官和 4 名骑士，每年 4 次出席郡法庭。由此为各地治安法官的出现提供了法律依据。②

而后，又有相关法律或指令公布。到了 1264 年，英格兰各郡均有国王任命的具有骑士身份治安法官一人，负责追捕犯罪嫌疑人。治安法官兼有地方军酋和警官的身份。

1330 年，爱德华三世签署法规，授权治安法官受理案件或陪审团的申诉状、临时羁押犯罪嫌疑人以待交付巡回法庭审判。自此，英格兰治安法官通常由兼任上院议长的大法官任命。治安法官在维护地方安全的同时，主要以“无薪者”的身份，介入地方司法事宜。1360 年，再度颁布法令，要求每郡任命 3—4 名显要的、知晓法律者为治安法官。重申治安法官的职责不仅包括追捕和监禁犯罪者，还以国王诉讼的名义聆听和裁决本郡中所有的犯罪案件。此法令明确规定了当事人在其所在郡的季度会议上的司法职责。从此，治安法官成为一

---

① Dudley Medley, *A Student's Manual of English Constitutional History*, Blackwell, 2007, p.422. Charls Beard, C., *The Office of Justice of the Peace in England in Its Origin and Development*, New York, 1909, p. 17.

② 两年后，重新颁布《大宪章》，法官和骑士参加郡法庭减为每年一次。亨利三世在位时，改为不定期出席。A. L. Brown, *The Governance of Later Medieval England 1272—1461*, Stanford University Press, 1989, p. 120.

种长久性的地方管理职务。[①]

威尔士的治安法官则由驻守当地的英吉利军事贵族通过会议选定。

治安法官职守的发展和完善是一个漫长的过程，并一直延续到近代。爱德华一世时期，各地治安法官渐渐在地方法庭中推选，当选者多是当地家境殷实的骑士。爱德华三世在位初期，王室和威斯敏斯特的法官们在司法实践中认识到：在调查案件时，他们必须尽可能地依靠各地较有声望的地主，以便有效地逮捕犯罪嫌疑人，并将之交付审判。这些显赫的地方精英即是治安法官的合适人选。[②] 自亨利二世允许骑士通过缴纳代役捐、豁免了军务之后，一些前军人在依旧领有骑士称号的同时，专务产业经营，成为体面悠闲的地方乡绅（gentry）。他们在地方上拥有较高威望和实力，易于成为各地权势的获得者。1412 年，曾在王室法庭供职的亨利·斯特兰奇维斯担任北里定（North Reading）治安法官，以后连任达 30 年之久。他借此扩大了家族威望，并为儿子詹姆斯当选议员和就任议会下院议长准备了必要条件。[③] 渐渐地，治安法官一职为多人关注，竞争现象一再出现。1439 年，王室专门规定了治安法官财产资格：郡中凡任此职者，每年需有 20 英镑的地产收入或其他不动产收入。至此，治安法官演变成为一种显示社会经济地位的荣誉职位。一些地位显赫的贵族也积极参加郡会议，支持亲友，并借此将经济拮据的下层人士排斥在外。[④] 有些治安法官是在郡会议上或议会中任命的。如此之下，家境较好、社会关系强韧的骑士或乡绅近水楼台获得此职位。14 世纪至 15 世纪初，治安法官及其助手授薪现象一再出现，薪额多寡不一。有的郡规定了薪金额度或付酬工时上限。以后到了都铎王朝，治安法官无禄成为定制。

根据工作需要，治安法官配有若干助手，协理各类工作。在基层教区，由乡尉维持地方治安。而乡尉因管辖范围的差别而分为百户区的高级乡尉和教区

---

① J. Tanner, *Tudor Constitutional Documents, A. D. 1485–1603, with a Historical Commentary*, Cambridge University Press, 1922, p. 453.

② A. L. Brown, *The Governance of Later Medieval England 1272–1461*, p. 116.

③ John Roskell, *Parliament and Politics in Late Medieval England*, Vol.2, The Hambledon Press, 1981, p. 281.

④ Brown, A. L., *The Governance of Later Medieval England 1272–1461*, Stanford University Press, 1989, p. 127.

乡尉。[1] 与乡尉地位大致平行的还有济贫监察吏，负责土地测量、公路和桥梁维修等的巡查吏，以及教堂执事。基层官吏和陪审团成员均由教区年度会议推选。[2] 各种乡吏都是不领取薪金的"自愿者"。

与郡区相比，拥有自治权的城镇在管理体制上差别较大，却又有共同点。各市镇都有两个作为最高权力机构的议事会：规模较小的参事会（Council of aldermen）和规模较大的通事会（Common-councilors）。它们协同颁布法规，管理市政财产，贯彻中央政府法令。两种议事会多是常设性机构，可循规补充成员。各市镇行政事务由市长主管。市长可另组班底，亦可借助参事成员一道理事。市长本身可任治安法官，主持季度会议。在市长和参事之下，有各色杂役，它们均由两种会议正式选任，有时则由当地全体选民推选。在城镇选举中，少数富有的参事常能起到支配作用。

英国治安法官职位的出现有着重要的社会价值和政治意义。事实证明，正因为他们能连续数百年较好地行使地方治安管理和司法权力，并且总是以骑士和乡绅为任职主体，这就为乡绅的崛起，乃至英国社会结构的变化与资产阶级的起源，准备了积极的条件。而在中古晚期，各地治安法官在推行实施普通法方面也起到了一定作用。

英格兰的政治体制不限于本地。爱尔兰作为它的属地，在行政和司法管理上自始就仿照英制。而且，因其地区居民的民族成分有别，距离英国政治中心稍远，被征服后纠纷屡起，治安管理尤显重要。爱德华一世在位初年，英吉利治安管理体制随即移植爱尔兰。都柏林郡和沿海一带已设有"国王之安宁"的守护者与和平的维持人。与他们的英吉利同行不同的是，爱尔兰的治安法官及其属下可从中央政府财政署支取薪金。爱德华二世即位后的第二年，《温切斯特法令》送至爱尔兰，据此各郡任命两名骑士，会同郡守维持治安。爱尔兰地方管理体制逐渐英吉利化。1311—1312 年的两起案件证实了此点。

其一事关国王爱尔兰劳斯郡王室领地。那里杂人出没，屡生纠葛，宫廷首席大臣约翰·沃根专门派出一支武装部队前来守卫该地，遭到非议。有人断言：因当地军人增加，安分守已者反而要承受更多的骚扰。王室开支亦会增

① Penry Williams, *The Later Tudors, England 1547–1603*, Oxford University Press, 2002, p. 154. 大的教区包括几个村落，可设几个乡尉。

② Norman Pounds, *A History of the English Parish: The Culture of Religion from Augustine to Victoria*, Cambridge University Press, 2000, p. 194.

加，故非长久之计。鉴此，有人提出，摒弃派兵驻守的下策，依靠当地的力量强化治安。沃根接到通知，尽快任命当地的两个富家兄弟——尼古拉·维尔登和米罗·维尔登——管理当地治安。他们一如英格兰的早期同行，都是以国王的名义专门任命的，并且都是当地的军事头领，负责带领地方武装，襄助郡守维护地方安保事务。他们与职业军官的重要区别，是具有“自愿效忠者”的身份，不能领取薪金。

其二是关于王室从科克郡格伦诺教会提取收益受阻之事。此前，该教会已因爱尔兰前任司库理查德·巴福德负债，而被国王将其宗教收益收回。于此，科克郡郡守和其他官员未能及时呈报约克·沃根监管教堂财政，触发上怨。英吉利宫廷下令科克的治安官约翰·巴瑞与郡守一道，动用各类力量，进入教会，将其收益完全收回，交王室支配。①

这两件事表明，爱尔兰治安法官体制已经由此缘起，不同的是这里的治安管理具有更多的武力强制性质，而司法职守显得薄弱。所以，他们主要是“治安官”而非“治安法官”。而且，当地教会在英国教会已经推出民事诉讼审理之际，依然享有司法特权。例如，1337 年，都柏林大主教亚历山大·比克诺依旧被授权惩罚任何动乱分子和违法法令者。② 这种情势一直延续到中古时期终结。

英国的治安法官体制不仅完善了地方管理体制，还强化了英国的“廉价政府”特色。

八、立法和征服

在英国历史上，爱德华一世（1272—1307 年在位）曾被列入伟人之列。赞美者说他身材魁伟，性格倔犟，敏于思考，手段灵活，口吃而不失为善辩；他还是勇猛的武士，法律的制造者，弱者权利的维护者，在位期间使英国成

① Robin Frame, *Ireland and Britain, 1170–1450,* Hambledon, 2003, p. 301.

② Robin Frame, *Ireland and Britain, 1170–1450,* Hambledon, 2003, p. 304.

文法和议会得到良好发展。另有评价者说他狂妄自大、无法无天，生性残暴："当他走投无路时，他答应你一切，但他一旦脱离困境，马上自食其言……他认为他的权力是没有什么法律界限的。"①

爱德华在位期间，尤其重视立法工作。促使一系列成文法令或在议会通过，或由常设咨议会②颁布实施。为此他被称为"英国的查士丁尼"。

当时，普通法已在英国发展。爱德华本人直接参与议会和咨议会的立法工作，创下了"王在议会"和"王在咨议会"的重要宪法惯例。从而使成文法具有不可替代的权威性，并且继续推动了普通法的发展。

爱德华把成文法用做加强中央司法权力的工具，是要达到3个目的：削弱贵族法庭立法特权，确定封建关系和建立良好的地方政府。

那时英国法律体系混乱，司法制度尚未统一。多年的异族入侵和统治给英国带来了不同的习惯法，致使法律体系多样化。与法律多样化并存的是司法管辖权的多元性，全国大致上有三种司法权。一是由郡法庭、百户区法庭和村镇法庭行使的公共司法权：公共法庭主要受理民事刑事案件，带有明显的地域性，其权限范围与国家行政区划相吻合。二是由领主法庭和庄园法庭行使的封建司法权：封建贵族司法权的分布极不规则，其分布根据某贵族庄园的分布情况而定。三是由财务署、御前会议行使的国王司法权，主要限于直接涉及有关国王利益的诉讼和有关国王直属封臣的案件。此外，还有市镇法庭、教会法庭和形形色色的特许法庭。随着封建制的发展，一些地方法庭也被大贵族所控制，立法公正颇受影响。

爱德华即位之前，法学家约翰·布雷克顿已经撰写了《论英国法律和习惯》一书，系统论述了英国法律体系，声称王国所有司法审判权源于国王，国王是司法正义的基础。爱德华根据布雷克顿提出的法律准则，于1274年派遣法官到各地查验各类特许法庭的法律性文字依据，倘若某领主没有国王颁发的特许状，就立即取消其司法特权。1278年，爱德华为了限制贵族司法权，在《格洛斯特法令》中强调，各种法庭只有在得到国王司法权的认可之后，才有权行使自己的司法权。法令颁布后，受到一些大贵族的抵制，爱德华稍做让步。他

① 安东尼亚·弗雷泽：《历代英王生平》，湖北人民出版社1985年版，第73页。

② 咨议会（the Council，也可译"政务会"）的前身是作为御前会议的"小会议"，存在于13—15世纪，可被视为大会议的核心组织和不可或缺的常设性政府机构，其职能范围包括行政管理、咨询、立法和司法等多项内容。

在 1290 年又颁布《特许令状法令》说明，如果某贵族因时间久远等原因无法出示文字依据，只要证明其法庭在理查德一世即位前拥有司法特权，就可以得到国王文件的正式认可。这样，贵族司法特权虽继续存在，但作用大减。

爱德华还使用成文法去整饬封建秩序。自亨利二世下令征收免役税以取消骑士军事职责以来，由于军事费用增加和骑士领地的分割，免役税不易征收，组建骑士部队尤其困难。爱德华针对现实，于 1285 年利用咨议会颁布《温切斯特法令》，宣布所有拥有年收入达到 15 英镑的地产者，不论其地产是否属于封建性质，必须置办战马和骑士所需要的装备。1290 年又颁布《威斯敏斯特三号法令》，宣布：以后任何人不得以分封的方式出卖转移领地。倘若乙得到了甲的地产，并得到甲的许可，可以将地产转赐予丙，丙则直接向甲履行义务。这一法令的后果在于：一、因英国所有封地最初均由国王封赐，这一规定实际上加强了国王对大地产的控制；二、加速了农民分化，使自由佃户的数量迅速增加。

为了加强地方政府的管理和控制，爱德华于 1274 年派官员巡查地方政府，调查官员们贪污腐败的情形。为了惩戒玩忽职守者，他先后颁布《威斯敏斯特一号法令》（1275 年）、《格洛斯特法令》（1278 年）和《威斯敏斯特二号法令》（1285 年）等一系列文件。①

1289 年任命一个特别司法委员会调查处罚各类贪赃枉法行为，寻找地方官员们敲诈勒索的证据。许多法官因行为不端被撤换。这些做法，最大限度地增加了王室权力和收入。

地方治安问题也引起爱德华的重视。他任命了一些乡绅去维持地方治安，负责捕获地方犯罪分子。这些义务供职者成了地方法官的先驱。在《温切斯特法令》中，爱德华还要求，百户法庭必须在 40 日内将本地的凶杀犯、抢劫犯捕获并交法庭审理，否则处以罚金。经过多方努力，英国社会秩序有所改观。

爱德华在采取重要立法行动时，不仅得到了其顾问罗伯特·伯恩内尔的指导，还争取到了咨议会和议会的同意，这种做法无疑会强化成文法的作用，对以后英国法律制度的发展起了示范作用。

爱德华一世在军事上的作为，同他的立法工作一样突出。对威尔士、加斯科涅和苏格兰的征服，是他的几次较大的行动。

---

① C. Roberts & D. Roberts, *A History of England, Prehistory to 1714*, p. 152.

对威尔士的征服起因于当地诸侯卢埃林的反叛。早在1158年卢埃林就自立为霸主，接受威尔士诸侯的效忠。1262年反抗驻守在南部的英格兰贵族，并与反对亨利三世的西门·孟福尔结成同盟。孟福尔被杀后，他在1267年与英王签订《蒙哥马利协定》，承认其宗主地位，每年缴纳3000马克的贡金，亨利三世则确认他为威尔士亲王和斯诺登勋爵，成了所有酋长们的君主。爱德华即位后，他渐渐开始对抗，拒绝缴纳贡金，边疆贵族为私利而妥协，英格兰和威尔士接壤地区处于混乱状态。

1277年爱德华一世带领骑兵800人、步兵1500人和370名弓弩手进入威尔士，重创叛军，迫使他们投降。卢埃林失去了他在斯诺登和安格尔西以外的土地，但保留了他的威尔士亲王的头衔。

5年后，威尔士人在卢埃林胞弟戴维的领导下再举叛旗，争取民族独立。为彻底征服威尔士，爱德华动用了750名骑士、8000名步兵和1000名弓弩手，经过一些挫折，在比尔思附近的战役中杀死卢埃林。戴维被捕后拒绝投降，被数马分尸。

而后，爱德华采取有效措施加强统治。一是在1284年颁布威尔士条例，按照英格兰的方式将这个地区划分为几个郡，由王室直接派郡守治理。二是建立一批城堡，成大圆圈状，注视着斯诺登的群山，震慑着威尔士人。1301年，他把威尔士亲王这个称号赐给自己的儿子，即未来的爱德华二世。以后，英王的继承人都被赐予这个称号。

由于征服和镇守威尔士，爱德华一世把英格兰弄得民穷财乏。征税时屡次受到议会责难，无奈之下他就敲诈勒索犹太人。犹太人忍受不了盘剥，难免牢

威慑威尔士人的哈勒契堡

骚，他下令将所有犹太人驱逐出不列颠，并洗劫他们的财产。爱德华还就教会自由和司法问题与坎特伯雷大主教激烈争吵。1297 年温切尔西大主教拒绝了让教士纳税的要求，他便撤销了对教士的法律保护。

在此稍前，他还同法王腓力浦四世发生冲突。由于婚姻关系，爱德华在大陆上领有加斯科涅，并为此向法王表示效忠。1294 年，法王召爱德华去巴黎议事，爱德华作为封臣却拒绝前往。腓力浦下令夺取加斯科涅，爱德华兴兵前去收复。可是，国人多年为战事所累，目下反对征税，骑士不愿去加斯科涅服役。爱德华无法扩大战事，便通过谈判解决争端。几年后他重新承认腓力浦四世为宗主。

英格兰与苏格兰的战争同样是因爱德华的征服野心引起的。本来，苏格兰在亚历山大三世（1249—1286 年在位）的统治下，社会安定繁荣。不料在 1286 年，亚历山大因坐骑坠落悬崖而死，留下一个 6 岁的孙女玛格丽特，也在 4 年后夭亡。爱德华让 16 岁的约翰·巴利奥尔得到王位继承权，虽然引起苏格兰贵族的争议，也算比较合理，可他还利用巴利奥尔的懦弱去建立他在苏格兰至高无上的权威，1294 年他与法国开战时，禁止苏格兰船只出海，促使苏格兰人与法国结成同盟。威尔士人也利用爱德华在法国的困境，在 1295 年冬天叛乱，很快被镇压。

1296 年春天，爱德华大举进攻苏格兰。3 月攻陷并洗劫了贝里克，4 月在邓巴击溃了苏格兰主力军，贵族们纷纷投降。英军大张旗鼓地穿越苏格兰，搜索劫掠，从斯康尼教堂中运走了宝物“命运之石”。巴利奥尔仓皇逃走。

种种暴行伤害了苏格兰人的感情。翌年，他们在威廉·华莱士的领导下，以深山老林为基地开展游击战，又在斯特灵桥重创英军。1298 年，爱德华组织了一个空前庞大的军队——其中雇佣骑兵 2400 人，包括威尔士弓弩手在内的步兵 10 500 人，于 7 月 22 日发起了福尔柯克战役。苏格兰人使用大刀长矛，经受不了英军的如雨箭矢和骑兵冲锋，彻底失败。华莱士逃走后，苏格兰人继续反抗，1301—1305 年，英军 4 次讨伐无果。1307 年，风烛残年的爱德华又亲率大军深入苏格兰，讨伐擅自登基称王的罗伯特·布鲁斯，病死在征途中。

爱德华一世用战火结束了苏格兰的和平岁月，也破坏了苏格兰和英格兰的良好关系。以后，两国矛盾和隔阂延续了两个半世纪。

第五章

战争和危机

（14 世纪初—1485 年）

一、百年战争（前期）

新君爱德华二世（1307—1327 年在位）行为怪僻，性格懦弱。他即位仅一个月，就封赐他的“恋夫”加夫斯通为康沃尔伯爵。1308 年初，他去巴黎迎娶法兰西公主伊莎贝拉，又指定加夫斯通为摄政大臣。使权贵们憎恨不已。1311 年，他们在大贵族托马斯·兰开斯特领导下，组成委员会，强迫爱德华将加夫斯通放逐。加夫斯通被护送到国外，不久就允许他回国。贵族们将他私下处决。

稍后，苏格兰国王罗伯特·布鲁斯为摆脱英格兰的控制，兴兵南下骚扰。爱德华为缓解贵族们的怨恨，率领 25 000 官兵北征，1314 年 6 月 24 日，在班诺克本河畔，英军被布鲁斯的 9000 名长矛兵击败。苏格兰实际上实现了独立。[①] 爱德华落荒逃归，以后几年里成了兰开斯特手中的傀儡，英国又遇到

① 1327 年爱德华三世即位后，再次对苏格兰用兵失败。1328 年缔结《北安普顿条约》，英国正式承认苏格兰为独立国家。

历史上最大的灾荒，苏格兰人一再南下劫掠，英格兰混乱可怖。

1318 年情况好转。爱德华在贵族咨议会的控制下，试图挑动他们互相争斗。他宠信德斯彭斯父子，兰开斯特便将他们放逐。爱德华依靠部分贵族的支持，1322 年处死兰开斯特，引起王后伊莎贝拉的不满。1326 年，她在情夫莫蒂默的支持下，结成贵族反对派，于翌年 9 月带领雇佣军侵入英格兰，处决德斯彭斯父子和国王其他亲信，废黜夫君，让 15 岁的儿子即位。爱德华二世惨死。

爱德华三世（1327—1377 年在位）也是一位雄心勃勃的国王。他在父王与贵族的激烈斗争中长大，即位初年容忍母后和莫蒂默操纵朝政。1330 年 10 月，他在一些大贵族的支持下，处死莫蒂默，将母后长期监禁，从此牢牢把握君权治理英国。

爱德华三世不仅善于用明智、宽容的政策笼络名门贵族，还用战争激发尚武精神，把贵族从国内的互相倾轧引向对外战争，促进他们的团结，唤起对王室的忠诚。而英国贵族和骑士们既未忘怀他们在诺曼底等地的大片领地，又想借对法战争，摆脱当时社会和政治混乱局面、建功立业、劫掠财富。

这场断断续续进行了许多年（1337—1453 年）的英法之战被称为“百年战争”。其基本原因是两国统治者争夺领地。14 世纪初，英国仍占据法国南部加斯科涅地区，成为法国政治统一的障碍。而不列颠贵族意欲巩固英国在佛兰德地区的地位，保证本国商人在羊毛贸易中的利益。1328 年，法国占领佛兰德，爱德华下令禁止本国羊毛出口，迫使佛兰德人支持英国的反法政策。

英法战争的发生还同苏格兰问题相关。1333 年，爱德华率兵包围贝里克，在哈里顿山击溃了苏格兰人。布鲁斯的支持者逃到大陆，得到法国王室的援助。但在英格兰激起仇恨。于是爱德华三世把战争矛头转向了法国。

王位继承问题也为英国人入侵法国提供了借口。1328 年，法国卡佩王朝绝嗣。其支裔瓦卢瓦家族的菲利浦六世即位。爱德华三世以法王腓力浦四世外孙的资格，向法王挑战，触发旷日持久的战争。

菲利浦六世看到战争不可避免，就先于 1337 年 5 月 24 日下令法军占领基恩。11 月，爱德华三世率军进攻法国，战争开始。

1340 年 6 月，两国海军在斯勒伊斯激战 9 小时，法国舰队惨败，制海权落人英国人手中，大批士兵和武器运到法国。加上佛兰德人的支援，爱德华的军队达到 20 000 人，但在进攻图尔内时，法军殊死抵抗。战争一旦转为持久战，就不利于长驱直入的英国军队。爱德华没有足够的议会拨款来支撑这场战争。1342年，教皇出面调停，双方停战。

1346年春季，议会基本满足了国王的军费需求。经过认真组织，7月中旬爱德华带领大批英军在诺曼底顺利登陆。法国军队一时难以调集足够兵员阻挡英格兰人。入侵者一路烧杀，抵达卢恩和巴黎附近。以后法国军队源源而至。双方多次会战，法军失败。英军异乡作战，困苦不堪，但他们善用长弓，迅速发射利箭，能射穿200码以外法国雇佣军坚硬的盔甲；并在自己阵地上埋下锐利的木桩，尖头朝着敌方，使冲锋的骑兵人仰马翻。长弓和木桩的使用使英军屡次以少胜多，结束了骑兵长达500年的优势。其中最激烈的战役是克雷西战役，英军箭发如雨，仅以数十人伤亡的代价，换来了歼灭法国步骑兵4000余人的辉煌胜利。随即，爱德华调兵北上，直奔围攻距离英国最近的加来，11个月以后，孤立无援的守军投降。① 攻陷加来后，法国政局动荡，1350年菲利浦六世亡故，其子约翰二世即位，权势一时不稳，加上黑死病折磨和两国财政困难，战争停顿下来。

克雷西战役

① 该地由英国人占领到1558年，是英国商品的重要集散地。但是，英国长期占领加来的不利之处，是使英国统治者久久不忘他们在大陆的利益，还必须动用相当人力物力用于防守。

1356年战端重起，英国王位继承人、黑甲太子爱德华率领7000名贵族家兵，从波尔多向法国中部发动袭击，起初在约翰二世优势兵力的追击下，从下卢瓦河转向西南，9月17—19日，双方在普瓦捷以东会战。英军利用星期日休战，借助有利地形加固了阵地，法军骑兵盲目冲锋，深陷沼泽，多被射死。约翰二世被俘，恳求宽恕。根据1360年布勒丁尼和约，法国支付50万英镑的巨款赎回国王。爱德华三世重申了对法国王位的继承权，扩大了英国在法国卢瓦河西南的领地，不必再向法王行臣服礼。

此后，法国不愿割地赔款，拒绝履行条约。1369年战争又起。英格兰军队在加来登陆，向波尔多推进，法国一方面组织抗战，一方面通过外交手段向当地领主行贿，逐渐收复了1360年失去的领土。1374年末，加斯科涅的英军缴械投降，英国在大陆的领地几乎丧失殆尽，仅剩下加来、波尔多和一些城堡。1377年爱德华三世去世，黑甲太子的长子理查德二世即位，议会不愿提供足够军费，两国由于内部纷争开始议和，终于在1396年缔结了20年的停战协定。前期百年战争结束。①

数十年的对外战争，使法国疮痍满目，却加强了英国贵族实力。他们豢养了私人军队，在实战中得到锻炼，渐渐不把王权放在眼内。多亏王叔、冈特的约翰公爵全力襄助，理查德二世方能勉强在位，但贵族的两极分化却无法避免。1386年约翰公爵出国，以格洛斯特、阿伦德尔和沃里克为首的反对派贵族加强了他们在咨议会和议会的势力，1388年，他们全面抨击宫廷事务，几个国王近臣以叛逆罪被处死。为此这届议会历史上称为“无情议会”。所幸约翰公爵归国，从中调和斡旋，国王和贵族保持了6年的友好关系。1394年，他迎娶了法国公主伊莎贝拉，伤害了反法贵族的感情。同时，他在爱尔兰、威尔士和柴郡征募大量私人军队，以便镇压贵族叛乱。1397年，他突然逮捕格洛斯特、阿伦德尔、沃里克等人，将他们流放或处死。其中约翰公爵的儿子亨利·博林布鲁克被判流放10年。

1399年2月，约翰公爵亡故，国王失去了最忠诚的支持者，却违反常情将博林布鲁克的放逐改为终身监禁，并剥夺爵位和领地的继承权。理查德的做法使贵族们人人自危。

---

① Desmond Seward, *The Hundred Years War: The English in France, 1337–1453*, Atheneum, 1978, p. 138.

同年5月，理查德前往爱尔兰，博林布鲁克突然率兵入侵英格兰，把贵族团结到他的周围。8月，理查德投降，9月30日被迫让位于博林布鲁克，后者登基称亨利四世，开启了兰开斯特王朝的历史。金雀花王朝寿终正寝。[①]

二、议会的发展

13世纪中后期，议会是一个多等级联合会议。因他们利益不同，加上礼仪限制，议事时总是站、坐有别。稍后，一些修道院院长和中下级教士陆续退出，自行组成"教士会议"。其余大主教、主教和大修道院院长等，与世俗大贵族联合组成贵族院。多数骑士缴纳了免役税，脱离了军务，并且同一般工商业者利益接近，社会地位渐渐趋于平等，宁肯一道聚会。1332年贵族和平民首次分院议事，这虽属偶然之举，亦可将其看作两院制出现的一个环节。1341年，议会又因要事辩论。一些官僚指控大主教斯特拉福理财不善，未能尽力筹集对法战争的军费，要求立案审判。斯特拉福当即辩解：根据古法旧制，唯有贵族有资格审判他，其他人不得参与。在场贵族一致赞成。他们退出壁画大厅，到白厅聚合。同年，国王正式免除了下级教士参加议会的义务。两院制终于形成。

两院分开后30多年，下院工作由协商会议代表主持。1376年在贤明会议上，平民代表首先集体起誓要对外严守议会秘密，以防国王贵族刁难干扰；继而推选骑士代表彼得·马克为下院总发言人（Speaker），觐见国王和贵族，禀报下院讨论情况和要求。而后这种作法成为制度后，彼得被公认为英国历史上的首任议长。上院则推选大法官主持该院会议。议会两院形成时，上院地位明显重要。

14—15世纪是英国议会发展的重要时期，议会组织形态、工作程序及规则基本形成，并一再得到成文法的认定。例如1330年、1362年和1376年的议会成文法都申明至少每年召开一次议会，必要时可以多开。1300—1340年

① 理查德送到庞特弗拉克城堡监禁，4个月后神秘地死去。

共召开58届议会。其中1311年、1314年、1328年和1331年各召开3—4届。

14世纪中叶，英格兰共置郡37个，每郡选派骑士议员两名。可以选派议员城市的资格来源不尽相同，但多数是通过购买国王特许自治状而获得的。当时，全国议会城市共140多个，通常出席议会的市民代表仅150人左右。15世纪自治市数目增加，下院议员人数相应增长。议会召开地点相当固定。自爱德华三世即位起，除3届议会是在其他城市召开外，其余多次均在威斯敏斯特教堂大厅。

历经多年发展，议会逐渐具备了几种职能。

一是司法请愿，即代表民众向国王呈递请愿书，申诉各类法庭在司法审判中遇到的疑难问题。议会两院制确立后，下院享有优先请愿权。请愿分为个人请愿和公共请愿。请愿书提交议会后即为议案。议会委员会由咨议会和上院议员组成，负责审议审判厅和议会书记官提交的全部议案。14世纪六七十年代，委员会可对涉关请愿的议案实行修改，并可对个人请愿拥有反对权。15世纪，越来越多的请愿书呈交给“议会中的下院”。

二是决定征税。1297年，爱德华一世因对外战争而急需征税，遭到议会反对后，被迫允许以后“未经王国普遍同意”不得征税。1337年起，爱德华三世陷于长期对法战争，需要巨额军费。议会借机约束王权，力求扩大控制征税的能力。1340年议会法案规定：“非经议会中高级教士、伯爵、男爵和平民的普遍同意，国王不得征收任何赋税。”1339年和1344年，议会两次拒绝支付国王所要求的款项。1348年又强调：“以后没有议会的授予和同意，国王陛下的宫廷会议不可征收任何赋税，不得征收其他任何种类的捐税。”

议会两院中，下院议员人数较多，由选举产生，自认为更有资格代表全国人民，因而在征税上要求拥有更多的发言权和决定权。1380年，上院首先同意国王16万镑补助金，下院认为数额过大，减去6万镑，并规定了征税种类和总额。到了14世纪90年代，议会通过的税案上已不再有“经上、下两院批准”的提法，而改为“征得上院同意，由下院批准”。14世纪中叶，议会还获得了对政府财政的监督权。到了15世纪，每个国王在夺取和维持王权时，都重视议会配合。

三是制定法律。13世纪中叶到14世纪前期，国王和政府习惯上只把郡、市代表视为民众请愿者、而非立法者。国家制定新法之权几乎全被国王及其常设咨议会以及议会上院所把持。爱德华一世即位不久，一些贵族议员强烈要求参与立法活动。1332 年，议会还通过一项重要法令，规定：凡属重大立法事宜，均需得到国王和议会中教士、贵族和平民的赞同。此后议会开幕时总是郑重宣布：立法是议会召开的主要目的。但在 14 世纪末，下院议员仍被视为各地派往议会的请愿者，他们只能偶尔作为次要角色参与上院贵族所把持的立法活动。

15 世纪以来，因商品经济发展和经济活动的扩大，经济立法事宜终于提上议会工作日程。1461 年 12 月 9 日，下院首次正式提出的一个有关商业贸易的议案，得到国王爱德华四世的重视，他特意邀请下院议员来到上院，与贵族议员和大法官共议此案。此举为以后下院参与社会经济立法开了先例。

立法权的扩充有类似之处。直到 14 世纪末，议会法案起首部分的格式化用语总是这样表述：法律是根据下院的请愿，经上院同意，由国王在议会中制定的。可在 1404 年，亨利四世宣布：没有“全国各等级”的同意，任何人不得更改法规。下院在立法中不仅有创议权，而且与上院共享同意权。

四是监督、弹劾行政官员。具体做法是：由下院作为原告对渎职官员提出控告，再由上院做出判决。1308 年，上院首次通过议会、并以人民的名义弹劾爱德华二世宠臣加夫斯通。1336 年“贤明议会”上，议会弹劾国王宠臣拉蒂默和尼维尔，指控他们犯有多种罪行，处以罚款并剥夺官职。10 年后，议会又弹劾宫廷大臣萨福克伯爵，一批官员被清洗。1388 年 2 月，两院又起诉理查德二世（1377—1399 年在位）的近臣德拉波尔等人，以叛逆罪处以极刑，一些曾与“弹劾派”对抗过的保王派议员也被逐出议会。历史上，这次议会得到了“无情议会”绰号。

14 世纪英国议会不只弹劾大臣，还两次废黜国君。1327 年，议会借国王滞留国外之机，举行会议指出：爱德华重用奸佞，屡铸大错，实属无能。全体议员一致同意将其废黜，立其长子，即以后的爱德华三世为国王。第二次弹劾行动是在 1399 年，议会宣布了金雀花末代国王理查德二世的退位声明，列举其多条罪状，上院再以最高法庭名义宣布废黜理查德二世。上述两次废黜国王的行动都是在王位更替或改朝换代的关键时刻发生的，由于个别权贵对议会的控制，决定当时议会弹劾大臣、废黜国王的行动都不是完全主动的。

由于中古时期英国议会始终不是常设性政府机构，其职能和作用发挥总是被限制在一定范围内，并多次成为国王和权贵的工具。

而且，王权衰落虽然会导致贵族势力暂时膨胀，却难以形成少数政要长期控制政府的寡头体制。某一贵族头领通过战争或政变方式登上王位后，同样不能恣意妄为。15 世纪前半期，经议会提名、由大贵族和个别非贵族高级官员组成的咨议会几乎包揽了全部的中央行政权，但他们有意抵制个人专断。1422 年国王不满周岁，护国公格罗斯特公爵以王叔身份要求出任摄政王，被议会拒绝。1429 年，议会干脆取消格罗斯特的护国公称号，仅保留首席大臣名分。以后直到 15 世纪六七十年代，议会一再重申对王位继承问题的干预权。

大贵族控制议会的局面维持到 15 世纪中叶，尔后由于“玫瑰战争”进行，贵族火并空前激烈，使许多贵族殒命，幸存者中又有一些曾与国王或与得势贵族对抗冲突而被褫夺爵禄。久而久之，上院元气大伤，规模缩小。

15 世纪中叶，即亨利六世在位年间，议会两院通过法案的“三读”程序形成。立法议案分为私议案和公议案两种。前者源于私人请愿书，内容仅仅涉关个人、集团或地方利益，公议案多由下院书记员按照法规格式和术语拟就，经两院充分讨论后方经国王批准生效。两院讨论过程分几个步骤：“一读”时提出议案名目，列入议程；“二读”时讨论议案基本内容，必要时任命专门委员会根据辩论中的意见加以修改；“三读”时对送返本院的议案进行表决。

下院作用增强之时，议员的辩论自由和议会开会时免遭逮捕等特权渐渐得到承认。如在 1397 年，议员托马斯·哈克塞因为在议会中提出一项批评国王及其廷臣的议案而被判以重罪，并被没收全部财产。许多议员愤愤不平。亨利四世即位不久，议会两院分别通过决议，宣称：政府以叛国罪随意拘捕议员的行径侵犯了议员的权利，应予以撤销。1401 年亨利四世接受下院请求，恢复了哈克塞的名誉，退还其财产。大约在 15 世纪 30 年代，国王、公众社会和法律都相信议员享有自由议事和在开会期间免遭逮捕的特权，尽管这些权利的确立是在近代。

15 世纪英国议会的重要进展是制定了若干选举法规。第一个选举法于 1406 年颁布，它规定：郡长必须按照正当的选举程序组织选举，选举应当是完全自由的，选民不应受外界压力的影响。而后又做出补充规定，授权大法官监督各郡选举，对违反选举法的郡长处以重罚或监禁，1429 年的选举法明确规定了郡选民的财产资格：凡年收入达 40 先令的土地持有人拥有选举权。1432 年又申明选举人必须在参选郡中居住或在该郡拥有地产。至于被选举权，1445 年法规宣布：各郡竞选议员者的社会地位必须在骑士之上，当选骑士应有 20 英镑以上的年收入。

三、黑死病和社会动荡

百年战争白热化时，黑死病袭击英格兰。这场瘟疫源起于中亚，1347年由十字军带回欧洲，从意大利蔓延到西欧，1348年8月，由来自加来的难民带来，先在多塞特郡的港口登陆，翌年流行不列颠。战火连年的英法战争加快了疾病的传播。黑死病又在1361年、1368年、1375年、1390年几度流行。

这种瘟疫可能是淋巴腺鼠疫和肺病。黑老鼠和跳蚤成为病毒携带者。患者症状可怕：身上起满小脓疱，腋下或腹沟突发硬结，敷药手术毫无效果；高烧，神志昏迷。恰巧，英国的气候虽然适合植物的生长，但又多雨潮湿，居民易患哮喘、肺痨和风湿等病症，容易感染恶性病毒。医生找不到病源，只能用放血、清肠、清洗住处和身体等方法折腾一通。个别医生和教士恐怕传染，拒绝治疗病人。

黑死病导致人口锐减，死人之多超过历史上任何流行病或战祸。据不完全统计。约克、林肯主教区的僧侣死亡率是44%，艾塞斯特、温切斯特、诺里奇和伊利主教区的教士大约死了一半。布里斯托尔的人口死亡率大约在35%—40%之间。从1348年米迦勒节（9月19日）至1349年米迦勒节，法纳姆百户区的10个村庄里，起码有740人殒命，其中185人是户主；一年后又死了101人；1350—1351年间又有58人死亡。至于全国的人口死亡率，当时不可能有比较全面的统计。但根据英国学者J. C. 罗素的分析：1348—1350年间，即在黑死病第一次流行时，人口损失大约为20%；而加上以后历次人口的损失，人口死亡率高达50%。[①] 英格兰的人口总数在黑死病流行之前可能已有400余万，到了这一世纪末，降至250万左右。

黑死病使不列颠人体验到了地狱般的阴森。人口集中的城市、学校和教堂，死亡率较高。主教被死神戮于教堂之中，感恩仪式停止举行，一年之内坎

① Mav Mckisack, *The Fourteenth Century 1307–1399*, Oxford, The Clarendon Press, 1959, pp. 220, 289, 331–333.

可怕的灾难——黑死病

特伯雷大主教职位 3 次易主，最短者任职 6 天。一件首饰换了几个工匠，最后还是半成品。案件尚未开审，原告及被告即双双死去。新伉俪蜜月未尽含泪永别，鳏夫寡妇再婚后又成永诀。教堂废而不用，尸体无人掩埋。原来已经开工的教堂被迫停建。

黑死病扰乱了原有的社会秩序，犯罪率高于往常。一些村镇庄园经历了黑死病洗劫，人口锐减，百业凋敝，成了强人无赖的出没场所。各地治安管理松弛，退伍士兵和无业游民四处游荡，谋财害命。普通百姓接受了官方建议，外出时携带兵刃护身，某些官吏面对死神的造访，心头有了世界末日的感觉，抓紧收贿勒索。

遭受这场瘟疫打击最重的是生活条件恶劣的下层人。那时公共卫生水准不高。制革厂、猪栏、厕所的污臭味污染着空气，多数人从井里和沟渠里取水。居民很少洗澡洗衣，污秽生活使疾病传播起来格外迅速。著名的库克斯汉庄园，12 名维兰在一年里全部亡故。大片耕地搁荒。僧侣只好放弃了对庄园的管理。

劳动力很快变得极为短缺，庄园主被迫大幅度提高工薪来招募劳役工。14 世纪末雇工的报酬提高了一倍。

1349 年夏天，正当瘟疫肆虐之际，爱德华颁布条例，严令各类劳工必须接受黑死病之前报酬标准，违者重罚。1351 年 2 月，又允准议会颁布“劳工法令”，要求雇工每年必须宣誓两次，接受旧的薪酬，否则戴足枷示众数日后监禁，甚至在违抗者额头烙印。但因劳力紧缺，以及维兰们逃跑和联合抵制，雇主们难以严格实行此类法令。有些地方的维兰不再遵守农奴义务服役的惯例。所以，以后颁布的多数法令，均无实效。黑死病竟然成了封建农奴制的杀手。

另外，贵族领主还借助传统说教维护自身特权和“天然的秩序”。黑死病过后流传的《为政之鉴》重申正统观念：任何人不得以任何武力胁迫领主；佃户遇到难处时应当向“高贵、尊敬与公正的领主”祈求帮助。

黑死病来临之际，农业灾害频繁。歉收导致食品供不应求，物价大幅度波动。但总的看来，工资增加的幅度低于物价的上升率。

在人口锐减的情况下，国王为了维持宫廷开支和支付雇佣官兵的薪俸，多次召开议会，要求征收高额赋税。如在1371—1381年加收直接税，并穿插征收补助税。1377年开始征人头税，年满14岁以上者均须缴纳14便士。尽管人头税税额不大，可它不分收入多寡一律收敛，对穷人不利。由于普遍的抗议，两年后人头税额调整，从最低收雇工4便士，到最高收伯爵的4英镑不等。但总额仅2000英镑，难以弥补财政亏空，便于1380年11月下令征收第三次人头税。税额改为凡年满15岁者，一律缴纳1先令。这在全国引起极大不满。农民起义很快爆发。

起义的先声是各地的抗税斗争。1381年5月30日，艾塞克斯郡弗宾镇的面包师托马斯呼吁人们不缴人头税。稍后肯特郡的抗税行动演变为武装起义。6月7日，起义者推选瓦特·泰勒（？—1381年）为首领。几日后，起义农民焚毁了庄园主可据以起诉的文件和记录，先后攻占了坎特伯雷、伦敦桥。12日，在伦敦的一个广场上，一位叫约翰·波尔的头领引用《圣经》中的故事，对起义军和民众激愤地讲道：假如不是篡夺的结果，那么贵族的特权来自何处？又发问说：

当亚当耕种、夏娃纺织时，

谁会是绅士？

迅即，波尔的话广为流传，号召民众挑战不平等的阶级压迫。12日下午，义军冲进了马夏尔西监狱释放犯人。翌日进入市中心，捣毁兰开斯特公爵的宅邸。然后抵达伦敦塔外，使躲避在塔楼内的国王、王室要员和宫廷官员格外恐慌。这时，农民起义波及英格兰大部分地区。

6 月 14 日，即在约定面见国王之前，起义军提出了“迈尔恩德纲领”，要求：废除农奴制和劳役制；承租人每英亩只交 4 便士地租；全国各地自由买卖。当天，起义者进入伦敦塔，处死首席大臣萨德伯里等人，迫使理查德二世口头答应“迈尔恩德纲领”上的所有条件。部分农民以为大功告成，离开义军。

15 日，理查德二世带领禁卫军在史密斯菲尔德会见起义军。瓦特·泰勒代表农民提出新的纲领，除坚持废除农奴制、领主特权，减免赋税外，还要求没收教会和修道院的土地。这反映了少地维兰和雇工们获取土地的愿望。然而，当泰勒和国王谈判时，突然发生了战斗，泰勒身受重伤，被部下抬到圣巴托罗缪医院。农民队伍被驱散。11 天后，伦敦市长突然到医院将他拖出斩首。在此稍前，国王已经诏令贵族骑士率领家兵，在各地剿灭反抗者。义军许多领导人，包括约翰·波尔等，都被处死。

1381 年瓦特·泰勒为首的农民暴动是英国历史上一次大规模的农民起义。它具有明显的反封建性质，加速了农奴制的崩溃。但起义军反对一般领主，而不反对王权，其领袖轻信国王，仓促谈判，惨遭杀害。而且，起义来得急，败得快，其领导者缺乏明确目标，未能联合各地的反封建力量共同斗争，最终被封建主军队各个击破。

起义虽然失败了，但没有影响以后有利于农民的经济因素的发展。1389—1390 年，议会放弃了压低雇工工资的做法，指示地方法官和城市当局按照食品价格予以调整。这种情况一直维持到 15 世纪。如在考文垂，1430 年左右熟练工人的日工资通常是 4—5 便士，非熟练工人的日薪是 3 便士。1445 年议会恢复了最高工资限额政策，但实际工资稳定在一个较高的水平上，而以后几年里，生活必需品的价格相对要低些。

四、威克利夫和罗拉德派

14 世纪的宗教危机产生的原因相当复杂。最深刻的根源是教会对财富的过度占有激起了社会的不满。按照惯例，教会和修道院不必像俗人那样照章缴税，而只需根据其头目的议决，“自愿”将他们收入的 1/10 捐献给政府。教会代表除能出席上院和在政府担任要职外，还可以参加由坎特伯雷大主教和约克大主教召开的会议，决定与宗教或教士有关的所有问题，对教会的佃户拥有完全的司法权力。使国王和贵族最感不满的是，英国教会每年向教廷缴纳巨额宗教税。自1378年以来，罗马教廷严重分裂，互相敌对的两任教皇分别驻在罗马和法国的阿维农，降低了天主教会的权威。而英国教会受制于负责征收宗教税的法国红衣大主教，使大量财富流入法国，这又使英国统治者担心加强对手的实力。

此外，英国人颇为反感的是，许多教士不但不认真地履行职责，还生活糜烂荒唐，霸占大量地产，偏好美食荡妇。本来，游方行乞的托钵僧能够忍耐清苦生活，可现在贪婪懒惰，不顾教规，饮酒食肉。所有这些成为威克利夫反教权主义激进思想产生的背景。

14世纪20年代以来，英国反教会势力在国王支持下采取行动。1333年，爱德华三世拒绝执行1213年以来一直履行着的允诺，不再向教皇缴纳贡物。1351年颁布《圣职候补人遴选法》，试图终止教皇对英国神职人员及其薪俸的控制。两年后，又通过《王权侵害罪法》，禁止教会将国王裁定过的案件向教皇申诉。

终于，英国思想界发出了改革的呼声。1371年，高级教士威克姆被免去了大法官的职位，随即议会就教会税收问题展开激烈讨论，甚至提出了没收教会财产的动议。爱德华三世为加强王权，支持这些做法。

在英国乃至欧洲历史上，约翰·威克利夫（1324—1384年）被视为宗教改革的先驱。他出生于约克郡农户家庭，在牛津大学潜心研究神学，1372年获得博士学位。1374年担任拉特沃思教区长。兼任牛津大学神学教授。因支持爱德华三世抵制教皇，曾受国王派遣，赴布鲁日与教皇代表就英格兰缴纳教廷赋税以及圣职任免等重大问题谈判。

威克利夫是位果敢的神学思想家，出于对本国反抗罗马教廷行为的理解和支持，他历时多年，撰写了《论神权》4卷、《论政权》和许多有关形而上学、神学和逻辑学的论文。他的著作多用拉丁文写成，语句晦涩，包含着激进思想。

威克利夫在著作中特意声明：人所行使的权力直接来自上帝，只有上帝是万众的主宰。人们可直接向上帝表示忠顺，恰如每个英国子民对国王效忠，而无须经过任何中介。假如教会非要介入，则应予以拒绝。如某人犯有不可饶恕的重罪，其权力就难以恰当地行使。只有正义者才有资格获得真正的权力，哪怕正义者的这种权力一时得不到承认。在理论阐述的基础上，威克利夫无畏地提出：天主教会既然有罪就应该主动放弃财产，使社会民众减少不必要的开支，安居乐业。那么，怎样剥夺教会的权力呢？答案是由国家特别是由国王执行。

威克利夫的设想刚刚提出，就受到国内外教会的攻击。教皇格列高利十一世连续发布 50 份诏谕，批评他的带有明显政治目的的宗教观点，要求英格兰政府将他逮捕，官方不予理睬，但英国教会却不许他在牛津大学教课讲道，并禁止他到别处宣传自己的观点。威克利夫闭门著述，系统批判教会的宗教信仰和不当行为。其一，在教会组织方面，认为教皇和教廷的设置缺乏《圣经》上的依据，并从宗教上流行的得救预定论出发，提出应由注定要被上帝搭救的人们组成“无形”教会，取消权势无所不在的天主教会。

其二，抨击教会长期宣传的“变体论”，即所谓圣餐礼上所用的面饼和酒果能变成耶稣的肉和血的教义。为此，他用尖刻的言词嘲弄教会的愚昧和欺诈，从教皇到普通教士无一得免。

其三，主张以《圣经》作为信仰的唯一源泉，不分贵贱僧俗，人人可拥有一本《圣经》。这是威克利夫反教权主义思想的核心。他根据当时《圣经》都是使用拉丁文抄写和宣讲的事实，于 1380—1381 年间，在牛津大学女王学院将《圣经》翻译成英文。并筹备“穷修道会”，想通过它将《圣经》的真谛传播到民间。《圣经》有两种译本。其中一种文笔通俗流畅，便于下层人理解。此外，他还主张：教会应当放弃财产，教士应离开修道院，娶妻生子。尽管威克利夫的学说未曾触及世俗贵族和王权，没有谴责农奴制，却对那些以祷告为国王服务的“第一等级”和教会等级制度以严厉抨击，客观上也冲击了封建等级君主制和社会等级制。

威克利夫反教权主义的主张，主要代表着包括骑士和市民在内的中产阶级利益，反映了民众建立廉洁教会的要求，得到了一些人的认可，一向对教皇怀有抵触情绪的英国上层也曾予以支持。如在 1377 年 2 月，坎特伯雷大主教和伦敦主教曾将他传到圣保罗教堂听审，但由于兰开斯特公爵亲自陪同前往，致使会场混乱，难以控制。威克利夫在支持者的保护下，安全退席。后来在 1393 年，英国制定了《王权侵害罪法》，申明教皇权不得逾越王权。议会还提议褫夺温切斯特主教的财富，向教会征收 50 万英镑的捐税。但总的看来，由于时代的限制，英国国王和贵族官僚，都不敢直接得罪罗马教皇，不敢向教廷提出挑战性政策，当然，有很多的教会人士，根本不理解威克利夫的宗教思想，或本能地抱敌视态度。

威克利夫的宣传和官方对他的庇护，使他的思想首先得到牛津大学同事的认可。1380 年，一些威克利夫的信徒在尼古拉斯·赫里福德的倡导下，组成宣传小组，以后他们到英国其他地方活动，导致“罗拉德派”的形成。1381 年以前，他们反映下层社会要求，呼吁把土地交给农民村社并废除农奴制。罗拉德派的宣传促成了瓦特·泰勒农民起义的发生。该派传教者约翰·波尔是起义骨干人物。

1381 年起义失败后，罗拉德派的活动并未停止。当时一位教会学者不无夸张地说：“他们像发芽的植物一样迅速滋长，遍及全国……当你在路上行走，每遇到两个人，就有一个是威克利夫的信徒。”①1382 年 5 月，牛津大学的校长、著名的罗拉德派成员罗伯特·里戈计划邀请尼古拉斯·赫里福德等人在圣弗里德威德教堂布道。他事先接到坎特伯雷大主教命令，要校方严格执行教会禁令，不得宣传威克利夫的观点。里戈立即反驳道：牛津大学的学者拥有自己的学术特权，任何主教或大主教都无权干预他们的行动。1384 年威克利夫逝世后埋葬在拉特沃思教区。牛津大学的学人依然宣传他的学说，甚至在理查德二世的宫廷中也会出现罗拉德派的身影。除了牛津大学的学院派之外，罗拉德派还有另外两支。一是包括低级教士在内的下层民众；二是以乡村士绅为主体的中产阶级。

1399 年兰开斯特王朝的建立是罗拉德派命运的转折点。亨利四世把该派视为异端，予以镇压。1401 年，英国首次颁布用火刑处决异端分子的法令，罗拉德派领袖之一索特雷被活活烧死。1406 年，威尔士亲王在向国王亨利四世报告时称：罗拉德派的宣传以及他们对教会财产的攻击，威胁了整个社会的现有机构。1411 年，威克利夫的学说在其发源地牛津遭到诛灭。罗拉德派的活动停止。亨利五世即位后，更加严厉镇压罗拉德派。1428 年林肯主教竟将他们的遗骨投入斯威夫特河。

然而，威克利夫的改革思想和罗拉德派的活动为以后英国的宗教改革作了舆论准备。都铎王朝建立后，罗拉德派开始复兴。随着宗教改革运动的兴起，

① 威尔·杜兰：《世界文明史·宗教改革》上卷，东方出版社 1999 年版，第 155 页。

它逐渐与新教合流。

五、民族文学的兴起

威克利夫和罗拉德派的反教权主义的活动，以及他们将拉丁文的《圣经》翻译成英语的做法，已在某种程度上启发着英国人的民族意识。而乔叟的文学创作不仅起着启发英国人民族意识的作用，还促使着中古英语向早期现代英语过渡。所以，不仅乔叟文学在英国文学史看具有里程碑的作用，他还是英国民族文学的奠基人。

杰弗里·乔叟（1342—1400 年）所处的时代正值中古英语发展的晚期。[①] 在乔叟的青少年时期，英国语言的阶级性分化依然存在。上层阶级和宫廷都使用法语，成百上千的法文词注入英文里，法律界的术语，多半为法文；拉丁文依然主宰着宗教界和教育界，同时官方文书也还使用着拉丁文，但广大下层民众说英语。百年战争开始后，统治阶级内部的仇法情绪上升，直接影响到国人语言的使用。1362 年，英语被宣布为法律上和法庭中的通用语。1363 年，上院大法官在议会开幕式上用英语致辞，为此开了重要先例。以后民间开始用英语起草诸如遗嘱之类的文件，从此法语的地位下降，英语作用提高。到了 15 世纪，特别在英国人失去了他们在法国的属地后，英语战胜法语的速度明显加快了。

在乔叟成名的前后，用中古英语写成的诗歌已经在传诵着。其中最著名的是威廉·朗格兰（1330—1400 年）[②] 的头韵诗《耕夫皮尔斯的幻想》。这是一部包括各种宗教主题的寓言诗，曾经两次修改，所以流行 3 种不同的稿本。其主要成就是它把教堂语言和概念转化为俗人能够理解的形象和比喻。诗篇从诗人在莫尔文山的一场梦幻开始，通过一系列错综复杂连续不断的场景，描绘出 14 世纪社会生活的各个方面；其中有财富的肮脏龌龊和政府的腐败无能。作者

---

① 一般认为中古英语时期是在 1150—1500 年，当时流行 5 种方言：北部方言、中西部方言、中东部方言、西南方言和东南方言，而以伦敦、牛津、剑桥为中心的中东部方言渐渐成为标准语。

② 朗格兰的生平不详，他可能出生于伍斯特郡的山区，精通神学和正统教义。

指出唯一的拯救人类的办法是虔诚地信奉耶稣基督。作者通过其中的人物之口，阐发着人生哲理：

享受了一切富贵，

方知真理是宝。……

口吐真言，

待人谦恭，

即为奉行福音之道。

朗格兰诗风粗俗，比喻晦涩，情调暗淡，掺杂一些废话，乔叟似乎不太喜欢。

此外，还有一个手抄孤本保存了用西北方言写的4首诗：《珍珠》、《洁净》、《忍耐》和《高文爵士和绿衣骑士》。它们语言风格相近，可能是一组系列性作品。其中《珍珠》是一首宗教诗，描写一个父亲失去了他的女儿后所发出的梦幻般的呓语，诗句中充满着圣徒启示录的热情和魅力。《高文爵士和绿衣骑士》堪称英国中世纪文学中最精美的诗体传奇，讲述一个骑士向亚瑟的骑士们挑战；他在自己的头颅被砍落之后，犹能将它拾起，骑马驰去，并提醒对手：一年后重新较量。

上述诗歌不乏特色，却未必比得上乔叟一人的成就。纵观英国文学史，乔叟无疑是莎士比亚之前最杰出的作家和诗人。他出生于伦敦的一个富商家庭。早年所受教育的情况不详，但从他精通英语、法语、拉丁语和意大利语的情况来推测，可知他曾经接受过很好的教育。乔叟15岁进入宫廷，有幸成为爱德华的儿媳阿尔斯特伯爵夫人的近侍。两年后以军人身份到法国作战，被俘后由国王赎回。后来，他还担任过海关官员、外交官、治安法官等职务，得到过爱德华三世、理查德二世和亨利四世的信任和帮助。乔叟一生的有利之处，是他地位较高，不需要靠谋取圣职作为谋生的手段；他又不是一名贵族，能客观地观察人生，了解下层社会，撰写大量的优秀作品，而不会沦为一个专写骑士爱情的庸俗诗人。

乔叟的诗歌除借鉴了英国诗歌的成就之外，还深受意大利文艺复兴前期著名作家但丁和薄伽丘等人以及法国中世纪文学的影响，他尤其擅长描写宫廷爱情的细腻情调，形成独特风格。

乔叟的第一部重要作品《悼念公爵夫人》写成于1369年，这是他借用梦幻形式，为兰开斯特公爵、冈特的约翰的前妻布兰西所写的悼念诗。全诗

1300行，采用第一人称叙事和抒发感情，显得格外真切，有利于在宫廷朗诵。而且，这首诗还展现了他运用中古英语表现日常会话的技巧，和在宫廷诗歌的基础上塑造现实人物形象的功力。

长达2000行的《声誉之宫》是乔叟在70年代的得意之作。它同样运用了梦幻的形式，显示了作者写作技巧的进步——运用8音节双韵体诗，体现出轻松、愉快和略带讽刺的笔调。它主题暧昧，却又包含着一个严肃的寓意：声誉和世间万物一样，变幻莫测，转眼即逝。

14世纪80年代是乔叟的多产时期，《百鸟会议》、《贤淑妇女的传说》、《特罗伊拉斯和克莱西达》等接连而出。其中《特罗伊拉斯和克莱西达》是一部从希腊特洛亚战争的古典主题脱胎而来的诗体小说，讲的是特罗伊拉斯对克莱西达的真挚爱情以及后者的见异思迁。整个故事贯穿着宿命感，体现了一种中世纪宫廷爱情的基调。后世评论家认为这是他最佳的诗作。乔叟在其作品中常常故意采取中性人的立场，为此被认为是“诗人当中最不以自我为中心的人”。[①]

乔叟一生创作的最高成就，是他在晚年未能完成的长诗《坎特伯雷故事集》。该诗叙述了一伙性格各异的香客，从伦敦骑马前往坎特伯雷城，乔叟对他们的刻画入木三分，例如，其中这样揭露赦罪僧：

这赦罪僧披一头蜡样的黄发，
丝丝垂肩，却也像亚麻一样光滑。
他的一只玻璃杯里装着些猪骨，
每逢遇到乡间穷牧师，
就凭借这些“圣物”施展骗术。
他一日之间骗取的钱物，
超过那牧师两个月的薪俸。[②]

这些香客轮流讲了许多故事，各个故事之间用短小的戏剧性场面串联着，点缀着香客们的谈话、吵嘴和对人生的看法，具有讽刺和幽默感，使整部诗篇生动活泼。而且，故事中的人物包括各种身份的男女，其中的故事展露着中世纪英国社会的风土人情、喜怒哀乐，在内容上超出了中世纪文学的范围，成为英国现实主义的第一部杰作。

① 安德鲁·桑德斯：《牛津英国简明文学史》，人民文学出版社2000年版，第95页。
② 阿萨·勃里格斯：《英国社会史》，中国人民大学出版社1991年版，第118—119页。

也许是因为它的艺术价值，1476年，威廉·卡克斯顿[①]在威斯敏斯特创办了第一个印刷所后，《坎特伯雷故事集》和乔叟的一些诗歌成为第一批印刷品之一。

很难用简洁的文字概括乔叟在写作主题、题材、风格、笔调和见解的多样性，以及他在作品中对人生哲学的重要问题所做的严肃而宽容的讨论，但我们可以看到，乔叟在世时，其诗才已受到普遍推崇和赞赏，其作品成为中古英语文学的高峰，对后世影响久远。他去世后，成为第一个安葬在威斯敏斯特教堂的诗人。15世纪的英国文学在他的巨大身影之下显得暗淡无光。他的作品的模仿者侥幸登上文坛之后，得到的多是倒彩。

乔叟身后暂时没有文坛高手的出现，但并不意味着新生的英国民族文学的倒退。不列颠文学水准的提高需要更宽广的社会基础，而当时一些容易被忽略的文化现象恰恰成为英国文学再发展的必要条件。

一是世俗化戏剧的发展。11世纪以来，英国教士就常在诸如复活节之类的节日里上演情节简单的宗教剧，大多取材于某些圣者经受磨难的事迹。13世纪教会在这种演出上投入了颇大的精力。到了14世纪中期，他们惊骇地发现，戏剧不再是他们的专利了。城市基尔特成员也开始模仿教士们的做派，公开登台演出戏剧。演员们带着道具，坐着带轮子的“舞台车”在大街、广场、客栈之庭院巡回演出。他们用英语台词取代了拉丁语唱白。长篇的圣经故事或通俗的杂剧代替了短小的宗教说教剧。在宗教假日期间，尤其在“基督戏剧节”，约克、剑桥和伦敦等地的基尔特在各地上演成套的圣经故事剧。[②]1382年又出现了一种宗教故事剧的变体——“道德剧”。就这样，英国戏剧迈出了世俗化的步伐。

二是文法学校的普遍建立。1382年，威克姆[③]在威斯敏斯特建立了一所文法学校，该校部分学生是贵族官僚子弟。自此，这所威斯敏斯特中学就成了英国私立“公学”的起源。1440年亨利六世在伊顿建立了另一所文法学校——

① 卡克斯顿（约1422—1491年）是英国第一个印刷业者，1470—1472年在科隆学习印刷技术，并在国外创办了一个印刷所。他虽是英国印刷事业的先驱者，但在技术上缺乏创新，没有出版过特别精美的图书。他作为翻译者和出版家，对英国文学的贡献不容低估，一生翻译了24种书，出版的各类书籍约有100种。

② C. Roberts & D. Roberts, *A Histoty of England*, *Prehistory to 1714*. p.210.

③ 威克姆（1324—1404年）是英国主教和政治家，牛津大学的温彻斯特学院和新立学院的创建者。他出身贫寒，14世纪60年代成为爱德华三世最为信赖的助手，1367年任温彻斯特主教。

伊顿公学。以后，贵族，平民和城市基尔特群起效仿，集资建学。到了 15 世纪末，英国大约有 300—400 所文法学校。

世俗戏剧的发展和文法中学的普遍建立，是显示中世纪晚期英国民族文化发展的重要因素。这些文化发展于英国诗歌文学的低潮之际，却孕育着一个新的民族文化高潮。

六、社会结构的嬗变

在战争、疫病、灾荒和动乱的交织之下，英国封建社会加快了发展步伐，农奴制解体，资本主义迅速发展，社会阶级结构有别于以往。

14 世纪以来，英国封建社会已经越过鼎盛期开始衰落，商品货币关系稳步发展并深入农村。20 世纪初，英国学者考察了 1334—1342 年间的 521 份直属于国王的世俗土地持有人死后的财产报告，发现在黑死病之前，货币地租已在各地占据了优势，在小骑士的领地上尤其突出。各地教会地产的情况大致相同。

货币地租的发展与庄园的瓦解、农奴制的衰亡是同步的。随着许多庄园的领主采用了新的地租形式，原庄园结构渐趋解体。大批维兰摆脱了劳役制束缚，成了自由持有农或公簿持有农（copyholder）。

14 世纪黑死病发生之后，由于人口迁徙和减少，有些庄园的土地无人耕作而抛荒。虽然，有些封建主会采用强制性办法，继续盘剥农奴，如恢复劳役税，根据法令以压低工资等，但这毕竟不是长久之计。大约从 14 世纪 70 年代起，一些僧俗领主，陆续把他们庄园上的领主自营地划分成小块，直接出租给个体农民；或整个出租给村庄，然后村民将之分成小块耕种，或由单个的富裕农民经营。封建领主放弃了劳役制后，地产管理方法也改变了：大多是把相近的若干庄园组成一个管理区，派专人收取租税。

一些农奴离开了原来的庄园和领主后，租种到了更好的、条件更优裕的土地。有的农民得到了无主的土地，自然不是农奴了。又有一些领主见旧的剥削方式获利不多，主动释放农奴，来换取一笔赎金。还有一部分迁居城市，成为商人或手工业者。

当然，直到14世纪，还有一些农民被庄园法庭认作是维兰的后代，不具备自由人的身份，但这种人的数目越来越少。以后英国农奴制经过农民起义冲击和资本主义经济的阉割，到了15世纪末年，基本上消亡了。

14—15世纪英国资本主义经济的特点是毛纺织业继续蓬勃发展，成为不列颠最重要的手工业部门。而毛纺织业发展的特点是它深入农村。肯特郡、牛津郡、格洛斯特郡、兰开郡和约克郡的许多乡村，都成了毛纺织业的基地。乡村毛纺织业发展的有利之处，一是使部分农民在纺线织呢时，兼顾农田管理。他们从商人那里领取羊毛，纺成毛线。呢绒商从他们手里收走毛线并支付工资后，再散发给在家中的织工，织成粗呢。以后经过漂洗、精制等工序，制成合格的呢绒。二是一些农民成了独立经营的小手工业者后，其生产相对自由，可以避免城市同业行会的束缚。而且，由于他们的产品是为了投入市场，赚取利润，其生产行为显然是资本主义性质的。

就技术而言，15世纪羊毛漂洗机和起绒机的发明和推广，提高了毛纺织业的效率。

到了15世纪，英国羊毛出口下降，平均每年只有一万余袋；但呢绒出口上升，1450—1475年间每年约为6万—7万匹。[①] 英国商人在不断寻求政府支持的情况下，尽力对抗着汉萨同盟的商人，终于成为国内呢绒的主要出口人。

不列颠的另一项重要工业是造船业，技术水平一再提高。1300年，载重30“桶”[②] 的大船已经取代了方帆单桅的运货小艇。稍后，又造出了载重量200多桶的大型海船。15世纪后期，此类大船已经很普遍。亨利五世的船队里，“伦敦塔圣灵”达760吨，“伦敦塔耶稣”1000吨；其他7艘船为400—600吨不等。即便如此，造船业的主要变革还不是船越造越大，而是帆、桅等设备的改进。先进的大船有三四个高大的桅杆，分为张挂方帆的主桅、前桅和挂三角帆的后桅。具有这种设备的船，若能熟练地掌握帆桁，可以顺利地逆风航行，转向相当灵活。

同毛纺织业和造船业相比较，采矿、金属冶炼变化不大。冶铁技术改进不大，照旧使用木炭和水力鼓风，所以英国需要从大陆进口铁矿和铁。锡产量有

① J. L. Bolton, *The Medieval English Economy 1150–1500*, London, 1980, pp. 293–294.

② 是指装水和啤酒的大木桶，容量约为250加仑。

升有降。由于人口减少和经费紧缺，教堂修筑不如以往，建筑业也受到一定的影响。不列颠多数工业部门的快速发展，还有待于新的社会条件的激励。

英国商业，特别是对外贸易仍然保持了较好的发展势头。14 世纪，不列颠羊毛大量输往安特卫普、乌特勒支等地，香料、染料、呢绒运往威尼斯和热那亚。伦敦外商大约每年从大陆输入两万桶葡萄酒，再由英商转卖到国内各地。威尼斯商人主要向英国输出金、银、珠宝、丝绸、天鹅绒、金丝锦、地毯、玻璃和各类小装饰品。其他还有西班牙的腰带、刀剑，意大利的甲胄，科隆和里昂的丝绒，莱茵的玻璃等。在羊毛等商品的出口问题上，英国商人一再与外商发生利益冲突。外商希望自由贸易，直接到英格兰各地采购羊毛。不列颠商人则希望尽量多地控制出口额。英国王室也把羊毛出口当做政治和外交武器，利用大陆佛兰德等地工商业者对英国羊毛的需求心理，拉拢他们反对法国。

对外贸易和竞争激发了英国人民族主义和重商主义意识。这两种意识的结合又孕育出扩张主义精神。1436 年一位关心贸易发展的主教在其《英格兰政策小述》中坦言：

> 珍视贸易，保有舰队，
> 我们将是海峡的征服者。①

理由是：只有这样，才能使所有的外国人都安分守己。这首韵文诗是英国最早的、富于远见和战略意义的重商主义呼号，盼望建立一支强大的、具有保护和征服作用的海峡舰队。

14、15 世纪英国农奴制的解体和资本主义工商业经济的发展，不断改变着该国的阶级结构。具有封建依附性质的农民在乡村居民中的比例逐渐减少。城市居民在国内居民中的比例也高于过去。成分复杂的平民和中产阶级实力增长更快。但因当时的英国还是典型的农业社会，他们在人口中所占的比例还不高。

在英国中世纪后期和近代前期，所谓“平民阶级”和“中产阶级”一样，都是比较笼统而又经常使用的概念，它们的成分都相当复杂。在 14、15 世纪，平民阶级的中上层亦被视为中产阶级，其中包括家产殷实的骑士、地主、商人、手工场师傅和工场主、为数不多的律师和官吏等。

---

① 约翰·克拉潘：《简明不列颠经济史——从最早时期到 1750 年》，上海译文出版社 1980 年版，第 247 页。

商人也是中产阶级中的新星。他们的经济实力明显增强，政治生活中渐渐与贵族发生联系或分享秋色。1376年，伦敦富商彼得·德·拉·迈尔爵士任玛奇伯爵的管家，借机聚敛财富。1376—1380年间，另一位伦敦商人理查德·莱昂斯在国内政治事务中发挥重要作用。1377年10月，巨商威廉·沃尔沃思和约翰·费尔珀特为政府提供大宗军费，在社会上格外引人注目。伦敦食品商领袖尼古拉·博莱姆伯里与理查德二世过从甚密，1388年解囊资助宫廷。

在1376年“贤良议会”上，下院平民议员显示出空前的主动性和勇气，他们提出议案，受理请愿书，抨击廷臣和政府。在各郡法庭中，多由贵族的管家控制会场，其中大多是家道小康的乡绅、郡骑士和社会地位类似的平民地主。

地方各类活动不仅扩大了中产阶级各阶层的影响，还加强了他们的联系，其中有的人地位上升。还有少数骑士在战争中频频得手，成为巨富。例如莱尔家族，通过一系列的成功婚姻，由骑士等级上升为大贵族。托马斯·道格沃思爵士于1347年从其俘虏手中得到4900英镑赎金，身价百倍。同年约翰·哈勒斯顿爵士在对法战争中得到1583英镑财富。他们的财力已不亚于多数贵族的水准。[①] 甚至在战争时，仍有一些乡绅忙于经营地产，积极参与地方政府的行政事务，扩大社会影响。与此形成鲜明对照的是许多旧贵族血胤中断、家道中落或迅速衰败。而许多商人的地位上升，靠的是牺牲大地产者。大量事实证明，英国社会具有明显的开放性特点。随着社会各等级的交汇融合，它们之间的差距已经缩小，英国封建等级制的框架已在重新构筑。

王权同中间阶级的主动结合加快了英国中间阶级上升的速度。爱德华一世登基伊始就利用中间阶层遏制“傲慢而骚乱的贵族和贪婪的教会”。但整个看来，中产阶级是在中世纪后期进入国家权力上层的。如1439—1504年间，包括少部分贵族的爵位提升，共增添了68个贵族封号。其中47个是新封贵族。一些新兴地主进入大贵族行列。在14世纪末至15世纪前期的政治舞台中，托马斯·乔叟显得相当活跃。他的祖父是商人，其父是杰出的作家和诗人杰弗里·乔叟。他先是冈特的约翰的亲近，后任理查德三世、亨利四世和亨利五世的司膳官和沃灵福德王家城堡的总管，1402—1429年间先后9次任牛津郡的议员，多次任下院议长和政务会成员。兰开斯特王朝的政治新星之一是出身下

① B. Wilkinson, *The Latter Middle Ages in England, 1216–1485*, p. 201.

层的克伦威尔，他在1455年去世时留下了年收入达2263英镑的家产。约克王朝建立初年，爱德华四世将大片没收而来的大宗地产赏给威廉·奥斯汀斯，使他成为英格兰中部一个颇有影响的王权支持者，并在理查德死前成为朝廷中的头面人物。

中产阶级经济和政治实力的发展，不仅导致地方政府管理和自治能力的加强，还致使中央和地方政府的关系发生变化。不少富家豪门控制了地方政府的职位，他们或自任某职，或指定副手代行职权，家族权势炙手可热。为此亨利六世时期的学者约翰·福特斯丘爵士指出：对国王而言，国内一些地区的情况已是如此不妙，王室官职任命权已经受到地方势力的严重威胁。同时，中产阶级还将实力的触角伸到中央部门中，据统计，中古晚期英国中央政府中由国王直接任命的文官总共不过1500人，其中骑士、乡绅、约曼农和贵族随侍者在250—300人之间，而且大多位居要津。[①] 中产阶级在政治上的扩展改变了原有的社会等级秩序。

英国中世纪社会阶级结构的变化特点，是表现为一种中间阶级的渐进性的突破。以后到了近现代，这种类似的现象又一再出现。

七、百年战争（后期）

在封建时代，一些重大事件的发生通常取决于君主个人意志和能力。1399年以来，兰开斯特王朝的创立人亨利四世（1399—1413年在位），一直忍受着贵族叛乱和疾病的困扰。而且，每当他要求征税时，都要遭受议会的盘诘和折磨。甚至他的长子也敢于利用他政治上的弱点，在咨议会中以反对派的核心人物出现。所以，亨利四世在天时和人和、精力和财力都显欠缺的情况下，没有能力发动对外战事。

从法国方面来看，因为查理六世（1380—1422年在位）是英王理查德二

① J. R. Lander, *The Limitations of English Monarchy in the Later Middle Age*, University of Toronto Press, 1989, p. 21.

世的女婿，目下亨利四世篡夺了理查德的王位，自然和他对立。但是，由于查理六世多年患疯癫症，周期性发作，终生未愈，致使王权衰微，勃艮第公爵和奥尔良公爵公开争夺权力，法国也没有余力对付英国。英法战争的硝烟似乎已经消散殆尽。

新君亨利五世（1413—1422年在位）即位伊始，就决意对法国采取断然行动；他为了营造有利的国际环境，在准备战争期间，先用外交手段争取到了与勃艮第公爵无畏者约翰达成秘密协议，使之保持中立[①]；并企图断绝法国的海上援助，表现出在中世纪国王里少见的对制海权的认识。在国内，他善于赢得豪门巨富的赞助和议会的拨款，激发举国一致的民族情感。在战略上，他的主要目的不在于战役的胜利，而是注重于有步骤地夺取法国北部的大城市和军事要塞，用作英国长期作战的大本营。他的这些素质在一定程度上决定了英国对法战争的结果。

1415年8月11日，11 000名英国骑士和弓箭手乘船向法国进发，3日后在塞纳河口顺利登陆。然后，亨利围困哈夫勒尔，迫使守军于9月22日投降。此时已是秋天，不适于长途跋涉进攻巴黎。亨利决定直奔加来，引诱法军实行决战。10月25日，两国军队在阿让库尔短兵相接，英军弓箭手在一个关隘地段奋力射杀法国骑兵，竟以一比三的人数劣势和400人的轻微代价，大败敌军。法国损失10 000人。1位公爵、7名伯爵、120名男爵和1500个骑士被俘。1416年神圣罗马帝国皇帝吉斯蒙德前来签订《坎特伯雷条约》，亨利的威望如日中天。此后，英军进行长期艰苦的攻坚战，占领了诺曼底。

1417年8月初，亨利五世再次带兵进攻法国，在诺曼底登陆后扩大战果，重点围困卢恩。城内居民吃尽了粮食、马匹、狗、猫、鼠等。为节省食品，老弱妇孺被赶到城外活活饿死。总计有50 000鲁昂人死于饥饿。1419年1月该城陷落后，亨利索取30万克朗的赔款。1419年，英军进犯巴黎，翌年迫使精神失常的查理六世签订《特鲁瓦和约》，接受了屈辱的条款：将女儿嫁给亨利，并公开宣布太子不是亲子，却承认亨利为其王位继承人和法国摄政。这项协议实际上使法国分成由亨利五世、勃艮第公爵、王太子分管的三部分。尔后，亨利回到了阔别了3年半的英国，权势到了登峰造极的地步。

1422年8月，亨利五世患痢疾身亡，不满周岁的婴儿亨利六世（1422—

① 皮埃尔·米盖尔：《法国史》，商务印书馆1985年版，第120页。

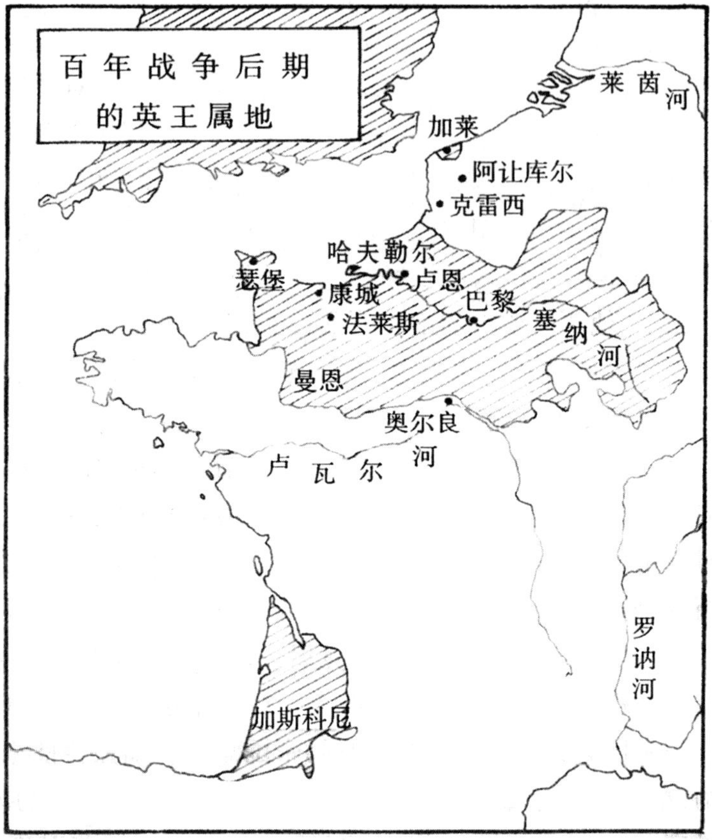

1471年在位）即位，英国在法国的领地交给护国公、王叔贝德福德公爵管理，另一个叔叔格罗斯特公爵也成为护国公。10月，查理六世去世，亨利六世又成为名义上的法国国王，可法国太子立即宣布为查理七世。

1423年初，格罗斯特公爵竟与前来避难的勃艮第大公爵的妻子杰奎琳成婚；而她是低地国家的继承人，致使英国和勃艮第的关系破裂。同时，布列塔尼公爵也疏远英国，接近法王，于1425年获得了对英作战的最高指挥权。以后几年里，两国交战不分胜负，战争形势变化。

1427年，贝德福德的军队侵入卢瓦尔河流域。翌年10月起长期围困奥尔良。值此关键时刻，一位具有强烈爱国热情和号召力的少女——“圣女贞德”挽救了法国。她前往宫廷面见查理七世，说上帝叫她来协助国王杀敌。法国上层先是视为荒诞，几个月后才给她配备了盔甲、马匹和旗帜，让她带法军解救奥尔良。贞德进入该城后，多次率兵出击，英军一败涂地，终于撤退。1429

年5月法国军民举行奥尔良祝捷大会，法国人重新燃起希望之火，英国人失去了自信心。7月14日，贞德的军队进入兰斯。两日后查理七世加冕，从而使《特鲁瓦和约》失去意义。1430年5月贞德深入敌后杀敌，因与部下失散被俘，后因勃艮第人的出卖，1431年5月30日在火刑柱上焚死。贞德的牺牲激发了法国人的民族感情，当年12月，刚好10岁的亨利六世在巴黎加冕时，整个法兰西都抱反对态度。

以后，形势继续朝着不利于英国的方面转化。1435年，勃艮第彻底与查理结盟，英国失去了最后的同盟者。同年9月，贝德福德公爵在与法国媾和时突然死去，接替他的是若干低能的将领，不能很好地发挥英国的战术优势。相反，法国军队却能施用巧计突然袭击，后来又率先使用了当时最先进的攻城炮，向英军阵地发射石弹，攻陷了座座城堡。1449年11月，查理进入鲁昂，继而控制了整个诺曼底，并趁英格兰贵族钩心斗角时频频告捷。

英国失去诺曼底的消息传到不列颠，1450年肯特郡发生了由约克派骑士杰克·凯德领导的武装起义。不胜苛捐杂税之苦的乡绅、小业主、商人和农民积极参加。凯德发表宣言，要求撤销国王的几名近臣，召回正直守法却受排挤而回到威尔士边界的约克公爵理查德，并宣布他为王位继承人。6月18日，起义军击败政府军队。7月3日进入伦敦，处决财政大臣法因斯。但他们的劫掠行径为伦敦市民所不齿，很快就被赶出城外。一周后，凯德被俘死去，起义军溃散。由于这场起义是在约克派贵族的挑动下发起的，所以又被视为玫瑰战争的先声。①

1453年10月，守卫波尔多的英军缴械投降，至此，英格兰在阿基坦的统治彻底结束。英国失去了除加来要塞以外的所有在大陆的领地。②

百年战争始终是在法国境内进行的，法国为此付出了沉重的代价，西南部法国首当其冲。许多城市遭到英军蹂躏，满目疮痍。诺曼底、皮卡尔迪等地，人口大约丧失了三分之一，有的教区空无一人，土地荒芜。巴黎空房处处，狐狼出没，30万居民中有8万是乞丐。

英国人在百年战争中曾几度感受到胜利的狂欢，并能对征服者肆意劫掠，但同样也付出了许多生命和钱财，最后仅剩下加来一地，以后英国为防守这个

① B. Wilkinson, *The Latter Middle Ages in England, 1216–1485*, pp. 262–263.

② Desmond Seward, *The Hundred Years War: The English in France, 1337–1453*, p. 262.

桥头堡，耗费了议会的大量拨款，最终还是在 1558 年被法国收复。百年战争后，英国统治阶级在大陆扩张无望，便彻底放弃了经略领地的打算。这反而有助于英国人在不列颠岛的独立发展和独立民族意识的加强。

八、玫瑰战争

英法停战协定签订不久，英国两大贵族集团——以红玫瑰为标记的兰开斯特家族和以白玫瑰为标记的约克家族——为争夺王位鏖战 30 年，史称“玫瑰战争”。

战争发生并非偶然。1422 年亨利五世去世后，国家缺少了一位强有力的君主。贵族们的关系在分配权力时失衡。主要权力落入兰开斯特显贵手中，他们利用亨利六世的年幼、软弱和愚笨，滥用权力。几十年里，贵族带领私兵横行霸道。法制不得伸张，赋税格外沉重。

约克家族的首领约克公爵也是爱德华三世的孙子，才能过人，军功卓然，却遭到猜忌和压制。作为报复，他们对 1399 年亨利四世篡位夺权的合法性质疑，声称应将“错了的事情”纠正过来。

正因两派的首领都是爱德华三世的后裔，都拥有登上王位的资格，决定了玫瑰战争的残酷性和长期性。

顺便指出：在 14、15 世纪，英国王室过多地封赐了公爵、侯爵等高级爵位和领地，抬高了部分贵族的地位。例如，早在 1337 年，爱德华三世把康沃尔郡升为公国，将公爵爵号授予年方 7 岁的“黑太子”爱德华。为突出公爵特殊地位，以后多年里除女王配偶和王子外，其他王亲均不许称王，最高可获公爵爵位。随后，爱德华三世及其继承人又先后建立了兰开斯特公国（1351 年）、克拉伦斯公国（1362 年）、约克公国和格洛斯特公国（1385 年）、赫里福德公国（1397 年）、贝德福德公国（1413 年）和萨默塞特公国（1443 年）等。① 英国侯爵的领地和封号最早出现于 1385 年。15 世纪前期确定了它在贵族爵位中

① M. Mckisack, *The Fourteenth Century 1307–1399*, p. 185.

的第二级地位后，颇为贵族重视。1444 年萨福克伯爵促使亨利六世与法王查理七世的侄女、15 岁的玛格丽特结婚，国王出于感激，给萨福克追加了一块侯爵领地。公国和侯爵领地的领有人都是王室宗亲，他们得到高级爵位后，在贵族中鹤立鸡群，威势不凡，为以后争夺王权、扰乱朝纲、制造战乱埋下了隐患。

两大家族以外的非王亲贵族，从前途和利益着想，必须选择一个靠山。渐渐地，他们在派别斗争中显露出倾向。大致而言，约克派得到了中部、南方贵族和骑士的支持，兰开斯特则尽力拉拢北方武士；但在各自的势力范围内又都有敌对者，形成犬牙交错的局势。

约克家族公然挑战的原因，除了血统上的根据和借助战争失败的形势，还因兰开斯特家族的衰败和治国无能，亨利六世一贯受王后玛格丽特和王亲的支配，引起反对派贵族的愤懑。国王和玛格丽特在英法矛盾极为尖锐的时刻缔结姻缘，使英国丧失了大片领地。1450 年 2 月，约克派在议会弹劾顾问大臣萨福克侯爵，指控他贪污腐化，丧权辱国，要求判处死刑。亨利六世执意庇护宠臣，宣布改为放逐。可是，载运萨福克的船只在英吉利海峡遭到拦截，侯爵被杀。半年后，在法国被打败的萨默塞特公爵博福特回国，填补了萨福克的空白，宫廷派获得了一位领袖。这时，被贬任爱尔兰总督的约克公爵理查德擅自离任回国，决心与对手决一雌雄。由于这两位公爵都有继承王位的希望，他们的争斗就更加激烈了。1452 年，约克公爵率军向伦敦进发，萨默塞特公爵率重兵堵截。僵持之下，约克公爵同意解散军队，但要求萨默塞特公爵解释丢失诺曼底的原因。然而当他觐见国王时，突然被宫廷派逮捕，只是在约克公爵起誓永不反抗“国王的任何臣民”时方被释放。

1453 年是英国人深感屈辱的一年。“百年战争”以英国失败结束，亨利政府责无旁贷。不列颠贵族永远失去了他们在大陆的利益，心怀怨恨。大批退伍军人无所事事，游荡乡里，惹是生非，成为两大贵族集团收编利用的对象。国王 1453 年以后神智失常。贵族集团拥立约克公爵理查为摄政，局势暂得安定。可当年 11 月，王后终于生了一个王子；一年后国王恢复神志。约克则失去了继承王位的资格，1455 年 2 月又停止行使摄政权。以玛格丽特王后、萨默塞特公爵、白金汉公爵为首的兰开斯特集团重新抬头。实力膨胀的约克家族决意用武力保卫自己，并试图夺取王权。

5 月 22 日，双方在圣奥尔本斯首次开战。约克派的军队由约克公爵和儿子沃里克伯爵，以及诺福克公爵、索尔兹伯里伯爵、施鲁斯伯里伯爵和斯坦利爵士等带领，兵力超过王军数倍，轻易取得胜利。萨默塞特公爵、诺森伯兰伯爵和克里福德勋爵殒命，尸体遗弃街头，无人掩埋。白金汉公爵和萨默塞特公爵的儿子多塞特伯爵受伤。玛格丽特带着王子进入附近的修道院避难。亨利六世被箭擦伤后到一家商店里包扎，约克公爵赶去，下跪表示忠诚。

尔后休战 4 年。约克派暂时控制了国王，兰开斯特派重整队伍，举国上下笼罩着备战气氛。1459 年战端重起，10 月 12 日，约克派军队在伍斯特的卢德福桥的遭遇战中大败。沃里克伯爵逃到法国重整军队，翌年 7 月归国后在北安普顿的决定性战役中击败兰开斯特军队。亨利六世成为人质，被迫答应占据王位至死，以后由约克公爵即位。胜利者重新以国王的名义统治英国。

可是，性格倔犟的玛格丽特王后决意维护儿子的王位继承权，她在北英格兰和威尔士聚集重兵，12 月攻打奥克菲尔德，杀死约克公爵。三个约克派贵族的首级悬挂在约克城门之上。两大家族水火难容。1461 年 2 月，兰开斯特军在南下伦敦时，在第二次圣奥尔本斯战役中大败沃里克伯爵军队。在此稍前，约克公爵的长子爱德华在莫蒂默斯可罗斯先夺胜筹，并最早进入伦敦。3 月 4 日，小约克公爵一反父亲的尊王做法，要求立即得到王位，称爱德华四世。随后他率军南下，扫荡残敌。在 3 月 29 日的陶顿大会战中，双方集结了 10 万人①，厮杀良久。约克军以沉重的代价取得胜利，玛格丽特逃往苏格兰。

1460—1461 年间，老一代的贵族很多战死或负伤，新一代爵位继承者多是血气方刚、争强好胜、观念有别的年轻人。他们怀着为父兄复仇的信念，一再违背不杀贵族战俘的传统。可每一次报复都掩埋下了复仇的种子，致使这场内战空前残酷。

从陶顿战争的结局来看，英国红玫瑰似乎要永远枯萎了。可坚韧不拔的玛格丽特卷土重来。苏格兰和法国王室多年承受过英国国王的压力，目下他们为英格兰的分裂和虚弱而庆幸，愿支持玛格丽特领导兰开斯特的事业。而她一向不关心英吉利民族的利益，作为交易，将贝里克卖给苏格兰，以两万利佛尔的代价把加来抵押给法王路易十一，并极力争取勃艮第的支持。1462 年，她率军在英格兰登陆，降服了北方的班伯格、阿尼克和邓斯顿伯格 3 座城池。冬天，爱德华派沃里克伯爵率重兵，用大炮猛轰敌阵，3 座城堡相继陷落。

---

① 其中约克派 4 万人，兰开斯特派 6 万人。后世有的学者认为此数被夸大了。

爱德华四世为了稳定新建立的约克王朝，饶恕了兰开斯特派的一些贵族俘虏，达成和议后归还了他们的领地，有的还担任了军政要职。多谋善战的拉尔夫·珀西爵士甚至受命防守两座城堡。对于居功自傲的约克派贵族，如沃里克伯爵等人，则有意加以限制。可是，玫瑰战争已经磨炼了部分大贵族的叛逆性格，他们一旦得势或失势都会重举叛旗。1463年，玛格丽特带着苏格兰和法国生力军卷土重来，珀西主动打开了班伯格的城门，阿尼克城则被心怀不满的约克派军官格雷爵士出卖。玛格丽特带着亨利六世包围了另一座城堡。

爱德华四世带兵镇压。火炮把几座城堡炸成废墟。玫瑰战争前期结束。玛格丽特带王子仓皇逃往法国，一度断粮5日。亨利六世隐居修道院，从此未和王后重逢。爱德华四世放弃宽容政策。

玫瑰战争后期的厮杀是由约克家族内讧引起的。贵族沃里克伯爵一伙在内政外交上与爱德华四世屡有分歧，在朝廷中越来越不受重视。1468年，沃里克伯爵和克拉伦斯公爵在北方打起叛旗，7月，在埃季科特击败王军。爱德华为防止全军覆灭，遣散余部，只身面见沃里克伯爵。后者反复权衡，将他释放。1469年10月，爱德华四世返驾京城，重新得势，两个叛酋逃亡法国，与路易十一和玛格丽特和解结盟。1470年9月，沃里克伯爵再次进入英格兰，以正统派搭救亨利六世的名义，得到兰开斯特派贵族的响应。爱德华四世在约克猝不及防，仓皇南遁，险些成了俘虏。毫无复辟愿望的亨利六世走出伦敦塔，稀里糊涂地再践王位。爱德华逃往尼德兰求援，1471年3月回国后，巧妙用兵，彻底打败沃里克伯爵，生俘玛格丽特。不久，亨利六世被处死。爱德华稳居王位。

以后10余年里，爱德华四世为加强王权和增加王室岁入，没收敌对贵族的地产，扩大王室领地；还通过勒索方式，迫使官宦贵族和富商平民“自愿捐赠”，充实国库。作为变相回报，他吸收平民进入宫廷咨议会，扩大咨议会权力，使之与旧贵族和议会抗衡。①

1483年4月，爱德华病死。12岁的爱德华五世即位，由其叔父格罗斯特公爵理查德摄政。同年10月，理查德代侄而立，称三世。爱德华五世及其幼弟遇难。约克家族众叛亲离。英国贵族阶级无法忍受连年的动乱，他们把希望寄托在兰开斯特家族的亨利·都铎身上。1485年8月22日，亨利在法国和约

---

① B. Wilkinson, *The Latter Middle Ages in England, 1216–1485*, pp. 295–296.

克降兵降将的帮助下，在博斯沃斯荒原战役中，击毙理查德。玫瑰战争结束。都铎王朝建立。

玫瑰战争使英国的贵族世家互相残杀，损失惨重。据统计，仅男爵及其以上的贵族死于刀兵者就有 60 余人，骑士之类的中小封建主多以千计，封建家兵和雇佣兵大约死亡了 8 万—10 万人。可见，这场战争的规模在不列颠历史上是空前的。

第六章

都铎王朝

（1485 年—1603 年）

一、过渡时期

都铎王朝是英国资本主义的胎动时期，也是从封建社会向资本主义社会过渡的时代。其间，不列颠社会经过多年发展，封建主义特点渐渐弱化，资本主义近代社会的特征越来越明显。为此，国外有些学者把都铎王朝的建立视为该国近代史的开端。

中古后期，英格兰的人口因疫疠和战争的折磨，长期在低谷中徘徊，1485 年只有 220 万人。16 世纪增长速度越来越快，1600 年接近 400 万人。

都铎时期英国社会的变化是多方面的。资本主义经济较快发展，资本主义生产方式已在工农业生产中占主导地位。手工工场的规模和水平稳步上升，毛纺织业成为获利丰厚的“民族工业”。仅在 1470—1510 年间，英国的毛呢出口就由每年 3 万匹增加到 9 万匹。1486 年，达拉姆的矿井首次采用水力抽水机排水，许多因水患而停采的矿井重新被利用，深井开采技术普遍推广。1490—1510 年间康沃尔郡和德文郡的矿业产值提高一倍。煤产量在 16 世纪末超过欧洲各国产量之和。资本集中趋势已经出现，有的矿业公司的资本高达数万英镑。造船业逐渐居于欧洲前列。大船主威廉·卡宁吉拥有 3000 吨的船舶，常常使用上百名木工造船。亨利八世在位前期，世界上最大的军舰“长驱”号下水，它上下 7 层，重达 1500 吨。建筑业经过长期停滞，1480—1540 年出现了教堂修建热潮。宗教改革后，贵族乡绅竞相修建府邸和乡间别墅，以后数百年里式样别致的庄园点缀着乡间风景。

商业发展空前迅速。个别富商的资产达 10 万英镑。英商控制了本国毛织品出口的一半。16 世纪初较大的乡村集市多达 350 多个。其中最大的是英格兰东部的斯陶尔布里奇集贸市场，每年 8 月 24 日至 9 月 29 日集会，为时 5 周。届时国内外商人云集该地。为数更多的周末市场也在货物交流方面发挥着重要作用。泰晤士河、乌斯河、塞文河和特伦特河 4 个水系的货物运输，不仅改善了国外贸易，还有助于内外贸易的沟通。1524 年城市人口仍然不超过全国人口的 10%，却拥有全国财富的 15%。16 世纪初，伦敦的人口大约在 6 万—8 万左右，以后其规模、人口、财富、贸易和权力同步发展，速度空前，17 世纪居民达 30 万人，成为西北欧最大的城市和贸易中心。

与前朝君主相比，都铎君主能主动维护英国资产阶级的利益。如亨利七世时，实行奖励出口、增加关税政策，规定英国货物必须由英国船只装运；鼓励海外探险，开辟新的市场。

在城市里，资本主义的发展使贫富分化加剧。据估算，伦敦 4%的居民拥有全城 80%的财富；下层 75%的居民却只有 5%的财产。在考文垂，11 个居民占有全城 44%的产业，另有 50%的居民一贫如洗。

英国资本主义早期发展的一个突出特点是商品经济迅速渗透乡村，资本主义农牧场顺应而生。毛纺织业的发展提高了对羊毛的需求量，圈地运动随之而起。城市和工业人口的增长，粮价的上涨，使圈地加快实施。圈地出现和流行的直接原因是利益驱动。岛国温和多雨的天气适宜牧草生长。过去众多农夫耕种的农田，被圈围起来后，只要一两个牧人和几条牧羊狗的协助，就能饲养庞大的羊群，获取更多的收益，一些地产者何乐而不为？圈地开始于中世纪，15 世纪末成为常见的现象。

圈地运动会破坏封建领主土地占有制和农民份地制，使世世代代束缚在土地上的农人突然成为无地的游民，从而影响到农业经营方式和政府的税收。早在 16 世纪初，空想社会主义的鼻祖托马斯·莫尔就在其《乌托邦》里发出了“羊吃人”的惊呼。现在看来，莫尔的惋叹虽有远见，但不无过分之处。因为：

其一，当时英格兰的圈地尚属早期，而且仅发生在英格兰中部和东部的一些地方。被圈占的土地里，不少是公有地和未被开垦的林地。南部和西北部一些传统农业区和林区则没有出现圈地活动。甚至到了16世纪末，英格兰所有发生圈地的20个郡中，被圈占的土地仅占所有可耕地的一小部分。如圈地水平较低的约克、林肯、艾塞克斯、什罗普、格罗斯特、剑桥和赫里福德等7个郡，被圈占的土地不超过1%—2%。另有7个郡（诺福克、诺丁汉、沃里克、米都尔塞克斯、莱斯特、拉特兰、伯克）的圈地额在2%—7%之间。圈地程度最高的北安普顿和亨廷登，被圈占的土地也不超过可耕地的13%。①

其二，英国一些农民早就有参与手工业经营的传统，一些农民失去其全部或部分土地后，能靠手工业谋生。如在亨利七世时期的考文垂和诺里奇，1/3的人口从事毛织业。还有一些农民成了专职的或兼职的屠夫、缝纫师、制革工、鞋匠、面包师、商贩、酿酒工、制帽工，等等。一些较大的乡镇里，非农业的行当多达百种，中型的乡镇也有几十种之多。乡村工商业者的生活一般不太富裕，但也能果腹蔽体。乡村资本主义工商业发展的一个长处，是它能摆脱行会制度的束缚，潜移默化地削弱着城市基尔特的势力和影响。

与圈地并行的是“换田”和地产贸易。②所谓“换田”，是一些农户将自己在“敞田制”下所拥有的一些分散的条田，与邻人交换，尽量使其耕地相对集中，连成大片，以便于耕种和管理。这种做法有利于提高农民的生产积极性，加强了农民的土地私有意识。他们在交换条田时，常常会出现被交换的土地价值不够对等的情况，便以现金作为补偿。这种变相的土地交易行为刺激了土地贸易的扩大。

都铎时期的英国尚处在农业时代。农业人口占全国人口的9/10。但资本主义因素的发展已引起社会阶级结构的变化，主要表现在封建旧贵族的衰落、资产阶级工商业者队伍的扩充、乡绅新贵族的崛起和农民的两极分化。

都铎王朝早期，不列颠社会的阶级变化尚不明显。对土地占有的多寡依然是划分社会等级的主要标准。其中身为大地主的世俗大贵族，是指可以接到出席上院诏令的公、侯、伯、子、男，共50余人。他们的年收入平均1000英镑，最富的白金汉公爵达6000英镑。另外，国王占有全国土地的5%，教

---

① C. Roberts & D. Roberts, *A History of England, Prehistory to 1714*, p. 218.

② 一些年里，这些具有同圈地同样资本主义性质的经济行为，常被国内学界忽略。英国当代学者指出：在都铎时代，通过换田和土地贸易所导致的土地兼并和因此所引发的社会问题，要多于圈地。

会占有全国土地的20%以上。国王、主教和大主教、大修道院长也是地产富足的大地主。

大贵族之下是乡绅(gentry) 阶层，包括骑士(knights)、从骑士(esquires)、绅士(gentlemen) 3 个等级。1500 年，乡绅的 3 个等级分别为 500 人、800 人和 5000 人。骑士年均收入约为 200 英镑。从骑士原为骑士的幼子和次子，年收入约为 80 英镑。绅士最初是用来称呼从骑士的次子和幼子，年收入为 10—20 英镑。

16 世纪英国世俗大贵族的衰落和乡绅的崛起，是英国社会阶级结构变化的主要内容。旧贵族衰落的主要标志是他们庄园的减少。1558 年 12 月，63 户大贵族尚且占有 3390 个庄园，平均每户占有 54 个。1602 年，57 户大贵族共占有庄园 2220 个，平均每户 39 个。①

多数旧贵族没落的原因是多方面的，如土地经营方式陈旧，“价格革命”引起货币贬值等。而生活腐化是许多旧贵族家道中落的重要原因。

生活腐化和产业管理的不善致使旧贵族入不敷出，变卖产业。一些家境良好的乡绅借机压价，购买良田。据统计，1561—1640 年，7 个郡的 2500 多个庄园中，旧贵族的占有率由 13.1%降至 6%，而乡绅地主的庄园占有率却由 67.1%上升到 80.5%。

英国封建地产的再分配早在中世纪后期就已经开始。亨利七世时期对旧贵族的镇压，是自上而下的大规模劫掠封建地产的重要启动。亨利八世在位期间对所没收的修道院土地的出售，使宗教改革变成了一桩巨大的商业买卖。贵族、乡绅、自耕农和商人一同卷入土地投资的旋涡。

由王室出售的教会土地绝大部分转入社会中间阶层，特别是乡绅阶级。一些接近王室的商人和廷臣，以及担任地方治安法官的乡绅率先买到被没收的教会土地。律师、商人等中产阶级长期对教会特权不满，也利用这一致富良机。土地转手使地主和商人站到拥护宗教改革和支持都铎王朝的立场上，在较短时间内扩大了乡绅阶级的队伍。

伊丽莎白在位时，王室财政短绌，也效法父王出售地产。与前朝相比较，拥护宗教改革的乡绅颇能得到君主的青睐和王权的惠顾。都铎时期的国王和权贵出于对旧贵族的猜疑和对权势的维护，以及对乡绅的宠爱信任，总是排斥贵

---

① L. Stone, *The Crisis of The Aristocracy, 1558–1640*, Oxford University Press, 1967, p. 335.

族世家，笼络乡绅。亨利七世在位末年，在宫廷中任职的乡绅已有93名，16世纪20年代增加到148人。地方上的情况大同小异。

乡绅是一个不同于旧贵族的上升阶级，其发展趋势和我国有关著作所描写的新贵族的情况相似。但是，我们并不因为两者的相似就简单地划上等号，或断言他们完全都是以后资产阶级革命中的反封建力量。乡绅的作用也不是可以简单而言的。乡绅的主体部分是属于上升的阶级势力，并在以后革命中发挥了重要作用。

在乡绅之下的是家境小康的约曼农（yeomen），即自耕农。他们大多是14、15世纪非贵族出身的小地主的后代，获得自由权较早，目下大约拥有一二百英亩的农场。约曼农之下是从事体力劳动的自由小农（husbandmen）①，大约拥有10—30英亩的土地；年收入相当于约曼农的1/10。居于社会底层的是人数较多的茅舍农和雇工。

1485—1603年间英国社会结构的演变，逐渐导致上层建筑的变化，并在很大程度上决定着都铎君主制的最基本特征。由于这一变化尚未到成熟地步，从而使都铎社会中的封建特征和资本主义特征错综复杂地拥挤在一起，变成一个既有封建主义又有资本主义的社会。而且，此时新兴资产阶级还不够强大，在国内他们需要强大的王权制服贵族的分离势力，消弭动乱，建立统一的民族国家，镇压下层阶级的反抗，在海外支持殖民扩张，与列强抗衡争霸，维护他们的利益。可见，英国此时的专制君主制度，是王权与新兴资产阶级利益的微妙结合物，是英吉利民族国家在其初建时所需要的。

二、专制君主制的确立

亨利七世（1485—1509年在位）是在多灾多难的岁月里成长起来的。他是一个遗腹子，父亲里士满伯爵被约克派掳去并惨死在狱中时，母亲只有13岁。他在青少年时期就饱经磨难，曾流亡国外10多年，风险生活使他养成了

① 一种说法是，他们是百年战争中英国弓箭手的后裔。

一个开国君王所应具备的谨慎、敏锐、隐忍、果决的性格，处事严厉无情而富于责任心，能坚定不移地建立新王朝。

亨利七世是在血肉横飞的战场上得到王冠的，所以，他的即位，得到了渴盼和平的臣民的拥戴，又被看重血统的人们称作王位篡夺者。亨利父母的婚姻有悖教规，议会曾专门规定其后代不可继承王位。亨利七世为自己的名分所困扰，又担心前朝的内战动乱再次出现，便用婚姻来弥补缺憾。1486 年初，他迎娶爱德华四世之女伊丽莎白为王后，并以红白两种玫瑰为族徽；这既把玫瑰战争中势不两立的两大家族联合起来，又增添了都铎王朝的合法性。不久，国王得子取名阿瑟。王子 3 岁时，亨利就通过外交斡旋，使他与西班牙阿拉贡王室的公主凯瑟琳订婚，旨在争取欧洲强国的承认和支持。1501 年 10 月，阿瑟与凯瑟琳完婚。5 个月后一病不起。两年刚过，亨利七世又将 14 岁的公主玛格丽特嫁给苏格兰国王詹姆斯四世，暂时绥靖了英格兰北方边陲。1509 年，亨利七世病危，临终前要 18 岁的太子亨利与比他年长 5 岁半的寡嫂成婚，以求保住英国与西班牙的联盟。

罗马教廷的支持也不可或缺。教皇英诺森根据亨利七世的意愿威严宣布：凡对这一合法的王位继承者提出怀疑和挑战者，将被逐出教门。

亨利七世以冷酷的心态，果断镇压王位觊觎者和潜在的敌人。博斯沃斯战火刚熄，他就把爱德华四世的侄子、年仅 10 岁的沃里克伯爵关进伦敦塔，数年后被秘密处死。1486—1487 年镇压了约克族的叛乱。1491 年，冒名顶替者沃贝克声称他是被囚禁在伦敦塔中的王子理查，在英国敌国和英格兰约克派贵族支持下，3 次入侵英格兰，发动大规模叛乱，直到 1497 年沃贝克才被抓获。结果，约克家族男嗣断绝，都铎江山稳若磐石。不列颠彻底摆脱了中世纪的混乱状态。

继后亨利八世虽然不必像先王那样大肆杀戮，却未掉以轻心。1521 年，他将安分守己的白金汉公爵处死。1539 年和 1547 年，他先后将潜在的王位争夺者埃格斯特侯爵和萨里伯爵送上断头台，杜绝了约克王朝复辟的可能。另外，他一直委派郡督监视各地贵族。在爱德华六世、玛利和伊丽莎白统治时期，郡督在各地治安法官的协同之下拆除封建城堡，解散贵族亲兵，收缴武器，维护各地秩序，社会治安明显有别于以往。

都铎王朝的君主们还不拘出身门第，努力罗织人才。亨利七世所重用的大臣几乎都是平民。16 世纪几位权臣，都出身于乡绅平民家庭。其他如培根、达德利、罗素、霍华德和西蒙等，都是凭仗劳绩、军功和经济实力而迅速崛起的新封贵族。都铎君主起用中等阶级新贵的做法，改变了政府和议会的阶级结构，扩大了王权的社会基础。

稳定充实的财政收入是不列颠封建政府存在的必要条件。他上台不久，就获得了海关岁入、法庭罚金等封建经济特权。镇压贵族叛乱时没收了一些敌对分子的领地和财产，使王室领地大约增加了60%，其中大部分是亨利七世在位时所得。15世纪80年代，王室领地年收入大约为10 000英镑，亨利七世在位晚期增至40 000余英镑。同一时期关税年度收入由32 000英镑增加到约42 000英镑。比较固定的收入使国王在财政上大大改观。而且亨利七世还力求避免对外战争，努力减少军事开支。亨利七世还采用多种罚款方式收罗钱财。其中对违犯禁养家兵门客法者的处罚最重。牛津伯爵为此被罚10 000英镑。其他如官吏任职不佳，商人走私，农人触犯王室森林法，等等，俱被加以重罚。他即位初年，岁入平均5万余英镑，在位末年增加到142 000英镑，有了可观的节余。

雄厚的经济实力使国王不需过于依靠议会拨款，因而也不必经常召开议会。亨利七世在位前半期共召开6届议会，大约两年一届；后半期12年只召开一届议会。

亨利七世作为开国君主，在宗教问题上进退有度。他"从教士中选拔大臣，从大臣中任命主教"，这就一方面安抚了宗教界上层人物，同时又不露声色地改组和控制了教会。为此有的学者认为，早在亨利七世时期，"英国君主实际上已逐渐成为政教合一的集权者"，国王在宗教界的地位已经提高。亨利七世的这些做法，为亨利八世以后继续加强王权、进行宗教改革奠定了基础。

都铎王朝的君主们为加强专制君主制做了一贯的努力。其中亨利七世、亨利八世和伊丽莎白都是颇有作为的镇国雄主。他们承先启后，一再扩充王权，使都铎王朝历经3代118年，始终保持了专制君主制的特色。

英吉利民族意识的增长是都铎王朝的君主们建立专制君主制的有利因素。15世纪以来，由于欧洲文艺复兴和宗教改革运动的影响，英国民族意识空前高涨。1500年左右的一些文学作品已流露出坚定的民族认同意识。并强烈地表现在"英国是一个主权王国"、"英国是一个帝国"的提法上。

1513—1514年，英国两艘新船分别命名为"亨利皇帝"号和"玛丽皇帝"号。在外交场合中，英国上层人士也有意声明英国是一个帝国而非二流王国；都铎国王本是亚瑟王的后裔，有权继承先辈遗产重建帝国。实际上，当时英国人所说的“帝国”，并非指国土辽阔、国威显赫和由皇帝治理的大国，而是指独立自主的民族国家。随后亨利八世自上而下发起的宗教改革运动，使王权迅速膨胀，空前强大，以后国王无论是在理论上还是在实践中均被僧俗两界奉为国家最高首脑。神权与王权抗衡的双重社会结构，终于被神权从属于王权的一元社会所代替。英国成为一个真正独立的主权国家，国王的权力和特权充分得到保证。到了16世纪中期，英格兰人已经能够明白无疑地表达他们的民族认同意识。其中约翰·艾尔默在一封信里写道：

英格兰人啊！倘若你们知晓，你们的生活是多么富足，你们的山川地域是多么丰饶，你们就会俯身拜倒在上帝面前，感谢他的恩典，使你们有幸生而成为英格兰人，而不是法国的农夫，不是意大利人，也不是德意志人。①

更重要的是，当时英国正处在历史发展的转折点上，专政王权和独立民族意识的结合，有助于保护和激发英国人努力加强自身实力和国力，从事积极的海外贸易和扩张，迅速改变着他们的国家的形象。

三、亨利八世和沃尔西

亨利八世即位，英国人看到了希望。他体格健壮，聪颖过人，通晓多种外文，熟知神学和音乐，善于骑射和写作，礼贤下士，对黎民百姓和蔼可亲。可随着时间推移，他的长处都走向反面：肥胖臃肿，体弱多病，刚愎自用，冷酷无情，轻诺寡信，贪财好利。若其意志受人阻挠，他将施以处罚和死刑。亨利八世富于特色的性格，给他的执政年月留下了传奇色彩。

亨利即位时，恰值欧洲近代国家体系诞生之际。法兰西逐渐结束了分裂状态，人口国力明显超过宿敌英国。其他一些强邻，如西班牙和尼德兰，或与英国缔结了秦晋之好，或通过谈判和贸易成为友邦。英国有意成为大国均势的砝码，参与欧洲政治，施加影响，有时会卷入战争。由于火炮用于战争，英国传

① 阿萨·勃里格斯：《英国社会史》，中国人民大学出版社1991年版，第121页。

亨利八世

统作战方法失灵了，若要在欧洲保持强国地位，必须经过重大改革来强化自身。少年多谋的亨利深知内政外交的分量，提拔林肯教长托马斯·沃尔西协理国事和外交事务，自己则沉湎于体育和音乐。沃尔西具有治国才能，善于讨好国王，掌权14年，成了英国最后一名权倾朝野的中世纪式的高级教士；甚至被谑称为“英国第二王”。

1513年，英国发动了一场对法战争，沃尔西尽力筹划，得到体面的贡金与和平，被提拔为约克大主教。翌年任枢机主教和大法官。3年后兼任罗马教廷特别代表。随着地位的攀升，沃尔西聚敛了大量的财富，年度收入是国内最富贵族的10倍。他的汉普顿府邸，豪华程度不亚于王宫；家内仆从竟有千人。其私生子尚未成年就兼任11项圣职，领取大笔干薪。在宗教事务上，沃尔西不顾民众对罗马教廷的不满，力主保持现状。他连续12年担任国务大臣，只开过一届议会，引起了上流社会的反感。他有着小人得志的通病：大权在握时盛气凌人。激起贵族的仇视。

1520年，亨利在沃尔西的陪同下，与王后凯瑟琳的侄子、神圣罗马帝国皇帝查理五世签订军事条约，商定翌年秋天两国将各出动4万军队进攻法国；并保证互相忠诚，不与法国王室联姻。1523年亨利八世似乎就要践约，他的大队人马深入法国腹地，行进到距巴黎50英里处，但在耗费了大量资金后，却因军费枯竭而与法王秘密缔和。在此稍前，他向议会提出了一笔80万英镑的军费拨款，被议会减至1/7。正巧又传来了查理五世大胜法军、俘获法王弗朗西斯的消息。亨利和沃尔西竟然不顾难堪，立即要求所有年收入在50英镑以上者，各捐1/6的财产，充作军费，支持政府把反法战争进行到底。提议遭到强烈反对。沃尔西见风使舵，谋求和平，重弹均势老调。

在此前后，亨利八世遇到了离婚难题，最终使沃尔西失去了国王的宠信。这时，亨利已与寡嫂凯瑟琳夫妻多年，但在生育大事上总不顺心。1510年夏天，王后首次临盆，产一死胎；以后多次生育，仅有一女玛丽幸存。随着凯瑟琳人老色衰，亨利贵为一国之君，难免会有婚外恋。1518年他与伊丽莎白相好，生了个男孩，被封为里奇蒙伯爵。1525 年迷恋上了玛丽·博林。大约在此前后，亨利越来越多地被继承人问题所困扰。凯瑟琳年已四十，似无生育能力，而英国自 12 世纪的玛蒂尔达偶然上台之后，再无女性践祚的先例，又不能让私生子里奇蒙继承王位。仅在几十年前，英国曾因王位争夺而陷入玫瑰战争，将来会不会重演噩梦？英国多数贵族也担心玛丽即位。小公主两岁时就与出生不久的法国王子缔结了婚约，将来她成为女王，不列颠会不会再次出现内战？假如她嫁往法国，英格兰会不会成为新一代法王的嫁妆和领地？亨利八世考虑了王朝的前途，决定利用沃尔西的有利身份，尽快促成他与凯瑟琳离婚。

1527 年 5 月，一场经过认真编排的悲喜剧终于上演。沃尔西以教皇特使的身份秘密召集了宗教会议，随即传讯亨利出庭，正色告诉他与王兄寡妻结婚，触犯了禁止近亲结婚的宗教法。亨利一本正经地辩解说他们的婚事曾经得到教皇许可。凯瑟琳坚持说：自己虽同王兄阿瑟同居 7 个月，可从无房事，所以不妨碍再婚。过了些天，亨利显露本意，主动告诉王后说：他们本来就没有合法地结过婚。

下一步，是让沃尔西以特使的身份，从教皇那里为他获取婚姻无效的敕令。这又谈何容易？这年查理五世洗劫了罗马，教皇克莱门特七世成了他的俘虏。而查理有许多理由憎恨英王，怎会支持亨利休掉他的姑母？ 7 月 29 日，查理告知其驻伦敦的大使，说他已“建议”教皇否决了亨利的要求。

当沃尔西就英法结盟和离婚事宜前往欧洲时，亨利又和安妮·博林爱得如火如荼，使离婚案上增添了一个结婚问题。沃尔西事后才知道了事情的全部，立即意识到了他的失宠，诺福克等人已开始取代他的地位。奉命处理此案的教皇使节、红衣主教坎佩基奥抵达英格兰后，利用种种借口迟迟不作裁决。这或许是沃尔西消极怠工的证明。亨利决心立安妮·博林为王后。

1529 年 5 月末，身为教皇代表的沃尔西和坎佩基奥终于开庭，听取亨利的诉讼。凯瑟琳拒绝出庭，直接向罗马申诉。6 月 21 日，国王和王后双双出庭，场景哀婉动人。凯瑟琳跪拜王夫，哭诉自己的一贯忠贞，发誓自己与亨利结婚时仍然是纯洁处女，哀求亨利不要遗弃她。亨利无法辩解，只说他这样做，全是为了君主制和国家，请她不要向罗马上诉。凯瑟琳挥泪离开法庭。费希尔主教挺身为王后辩护。亨利要求宣判。坎佩基奥借故拖延。恰巧这时，英法联军在意大利失利。本来犹豫不决的教皇，现在必须仰望查理的鼻息；在离婚案上，他当然要支持凯瑟琳。

特使法庭关闭之际，正是沃尔西倒霉之时。他虽然为此尽了力，却因为无奈的拖延，使亨利抱怨。亨利还为外交政策的失败而气急败坏。他们背叛了查理五世而与法国结盟，违背了英国的根本利益，招惹了整个英国的反对。目下惩治沃尔西既可以减少民众的怨气，又能借机获取大宗财富。10 月 9 日，国王法庭指控他犯有侵害王权罪，革除了他的除约克大主教之外的所有职务，大部分财产将转归国王。诺福克公爵成了首席大臣，托马斯·莫尔任御前大臣。

沃尔西未因降职一蹶不振。他定期访问教区，修缮教堂，排解纠纷，逐渐得到了人们的谅解。可情势略显好转，他又野心膨胀，偷偷与外国王室通信，要求教皇采取措施，“必要时动员军队”，将英王驱逐出教。他没想到自己始终处于对手的监督之下，消息很容易被间谍得到，报告国王时又被夸大。1530 年 11 月 4 日，他再次被捕，被控犯有叛国罪，当月含恨死去。

亨利和朝臣明了，由教皇批准离婚的道路已被堵塞，必须另辟蹊径。他听取克兰默博士的建议，把离婚是否合法这个问题从宗教法庭撤回，派信使分送欧洲各大学去研究表决。那时大学已经受了人文主义的洗礼，几乎异口同声地宣称亨利有理，谴责教皇不该违反近亲不得通婚这一重要法律。大学的支持使亨利获取了勇气，决心采取特殊措施反对罗马的教廷和英格兰的教会。而因此获功的克兰默很快被任命为坎特伯雷大主教，成为亨利进行宗教改革的又一臂膀。

四、宗教改革

亨利八世与罗马教廷的决裂，是英国宗教改革的前奏。表面看来，此事带有强烈的君主个性色彩。是因教皇拒绝批准亨利与凯瑟琳的离婚要求引起的，而亨利敢于蔑视教廷、执意改革，是担心都铎王朝断嗣和盼子心切。实际上，这场运动有着深厚的社会历史原因和政治背景。

从王权发展趋势来看，亨利八世时代的宗教改革是出于政治需要而客观地提上政治日程的。

就国际范围而言，以教皇为最高首脑的罗马天主教教廷，是一个体系严整、权势煊赫的国际性宗教组织。长期以来，教皇被奉为上帝在人间的最高代表，国王只是上帝的仆从。教廷有权向天主教世界的各国君主发号施令，摊派捐税。各国君主则向教皇称臣纳贡。稍有违抗会被革除教籍，甚至被重兵讨伐，夺去王冠。另外教会还拥有避难权来抵制国王的法律和特权，有的教士可以领取几份俸禄而尸位素餐。正因如此，中世纪欧洲教权强大时，许多君主国还不是完整意义上的主权国家，各国王权也难在政治上获得至高无上的地位。

就国内来看，英国教会作为国际天主教会体系的组成部分，也是约束限制王权的重要力量。经济方面，教会占有全国大约五分之一的土地，有权向全国民众征收什一税和其他多种捐献，总收入远远超过王室。政治上，高中级教士能担任政府许多重要官职。甚至在宫廷会议和议会上院中，高级教士都占成员的一半以上。在司法和文化教育领域，宗教势力无孔不入。教会可自设法庭，并按照教会法审理有关案件，而教士犯罪时却能拒绝接受世俗法庭的审判。那时学校几乎全由教会经办，各类出版物须经教会审查。多年来，英国分设为两个大主教区，下设 19 个主教区和多以千计的小教区，教堂和修道院比比皆是。倘若触犯教规，轻则罚款监禁，重则处以极刑。整个看来，在英国都铎政府统治前期，天主教会是除贵族之外的又一支能与王权抗衡的重要力量；鉴于亨利七世时期的王权扩充仅限于世俗领域之内，为了牢固树立国王在世间的绝对权威，就必须摧毁掌握神权的天主教会。

英国宗教生活的种种积弊为人们所不齿。各级教区中，虽然不乏善举，但僧侣纳妾、宿娼、通奸、酗酒等案件层出不穷，勒索、欺诈教民的现象屡禁不已。一些修道院变成了污秽淫荡的娼寮，丑闻劣迹不绝于耳。有的修道院竟假造圣徒遗骨作为药物出售，图财害命；或将许多臭靴子、烂皮带、旧衣服冒充圣徒遗物，换取教民的捐赠。

正直果敢者对教会的贪婪腐败深恶痛绝，他们对圣餐和其他无谓的宗教仪式质疑，继而宣传改革。但教会凭借上帝名义，对异端的镇压无所不用其极。据不完全统计，仅在 1506—1521 年间，教会所审理的异端案件，多达 342 起。其中 9 人被判处火刑。

1515 年，伦敦成衣商理查德·亨尼奋起反对教会征税，追随的有市民，还有下院议员。他们把抗议的矛头对准伦敦主教。亨尼被捕后悬梁身亡，这是自杀还是他杀，成了不解之谜。这段宗教改革的前奏虽然戛然而止，但 1521 年以来，牛津大学年轻一代的叛逆者，已在传播着德国宗教革命的消息。剑桥大学已涌现出较多的异端分子。虽然他们有的害怕迫害而移居大陆，可又在国外印刷了大量的反天主教的小册子，偷运到国内。1525年，伦敦出现了一个叫“基督兄弟会”的团体，四下散发路德派和其他反天主教派的宣传品，传播英语本《圣经》。沃尔西越查越多。剑桥的威廉·廷德尔最为果敢，他在科伦，将伊拉斯谟编定的希腊文《新约》译成英文本，又根据路德的思想加上一篇充满火药味的序言，再到新教徒的居住中心沃尔姆斯，一次印了6000册，运入英格兰。以后源源不绝。亨利八世试图采取折中办法，由国家制定一种权威性的英文译本，来防止多种版本的谬传。

事实表明，英国实行宗教改革的时机已经到来。

英国宗教改革始于1529年“改革议会”的召开，此届议会历时7年，有8次会议。在首次改革议会上，它通过颁布《遗嘱验证法案》、《丧葬费法案》和《兼领圣职法案》，限制教会勒索死者及其家属财产，褫夺他们以教皇许可为由兼领圣俸的特权。上院主教和修道院长虽然反对，但在国王压力下被迫从命。

亨利在利用议会进行宗教改革时，表现出十足的专断和狡黠。他利用下院制约上院，利用上院世俗贵族抵制教会贵族。当上院教会贵族发生分歧，或一致抵制下院时，他果断地行使王权加以裁决。

翌年冬，国王在最高法院的代言人以侵害王权罪起诉整个教会，最后判教会缴纳11.8万镑的巨额罚款。[1] 亨利八世乘胜扩大战果，要教会召开专门会议，正式承认他是教会最高首脑，是教会“仅有的保护者，唯一的和最高的主人”。在1530年议会上，托马斯·克伦威尔崭露头角，他主持议会和政府事务，颁布了一系列否定教廷、压制教会的法令。

1532年春，下院向国王呈递《控诉主教书》，谴责教会滥用司法特权，漠视王权。教士会议讨论良久，终于递交一份被称为“教士的屈服”的文件，表示：教会未经国王允准不再制定新的法官律令；现有教会法律要经国王任命的委员会修订；委员会所认可的法律需经国王同意方能生效。至此，亨利八世实已成为王国最高立法者。此次议会还禁止本国高级教士将其任职第一年的部分俸禄送缴教廷。可亨利为换取教皇批准他的离婚要求，暂将此案束之高阁。翌年3月20日，亨利与已经怀孕的安妮秘密结婚，9月伊丽莎白公主诞生。

---

① D. G. Newcombe, *Henry VIII and the English Reformation*, London & New York, 1995, p. 44.

亨利冒着重婚罪的危险，不顾欧洲舆论与安妮结合，却又得到了一个女儿，登时失望恼怒。很快，他爱上了凯瑟琳王后的女侍简·西摩。

在不久前开幕的第四次改革会议上，议会通过《上诉法案》宣布：“英国是一个帝国，已被全世界承认，英国由一个至高无上的国王统治，国王拥有相应的至高无上的尊严和财产。”此案是宗教改革中最重要的文件之一，它对亨利八世的专制君主地位作了明确的法律表述，标志着英国在司法领域内正式与罗马断绝关系。

1534年是宗教改革的关键时刻，改革会议召开两次。年末，议会在《至尊法案》中郑重宣告：“亨利八世是英格兰天主教会的最高领袖，地位仅次于上帝；安妮是他的妻子，女儿伊丽莎白公主是他们的继承人。”还宣称亨利“是英国唯一的最高首脑”，拥有决定一切宗教事务的权力和权威，可派随员巡视并纠正各种弊端。这已暗示着国王要对修道院实施更沉重的打击。至此，罗马在不列颠的特权已被彻底粉碎，英国与罗马教廷彻底决裂，安立甘国教的最高统治地位已在英国牢牢确立。

反对者仍在对峙着，谴责国王及其宗教措施的呼声不绝于耳。亨利以血腥镇压加以回击，千百人被处以绞刑、剖胸和肢解。德能高超的罗彻斯特主教费希尔和担任国务大臣的空想社会主义思想家托马斯·莫尔拒绝效忠宣誓，1535年均被处死。

改革还穿插着亨利婚姻和家庭的纠葛。1536年1月7日，凯瑟琳病死。就在前王后下葬之日，安妮生下了个死胎，亨利再次失望。于是，他指责安妮招蜂引蝶，莫须有地提出了5个奸夫的名单，其中一人竟是安妮的兄弟。安妮等人拒不招认，照样判处死刑。就在5月17日杀害5大臣之际，大主教克兰默受命宣布：亨利与安妮的婚姻无效，伊丽莎白公主为私生子。

5月30日简·西摩与亨利成婚，6月4日就被封为王后。简乃爱德华三世的后裔，与亨利有4代之内的血亲关系，按常规不应结婚，可亨利让克兰默更改教规。翌年10月12日，简通过剖腹产手术生下了未来的爱德华六世，很快离世。

在改革初年，亨利仍有同教廷妥协的念头。1536年，久受亨利栽培的雷金纳德·波尔被教皇任命为红衣主教后，发表文章攻击亨利攫取宗教大权，实行独裁，并说亨利与简的婚姻实属乱伦。波尔特将此文寄一份给英王。亨利怒火中烧，妥协念头完全打消。为报复教廷，他批准克伦威尔扩大改革范围，解散英国修道院，把它们的财产统统没收。

克伦威尔在统揽权力方面，丝毫不亚于沃尔西。他除了负责内政、外交、枢密院、星室法庭和教会，还统领着特务情报机构。亨利想扩充海军，增加宫廷花费，加强政府机构，处处需要大笔金钱。可由于国税和宗教税双管齐下，百姓已经到了不堪重负的地步；而没收修道院的财产，是最好的谋财之道。亨利的这一主张，得到了世俗贵族和工商业者的支持。克伦威尔执行起来大刀阔斧。

早在 1535 年，克伦威尔就已派遣视察团分赴全国各地，调查罗织修道院劣迹秽行。诸如买卖教职、出售赎罪券、诱奸民妇、滥施刑律等等，俱成为国王进攻修道院的证据。1536 年 2—4 月改革议会的最后一次会议召开，会上通过议案，宣布关闭 370 余所年收入不足 200 英镑的小修道院，遣散僧侣修女 2000 余人。其余 186 所大中型修道院于 1538—1540 年间陆续查封。改革期间，总计封闭男女修道院 718 所，遣散僧侣修女 8000 余人。修道院资产全部没收，大批修道士被迫还俗。修道院的大量浮财地产，多半由国王转让出售。其中少量由贵族获得，大部分被乡绅、富商或其他新贵买走。亨利八世凭空获利 142 万英镑。

天主教多年的统治和影响决定改革不会一帆风顺。克伦威尔一伙的劫掠和残暴行径激起了众怒。因关闭修道院而失业的方外人士有 12 000 人。许多地方发生民变和起义。东北一带的叛乱多达 6 万人。北方部分小贵族，集结 9 000 人攻打约克，要求恢复玛丽的名分。爱尔兰人站在叛乱的前列。亨利采用军队镇压和分化瓦解等方式，于 1537 年春季安抚各地。

亨利有了外财，花起来大手大脚。他将海军战舰由 5 艘扩充到 25 艘，配置了重炮、先进的帆具。英格兰皇家海军的建设，由此开始。1544 年 7 月，他不顾体弱多病，率兵 42 000 人进攻法国，遇到顽强抵抗，翌年被迫达成和议。[①] 英格兰耗费了 200 万英镑的军费，一无所获。同时，英格兰对苏格兰的战争用了 100 万英镑。亨利从修道院夺来的财富迅速告罄，便增收各类捐税、举借贷款、实行通货膨胀政策和改铸劣质钱币来弥补财政亏空。

即便如此，亨利八世时代英国宗教改革对于该国政治制度发展有着多方面的意义。

---

① James A. Willianson, *The Tudor Age*, Longman, 1979, pp. 177–180.

其一，使王权在较短时期内膨胀，变得空前强大。英国少了教会这一制衡力量，使国王无论是在理论上和还是在实践中均被僧俗两界奉为国家最高首脑。神权与王权抗衡的双重社会结构被神权从属于王权的一元社会所代替。

其二，使英国成为一个真正独立的主权国家。相应之下，国王和议会的关系也发生了明显变化。改革期间议会两院积极而又被动地配合，成为国王的得力工具，其中上院教会贵族成分发生重要变化，高级教士的数量大大削减，上院总体实力远非昔比；为此一些史学家把英国贵族院的这种嬗变称为“上院的衰落”。而且，由于亨利八世在没收修道院大宗财产后财政力量大大加强，就不必像前朝君主那样依赖议会，议会召开的次数减少。

其三，亨利还用搜刮之资赏赐宠臣亲近，迅速扶植起一个新贵阶层。他们基于经济利害关系，成了都铎王朝的有力支持者，坚决反对天主教会复辟。

修道院的解体，还有助于人口的增加。一些僧侣离开了修道院，增加了就业和生育人口。宗教改革还大大减轻了人们对宗教的敬畏和恐惧心理，逐渐变换了对人生和死亡的观念。1536 年夏天，克伦威尔下令用英语讲解主祷文和《圣经》。一些路德派教士被请来讲道。克兰默用优美英文写成的《基督教徒守则》于翌年问世，新教观念普及英国，英格兰通过自上而下的改革演变为一个新教国家。

简·西摩去世后，亨利当了两年的鳏夫。为了增强反对两个天主教国家的力量，他指令克伦威尔与信奉新教的德意志北部的诸侯国克勒弗公国谈判，迎娶年已 30 的安娜公主。亨利一见新娘子就大失所望。她相貌丑陋，不会讲英语。二人没有成为实际上的夫妻。亨利怪罪克伦威尔办事不力，他的政敌则借机进谗。1540 年 6 月，他被政敌指控为叛国者和信奉异端邪说罪被捕，未加审讯即行宣判，7 月 28 日处决。

亨利此时已与姿色过人的凯瑟琳·霍华德如胶似漆，他们于克伦威尔归天之日步入教堂。然而，新王后春心荡漾，不满于老亨利体衰无能，与几个老情人关系暧昧。1442 年 2 月 13 日，凯瑟琳上了断头台。

1543 年 7 月，亨利八世缔结了第六次姻缘。年过三旬的凯瑟琳·帕尔是个结过两次婚的寡妇，贤淑温和，颇有学识。她与亨利相伴 3 年，尽心照料国王和 3 个孩子，缓和了亨利与伊丽莎白的关系。这对他们二人和整个王室来说，是格外难得的。

五、议会新变化

都铎时期议会的发展程度明显超过以往。

比较突出的是“王在议会”原则的萌芽和发展。这一宪政观念萌发于中古晚期，但在大多情况下，因王权常常凌驾于议会之上，国王和议会还是两个彼此分离的政治实体。大约自16世纪二三十年代起，尤其自宗教改革以来，历代君主都不否认“王在议会”的政治现实和必要性。在各种政治文件中，明确表述国王和上下两院三位一体共同组成议会的，是1534年的《限制任教职者支付首年薪俸法案》，它宣布此案“由现届议会中的最高统治者国王、教俗两界贵族和平民共同行使权力制定”①。这等于声明英国立法权属于议会中的国王和两院。

爱德华六世和玛丽女王时期，英国议会“三位一体”原则依然得到承认。伊丽莎白在位时，王权上升到空前高度，女王与两院的关系有别于以往。但“王在议会”的宪法精神未变。最明确的表述是女王要臣塞西尔的一段话：“上院贵族是议会的组成部分之一，代表全国平民的郡邑下院议员也是议会的成员。女王陛下亦然。这三者构成可以立法的议会机构。”

当然，都铎年间“王在议会”的含义，主要是就宪法意义和国王的实际立法作用而言，却并非意味着国王可以参加议会辩论和立法活动。某国王若要前往议院，主要去上院履行开幕和闭幕仪式，并在闭幕会议上允准或否决议会呈递的法案。都铎年间历代国王不在会期之时驾临议会的惯例的形成，有助于保持两院议员活动的相对独立性和行为自由，还为以后英国“君王不可为非”和“议会至上”的宪法原则的形成提供了先决条件。

“王在议会”三位一体并非意味着三者的地位和权力相等，而是由国王居主导地位。国王拥有议会召集权、休会权、解散权和议会法案批准权，可以通过册封贵族、发放贵族集会召令、增设或取缔选区等方式决定和改变两院的成

① G. Elton, *The Tudor Constitution, Documents and Commentary*, Cambridge University Press, 1960, p. 358.

分。由于这些权力均属独占性特权，所以国王可根据政府财政状况和政治需要，选择有利时机召集、解散议会。

都铎年间专制王权的扩充、宗教改革的进行以及“议会至上”的萌芽和“王在议会”原则的形成，不仅提高了议会的地位，扩大了它的特权，还改变了两院的成分、关系和作用，显露出上院的衰落和下院权力的增强。

都铎王朝前期，上院变化不止一端。其一是议员成分出现较大变动，教俗贵族的比例倒了过来。亨利七世的首届议会中，教会贵族 49 人，世俗贵族降至 29 人，约为 1.7 : 1。宗教改革之后，31 个大修道院院长于 1540 年退出，贵族院仅余 2 名大主教和 19 名主教。以后主教人数添了 5 名，教会贵族达到 26 人，仅能在贵族院扮演次要角色。同时，亨利七世和亨利八世增封了 40 余名新贵族，虽有自然减员，到都铎晚期上院世俗贵族仍然达到 59 人，超出教会贵族许多。

其二是世俗贵族得到了完整意义上的议会出席权，凡拥有公、侯、伯、子、男爵号之一者，均可出席议会上院活动。说明这一惯例形成的事例，是 1536 年发往加来的召集令状，上面写道：“各位世俗贵族都应收到议会召集令状，这是制度。”由于贵族爵位可以世袭，出席议会就成了他们按照长子继承制代代相传的政治特权。

下院成分的变化更加明显。表现为骑士议员和其他平民议员比例的变化和议员总数的增加。1510 年，下院来自 37 个郡的骑士代表仍为 74 名，而来自 100 多个城镇选邑的议员计 222 名，下院议员总数为 296 名。亨利八世时增设了 38 个选邑和两个郡选区。以后在爱德华六世、玛丽一世和伊丽莎白女王在位期间分别增设 34、25 和 62 个议席。到了 1601 年都铎王朝最后一届议会中，下院议员多达 462 名。骑士议员的仅有的变化，是威尔士的 12 个郡各选派一名议员；加上英格兰增设蒙默斯郡和柴郡，下院骑士议员由 74 人增加到 90 人。[①] 未领骑士称号的乡绅和市民代表渐渐成为下院议员的主体。

随着议会内部议员成分的变化，上、下两院之间的人数由 15 世纪末的 1 : 2，变成伊丽莎白女王晚年的 1 : 5.5。

都铎年间议会发展的再一方面，是上院立法能力的削弱和下院立法能力的增强。

---

① D. Loades, *Power in Tudor England*, Macmillan, 1997, p. 84.

两院地位变化的关键时期是在16世纪20年代之后。亨利八世的宗教改革政策，剥夺了大修道院院长的上院立法特权，加上对高级圣职人员连连更换调整，这就不仅使上院教会贵族实力大减，还使世俗贵族慑于君威而在议会活动中变得相对温顺随和，主动配合政府。尤其是在16世纪后期，伊丽莎白女王政府的议案总能在上院顺利通过。玛丽女王时期，由上院创议的议案已经降至议案总数的1/4。伊丽莎白在位后半期，上院提案已不到议会提案总数的1/5。

说明下院地位提高的事实主要有两个方面——立法职能的加强和议员特权增长。主要表现在议会多数议案应由下院创议，而有关社会经济立法和财政拨款的议案则必须先由下院提出和决定。下院政治特权的增强则包括：一、下院议员在议会的自由发言和在议事期间免遭法院逮捕的特权一再得到声张和体现。1512年，下院议员斯特罗德因在议会中维护矿工利益遭到锡矿法庭逮捕，议会立即要求撤除判决，并郑重宣告："本届和未来议会中的任何议员，若因在议会发言而受审，所作判决概属无效。"①1523年托马斯·莫尔的首次就职议长的演说强调了言论自由。以后下院议员为维护和确立自由发言权，以及在会期和会期前后一定时间之内免遭逮捕的特权，一再奋起抗争。大约在16世纪中叶，基本确立了议员在议事期间以及会期前后各40天之内免遭法庭逮捕的特权，这对以后议会工作的正常运行都有重要意义。二、下院获得了对本院议员的单独处分权。下院议长地位和作用也不断提高，被认为是国王和下院的共同仆从。

下院立法职能的增强和政治地位的提高，有助于加强议员们的参与意识、阶级认同感和政治独立观念，促使他们更加积极地从事议会辩论和立法活动，对于17世纪英国议会政治的发展有着重要的作用。

六、教派冲突和权力更换

比较而言，英国在16世纪欧洲宗教改革的激流中是最幸运的。它避免了

① F. W. Maitland, *The Constitutional History of England*, Cambridge University Press, 1926, pp. 241–242.

德、法等国出现的宗教战争，在专制主义的政治土壤里培育了民族主义精神，以后破土而出时，化成了一股狂热的创造力量。

即便如此，后人还是对当时的宗教矛盾和血腥行为留下了深刻印象。亨利八世在位后期，上流社会中就有几位国务大臣、一位贤明的主教、许多修道院长被判处死刑。其他罗马天主教派和加尔文派因散布异端邪说被处以火刑者甚多；仅在其最后统治的8年中，被烧死的人就有26个。

爱德华六世即位时不到10岁，孱弱多病，缺少主见。所以，谁能控制他谁就是实际上的统治者。他的老师克兰默是一个著名的新教徒，不赞成以酷刑处罚异端。可爱德华却不许信奉天主教的姐姐去做弥撒。枢密院选任他的新教派的舅父爱德华·西摩为首席摄政，后者被封为萨默塞特公爵。

在英国贵族中，萨默塞特公爵是一个谨慎正直之士，克兰默大主教是一位机智的精神上的领导者。他们坚持国王为教会首脑，英语为礼拜语言，批评圣餐者，取消了宗教迫害法规，使路德教义、加尔文教义并行不列颠，再洗礼教徒和唯一神教徒渡过海峡前来英国。伦敦出现了反对偶像崇拜的风潮。十字架、圣像俱被销毁，染色玻璃和各种雕像统统撤除。教堂墙壁一律刷成白色，中世纪的奢华繁琐为朴素淡雅所取代。改革派的举措遭到伦敦主教邦纳和温切斯特主教加德纳的抨击。大主教将二人送进监狱。1548年，克兰默主持编写的《祈祷书》问世，他不把此书提交教士会议，而把它交给议会审议。议会把它视作法典，通令全国教堂统一使用。加德纳获赦后反对议会的宗教立法权，再次被投入牢狱。

萨默塞特在动荡中趔趄行进，首先捅娄子的是他的胞弟托马斯·西摩。此人是海军上将，不满于既得地位，敛聚钱财购置军火，图谋夺权。沃里克伯爵和南安普顿伯爵及时告发，议会两院对他严加谴责，1549年3月被判处死刑。萨默塞特想加以救护，未能成功，名声扫地。恰巧这时发生了两起威胁政权的叛乱。其中西部暴乱是因抗议英语祈祷书引起的，被罗素勋爵镇压。中部和东南部的大规模农民暴动主要是反对圈地运动，由小地主罗伯特·凯特领导，起义者多达16 000人，反对地主提高地租。8月，沃里克伯爵雇佣德国火枪手大开杀戒，3500名农民丧命。事后萨默塞特有意宽大叛乱者，对立派贵族指责他包庇罪犯，聚敛财货。10月，他被捕入狱。1550年重返枢密院，大权已落入沃里克伯爵手中。

沃里克伯爵是个典型的政治投机者。他倾向于旧教，可为了对付政敌和获取高位，又不惜对新教派系暂时让步。他希望对法国用兵，可英国正值宗教纷争和经济紊乱，国力显然不敌，便于1550年把布伦送给法王亨利二世，换取屈辱的和平。一下子，沃里克名声败落，政府群龙无首，各种教派加紧活动。无神论者也斗胆出面，说所谓地狱，“只是一种意识上的痛苦和绝望”，而基督和圣子是祸害和骗子。新教徒中的激进分子，在萨默塞特的许可下，对旧教派挖苦排斥。沃里克见风使舵，提名新教徒担任主教，并在全国清理旧教遗迹。英国顿时成了新教徒的天下，天主教成为异端，与无神论分子一道遭到镇压。1552年，克兰默发表了他的《祈祷书》第二册，否认圣肉实在论，废止临终涂油礼。甚至连第一册《祈祷书》的“过时之处”，也被重新改过。议会肯定了新教的斗争成果，于《再度一统法案》中规定：人人要按时做礼拜；礼拜仪式严格遵循祈祷书规定，屡次违反者处以死刑。不到两年，沃里克谋足了政治资本，被爱德华六世封为诺森伯兰公爵。他立即诬陷萨默塞特犯有密谋罪，将他处死。但英国新教徒的前途，取决于爱德华的寿命能有多久。

1553年仲夏，爱德华的生命进入尾声。先是痰中带血，继而两腿臃肿，全身出疹子，头发指甲脱落，于7月6日去世，仅15岁。次日早晨，沃里克为了身家性命，带兵逮捕玛丽公主。玛丽及时躲避。沃里克立即采用威胁利诱手段，迫使枢密院宣布亨利八世的外甥女简·格雷郡主为国王。简听到此消息后当即昏厥，醒来后恳求沃里克不要逼她登基。可她的家庭深知情势不可逆转，恳请她顾及亲人。7月9日，简极不情愿地登上了王位。

玛丽在爱德华晏驾之际，逃往萨福克。简登基的次日，她也被宣布为英国女王。北方贵族首先归顺，勤王大军拥戴着她向伦敦推进。沃里克率士兵拒绝效力，仓皇逃往法国，但很快被捕。枢密院宣布效忠玛丽，在位10日的简虽然无辜，也被打入牢狱。

玛丽即位时37岁，历尽沧桑，憔悴多病。她在孤苦伶仃的岁月里，坚持自己的天主教信仰，在政治斗争的夹缝中得到了幸存，目下初登大宝也能显露出大度和宽让。几位拒不接受新教而身陷囹圄者，如加德纳和邦纳等，被立即释放；对于新教代表人物、被迫登基的简和沃里克之流，也主张一律黜免。8月13日，她宣布宗教信仰可以“不加限制”，甚至举行一场公开辩论，企图说服新教徒归皈正统，不料会上两派攻击谩骂，是是非非不可开交，只好草草结束。不久，邦纳大主教在教堂为天主教辩护时，一把匕首突然飞向他，多亏抢救及时而幸免一死。是时，被软禁的克兰默仍然拒不改悔，伦敦主教德利公然宣称他与伊丽莎白都是私生子。

当时的政治局势也使她左右为难。保守派力图恢复旧制，可英国世俗贵族中，几乎都从宗教改革中分享到修道院的地产。若要对他们清算，他们随时会拥立赞成新教的伊丽莎白。缺乏经验的玛丽试图将宗教和政治分开，为了神圣的信仰想热情接待教皇特使波尔，但马上得到告诫，劝她在时机尚未成熟时稍安勿躁。

1553 年 10 月，新议会开幕，宣布撤销以往视玛丽为“非婚生子”的法案，但拒绝考虑退还修道院的财产，拒绝恢复教皇在英国的权威。无奈之下，玛丽借用王权起用天主教徒。1554 年 3 月 4 日，通告全国恢复天主教信仰。这实际上等于置新教于非法。新旧教派势力的消长，给英国带来动荡。

玛丽同样面临婚姻和生育的难题——如果她不能生个王储，伊丽莎白就会继承王位。经过一段踌躇，她选择了比他小 10 岁的西班牙国王菲利浦二世。骚乱四处发生。怀亚特领导着一支 7000 人的队伍直逼伦敦，口号是：“不让英国沦为西班牙的附庸!”最后叛军被镇压，怀亚特落入天牢。经过了这场风波，近臣、罗马帝国皇帝和驻英使节，都批评她施惠过宽。面对残酷的政治和宗教压力，玛丽无法再表达过多的怜悯。在保守派的劝说下，1554 年 2 月 12 日，仅有 17 岁的简被判处死刑。至此，玛丽一改宽仁厚道的做法。开始在以后的几年里实行宗教压迫，并为此获得了“血腥玛丽”的绰号。同年 7 月，她与菲利浦成婚。

同年 10 月，红衣主教雷金纳德·波尔归国，受到隆重的欢迎。教皇的权威重被树起。宗教法庭在各地重建起来，教士又在各教区征收什一税。神像在教堂里复位。男女修道院经过整修后再次开张。书刊检查权从政府交还给教会。古老的宗教仪式重新得到张扬。英语《圣经》被投入烈火。英国经历了 20 年的改革，天主教势力重新抬头。

进入 1555 年后，天主教复辟演变为赤裸裸的恐怖。1 月 22 日，主教法庭逮捕了 6 位新教教士，格洛斯特主教等 4 人被判处火刑。同年 10 月 16 日，克兰默的朋友休·拉蒂默以叛逆罪被判处火刑。他在火刑柱上留下了一句不朽的名言：“今天我们将在英格兰燃烧一支这样的蜡烛，我相信，它是永远不会熄灭的。”① 翌年 3 月，80 岁的第一届新教大主教克兰默在被焚死前的一刻，凛然

① F. E. Halliday, *A Concise History of England, From Stonehenge to the Atomic Age*, p. 96.

高呼："至于谈到教皇，我十分鄙夷他，因为他是基督的敌人，基督的叛徒！"克兰默二人的死亡，标志着宗教迫害的高潮。在玛丽统治的最后 4 年，约有 300 人被害；其中 50 名是妇女。[①] 因躲避迫害逃亡大陆的难以计数。玛丽的残暴和殉道者惨烈的死亡激发了新教徒的斗志，甚至一些天主教徒，也对他们的信仰发生怀疑。玛丽寝食不安，唯恐遭人暗杀。

在这样的环境中，玛丽产生了怀孕的错觉。1555 年夏天，她以为自己有了身孕，经御医检查方知是一场误会。1558 年初，她又以为自己怀孕了，甚至预期有难产的可能，可最后断定又是非分之想。失望使她以泪洗面，日益虚弱。

婚姻还加强了英国与西班牙的盟国关系，促使她投入对法国的战争。1588 年元月，法国军队占领英国在欧洲的最后一块属地加来。百年战争以来，英国人为驻守它付出了巨大的努力，一旦丧失，全国一片骂声。女王的威信降到了最低点。

初秋，玛丽染上了疟疾，昏昏欲睡，但理智清晰。她在生命的最后时刻，为了都铎王室的未来而牺牲了自己对天主教的偏爱；11 月 6 日，将王位传给伊丽莎白。17 日凌晨离开人世。

用宏观的眼光来看，1547—1558 年的教派冲突和权力更换，不过是都铎王朝发展中的插曲。历史总是一再地出现曲折和后退，尽管它不会改变行进的方向。

七、伊丽莎白女王

伊丽莎白是在欢呼声中登上王位的，饱经沧桑的英国人渴盼着治国明主。她在其 45 年的统治中，满足了国民愿望，成为英国最伟大的君主之一，以至于她荣登大宝的日子——11 月 17 日——在她身后仍被当作节日庆祝。

伊丽莎白是在惊险动荡中长大成人的。她两岁 8 个月就永远告别了母亲，

① C. Roberts & D. Roberts, *A History of England, Prehistory to 1714*, p. 282.

伊丽莎白女王

蒙受私生子的耻辱。爱德华六世虚居王位时，她面对可怕的猜疑。玛丽为王时，她曾被关押流放，饱受惊吓和折磨。即便如此，她还是领受了文艺复兴的成果，接受了优良教育，掌握多种语言，能写善辩，熟谙歌舞，通晓天文学和神学。

伊丽莎白刚刚君临天下，就面临着许多问题：与法国的战争，与苏格兰和西班牙紧张的关系，局势混乱，法纪松弛，财政拮据，物价腾贵；尤其棘手的是国内尖锐的宗教派别矛盾。这堆难题即便是一位须眉帝王也会望而却步，何况一位年轻女王。

宗教问题首先得到了解决。伊丽莎白在1559年促使议会通过了《至上权力与划一性法案》，即“至尊法令”，确立英国圣公教为国教，女王成了最高宗教首脑；强调教会和国家是统一体。玛丽女王为确立天主教所颁布的法律统统被废除。原由克兰默编写的《祈祷书》第二部稍做修订后重新使用。圣徒偶像、圣坛和染色玻璃，统统被撤除。

伊丽莎白之所以首战告捷，是因她知人善用，身边聚集了一批最能干的新教徒，又能恰当地控制和利用议会。她最初任命的有坎特伯雷大主教马修·帕克、掌玺大臣尼古拉斯·培根、一流学者阿夏姆等，但最杰出的是威廉·塞西尔（1520—1598年）。塞西尔毕业于剑桥大学，学识渊博，是坚定的新教徒，1548年进入议会，曾任萨默塞特公爵和爱德华六世的秘书，玛丽女王在位时受到排挤，伊丽莎白一即位就任命他为自己的秘书和国务大臣。她处事稳健，富于远见，勤于职守，坚持原则，前后效命40年，是伊丽莎白理想的股肱之臣。她的另一长处，是在歧视女性的社会中，以其童贞处女的身份驾驭上流男性，既能亲若师友，又能褒贬自如，德威并加。

然而，她还无法从根本上解决宗教难题。1570年，教皇庇护二世宣布将伊丽莎白逐出教会，并下令废除她的王位。10年后教皇格列高里八世明令：暗杀英国女王不算犯罪。有的天主教徒阳奉阴违，私下举行旧式仪式。有的教徒宁愿支付罚金也不参加国教礼拜。1574—1585年，西班牙属地尼德兰的杜亚学院，派出数百名毕业生到英格兰传教。他们会集英格兰的天主教徒强硬派，串乡过城，秘密集会，散发宣传品。一个耶稣会士甚至被派到爱丁堡，劝说苏格兰天主教徒入侵英国。1581年，许多天主教徒相信，西班牙军队即将进入不列颠搭救他们。

根据密探的报告，政府抓获了传教士的头领甘比安，禁于伦敦塔。甘比安不服，仍要同新派神学家辩论。伊丽莎白答应了他的要求，辩论时允许公众参加，但历时数小时未分胜负。最后还是以颠覆政府罪判处绞刑。杜亚学院的僧侣共有98人遭受极刑。到了伊丽莎白在位后期，虽然还有少数天主教徒非法活动，但已属荒山鸟鸣，无碍大局了。

伊丽莎白及其政府对付天主教徒时，效果比较明显，可她在那些显得较弱的清教徒面前，却很难获取胜利。这是因为，天主教徒是没落封建主义的支持者，而清教徒却代表着奋发向上的资本主义势力。清教徒属于新教的左翼，其中坚分子是在玛丽在位时流亡国外的宗教极端分子，以及剑桥大学的激进学者。代表人物是加尔文教派的神学教授托马斯·卡特列特。“清教徒”的名号最初使用于16世纪60年代初。源于他们力图清除各种罗马天主教式的信仰和礼拜方式。清教徒行动坚定果敢但不乏偏激。他们承认伊丽莎白是英国国教的最高领袖，但又在组织和理论上主张教会民主，要求肃清教会的旧教残余，取缔凌驾于教民之上的等级制，代之以教民大会产生的“长老会”。这是要取消女王宗教权力的最关键部分。1563年，清教徒牧师拒绝执行宗教会议的条例，坚持用日内瓦式的黑色法衣来取代色彩鲜丽的弥撒祭袍。60年代英国下院的400余名议员里，大约有100名清教徒，辩论时言辞激烈。伊丽莎白尽管会在反对天主教的斗争中借助他们的力量，却又一贯地把他们排除在政府和教会之外。

几年后，清教徒的活动加强。1570年，卡特列特发表系列性讲座，攻击教会。他被免除教职后，到各地散发小册子，继续攻击主教制，要求引进长老会管理体制。[①]1572年他们在万兹沃斯城建立了第一个清教徒教区。伦敦许多市民和部分下院议员成为清教徒。大批工商业者和流亡伦敦的尼德兰加尔文信

① Patrick Collinson, *The Elizabathan Puritan Movemont*, Clarendon Press, Oxford, 1991, pp. 112, 116.

徒，纷纷攻击主教制和相关礼仪。女王下令主教们加以阻止，引起各地清教徒的反抗。清教徒不仅召开地方会议还举行全国性代表大会。东南部清教徒的活动尤其活跃，形成了一种富于政治色彩的清教徒运动。1581 年，卡特列特的学生罗伯特·布朗作为“独立派”或“分离派”的主要发言人，在诺里奇市建立了独立的组织，召开本派的宗教大会，发表论文，声称根据《圣经》的精义，任何基督教派均有权自行集会礼拜。还可自定教义，自选领袖，建立独立的教会，与国教会分离。政府驱逐布朗派分子，他们流亡到荷兰。1586 年议会选举时，清教徒对敌对的候选人实行攻击。议会开幕后，清教派议员约翰·彭利指责主教滥用职权，要求改革教会。安东尼·柯伯提出议案，敦促废除主教体制，用长老会的组织改组英国国教。女王下令议会不得讨论此项议案，彼得·温特沃思傲然质问议员发言自由究竟何在。4 名议员发言支持。伊丽莎白将 5 人关入伦敦塔。

然而，16 世纪后期清教徒的活动此伏彼起，政府虽能压制迫害他们，却始终无法遏制清教运动。清教运动延续到了斯图亚特王朝，在詹姆士一世和查理一世时期形成燎原大火。

国外问题同样很棘手，主要威胁来自北方。法国派兵支持具有法国血统的苏格兰太后玛丽·吉兹，该国新教贵族集合反天主教力量，奋起迎战太后和法国军队。远远观战的伊丽莎白明白了，如果法国势力控制苏格兰，接着就可能夺取她的王位。她很想借机出兵，可缺少足够的军费，只好令舰队封锁拦截法国援兵；把武器和给养悄悄运入苏格兰，武装新教斗士：派善于演讲的煽动者潜入北方，宣传鼓动；派小股部队支持新教徒。这些似乎不起眼的办法起着事半功倍的作用。恰巧，吉兹太后去世，英格兰特使及时抵达苏格兰首都爱丁堡，于 1560 年缔结了《利思条约》，新教徒在苏格兰获得了合法地位。英国安抚了北方宿敌，可以集中力最对付欧陆大国。

伊丽莎白即位不久也遇到婚姻难题。它实际上是个重大政治问题，牵涉到王位能否顺利传递，决定着国家安全，使官宦和黎民百姓萦萦于怀。议会两院恳求女王成婚生子。伊丽莎白却显露出执著而谨慎的性格。倘若她顺应某些人的建议，与国内新教派贵族派成婚，或许会突然加强某个家族的势力，引起求婚者的竞争乃至互相残杀，她的权威就会削弱，不列颠会出现新的动乱。国外的求婚也使她处于两难之地。丹麦、分兰、瑞典等国的大使都表达了本国君主或王亲的爱慕之情。她花了很长的时间去考虑法王查理九世的联姻建议，以至于法国大使埋怨道："开天辟地只用了 6 天，可她已经过了 80 天还没有打定主意。"她的姐夫、西班牙国王菲利浦二世在她即位时就正式向她求婚。若答应了他，他就可以得到一个强大的盟国，将来有可能使英国成为西班牙的附庸，容易卷入他国的政策和欧洲大陆的争斗。于是，她决心独居一生而又不流露真意，同时利用处女身份若即若离地吸引着求婚者，拉拢着易变的同盟者，反对敌手。①

英格兰和苏格兰的关系再次把民族问题、亲戚关系和王位继承问题纠集在一起。1661 年以来，苏格兰由亨利七世的曾外孙女、玛丽·斯图亚特女王统治着。按照世系，她该是英格兰王位的第二继承人。她幼年在法国宫廷长大，1558 年与法王亨利二世的太子弗兰西斯结婚；翌年亨利二世卒，她成为法兰西王后。1560 年弗兰西斯夭亡，她 18 岁成了寡妇。她回到苏格兰时，苏格兰臣民已改信新教，把她看作信奉异教的外国女王。在性格上，美貌绝伦的玛丽多情善变，缺乏谨慎和安分，加上曲折的经历和政治纠葛，使她一生充满着悲剧、惊险和痛苦。1565 年，她同生性狠毒的美男子达恩利结婚。一年后生下儿子詹姆士(未来的苏格兰和英格兰国王）时，二人已势不两立。1567 年 2 月，达恩利被人扼死。3 个月后，她被杀害丈夫的博斯韦尔勋爵诱奸，竟以身相许，使本国贵族侧目。1567 年，他们将博斯韦尔监禁致死。玛丽先被囚禁，再被废黜，她一岁的儿子被封为詹姆士一世。翌年，她反抗失败逃到英格兰，自投伊丽莎白的罗网。

在英格兰，手无寸铁的玛丽却对伊丽莎白构成巨大威胁。由于南国的天主教徒们认为伊丽莎白是私生女，玛丽无形中还拥有法律上的优势。这使英格兰统治集团对她深怀敌意，既不承认她是伊丽莎白的继承人，又要设法防范。渐渐地，西班牙的间谍混入英国，以她的名义挑唆天主教徒，组织叛乱。欧洲这个唯一统一的新教国家存在着被颠覆的威胁。伊丽莎白面临着被暗杀的可能。

英国政府当即采取了严厉措施。塞西尔的助手沃尔辛厄姆四处追捕西班牙间谍和本国阴谋分子。伊丽莎白的表兄亨斯特对玛丽严加看管。北方叛军缺少统一行动计划，在山区盲目流窜，后逃到苏格兰避难。天主教徒在英国颠覆伊丽莎白政权的第一幕仓促收场。

玛丽在塔特伯里镇的监狱里熬过了 18 年的寂寞岁月，铁窗生活使她的健

① J. E. 尼尔：《女王伊丽莎白一世传》，商务印书馆 1992 年版，第 80—81 页。

康大受损害。为了离开囹圄，她先是上诉，后又进行密谋活动。1586 年她谋杀伊丽莎白的计划败露。伊丽莎白终于相信了大臣和议会的告诫：只要玛丽在世，她的地位就会受到极大的威胁，但还是怕承担杀害王室成员的恶名。1587 年 2 月 7 日，她根据议会的请求，签署了玛丽的死刑判决书。次日，玛丽被送上了断头台。① 街上燃起了庆祝的焰火。

截至 1587 年，伊丽莎白大致上度过了她统治的前期。主要任务是依靠朝野支持，抵御天主教势力和新教左翼的颠覆和反抗，实现宗教改革的第二阶段，巩固新教国家政权。值得赞赏的是，伊丽莎白在完成既定的历史任务时，措施得当，游刃有余，能在不发生严重流血的情况下，维护社会的安定。这与欧洲某些国家的做法形成了鲜明对比。德国宗教战争中，大约 1/4 的人丧生。而伊丽莎白女王采取了不同方式，更有力地维护了民族的团结和国家统一。

八、外贸、拓殖与海战

都铎时期的英国商人向海外推销商品时，遇到了汉撒同盟商人挑战和排挤。汉撒商人关键时刻曾支持爱德华四世夺取王位，故在 1474 年的《乌特勒支条约》里，赢得了比不列颠商人还优惠的关税特权。他们出口呢布时，只需交纳相当于英国商人 85.7%的关税。而外国其他商人在英国外销呢布，则比汉撒商人多交 1.7 倍的关税。16 世纪中叶之前，英国方面一再与他们发生争执，由于受到条约有效期的限制，加上亨利八世曾借用他们的商船对法作战，难以取消其商业特权，英商满腹牢骚。

16 世纪，英国生活必需品价格大幅度上升。统计数字表明，小麦、干酪、蛋类、青鱼等 12 种物价指数，以 1491—1500 年为 100，1531—1540 年上升到 165；1541—1550 年达到 226；1551—1560 年为 365；1593—1602 年达到 551。其间面包价格也提高将近 6 倍。物价上涨的原因，一是由于钱币质量过次，尤其是在亨利八世时期，官方铸造的金币银币中杂质越来越多，致使英国呢布削

① James A. Willianson, *The Tudor Age*, pp. 357–369.

价卖出。这虽然对部分从事倾销的商人暂时有利，却损伤了英商在尼德兰的信用，致使呢布积压，出口困难。

物价上升的再一原因是城乡人口的增多，加大了对商品的需求。15 世纪末，英格兰人口 200 多万，1600 年增加到 400 多万。发展最快的城市是贸易中心伦敦。1520 年，伦敦人口大约 7 万，1600 年超过 20 万，比国内第二大城市诺里奇的人口多了十几倍。都市人口的增加刺激着商品经济发展。对商业贸易提出了更高的要求。

都铎政府经受着财政压力和国人抱怨，无奈向富商借贷。商人呼吁政府取消汉撒商人的特权。爱德华六世在位时，政府无求于外商，于 1552 年宣布：汉撒商人所具有的自由和特权无效；限制他们做中介贸易；不允许他们损害英国的利益；鉴于英商实际上未在汉撒的城市取得同样的优惠，甚至屡受限制，汉撒商人的自由和特权应被剥夺，仅保留与别国商人相同的贸易权利。这项判决公布后不久，玛丽女王打算与德国王子联姻，为改善关系而恢复汉撒特权。英国商人在大陆处处受到排挤，对外贸易再入低谷。

伊丽莎白一即位，就执行重商主义政策。她亲自致函卢卑克议会，要求兑现爱德华六世时的判决。英国商人一致支持政府，1560 年汉撒商人特权名存实亡。① 只因女王权力尚不巩固，暂时允许他们保留少量特权，但决不许他们从事转口贸易。英商在汉撒同盟各城市得到了对等的权利。汉撒商人陆续离开了英国。

在商业发展的同时，西班牙、葡萄牙探险家成功发财的消息传到不列颠，英国商人和少数国民的投机冒险心理增强，强烈要求开发新市场和殖民地。个别英国人冒险西航，试图发现新航路和黄金。远航失利后他们把精力用来发展国际贸易。一些有眼光有野心的商人相继组建了股份贸易公司。1555 年，英国第一家股份贸易公司——“莫斯科公司”问世。60 年代，英国商人恢复了对波罗的海的贸易，于 1579 年组建了“大陆公司”。有些商人把经营转向地中海，于 1581 年组建了“土耳其公司”，后来改名为“黎凡特公司”。1583 年该公司派遣拉尔夫·菲奇经陆路到达印度、缅甸、暹罗和马来亚，归来后向国人讲述各种神奇见闻和他们所经历的千辛万苦。鉴于陆地旅行复杂周折，英国人试图绕过好望角，挑战葡萄牙人在南大西洋的势力。1591—1601 年英国冒险

① James A. Willianson, *The Tudor Age*, pp. 256–257.

家组织了 3 次探险活动，遭受了沉重损失。1592 年派出的 3 艘海船，仅有一个海员生还。即便如此，国人的冒险精神有增无减。

还有一些投机商和亡命分子，从市场转向海盗掠夺。他们驾驶海盗船，疾行于惊涛骇浪之上，在大海上劫掠商船财富。并将攫获的部分财宝献予女王，得到赞赏和激励。1562—1563 年，出身于普利茅斯商人家庭的约翰·霍金斯（1531—1595 年）从西非捕捉了 400 名黑人，运往海地，同时运去了英国的手工业产品。英国的大西洋三角奴隶贸易由此开始。①1564 年他第二次航行，同行者有弗兰西·德雷克。伊丽莎白女王为获暴利，亲自投资入股。1567—1569 年霍金斯第三次领船队远行时，女王派遣两艘战舰护航。他们在几内亚海岸捕获黑人后，扬帆抵达西印度群岛，大肆劫掠。后因飓风和缺乏淡水到墨西哥的一个港湾避难，遭到西班牙舰队的袭击。霍金斯、德雷克拼死逃命。

英国船队遭受袭击的消息传到伦敦，舆论大哗，议会提议实行军事报复，挫败西班牙人对新大陆殖民和贸易的垄断。女王命令将西班牙的一些船只拦截，获取大量白银。1577 年德雷克作环球旅行，掠夺南美海岸的西班牙殖民地，袭击西班牙在欧洲的港口，被称为"海洋大盗"。德雷克还要求政府对西班牙宣战。

在 16 世纪英国人殖民者的行列里，博览群书的乡绅汉弗莱·吉尔伯特最有远见。他在 1576 年发表《谈从西北抵达中国和西印度群岛》一书，激励国人到远方寻找财富和领土。还有的人认为不列颠人口过多，应到美洲等地开发定居，疏散失业者。1578 年，吉尔伯特得到了女王的特许状，率领一批冒险家和船队几次远航。1583 年以女王的名义占领纽芬兰。1585 年又在美洲大陆附近的罗阿诺克岛建立了一块殖民地，取名"弗吉尼亚"，意为伊丽莎白的"处女之地"。②

面对英国人的挑衅，西班牙准备与英国开战。1587 年玛丽·斯图亚特被处死。西班牙国王菲利浦二世立即宣布苏格兰国王詹姆士六世为异教徒，将来不得继承英国王位。他本人则想推翻伊丽莎白，在英国恢复天主教。西班牙西部港口战船集结，准备海上进攻。英国方面先发制人，于 1587 年 4 月 9 日，由德雷克带领英国舰队偷袭加地斯港，重创西班牙军舰 30 艘。致使西班牙对

---

① F. E. Halliday, *A Concise History of England*, *From Stonehenge to the Atomic Age*, p. 99.

② James A. Willianson, *The Tudor Age*, pp. 353–356.

英国的海战延迟了一年。

1588年夏，双方大致做好了海战准备。西班牙“无敌舰队”共有130艘船只，其中战舰和武装商船60余只，配有2500门大炮，各类官兵近3万人，由萨多尼亚公爵统率；计划沿着英吉利海峡北上，先去运载尼德兰的16 000名远征军，再到英格兰南部沿海登陆。西班牙舰队的特点是其短射程重炮的火力凶猛，适宜近战。弱点是装备陈旧，军需供应差，非战斗人员过多，军官腐败。

英国的战船数量低于对方——只有34艘军舰，必须依靠武装商船的襄助，出航海员仅6000人。但英国舰队指挥官霍金斯等人海战经验丰富，精干水手多于对方。最关键的是，英方船上的火炮可以远距离杀伤对手，行进时既快又稳，适合拦截和追击，使对方无招架之力。

7月19日傍晚，英国舰队在利泽德岬角海域迎战西班牙舰队。一连9日，英方军舰一再利用上风头和炮火优势，与西班牙舰队保持有利距离，打打停停，不断击沉敌舰。28日，英国舰队发动进攻。先令8艘装满炸药的船只，驶向抛锚的西班牙船队，爆炸后燃起熊熊烈火。英国炮舰随即开火，射穿敌舰，西班牙人惊慌绝望，8000人伤亡，余者夺路逃走。2日后少部分船只逃到北海停泊。一些战舰触礁沉没。最后只有54艘船只和1万人绕过苏格兰和爱尔兰，返回西班牙。

这次海战，英国以数十人的轻微代价，歼灭西班牙无敌舰队，取得了海战史上罕见的胜利，稳稳控制了制海权。英国民众兴高采烈地传诵着庆祝胜利和歌颂女王的民谣：

我们神圣的女王建立的丰功伟业，
放射出万道光芒的太阳神啊，
已三十次越过了黄道十二宫。①

海战还向西方各国宣告：英国的海军是世界上最强大的，英国成了世界上头等强国。它抵御了自罗马时代以来最强大的帝国的进攻，激发了英国人的民族精神，为以后发展大不列颠帝国奠定了基础。

1589年，理查德·黑克卢伊特的巨著《重要远航录——英国的航海和发现》问世，产生颇大影响。其中写道：英格兰民族“在探索世界各个角落的

① J. E. 尼尔：《女王伊丽莎白一世传》，商务印书馆1992年版，第326页。

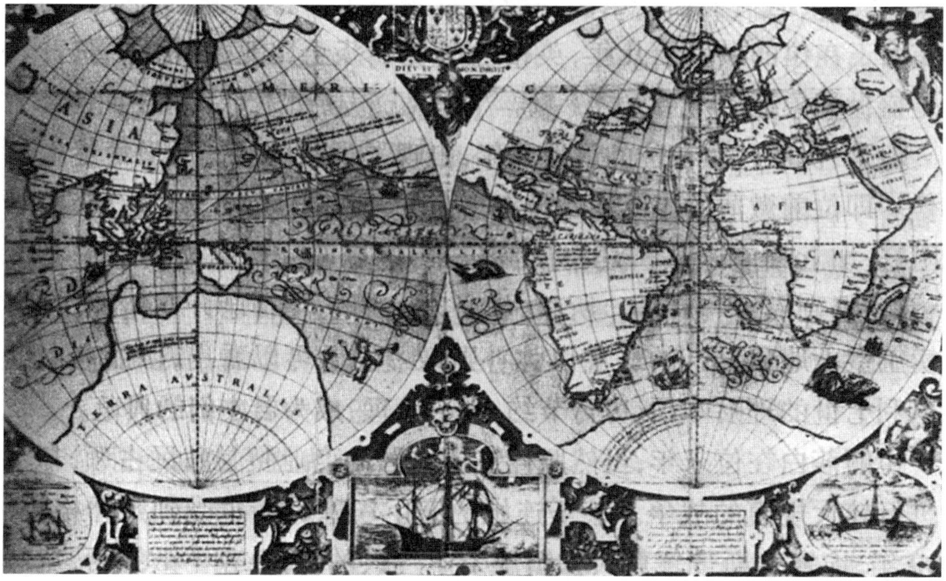

1580 年前后由德拉克和卡文迪什绘制的世界地图

活动中，在多次环球航行方面，胜过任何国家和民族”。[1] 英国人的冒险精神超过以往任何时期。被女王垂青的一些青年贵族，在世界各地打击西班牙、葡萄牙和法国的力量，袭击加地斯和亚速尔群岛，闯入加勒比海和低地国家，支持新教胡格诺教徒反抗迫害。1600 年 12 月，伦敦大商人组建了“东印度公司”，一年后，该公司击败了在印度的葡萄牙人，从印度莫卧尔帝国获得了贸易特权。以后它成为英国历史上资本最雄厚的股份贸易公司和殖民组织。

英国战胜西班牙无敌舰队，又是伊丽莎白女王政权稳定发展的转折点。1889 年诗人斯宾塞发表了他的寓言诗《仙女王》，称伊丽莎白为“光荣的女王”。其他文人廷臣也极尽颂扬赞美之能事。伊丽莎白为国民所景仰。女王在位的最后十几年，英格兰出现了莎士比亚、培根等著名作家，也是盛世的象征。

但是，伊丽莎白在位的最后几年，出现了通货膨胀。所幸她终生比较节俭。即位前微薄的年金使她没有多余的开销；成为女王之后，头些年财政困窘，加上政府未从宫廷中游离出来，她以君主的名义要求议会拨款时，常常遇

① 温斯顿·丘吉尔:《英语国家史略》上册，新华出版社 1985 年版，第 557 页。

到周折和麻烦。所以，她必须密切关注自己开支情况；目下则变卖王室土地和自己的珠宝以弥补财政亏空。可以看出，伊丽莎白继承了亨利七世的理财本领，厉行节约，悉心管理，成为君主们的典范。

伊丽莎白在位末年，虽然照样支持本国的商业贸易殖民占领，却不轻易进行较大规模的战争。甚至连她的宠臣埃塞克斯也受到了严格控制。1599年，埃塞克斯带领重兵去镇压爱尔兰人的反抗，创下败绩后，竟然违抗女王旨谕，返回伦敦，立即被软禁。他又策划阴谋，准备发动叛乱，逮捕伊丽莎白。事败后被斩首示众。

1603年3月24日，伊丽莎白逝世。按照事先的安排，苏格兰国王詹姆士六世兼领英格兰的王权，称詹姆士一世。英国进入了新朝代。

九、莫尔、莎士比亚和培根

都铎王朝是英才辈出的时代，政治思想、哲学和文学都达到了新的水准。之所以如此，是因为，都铎时期的人们不仅沐浴了欧洲文艺复兴的春风雨露，还遇到了一个相对太平的盛世。

作家、思想家和政治家托马斯·莫尔（1477—1535年）在英国和世界文化史上都占有重要地位。他出身于伦敦法官家庭，聪颖早慧，曾在牛津大学学习法律，毕业后进入伦敦律师界。大约此时与荷兰人文主义者爱拉斯谟友情深切并受其影响。他26岁当选为下院议员。一日亨利七世向议会勒索一笔巨额拨款时，莫尔直言冲撞，他的父亲因此被关进伦敦塔。亨利七世死后不久，莫尔成为伦敦代理执行官，得到亨利八世的赏识，出入宫廷，有时被委以重任。1517年，伦敦工匠为反对汉撒商人的贸易特权举行暴动，失败后有400余人将被判处死刑。莫尔闻讯后与伦敦商业中心的代表同向亨利八世求情，从而避免了一场大屠杀。1523年，莫尔任下院议长；5年后任大法官，1529年成为地位显赫的枢密大臣。

后人大多不了解他在文学和历史学上的杰出成就。实际上，他留下了200多首拉丁文讽刺诗。其中许多诗句飘洒俊逸、诗意粗犷豪放，言简意赅，风趣盎然。例如他在颂扬都铎王朝建立的短诗《玫瑰战争》里写道：

白玫瑰红玫瑰挨着生长，

他们开始竞相争夺王冠。

啊，红白玫瑰融成一片，

休战，花儿朵朵吐芳香。①

莫尔留下来的历史著作只有一部——《理查德三世的历史》。这部带有文学色彩的史书写于1513—1518年，没有完成，而且直到莫尔去世后才被发表。它基于人道主义立场，谴责了理查德的奸诈狠毒，揭露了暴政。

莫尔最重要的作品，是他在1516年用拉丁文写成的《乌托邦》。这是空想社会主义的第一部杰出著作。

《乌托邦》是用对话的形式写的，分为两卷。第一卷特别揭露了圈地运动所造成的"羊吃人"的社会现实，以及社会中的贫富对立。第二卷里，莫尔通过描述葡萄牙人希施拉德在一个异邦的见闻，栩栩如生地介绍了乌托邦人民的美满生活。那里没有邪恶势力；所有公民在食、衣、住、教育、政治、战争和宗教等方面的活动中，享有充分的平等，一夫一妻制受到严格保护；全体公民都信仰善良公正的上帝，上帝统治着人们的现世，并在来世给人们以奖赏或惩罚。乌托邦的公民都住在城市，不分男女轮流参加农业或手工业的义务劳动，并有充分的机会学习科学文化，寄生现象完全绝迹。人们对产品实行按需分配。该书带有禁欲主义和平均主义色彩。

《乌托邦》在比利时首次出版后就遐迩皆知，被译为多种文字。它涉及刑法、婚姻、女权、教育、宗教等许多方面，是近代空想社会主义的开山之作。此外，莫尔还发表了其他许多著作，如1522年写的《沉思录》、1526年的《波美拉尼亚人书》、1529—1533年《关于异端的对话》和《驳斥廷得尔的回答》等，表达了他在宗教问题上的保守主义态度，这正是他人生悲剧的原因所在。

20年代末，他在亨利八世离婚问题上坚持异议，以后又在宗教问题上与国王尖锐对立，于1532年离职。两年后，他被诬陷入狱，1535年被处死示众。400年后，他被追谥为圣徒。

莫尔去世之后，英国思想界一时没有黄钟大吕式人物。但到了16世纪后期，基督教神学家理查德·胡克（1553/1554—1600年）的影响却相当出众。

① 转引自奥西诺夫斯基：《托马斯·莫尔传》，商务印书馆1990年版，第39页。

胡克于1568年进入牛津大学圣体学院，以后博览群书，坚信安立甘国教教义。1585年，他任伦敦坦普尔教堂牧师，明确反对天主教教义。自1591年起，他在深入研究的基础上，撰写《论教会体制的法则》，1594—1597年出版了前5卷。其中，他捍卫英格兰圣公会，抨击天主教会和清教徒，指出，安立甘宗的传统是由《圣经》、教会和理性三要素密切结合而成，既不是像天主教那样把《圣经》和教会传统等量齐观，也不是像清教徒那样仅以《圣经》为唯一权威。胡克认为：如果经文含义明确，经文则为绝对权威；若无意义明确的经文，则以借鉴教会传统为明智；倘若经文和教会传统都不适应新情况，则应服从理性。关于宗教与政府的关系，他主张政教合一。胡克以其著作的重大影响被后世视为安立甘宗神学的创立人。他的宪政思想长期影响着国家政治生活。

都铎年间文学的发展丝毫不亚于政治思想上的成就。诗歌、散文和戏剧都进入了空前的繁荣时期，并且出现了莎士比亚这个诗、文、剧兼优的千古伟人。

莎士比亚

就诗歌体裁来看，重要的是出现了具有正式韵律的十四行抒情诗。这一独特的诗体于13世纪起源于意大利。16世纪前期由英国商人兼外交家詹姆士·怀亚特（1503—1542年）和霍华德引进不列颠。新诗体加速了都铎时期抒情诗的发展，而都铎王朝后期则是十四行诗最流行的时期。这种诗体要求：每4句各有独立的韵式，最后则是一个押韵的对句。对句必须像希腊警句诗那样简洁有力地把前3个4句的效果归纳起来，因而具有颇大的难度。伊丽莎白时期的十四行诗的典型用法像彼特拉克[①]那样，写成一系列互相衔接的爱情诗。以后十四行诗的题材逐渐扩展，各类问题都可以通过它来表述。

纵观英国文学史，最优秀的十四行诗组应该归到莎士比亚名下，而且他的十四行诗最容易引起卷帙浩繁的争论，但无人不赞赏其中的深邃思想和精美文

① 彼特拉克（1304—1374年），佛罗伦萨学者、诗人、人文主义者、新思想的促进者。其思想和著作体现了新的艺术和道德观点。他于1351年开始写新诗，创造了现代抒情诗的形式和语言。

采。例如，在他最深刻的一首刻画爱情的诗篇里，包含了大量的哲理：

把精力消耗在耻辱的沙漠里，
就是色欲在行动；而在行动前，
色欲赌假咒、嗜血、好杀、满身是
罪恶、凶残、粗野、不可靠、走极端；
欢乐尚未央，马上就感觉无味：
毫不讲理地追求；可是一到手，
又毫不讲理地厌恶，像是专为
引上钩者发狂而设下的饵诱；
在追求时疯狂，占有时也疯狂；
不管已有、现有、未有，全不放松；
感受时，幸福；感受完，马上遭殃；
事前，巴望着的欢乐；事后，一场梦。

这一切人所共知；但谁也不知怎样
逃避这个引人下地狱的天堂。①

有趣的是，莎士比亚在世时，并没有赢得16世纪最佳诗人的桂冠。一段时期内，英国人曾将爱德蒙·斯宾塞（1552—1599年）当作英国最伟大的诗人。斯宾塞的代表作是长篇寓言诗《仙女王》，它“给英国和英语带来了荣耀”，对后代诗人产生了巨大影响。他的富于感性描写的风格和九行诗节，为浪漫主义诗人拜伦和雪莱钦佩和模仿。斯宾塞的另一首牧歌诗《四月》名义上是歌颂牧羊女伊丽莎，实际上是指伊丽莎白女王。其中用了许多古英语词，说明他像乔叟一样继承了古代英语诗歌的传统。

与莎士比亚同代或稍后的诗人还有塞缪尔·丹尼尔（1562—1619年）、约翰·邓恩（1572—1631年）等，他们的诗歌各具特色，但成就无法与莎士比亚和斯宾塞相比。在诗坛上，沙翁以几首叙事长诗、154首十四行诗而稳居顶峰。但他主要的事业和成就是剧作。

比起中古后期，作为综合表演艺术的戏剧在都铎时期有了长足发展。最突出的特点是戏剧内容和演出实体的世俗化。“宗教神秘剧”和“道德剧”虽然

① 转引自艾弗·埃文斯：《英国文学简史》，人民文学出版社1984年版，第27—28页。

还在继续上演，但有关爱情、民事、历史的题材越来越多。由大陆传来的喜剧和悲剧逐渐占领着大城市的剧场。1550年上演的《葛顿大妈的缝衣针》是英国现存的第一出喜剧。尼古拉斯·尤德尔编写的、1553年上演的喜剧《吹牛的道埃斯特》，刻画了栩栩如生的人物，有着机警幽默的对白。比较而言，英国悲剧的发展显得滞后，因为悲剧具有更多的内涵和难度。

16世纪后期的罗伯特·格林（1558—1592年）、托马斯·基德（1558—1594年）、马洛（1564—1593年）等人已成为公众津津乐道的剧作家。格林善于迎合公众口味，他的第一部成功的英语浪漫喜剧是《僧人培根与僧人邦洛》(1594年)；而他1598年的《詹姆士四世》则成了莎士比亚的《皆大欢喜》和《仲夏夜之梦》的先导。基德的《西班牙悲剧》开当时复仇悲剧的风气之先，其中对主人公性格的刻画，为莎士比亚对哈姆雷特心理的研究创造了典范。马洛和莎士比亚同岁，英年早逝，但出名早。他创作的《帖木儿》（1587年）和《浮士德博士》是英国早期悲剧的代表作；《爱德华二世》、《巴黎大屠杀》和《马尔他岛的犹太人》等剧作反映出他惊人的想象力和渊博的学识，奠定了戏剧中心理分析的基础，为莎士比亚和后世剧作家开辟了道路。

莎士比亚的戏剧创作，全面继承了前人的优点，吸收了当代剧作家的精华。既能充分发掘和利用历史题材，又注意反映社会人情和心理。例如，他的《亨利六世》三部曲、《理查德三世》、《理查德二世》、《亨利四世》两部曲和《亨利五世》，都是以霍林西德的《英格兰和苏格兰编年史》为主要素材，尽量反映当时英国对抗西班牙的民族主义情绪。还有几部剧作取材于其他的历史著作。

莎士比亚在1595—1602年间写了不少喜剧，如《仲夏夜之梦》、《威尼斯商人》、《无事生非》、《皆大欢喜》、《温莎的风流娘儿们》和《第十二夜》。在戏剧的结尾，几乎所有人物都功德圆满，幸福康乐，或得到应有的赏罚。

通常认为，莎士比亚最出色的是他的4大悲剧——《哈姆雷特》、《奥塞罗》、《李尔王》和《麦克白》。其中《哈姆雷特》首推第一，具有不朽的舞台生命力。后3部剧作都有引人入胜的情节，精美的对白和震撼人心的力量。另外一部著名的悲剧《罗密欧和朱丽叶》中的对白深刻动人，情节感人肺腑。

莎士比亚晚年的3个戏剧《特洛伊罗斯与克瑞西达》、《终成眷属》和《一报还一报》，被评论家称为“阴暗喜剧”或“问题剧”，它们的共同特点是对人生的一些价值标准质疑和讽刺，而且暴露人物心理的阴暗面较多，甚至表现出变态的感情。这些剧作到了现代受到评论家的重视。莎士比亚一生留下了38部剧作。

细心的读者会发现，上面谈到了莎翁的作品，却未介绍他的身世。这一是他的情况已是众所周知，如出身于英格兰的斯特拉福镇的一位不识字的手套商家庭，曾在本地文法学校读书，婚后到伦敦，成了一名演员和剧作家，30岁蜚声剧坛，而后是英国戏剧界的泰斗，晚年故于家乡，等等。再是因为上述情况又被认为是"一种值得怀疑的传统说法"。这种怀疑开始于18世纪80年代，直到最近不久，还有人认为，莎士比亚可能是伊丽莎白时期的一位朝臣——牛津伯爵爱德华·德维尔。理由是，经过长期研究，始终没有发现证明他身世的诸如手稿、信件、日记或其他任何出自莎士比亚本人的文件，而且如果他的情况如上所述，他没有接受过高等教育，阅历不广，就不可能在如此复杂的作品中融入那么多的有关王室、宫廷、政治和外国的知识。德维尔逝世于1604年。6年后亨利·皮查克在他的《地道绅士》一书中，把他列为头一个最伟大的诗人，却只字未提莎士比亚。所以，也可能"莎士比亚"只是德维尔的笔名，而德维尔使用笔名是出于自身安全的考虑。再一理由是：德维尔的家族徽章上有一只狮子摇动长矛的图案(shaker spear)，这又可能是"莎士比亚"(Shakerspear)笔名的由来。当然，质疑者还有更多的理由，这里不做介绍了。但莎翁是世界历史上伟大的诗人和剧作家，却是没有疑义的。

都铎时代再一位伟大学者弗兰西斯·培根（1561—1626年）是一个跨朝代的人物。作为一名哲学家和语言大师，培根第一部重要著作《随笔》发表于1597年；而他又是在1584年进入议会并开始了政治生涯的。不妨把他当做都铎时期的名人。可在另一方面，培根还是詹姆士时代的法官、朝臣和政治家，主要活动是在斯图亚特前期。他的不少著作，如《伟大的复兴》、《新工具》和乌托邦小说《新大西岛》等，多是发表在斯图亚特王朝。

培 根

培根在英国和世界上经久不衰的名气，主要的来自他的科学哲学作品。他的未能完成的鸿篇巨制《伟大的复兴》，包括《序言》、《新工具》、《自然史和实验史概论》和《科学推进论》。其中回顾了科学发展史，介绍了当代知识结构及情况。其中《新工具》是培根的代表作。主题是倡导实验调查的科学方法。对此，培根指出，了解世界的前提是认真地观察世界；若要得出科学的结论，就必须首先收集事实资料，再加以科学的归纳推理，从中总结出一般普遍的规律。这种科学推理办法即是归纳法，其中许多细节被以后诸多科学家所遵循。培根所表达的基本思想对科学实验和观察产生了重大的影响。

由于时代和个人阅历的限制，培根也有着弱点。他虽然是科学的指路人，但本身却不是科学家，对当代国内外一些重要发明都缺乏了解，甚至对本国发现了血液循环和心脏功能的伟大医学家威廉·哈维（1578—1657 年）不屑一顾，甚至拒绝接受哥白尼的日心说。即便如此，人们并不否认培根的伟大。他虽然置身于宗教社会之中，却通过丰富的著述展现出来他的符合现实和科学的世界观，并用这些精辟的思想和“知识就是力量”的名言激励着人们去进行科学探索。

第七章

革命世纪

（1603 年—1688 年）

一、发展、冲突和殖民

17 世纪前期的英国依然是一个较小的农业国。领土只有英格兰、威尔士和一些岛屿。全国四五百万人口中，约 1/7 住在城镇。然而，因该国的农奴制度早已解体，资本主义经济在封建社会内部逐渐成长。

16 世纪以来，英国手工工场迅速发展。其中呢绒业在工业部门占据了颇大比重。在广大农村，分散的资本主义性质的毛织加工业手工工场很为流行，城镇则出现了较大规模的手工工场。新兴工业部门有造纸、火药、玻璃、军工、制糖等。旧工业发展最快的是采矿业和冶炼业。16 世纪以来，由于通风排水设备的采用，煤产量迅速提高。1551—1661 年增加了 10 多倍，年产量 300 万吨，占当时欧洲煤产量的一半以上。同时期铁产量则大约增加了 4 倍。[①]

英国资本主义的发展，是同市场和对外贸易的扩大紧密联系在一起的。15

① Barry Coward, *The Stuart Age 1603–1714*, Longman, 1980, p. 17.

世纪新航路开辟以后，国际贸易中心逐渐从地中海转移到大西洋，使英国获得了地处世界贸易要冲的优越条件。16 世纪末和 17 世纪初，若干享有专卖权的特许公司相继成立。这些兼营海盗掠夺的大公司一般都拥有较多的股份和资本。金融业生机勃勃。伦敦的居民在 1600—1650 年间增加了一倍，成为英国金融中心和欧洲最大城市。

对外贸易发展加速了原始资本积累，促进了农业资本主义改造过程——圈地运动。进入 17 世纪后，随着工业人口的增加，粮食和其他农产品需求率的提高，引起农产品价格的一再上涨，又给圈地运动以新的刺激。圈地运动主要在英国东部、中部和南部进行。

圈地给农民带来了深重的灾难。许多农民四处流浪。而英国政府为了保证税收和兵源，陆续颁布不少禁止圈地的法令，但收效甚微。它为了防止农民反抗，缓和与贵族集团的矛盾，还颁布了严酷法令，惩办无辜流民。农民走投无路，起来反对政府迫害和圈地运动。

经济发展改变了社会阶级关系。一些乡绅依靠资本主义经营方式聚敛财富，成为新贵。不少大商人把从破产贵族那里买来的土地交给他人经营，兼享资本主义地租，同样跻身于新贵集团。新贵族在经济利益上与资产阶级利益一致。前者反对政府征收“骑士捐”和其他封建性赋税，后者对政府贸易专卖制深感不满。经济利益的一致导致政治上的接近。乡绅新贵和资产阶级由衷地结成了同盟关系。

资产阶级也包括两个阶层。伦敦城区和各郡的几百名大商人、大工场主和高利贷者组成上层，他们是王室专利政策的受惠者，是地方包税商和王室债权人，同旧贵族联系密切，以后成为革命中的保守集团。资产阶级下层是为数较多的中小工商业者，其经营受到行会制度和政府垄断政策的限制，在国内外市场上受到专利公司排挤，因而反对封建特权制度。但因当时英国工业还处在手工工场阶段，资产阶级势力还较为薄弱，没有能力单独发动大规模的政治运动，不得不和乡绅新贵共同反对王权。

英国农民的基本群众是自耕农，也包括两部分，即自由持有农和公簿持有农。自由持有农早就是自耕农，对领主的封建义务较轻，能自由支配世袭份地。公簿持有农从农奴转化而来，除向地主交纳地租外，还忍受着名目繁多的封建剥削；他们占当时农民的大多数，受圈地运动的伤害最大，不少沦为茅舍农、雇农和乞丐。广大农民同地主存在着尖锐的矛盾，要求把世袭的份地变成自己固定的财产。他们还与乡绅贵族有矛盾，反对圈地。

在社会变革的激流中，宗教问题同样引人注目。资产阶级越来越感到国教的腐败。繁琐复杂的宗教仪式浪费了他们用于赚钱的宝贵时间，各类宗教开支耗费了他们的钱财。更重要的是，安立甘国教教会是专制制度的支柱。资产阶级和新贵族联合起来，他们以加尔文教为武器，开展反国教的清教运动，要求废除主教制，抛弃偶像崇拜，简化宗教仪式，建立较民主的宗教组织。

清教徒和清教运动虽然没有受到政府的大规模迫害，但他们的活动还是屡被视为非法，若是有人报告或被特务监视，会被处以罚款。一些清教徒、天主教徒或其他异端分子，为了寻求宗教自由离开英国。一些失去土地的农民、谋生困难的学徒，也到海外寻找生路。

斯图亚特王朝建立不久，理查德·黑克卢伊特的《论西方拓殖》一书引起公众兴趣。其中谈到了英国所面临的人口和资源问题，启发人民离开僵化陈旧的生活环境，到海外寻找和创造新天地。还有人断言殖民活动可以减轻英国的贫困状态和犯罪活动。商人则希望获取廉价原料，开拓市场。

大洋彼岸的弗吉尼亚是英国人的首选之地。1606 年，一批投机商得到国王特许，组建了弗吉尼亚公司，经营移民事宜。翌年 5 月，数百名英国移民西渡，在弗吉尼亚海岸切萨皮克湾的詹姆士敦定居下来。翌年春天，衣食短缺，疾病流行，约一半人死去。幸存者披荆斩棘，勉强站稳脚跟。军事冒险家约翰·史密斯成为这块小殖民地的首领。不久，有人在新开辟的田地上种了烟草，收成可观。那时，欧洲烟民增加，需求扩大。弗吉尼亚烟叶的利润让许多人开眼，烟草种植园陆续出现，当地经济渐渐繁荣。庄园主、雇工和个体农场主互相依存。人们需要起码的社会管理，地方自治机构应运而生。

已经移居荷兰的清教徒也对他们的生活不够满意。特别在 1616 年以后，荷兰面临着同西班牙开战的危险，部分英裔清教徒忐忑不安。他们同弗吉尼亚公司谈判，并辗转得到了英王的特许。1620 年 9 月，35 个清教徒离开荷兰，与来自英国西部的 66 名冒险者会合，乘坐 180 吨的“五月花号”扬帆西进。经过 70 多天的搏斗，他们于同年 12 月在美洲海岸的科得角湾建立了普利茅斯城。大约六七年光景，这些天涯来客为生存制定了法令法规，建立了普利茅斯殖民地。1630 年，多塞特的清教徒在反对派贵族的援助下，争取到了王室的特许，兴建了“新英格兰马萨诸塞海湾公司”，千余人在温斯罗普的带领下到达北美的查尔斯河畔，建立了又一块殖民地；即后来波士顿的前身。除了弗吉尼亚外，马萨诸塞、康涅狄克和其他陆续建立的殖民地，被称为“新英格兰”。它们在贸易、农业、造船和航海活动等方面建立了密切的联系，联合对付毗邻的西班牙、荷兰等国的殖民地。1640 年，英国在这里的移民共有 14 000 人。10 年后增加到 48 000 人。[①]

英国内战前，詹姆士一世及其枢密院打算派遣远征军，到美洲殖民地维护其权威。随后不久，英国陷于内战和政局动荡，远征计划束之高阁，英属北美殖民地得到了 20 年自由发展的机会。

总的看来，英国人的殖民活动超出了北美洲东部，前来新大陆的移民并不限于清教徒。1623 年，乡绅托马斯・沃纳率众抵达西印度群岛的圣克里斯托弗岛，建立了该地区的第一块英属殖民地。大约 20 年后，巴巴多斯、尼维斯、蒙特塞拉特和安提瓜等也被英国移民所控制。这些岛屿的经济价值不亚于北美殖民地。英国人根据当地自然条件，建立甘蔗种植园，与先来的西班牙人殊死争斗。

17 世纪前期的另一次拓殖活动是由巴尔的摩男爵乔治・卡尔弗（1580—1632 年）领导的。此人是天主教徒，曾任下院议员。1621 年他就派人西渡纽芬兰殖民。4 年后他放弃议会席位，专务殖民活动。1628 年带领全家族和一些天主教徒来到马里兰。卡尔弗去世后，其子查理继续以英王的名义继续在此从事殖民活动。他把采邑制引入新大陆，承认英国国教为正教，为此在 1661 年被任命为马里兰总督。

稍后，许多穷人作为“契约奴”被输往新大陆。从 1654 年到 1685 年，仅布里斯托尔就输出 10 000 名契约奴。主要是运往西印度群岛和弗吉尼亚。光荣革命前，弗吉尼亚居民中，白奴占了 1/6。

仅仅几十年光景，大约 10 万英国人在新大陆落地生根。这次具有独特历史意义的民族迁徙，起源于国内的社会矛盾和部分人力图改变命运的心理，先是创建了英属殖民地，又无意之间孕育了未来的美利坚合众国。

① Barry Coward, *The Stuart Age 1603–1714*, p. 24.

二、国王和议会

1603 年，詹姆士六世遵照伊丽莎白女王逝世之前的安排，南下继承英格兰王位，称詹姆士一世，斯图亚特王朝开始。

詹姆士是一个充满矛盾的人物。他在加尔文派的严格教育下成长起来，但始终不喜欢该教派。他被称为“基督教世界最聪明的傻瓜”，一生多有论著发表，但新到英格兰后，面对不同的国情，却要按照其“苏格兰习惯”行事。他宣扬“君权神授说”，强调君权来自上帝，议会权力来自国王；他到英格兰不久，亲自撰写了一本题为《神权》的著作，遭到反对派议员的敌视和抗议。他迫害清教徒，动用火刑，引起民众的强烈反感。他在外交上乖张失措，与奉行天主教的西班牙王室联姻，引起国内反天主教势力的讥讽和愤懑。

詹姆士作为安立甘国教的首脑，还于 1604 年重新实行伊丽莎白时期所制订的反天主教法令，对进入天主教学校者处以 1000 英镑的罚金，禁止天主教传教；凡拖欠债务的天主教徒，其动产收归王室。天主教极端派决意报复。1605 年，罗伯特·凯茨比、盖伊·福克思等人聚议，计划挖掘地道，通到议院的地下室，放置大量火药，在 11 月 5 日议会开会之际，把国王、王后、王储和议员统统炸死，立即煽动天主教徒乱中夺权。为了扩大事态，凯茨比又吸收一些人入伙。其中一人是议员蒙蒂格尔勋爵的亲戚。此人奉劝蒙蒂格尔不要莅临议会开幕式。蒙蒂格尔将情况报告政府，“火药阴谋案”被及时发现。11 月 4 日夜，议会地下室遭到搜查，福克斯当场被捕，密谋者或因拒捕被杀，或交付审判后处以极刑。① 詹姆士借机树立形象，宣称自己敢于同议员们共赴大难。1606 年 1 月，议会定 11 月 5 日为公众感恩日，又被称为“福克斯节”。届时清教徒放焰火、游行，以示庆祝。

詹姆士一世的再一重大举措，是针对《圣经》版本纷杂、内容各异的情况，组织牛津大学、剑桥大学和威斯敏斯特的大批学者，花费几年时间，在尽量不带倾向性的情况下重新翻译《圣经》。1609 年，钦定英文《圣经》问世。两年

① G. M. Treveyan, *England under the Stuarts*. Methuen, 1980, pp. 87–93.

后大量发行，流传国内外，在焕发新教精神和凝聚民族感情方面起到了不容低估的作用。

但是，詹姆士长期被财政问题所困扰。当时，政府名义上仍然从属于王室，开支要从国王的国库中支取。民众和议会认为，王室领地和海关收入已能维持政府开支，除紧急情况外不再拨款。伊丽莎白在位后期，精打细算渡过了财政难关，逝世时将宫廷债务减少到 10 万英镑。可詹姆士却无法适应这一传统。况且政府机构日趋庞杂，各项开支明显增多，加上通货膨胀，王室地产收入和经议会认可的关税收入实已减少。1606 年宫廷债务攀升到 60 万英镑，迫使国王出售专卖权和王室森林，平衡政府开支。但收支仍不相抵。急切之下，他迎合中产阶级的虚荣心理，指示亲信卖官鬻爵，加快封赐爵位。

詹姆士一世对骑士爵位的增封既早又快。他即位不久，就利用加冕之机，命令所有拥有 40 英镑年收入者前来祝贺，接受骑士封号，违者处以罚金。同时他还迎合中产阶级的虚荣心理，收费封赐爵士。仅 4 个月不列颠就增加了 906 名骑士。全国骑士总数陡然增加了 2 倍多。

1611 年，詹姆士开始设立和封赐地位较高的从男爵，使一些家道富足的乡绅放弃追求骑士名号。4 年后，政府财政仍然紧张，加大了出售骑士爵号的幅度。由 1610 年的每年 31 名增加到 1615—1619 年间的平均每年 120 名。

上院贵族的增封同时进行。詹姆士一世初来英格兰时，上院共有 5 级贵族 50 多人，可他当年就加封了 10 余名。上院贵族爵位的出售是在他即位后第三年开始的。上院世俗贵族的人数激增。1628 年新议会开会时上院世俗贵族达到 128 名，是斯图亚特王朝初建时的两倍多。而且，自 1616 年以来，王室佞臣白金汉公爵滥用职权，连续多年公开出售爵位，售价高底依照品级和与当事人的关系远近而定。少则五六千英镑，多则一两万英镑。部分现金成了他的回扣。①

上述做法导致英国各级贵族人数的骤然膨胀。许多律师、商人、金融家、乡绅获取爵位，成为新贵。骑士、上院世俗贵族的猛增和从男爵的增设，还使各级贵族身价降低，使旧贵族牢骚怨恨。爵位扩展给政府和个人带来了一定的经济利益，但毕竟不能根本解决政府的财政困难，却打乱了原有的封建等级秩序和贵族体制，降低了王室威信。

---

① L. Stone, *The Crisis of The Aristocracy, 1558–1640*, Oxford University Press, 1967, pp. 40–60.

詹姆士一世财政收支不能相抵，只好按照传统，召开议会，要求批准加增新税。1604 年，詹姆士一世的首届议会召开。他要求的拨款仅有一部分获得批准。议员们着重讨论议会特权问题。下院专门起草了一份文件，申明议员享有选举、言论自由以及在议会开会期间免遭逮捕的权利，并批评了国王的内外政策。詹姆士无法忍受，于 1611 年解散议会。

1614 年，新议会召开。反对派议员继续批评政府，当年 6 月就被解散。以后几年里，政府采用多种方式聚敛钱财，财政困难无减。1621 年詹姆士一世再次召开议会，要求高额拨款，议会仅批准了 15 万英镑，并以国王对西班牙开战为条件。同时，议会一再行使弹劾职能，指控国王宠臣。著名哲学家弗兰西斯·培根被发现有贪污罪，迫使国王将其免职，处以巨额罚款。时隔不久，詹姆士又要求拨款 90 万英镑，议会仅以 7 万英镑敷衍。

1625 年春，詹姆士一世去世，其子查理一世即位。新君很快与法国公主完婚，民众普遍不满。他指令白金汉公爵主持外交事务，后者奉行亲法政策，引起新教徒的敌视。他纵容国教教会迫害清教徒，致使反国教情绪比日而上。同年 6 月，新议会开幕，会上废除了国王可以终身征收关税的特权，规定以后每年就国王征收关税问题表决一次，同时对政府政策和白金汉公爵提出批评。国王恼羞成怒，下令解散议会，但由于政府军队仍在对西班牙作战，迫切需要军费，查理只好于 1626 年初再次召开议会。

查理一世敦促议会在 3 日之内拨款，否则要被解散。下院毫不畏惧，坚决要求罢免白金汉公爵，交付法庭审判。国王下令逮捕反对派领袖伊里奥特和迪格斯。查理的行径促使议会走得更远，爱德华·柯克爵士、约翰·伊里奥特爵士和约翰·皮姆等人成为反对派领袖。

议会解散后，柯克、皮姆和伊里奥特等人鼓动民众抗捐抗税，迫使国王于 1628 年 3 月召开第三届议会。议会借机扩大政治成果。他们起草了《权利请愿书》，援引大量史实说明英国人民自古就拥有各种权利，谴责国王侵犯民权，违反国家法度，并规定：今后未经议会同意，不得强迫人民承担贡物、贷款、捐税和其他类似负担；非根据国家法律和法庭判决，不得逮捕关押任何人或剥夺其财产；不得根据军事戒严令任意逮捕公民；等等。为了换取议会拨款，查理一世于 7 月 28 日忍痛签署了《权利请愿书》，但无意履行议会要求，不久下令议会休会。休会期间，白金汉公爵遇刺。次年 1 月，议会复会，但很快就被解散。伊里奥特和其他一些骨干分子被捕。英国步入长达 11 年的无议会时期。

其间，政府推广实行专卖制，增加关税，将船税扩大到内地。查理一世想以此获得每年20万英镑的固定收入，使他永远不必召开议会。1630年，政府颁布命令，对所有未出席国王加冕式的骑士罚款，加深了中小地主的不满。宫廷还重提以前王室森林的所有权，要求使用者补缴重税。此等土地目前多在大贵族之手，有的已经经营了多年，查理一世得罪了他们，加速了贵族分化。对清教徒的迫害变本加厉。坎特伯雷大主教劳德依仗星室法庭对各种出版物严加审查，清教徒作家被处以枷刑、烙刑和割耳刑。教会强制实行严格的宗教仪式，凡未到教会做礼拜者被法庭传讯并给予罚款。

1636—1638年，政府把宗教迫害扩大到苏格兰，引起反抗。他们集会宣布取消祈祷书和主教制。查理一世发兵镇压，可出师不利。1639年，王军战败求和。苏格兰起义成了革命爆发的导火线。查理一世为了筹集军费，于1640年召开议会。一些反对派议员重新当选。他们继续抨击国王宠臣斯特拉福德和政府暴政，反对重新对苏格兰开战。国王无奈，立即解散议会。因这届议会只存在3个星期，史称“短期议会”。同年8月，苏格兰军队又发动进攻，英格兰军队节节败退。

全国各地纷纷要求召集议会，查理一世进退维谷，宣布重新举行大选。皮姆和汉普顿周游全国劝导人们选举清教徒。11月3日，新议会开幕，“短期议会”的议员多半重新当选。这次议会一直保留到1653年4月，史称“长期议会”。长期议会的召开标志着革命的开始。

三、内战烈火

长期议会显示了空前的革命性。它逮捕了斯特拉福德伯爵和劳德大主教，以叛国罪交付审讯。其间有人提出疑义：斯特拉福德的行为是得到国王批准的，他又是政府要员，怎可被指控叛国？为扫除法律障碍，下院通过一项特殊法律——“褫夺公权法”，斯特拉福德以“企图推翻英格兰和爱尔兰古老法律”的罪名被宣布为叛国。1941年4月21日，下院以204票对59票通过了对斯特拉福德的死刑判决书。查理一世设法营救斯特拉福德，却无济于事。

激怒的伦敦市民聚集威斯敏斯特宫附近，胁迫上院贵族和国王通过了判决书。5 月 12 日，在 20 万人的围观之下，斯特拉福德伯爵身首异处。① 革命推向高潮。

议会借机扩大成果，连续通过几项重要法令。其一是《三年法案》，5 月 9 日迫使国王签署，规定以后至少 3 年召开一届议会；未经议会同意，国王不得过早解散或终止其会议。国王还被迫撤销星室法庭，取消专卖制，明令：非经议会允许的征税均属无效。

另外，议会还通过了不准扩大征收船税的法令，关于限制国王对使用王室林地者罚款的法令，以及不准强迫接受骑士称号和对骑士任意罚款的法令等。② 这批法令的通过对于反对封建主义统治和扩大资本主义法权，有着重要意义。

随着革命的深入，议会内部矛盾逐渐明朗化。夏季，下院强行通过了废除主教制的议案，但它在上院遭到否决。此后不久，爱尔兰人揭竿而起，要求摆脱殖民统治。清教徒和王党势力一致主张镇压爱尔兰天主教徒，但都怕对方借机组织和控制军队，在击败爱尔兰人之后再用来镇压政敌。在此关键时刻，皮姆和汉普顿等人提出一份重要文件——《大抗议书》，要求限制主教权力，引起保守势力的强烈反对。下院表决时，相当一部分议员认为抗议书对王权限制过多，结果仅以微少多数通过。这表明绝大多数都根据自己的阶级利益和政治立场作出了选择，议会即将一分为二。

1642 年 1 月 4 日，查理一世率卫队闯入下院，要以叛国罪逮捕皮姆等人。他们事先得到消息，前往伦敦商业区躲避。国王离开下院时，一些议员以“特权！”“特权！”的呼声抗议。

消息传开后，伦敦市民聚集在王宫外示威，国王匆忙逃离伦敦，去外省征集军队，内战爆发。王党议员纷纷脱离议会，投效王军。查理于 8 月 22 日在诺丁汉宣布讨伐议会。议会成为反对派议员的独占场所和革命领导机构。

查理一世始终没有明令解散同他作战的议会，而是宣布威斯敏斯特的议会已不再是自由的议院，并号召从那里赶出或逃出的议员组建对立的议会。这一号召得到了响应。1644 年 1 月 22 日，王党议会在牛津开会时，83 名上院议员

① G. M. Treveyan, *England under the Stuarts*, pp. 202–203.

② Turner, *The Conflict of English Constitution in Nineteenth Century 1603–1689*, Cambridge University Press, 1960, pp. 96–99.

和 175 名下院议员参加。这些上院贵族，宫廷官吏、下院议员陆续投靠到国王方后，被称为“骑士党”。保王议会作为国王的附庸，实际作用很小。保王势力主要依靠英格兰东北和西北等落后地区的支持。

其余议员组成革命议会。他们得到东南、中部和沿海城市的支持，这里资本主义经济比较发达。革命议会的主体是清教徒议员，他们得到信奉新教的农民和市民的支持，称“圆颅党”。革命前的清教运动中，已出现了长老派和独立派两个派别。这种情况很快在议会中反映出来。内战初期，议会上层人物多是家世显赫、崇尚长老派教义的大贵族。议会军总司令艾塞克斯伯爵，高级将领曼彻斯特勋爵、贝德福德伯爵等，都是著名的长老派教义信奉者，他们控制了革命军的领导权，难免同独立派议员发生分歧。

议会尽管占据了人口稠密、经济发达的东南部各郡和伦敦，能利用原有政府机构征收赋税，比主要以王室收入和大贵族捐款为军费来源的王党势力有着明显优势，但在第一次内战的初期阶段（1642—1644 年），议会军却屡屡失败。由长老派组成的议会右翼态度暧昧，盼望能在国王作出让步的条件下与其言和。部分主战派态度游移，希望先打后和。由于军事和政治形势的激化，领导权才由主战派掌握。同时，王军由多谋善断的将军拉尔夫·霍雷顿爵士、鲁珀特王子指挥，在内战初期屡操胜券。

1644 年 7 月，由费尔法克斯、曼彻斯特、克伦威尔所领导的议会军，依靠苏格兰军队的协助，在马斯顿荒原战役中，展开了内战中规模最大、最激烈残酷的战役，双方共死亡 4000 人。① 但因议会军编制混乱，缺乏训练和统一指挥，致使王军逃逸。另一支由塞克斯伯爵指挥的议会军在西南地区被王军击溃。

战争洗礼使独立派领袖奥利弗·克伦威尔（1599—1658 年）显露头角。他 29 岁当选为议员，内战中显示出杰出的军事才能，注意从信仰清教的自耕农中招募军士和提拔指挥官。克伦威尔军队纪律严明，战斗力强，屡屡创捷，被称为“铁军”。

内战初期暴露出来的问题要求改组军队。在 1644 年 11 月的军事会议上，克伦威尔指责曼彻斯特伯爵贻误战机，后者辩护说：“如果我们把国王打败 99 次，他仍然是我国王，在他之后，他的子孙也仍然是国王。但是，如果国王打

① G. M. Treveyan, *England under the Stuarts*, p. 247.

败我们一次，我们将被统统绞死，我们的子孙将成为奴隶。”长老派贵族的保守主义态度，激起了广大民众的反感，自发斗争形成高潮。仅在西南各郡以农民为主体的“棒民”，就有10万人之多。

1644年12月，克伦威尔警告议会：如果不重组军队，议会军就会失去民众支持，使议会缔结屈辱性的和平。议会解除了曼彻斯特伯爵和埃塞克斯伯爵等人的军职。费尔法克斯、克伦威尔被任命为议会“新模范军”正、副司令，克伦威尔拥有实际上的指挥权。

“新模范军”主要由自耕农和手工业者组成，纪律严明，装备精良，士气旺盛。1645年6月14日，它在纳斯比荒原打败王军，使内战形势明显有利于议会。1646年6月攻占王军的大本营牛津，查理窜逃苏格兰，被苏格兰人扣押。不久，议会军以重金换回国王，第一次内战胜利结束。

内战期间，议会成为国家最高权力机关。由若干委员会分掌行政、立法、司法、宗教、军事和财政大权。旧的政府机构如枢密院、星室法庭等被废除，上院实力削弱，下院地位明显增强。

自1643年起，议会开始没收国王和王党分子的土地，拍卖后用作军费或补充财政。1646年宣布废除骑士领有制，取消地主对国王的封建义务，使他们获得了对土地的全权支配。议会的土地政策动摇了封建主义的根基。

但是议会并未满足农民的要求。拍卖的土地落入资产阶级和乡绅贵族手中，公簿持有农的封建义务依然存在。圈地运动继续扩大，什一税照旧征收，生活必需品价格上涨，军队抢劫事件屡屡发生，社会动荡不已。

随着内战结束，议会与军队内部长老派和独立派的斗争也开始激化。长老派指使议会与国王妥协，进行复位谈判。他们唯恐遭到军队的抵制，便于1647年2月操纵下院通过决议，规定除留少量骑兵负责各地防卫外，其余军队悉数解散。决议激起普遍的愤怒，各团队选出士兵，推举代表，组成“士兵鼓动者会议”，要求补发欠饷，不得解散军队。5月末，议会又通过决议，禁止士兵集会，并宣布解散军队的期限，遭到下层官兵的抵制。值此关键时刻，议会组织伦敦等地的民军，勾结王党要对抗议士兵加以镇压。克伦威尔和一些高级将领这时却拒绝了解散令，并将国王严加监禁，制止长老派与国王谈判妥协。克伦威尔还惧怕士兵群众朝前走得更远，于6月初组织了一个由高级军官为核心的军队会议，以保证他在军队中的领导权。7月中旬，士兵要求移驻伦敦，被克伦威尔制止。他建议军队拟订一个与国王谈判的要点，但被查理一世

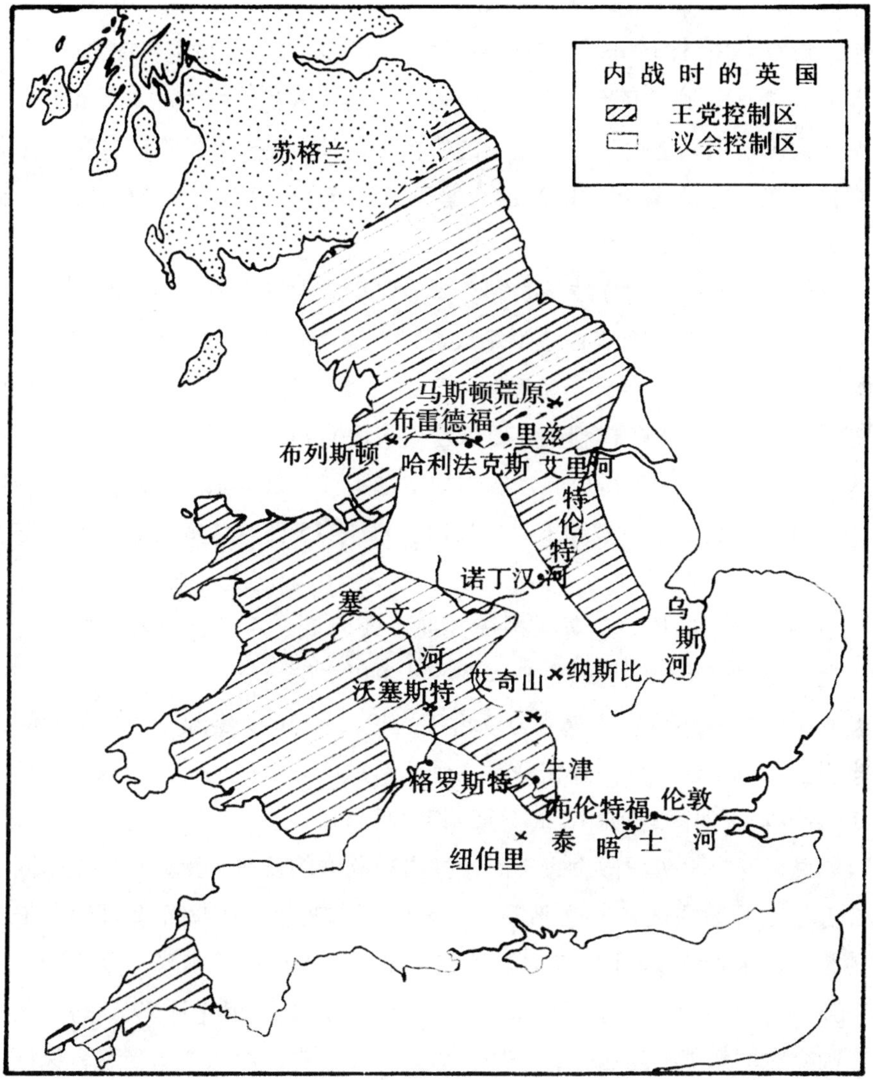

拒绝。长老派借机扩充势力。迫于压力，克伦威尔于8月率军进入首都。① 部分长老派议员仓皇逃走，议会实权落入独立派手中。

政治形势的变化，使军队内部平等派与独立派之间的矛盾变得尖锐起来。平等派是革命军队中涌现出来的一个民主主义派别，代表小资产阶级的利益和

① G. M. Treveyan, *England under the Stuarts*, p. 266.

观点，反对社会等级特权，主张政治平等，在士兵和人民群众中得到普遍支持。该派领袖约翰·李尔本（1618—1657年）来自乡绅家庭，内战中参加议会军，官至上校，1645年因军队承认“庄严同盟和圣约”被迫脱离军队。翌年，他发表取消君主制、上院、什一税等言论，再度入狱。在狱中撰文论证：立法权源于人民，则只能由人民所选出的机构来行使；英国人民不论贫富，应同样享有选举权。在1647年写的政治小册子《约翰的呼声》中，他指责议会和从前的国王一样，也是专制者。

独立派与平等派的分歧是国家政体形式和选举权问题。独立派主张保留国王和贵族院，根据财产资格选举新议会。而平等派提出“人民公约”，要求撤销一切特权，实行成年男子普选制，建立一院议会制。而后，两派激烈争论，平等派发言人坚持天赋权利说，要求建立人民共和国，而克伦威尔、爱尔顿等高级军官坚持君主制不得放弃，认为规定选举权的财产限制可以保证社会秩序和个人财产不受侵犯，激起士兵的反对。11月15日，众多平等派士兵把人民公约中的条文贴在军帽上，举行武装示威。但由于这次行动缺乏良好的组织，参加者遭到野蛮镇压，领导人被捕判刑。11月底，军队会议被解散，代之以清一色的由军官组成的会议，平等派的斗争以失败告终。

两派的激烈斗争给王党势力以可乘之机。从1647年起，身陷囹圄的查理一世设法与苏格兰封建主秘密联系，企图借助北方乡民的支持，恢复王权。11月11日夜里，他潜逃到怀特岛，策划新的行动。

消息传开，平等派散发宣传品，抨击独立派的妥协政策。克伦威尔同长老派和苏格兰封建主的谈判也不顺利，态度逐渐变化。1648年2月起，王党在各地叛乱，渐渐波及全国。7月，苏格兰军队进入英格兰北部，形势严峻。

独立派面临威胁，迫切要求平等派的支持。在同年4月29日的军队会议上，独立派同意战后实施人民公约，协力打败王党。两派的重新联合保证了第二次内战的胜利。各地王党叛乱均被平定。8月中旬，议会军在普雷斯顿战役中击溃苏格兰军，占领苏格兰首都爱丁堡。第二次内战结束。

第二次内战期间，议会中的长老派议员继续派遣代表同查理谈判，要他在接受了他们的条件后复位。士兵和社会下层人士为此不满。他们呈递请愿书和抗议书，要求审判和惩处国王，议会不仅不予理睬，反而通过了解散议会的决议。12月初，军队将查理羁押在赫斯特堡后进入伦敦。6日，普莱德上校带领军队包围议会，逮捕和驱散了140多名长老派议员。此事被称作“普莱德清洗”，清洗后的长期议会被称作“残余议会”。

起初，“残余议会”的下院开会时经常不足60人。以后有所增补，最多时仍不过125人。议员的分配也不合理。其首要工作，是于1649年1月2日，向上院提出了审判国王的决议，理由是他犯了“叛国罪、挑起内战罪、破坏法律罪和英国人民自由罪”。这时的上院仅有十几名议员。贵族们接到文本后，一致否决了下院议案。

顿时，下院的局势严峻：上院否决了他们的议案，意味着放弃审判国王；而不审判国王他们的安全就难以保障。在独立派军官的支持和民众的推动下，下院于1月4日通过一项著名决议：“凡议会下院制定后颁布的法令仍应具有法律之效力，全国人民亦当遵照执行。”①

决议公布后，下院获得了行动自由。2日后，议会又通过了《成立最高法庭议案》，责令组成一个包括议员、法学家、将军和其他资产阶级代表，多达150人的法庭。法庭由布雷德肖主持，仅有60人出席。20日，法庭开始工作，

处死查理一世

① J. P. Kenyon (ed.), *The Tudor Constitutional History*, *Documents and Commentary*. Cambridge University Press, 1978, p. 324.

查理一世被带上被告席。30 日，在白厅外的广场上和成千上万人的围观下，查理一世被推上了断头台。

处决国王后，议会又通过决议，宣布废除“无用而又危险的上院”，实行一院制；次日通过了废除君主制的决议，5 月 19 日正式宣布英国为共和国。英国政体发生变化。

四、护国政体

共和国建立后，原来君主制下的各类谏议和行政机构，如枢密院、财政部和海军部等化为乌有。为保证有效处理政府各类事务，议会批准成立 41 人的国务会议，负责组织国家武装部队和主持内外事务，其行动对议会负责。但因该机构中有 31 人是议员，而且当时议会开会时出席人数总是极少，就使国务会议极易得到议会多数的支持，甚至支配议会活动。

为保护工商业，议会于 1650 年公布了《扩大商船队和奖励英国航海法案》（简称《航海法案》），规定：非经英国政府允许，外商不得与英国殖民地通商。次年，又补充规定欧洲以外地区的商品必须由英国商船运入，欧洲货物须用英国船只或原商品出产国的船只运入英国商港和殖民地。残余议会还把较大精力用在土地立法方面，多次出售王室和教会土地，限定购买者必须在半年内交清相当于土地年收入 10 倍的款项，使这些土地多被贵族地主、军官和大资产阶级买走。对于下层阶级利益，议会不屑一顾，什一税和消费税照常征收。

政治方面，共和国面临着多方面的攻击。王党分子准备卷土重来；长老派推波助澜；平等派出版《人民公约》谴责政府专横行为；掘土派发表宣言阐述空想社会主义纲领；爱尔兰人揭竿而起，反抗殖民统治。

掘土派又称“真正的平等派”。其领袖是空想社会主义思想家杰拉尔德·温斯坦里（1609—1652 年）。他出身于商人家庭，曾在伦敦学生意。30 多岁时其布店破产后，撰写了《新正义法典》，提出了掘土派的纲领；以后又发表《真正的平等》、《自由法典》等论著，对资产阶级和新贵族窃取人民革命果实的行为加以揭露，提出了“真正自由的共和国”的方案：私有制被彻底消灭，土地成为人民的共有资产，劳动果实归大众所有。温斯坦里同莫尔的不同之处，在于不仅否定了私有制，肯定了公有制的必要性，而且力图将自己的学说付诸实践。1649年春，他带领一些贫穷农民在萨里郡的圣乔治山，占领了一些公有地和荒地，集体开垦耕种。温斯坦里的号召和行动得到广泛响应，引起地主和政府的恐慌。政府派军队将他们驱散，地主们破坏了他们的农田。1650年初，掘土派活动停止。

大约同时，李尔本也发动了平等派起义。原因是内战结束后，独立派无意实现人民公约。1649年5月1日，平等派发表新的人民公约，主张：除了仆役和接受救济金者外，凡年满21岁的男子均应有选举权；议会实行一院制，每年改选一次；法律面前人人平等；保障宗教信仰和出版自由；等等。

1649年8月，李尔本发表了题为《弹劾克伦威尔及其女婿爱尔顿的叛国行为》的小册子，批评政府背信弃义，号召学徒和店员为实现人民公约而斗争。不久，伦敦支持平等派的士兵和手工业者也举行示威。西南诸郡和一些城镇发生了由该派领导的农民和士兵起义。克伦威尔镇压了这些起义，平等派运动失败。

为了摆脱政治危机，议会任命克伦威尔为远征军司令，扬帆西进，对无辜的爱尔兰人大加杀戮。

英国对爱尔兰的征服和占领由来已久。都铎王朝时期开始了大规模的土地掠夺。大批信仰天主教的爱尔兰人民不仅失去了土地，还忍受宗教歧视。殖民主义统治致使民族矛盾格外尖锐。

1641年秋，爱尔兰北部的厄尔斯特民众举起天主教的旗帜，发动反英起义。起义迅即波及全岛。长期议会为筹集镇压爱尔兰起义的军费，尽快发行多达250万英亩的爱尔兰土地券，资产者和贵族踊跃购买。内战开始后，进兵爱尔兰的计划被搁置下来。不久前抵押爱尔兰的所得现款用作内战军费。1649年，克伦威尔镇压了平等派之后，亲率大军在都柏林登陆，开始了大约3年的侵略爱尔兰的战争。克伦威尔军队的野蛮行径给爱尔兰人民带来了沉重灾难，大批无辜的爱尔兰人被杀戮，有的流亡海外。战后，爱尔兰人口减少一半，2/3的土地被侵占。许多军官、士兵、贵族、乡绅、商人和金融家、官吏一道掠夺土地，资产阶级新贵演变成为爱尔兰大地主，并在以后很长时间里成为英国保守势力的支柱。

与此同时，独立派还以凌厉手段镇压了苏格兰上层集团发动的叛乱。苏格兰议会贵族大多属于新教长老派。他们担心革命会激发苏格兰农民起义，动摇他们的统治，便于内战末期加入王党阵营。1650 年，他们拥戴威尔士亲王查理为王，进兵英格兰北疆。议会从爱尔兰召回克伦威尔，任命他为讨伐苏格兰叛乱的统帅。英军在苏格兰作战近两年，取得胜利。1652 年 2 月，即战争尚在进行时，英国议会通过了所谓“苏格兰法案”，没收了当地大贵族和王党分子的土地。1654 年，苏格兰合并于英国，原有议会取消。苏格兰上层仅在伦敦议会得到 30 个席位。

这两次战争，其中尤其是对爱尔兰的战争，使一支革命军队蜕变成为凶神恶煞的侵略军，使一批军官变成了土地寡头。他们担心斯图亚特王朝复辟，更怕下层阶级掀起新的革命，一意要维护既得利益。于是，就盼望建立强有力的军事独裁政权。

克伦威尔巧妙地利用了对议会不满的情绪。1652 年 8 月 2 日，他指使一些军官向议会请愿，要求实行改革。残余议会无法抵制，只好借故讨论新宪法俄延时日。翌年 4 月 19 日，一批军官和议员在白厅聚会，召集人克伦威尔带领 30 名火枪手赶到下院，臭骂一通，下令拿开象征议长权威的权标，把议长莱塞尔拉下座席。然后他走向文书官，夺过议会新方案，锁门而去。

当天下午，国务会议正在开会，克伦威尔前去说：“请注意，议会已经被解散了。”国务会议的活动立即终止。

克伦威尔渴望成为独裁者，但不敢戴上王冠。为了稳定时局，他在 1653 年 5 月和他的军官委员会秘密协商，决定从各郡独立派教区中挑选 140 来名“敬畏上帝的忠诚正直者”，组成“英格兰共和国议会”。此届议会以军官为主体。其中 5 人来自苏格兰，6 人来自爱尔兰。这是不列颠历史上“第一个以三国名义召集而来”的立法团体。

共和国议会因人数少，被称为“小议会”。其中左翼人物试图实行改革，遭到高级军官的抵制。1653 年 12 月 16 日，在军官集团的策划下，议长弗兰西斯率领 50 名右翼议员前往白厅，把权力交给“权力的来源者”克伦威尔，大约 20 多名强硬分子留在大厅抗议，被两名上校指挥一队火枪手驱散。次日，兰伯特等人向议会呈递了宪法性文件《政府约法》。16 日，此文件公布，克伦威尔在盛大仪典中就任英格兰、苏格兰和爱尔兰共和国的护国主。

《护国约法》规定：英吉利共和国最高权力由护国主和国务会议共同掌管。护国主终身任职，兼任英格兰、苏格兰和爱尔兰陆海军总司令，并拥有任免

克伦威尔

官吏、赦免罪犯的权力。立法权属于护国主和议会。护国主每 3 年召开一次会议，议会从召开之日起未满 5 个月不得解散；议会为一院制，议会法令须经护国主同意后方能生效。行政权归护国主和国务会议，护国主的内外政策必须征得国务会议的同意。国务会议在 13—21 人之间，其成员由护国主任命，终身任职。可见，所谓护国主体制实是一种军事独裁体制。其中护国主统掌立法权和行政权，几乎与国王无异；国务会议在行政上仅扮演辅佐角色，议会在立法方面也无法发挥独立作用，共和国徒有虚名。

1654 年 9 月，按照《政府约法》选举产生的新议会开幕。在大约 400 名英格兰和威尔士议员中，城镇代表和各郡代表分别为 33%和 67%，明显区别于以前议会。爱尔兰和苏格兰各派出 30 名议员。开幕式上，克伦威尔强调：新议会的基本任务，是为国家的福利实行若干温和改良，但它不应破坏现有的社会关系，致使“佃户和所有主平等”；并要求议员们加深理解《政府约法》的所谓真意，努力巩固现有政体。

然而，新议会仍不顺从。一些议员主张限制护国主权力，把国家最高权力转交给议会，还主张大量削减军队，最终以民军代之。克伦威尔怒火中烧。9 月，他赶到议会，厉声责骂，要求所有议员在维护护国主政体的宣誓书上签名。拒绝签名者被赶出议会。此后，又限制和干扰议会的正常工作。1655 年 1 月，解散议会。

议会解散不久，一个代表社会下层利益的宗教派别——教友派，迅速崛起。他们要求取消教会组织和什一税，实现互助平等。王党分子在各地发起叛乱。克伦威尔为了镇压各方的反政府势力，于同年 4 月建立了“少将制度”，即把全国划分为 12 个军区，各派一名少将管理地方军政事务。1656 年夏季政府财政发生危机，克伦威尔决定重新召开新议会。①

① Turner, *The Conflict of English Constitution in Nineteenth Century 1603–1689*, p. 189.

9 月 17 日，克伦威尔时期的最后一届议会开幕。政府采取的首项措施是把 100 多名“行为不端”的议员赶出议会；另有 60 名议员出于厌恶或恐惧不再参加议会活动。其余议员变得相当恭顺。

1657 年 1 月，一些温和分子起草了一个宪法草案，准备用来取代《政府约法》，不久恳请护国主以“国王的名义”治理英国。但以普莱德为首的 30 多名军官又向议会呈递请愿书，反对他称王。3 名将领均持反对态度。克伦威尔经过两个月的斟酌，终于表示不以国王的名义执政。5 月下旬，议会重新审理宪法草案，取消了劝进条款。但护国主改为世袭。

护国政府期间，英国政府实行了夺取海上贸易霸权、扩大殖民地的政策，维护本国资产阶级的海外利益。其中“航海条例”的实行，激怒了“海上马车夫”荷兰，引发了第一次英荷战争（1652—1654 年），荷兰战败后被迫承认航海条例。

第一次英荷战争结束不久，政府派兵海外，夺取法国、西班牙等国的殖民地，扩大了商品市场。

1658 年 9 月，克伦威尔病危。指定其子理查为护国主继承人。理查能力平庸，高级军官首先发难。他们每周在圣詹姆士宫召开一次会议，要求加强军人权力。理查试图求助于国务会议和议会，但议会作用有限，又有内部分歧。军酋们威逼理查解散议会。

1659 年 4 月 22 日，理查宣布解散议会，不久放弃了护国主称号。一下子，英国各种势力处于对抗状态。同年夏、秋两季，王党分子和长老派联合发动叛乱，东南各郡爆发了大规模的反圈地的农民起义。独立派共和主义者和平等派激进分子举行集会，国内形势紧张。资产阶级和贵族渴望建立一个强有力的政权，遏止人民斗争和保护他们的既得利益。驻守苏格兰的英军总司令乔治·蒙克看准了时机，于 1660 年率军南下，兵不血刃地进入伦敦。

五、复辟时期

斯图亚特王朝的复辟，并非意味着历史车轮的完全倒转，因为英国不仅发生了王权的复辟，还有议会的回归。

蒙克首先邀请在“普莱德清洗”中失去议席的议员重返议会。其中长老派议员已经演变为保王分子，渴盼政局稳定。议会宣布废除 1648 年议会清洗后制定的一切法规，任命蒙克为全军总司令。1660 年 4 月的议会不是国王召开的，被称为“协商议会”，保留了 8 个月。

蒙克立即同正在流亡的查理二世谈判。4 月 14 日发表了《布列达宣言》，表示新君一旦即位，除“弑君者”外一概免罪，并应允信教自由，补发军队欠饷和尊重现有产权关系。25 日，新议会召开，它通过决议，要求国王陛下尽快接受国王称号。5 月 25 日，查理二世在多弗尔登陆，不列颠岛上重见王旗。

协商议会敦促查理二世逮捕了一些“弑君者”。但查理二世不愿在报复的道路上走得太远，总共判 11 人以死刑。克伦威尔、爱尔顿和布雷德肖等人的尸体从安放在威斯敏斯特大教堂的棺材里拉出来，在绞架上示众一日，再绞首毁尸。数万名士兵被遣散。

1661 年 5 月，英国历史上为期最长的一届议会开幕。其成员多为信奉国教的保王分子，故被称为“骑士议会”。

协商议会召开不久，一些信奉国教的贵族和阔别议会多年的主教们回到上院。议员成分的变化，直接影响到国家政策和制度，1661—1665 年间，骑士议会连续向政府提出恢复国教的法令，实行宗教迫害。这些法令被人们借用当时政府中首席大臣克拉伦登的名字，统称为“克拉伦登法典”，其中有 1661 年的“市镇机关法令”，要求市镇供职人员宣誓服从现任政府，按国教仪式做礼拜。1662 年的“划一法”，要求所有不信国教者服从圣公会教义。以后又禁止举行国教以外的公共祈祷会。1664 年的《非法宗教集会法》，要求神职人员一律承认国教教义，宣誓服从国王和国教会。约有 1760 名僧侣拒绝宣誓，被剥夺了圣职和俸禄。1667 年公布的《五哩法案》禁止所有不宣誓的教士进入自己过去的教区，并不得在有市政府的城市及其周围的五英里之内活动，违者罚款 40 镑，或收监羁押。对不信国教的世俗百姓，也横加逮捕和罚款。①

“克拉伦登法典”的实施，似乎有助于加强王权和国教，可长远看来它不利于查理二世。它刺激了敌对势力的宗教感情和派别情绪，导致了政党的产生。

---

① G. M. Treveyan, *England under the Stuarts*, p. 326.

1672年，查理还颁布《信教自由宣言》，允许非国教徒获得信仰自由，但引起资产阶级新贵的恐惧，因为这意味着天主教在英国的恢复。

但是，复辟并非就是全面倒退，查理二世唯恐国内局势不稳，承认现有议会的合法性。他不敢公开漠视安立甘教的国教地位，不再恢复革命时代被消灭的封建税务衙门，认可议会关于完全取消国王与封建主之间附庸关系的决议，承认议会在财政和赋税政策方面的优先决定权。在地产问题上，国王和保王派大地主都面对困境。他们的大部分土地是在革命时期为偿付罚款由本人卖出的，法律上属于自愿买卖行为，不得索回。王室和教会的土地虽属强制性没收，后经拍卖转让，要恢复就会牵涉到极为复杂的产权问题。而且这些土地大部分落入长老派资产阶级手中，他们现在也在保王党阵营。面对复杂现实，国王、主教和保王派贵族只好同意议会的妥协性解决办法。

在对外政策上，复辟政府也注意推行符合资产阶级和新贵族利益的政策。17世纪60年代初的一系列法律不仅重申了"航海条例"的规定，还禁止将急需工业原料输往外国和禁止外国工业品输入英国。

为打击海上贸易的竞争者，英国在1664—1667年与荷兰进行了第二次军事较量。议会及时拨了250万英镑，建造了一百多艘战舰，配备了新式大炮。6月，英国舰队（150艘舰艇和5000门大炮）在洛斯托夫的海面上与当时世界上另一强大的荷兰舰队遭遇。经过激战，英国舰队的凶猛火力压住了对手。后者败阵撤退，保留了继续作战的能力。最后，荷兰得到了法王路易十四的襄助，其舰队配置了重型火炮，于1666年6月在北福尔兰附近与英国舰队激战4天，扭转局势。英国战舰退回泰晤士河，经过整顿后。8月重新出战，打退荷兰舰队。

英国虽然在海战中重新夺回了面子，可在财政上难以为继。另外，自1664年末起，英国还承受着自1348年黑死病以来最严重的瘟疫。它滋生于肮脏污秽的贫民区，高潮阶段仅伦敦每天就躺下上千具尸体。全市40多万人中，7.5万人亡故。国王和宫廷逃离伦敦，由蒙克驻守首都。瘟疫从伦敦蔓延到乡村。

1666年9月，伦敦还发生了英国历史上最严重的火灾，火神肆虐3日，圣保罗大教堂和另外87个教堂、13 000幢民房和许多公用建筑化为灰烬。

在如此景况下，英国将战争进行到1667年，被迫向法荷两国求和。所幸对手也是强弩之末，难以对英国施加苛刻条件。饱受压制的清教徒相信，瘟疫、大火、海战失败是上帝在惩罚荒淫无度的国王。

一系列灾难使查理二世及其政府声名狼藉，加深了议会的不满。根据“国王不可为非”的原则，克雷伦登代君受过，离职后匆忙逃亡国外。自1688年起，克利福德、阿林顿、白金汉、阿什利和劳德代尔5人得到国王重用，他们名字的第一个字母拼合起来正好是“卡巴尔”——阴谋小集团的意思。

伦敦大火

总的看来，查理二世的对外政策缺乏原则性。他时与法国为敌，又向法国示好，希望依赖外力恢复专制政体。1662年，他把英国在大陆上的据点——敦刻尔克出卖给法国，换取了120万英镑的巨款，可在一段时间内不要议会拨款，行动上能有一些自由。这一据点是由克伦威尔赢得的，一旦失去，国人怨声载道。1670年他与路易十四签订了“多佛尔密约”，一次获得15万英镑，在法国对荷兰战争期间还可获得25万英镑的补助金。条约还规定了缔约双方在英国恢复天主教所应采取的一些措施。

根据“多佛尔密约”，英国于1672年6月挑起第三次英荷战争。此次它投入近百艘军舰、6000门大炮和34 000兵员，实力超过对手。激战良久，海上烈火熊熊，荷兰人受到重创后撤退。法国人则出动12万陆军发动地面进攻。荷兰人无法抵挡，打开大坝水闸，以水为兵，挡住了敌军。英国取得了第三次英荷战争的胜利，争到了海上头号大国的地位。

70年代中期以来，议会和政府之间以及议会内部，还围绕内政外交、宗教和王位继承问题进行斗争，使议员中的政治分歧日益加深，终于导致辉格党和托利党的产生。

用后世的标准衡量，辉格党和托利党不过是议会中的两个政治派别。托利党以丹比为首，部分代表着没落地主阶级的利益；其中一些人或他们的父兄曾在查理一世麾下效力，是议会的死敌。内战中他们丧失了部分土地和政治权利，但斯图亚特王朝的复辟又使他们的利益有所恢复。所以，他们把自己的命运同王室的命运联系在一起，主张扩大王权，限制议会作用。从宗教信仰来看，他们属于国教会派，主张根据“克雷伦登法典”对清教徒实行镇压。

辉格党以沙夫茨伯里为首，其中既有以圈占土地发迹、内战时站在革命方面的新贵，又有精于治业的商人、金融家和自由职业者。该派承认保存君主制的必要性，又坚持限制王权，增强议会权力。从宗教观点来看，该派主要由较为激进的国教徒组成，既主张宗教宽容，又仇视天主教。

两党在骑士议会中屡次争斗。在该届议会的末次会议（1668年10—12月）上，辉格党议员提出和通过了弹劾国王宠臣丹比的决议，理由是丹比曾支持国王同英国死敌路易十四签订秘密条约。在议会不满情绪迅速增长的情况下，查理二世行使特权，于1679年1月宣布解散骑士议会，重新举行大选。新议会组成后，辉格党依然占据绝对优势，他们特别坚持取消国王弟弟、约克公爵詹姆士的王位继承权，并为此通过了著名的《排斥法案》和《人身保护法》。所谓《排斥法案》是反对约克公爵继承英国王位的法案，在当时反王权和反天主教的斗争中起了积极作用。《人身保护法》于1679年5月通过，目的是限制国王及其臣属的专横行为，使他们不得任意处置反政府人士。此文件共20款，主要内容有：在押人有权向高级法庭请求发给“人身保护状”，限期将其移交法庭；尽快审理案情；如法庭认为无正当拘押理由，在押人立即释放，或从速接受审判。这项法案送到上院3次均遭到政府派贵族否决，后因下院议员的坚持和民众的压力，上院和查理二世才被迫批准了此案。这项法案的法治意义直到立宪君主制建立后才比较充分地显示出来。

作为报复性手段，国王于同年7月解散了议会。1680年大选中，辉格党议员公布了反对《排斥法案》议员的名单，号召选民不要选他们。结果新议会召开后反对派依然占据多数，重新提出了取消约克公爵王位继承权的问题。国王再次解散议会。

继后，沙夫茨伯里等人周游各地，鼓动他们的支持者请愿，要求召开议会。另一派也组织类似活动。为扩大影响，两派文人撰写了一些小册子互相指责攻击，秽语屡出。一些诨名绰号一并用来贬称政敌。其中“托利党”和“辉格党”这对称号，嘲弄辛辣，书写简便，以后被广泛使用。[①]

后人根据辉格党和托利党的某些特点，以及它们以后发展的连续性，称它们是英国乃至世界上最早的政党。

英国两个政党的形成，是议会政治的发展结果，它为统治阶级各阶层的代表提供了一个合法活动场所。以后随着议员发言自由和在议事期间免遭逮捕的政治特权的确立，议会的地位和作用不断增强。在此，众多议员召开会议，提出议案、辩论投票，甚至结成帮派，攻击政府宫廷政策。宫廷和政府则利用拉拢收买手段扶植亲信和代言人。久而久之，宗派萌芽，集团出现，直到后来出现政党。

英国复辟时期两个政党的出现，还同几十年前的党派斗争有着不可分割的联系。革命时期圆颅党和骑士党的斗争，实是复辟时期辉格党和托利党斗争的前奏，而后者的斗争则是前者斗争的继续。

复辟时期两党的产生是英国史上的重大事件。其中作为政府反对派的辉格党的出现，是对王权的公然挑战，标志着英国议会政治进入一个新水平。正是在此起点上，经过一个多世纪的发展，最后形成了作为资本主义国家政治典范的两党制。

六、“光荣革命”

当辉格党人在 1680 年新议会中重提《排斥法案》时，内部发生分歧。主

① R. Loach, *History of England, From the Smarts Restoration to the Death of Willianm III*, New York, 1923, pp. 169–170.

要问题是：若不让詹姆士继承王位，王冠终将谁属？一批辉格党人提出由詹姆士的长女玛丽和她的夫君、荷兰执政威廉共主英国；另一些辉格党人，其中包括沙夫茨伯里，坚持应由查理二世的私生子蒙默斯公爵执掌王权。最后，多数辉格党人接受了沙夫茨伯里的建议。查理二世利用这一分歧，于1681年解散议会。

3月21日，新议会在牛津城召开。国王派出大批禁卫军示威。辉格党议员以为此时国王财政紧缺，若是在下院拒绝拨款议案，会迫使他向议会屈服。他们不知道国王已与法国大使秘密谈判，以不参加荷兰的反法联盟为条件，换取了一笔巨额补助金。结果，此届议会仅保留一周。

议会解散后，查理二世首先打击辉格党在外省的势力，然后在首都实行清洗。许多政府职位换上了托利党人，不信国教者都被赶出政府。1682年，辉格党骨干分子图谋暗杀查理二世和詹姆士。事泄后几位首领被捕，或自毙狱中，或处以绞刑。沙夫茨伯里事先逃往荷兰，客死异乡。

以后两年中，反动势力甚嚣尘上。反政府力量较强的市镇被收回了自治权。政府极力扩充军队，加强镇压力量。辉格党余部害怕内战，不再采取新的行动。

1685年2月6日，查理二世逝世，詹姆士即位，称二世。新王不久就实行专制主义政策。他拉拢托利党人组成新议会，要求议会拨款200万英镑作为他的终身收入，此外还私自征税。詹姆士的宗教迫害计划分两步实施：先借助国教会和托利党人支持，处罚妨碍他继承王位的清教徒；然后在英国恢复天主教。

新政府很快遇到反抗。5月，苏格兰山民在阿盖尔领导下起义。政府很快将其镇压。在南方，蒙默斯公爵谋反，声称其母和父王的婚姻合法，谴责詹姆士二世篡权。不多日有万余人参加。有产阶级惊慌失措。军队、托利党议会和地方官支持国王，7月6日，在萨默塞特郡的塞季默尔战役中，起义者被残酷镇压。

两次起义为国王扩大常备军提供了口实。军队由原来的5000余人激增到3万人。其中13 000人驻守京都，威慑政敌。

有了大股军队，国王着手恢复天主教。他任命天主教徒担任军职，在爱尔兰组织天主教军队；让天主教徒进入枢密院，担任主教，参加中央政府和地方机构。这些做法招致公众反对，甚至天主教徒也担心这样会加强国内反天主教情绪。1685 年 11 月，议会复会，不少议员抨击国王作为，要求解除天主教徒的职务。詹姆士下令休会。同年法国宣布取消“南特敕令”[①]，大批胡格诺教徒逃到英国，控诉天主教会残暴行径，英国民众更加敌视天主教和专制主义。

1687 年 4 月，詹姆士二世颁布宗教宽容宣言，终止那些不许天主教徒担任军政职务的法律的效力，遭到议会反对，詹姆士将之解散。翌年 5 月，他再次颁布宗教宽容法令，宗教界大哗。坎特伯雷大主教要求取消这一法令，詹姆士下令将他逮捕。国王的一意孤行使托利党绅士改变了态度。蛰伏了数年的辉格党主动和托利党接近。它们盼望国王尽快病故，好将王位传给他的继承人玛丽。

不料在 1688 年 6 月，新娶王后莫黛娜生子。婴儿将在天主教氛围下成长。由于王位继承男性优先，未来的国王必为天主教徒，英国将会出现天主的全面复辟。面对严峻局面，两党首领仓促决定邀请荷兰执政威廉武装干涉英国。同年 6 月 30 日，两党 6 位领袖和一名主教联名发出邀请，声称英国人民极不满于目前的政府，盼望他前来保护他们的“宗教、自由和财产”。[②] 威廉既是斯图亚特王室的亲戚，又是新教国家的首脑和法国死敌。由他和玛丽来英国执掌王权，既在一定程度上符合欧洲国家和本国贵族世家所公认的近亲继承制，又能得到一个代表和维护他们利益的君主。

威廉接到邀请后，慨然应允出兵。他很想借用英国强大的人力、物力和反法情绪继续对法国作战。经过认真准备，同年 11 月 5 日，威廉带领万余名士兵，渡过海峡在德文郡登陆。

大军压境，数万名英军不愿迎战。王军总司令约翰·丘吉尔（即后来的马尔博罗公爵）带兵投降。路易十四正在莱茵河组织会战，对英国事务无法兼顾。詹姆士逃逸法国。

1688 年的事件是一场由资产阶级、新贵族和封建阶级联合发动的政变，它的成功标志着 17 世纪英国革命的结束。

就性质而言，1688 年政变具有双重性特点，即保守性和革命性。其保守性是指没有废除君主制和贵族院，没有解决农民的土地问题，等等。

“光荣革命”的革命性体现在：首先，从发生和进程来看，其间不乏武装

---

① 1598 年法王亨利四世颁布的敕令，据此胡格诺教徒获得信仰自由和担任官职的权利。

② B. Williams, (ed.), *The Eighteenth Century Constitution, Documents and Commentary*, Cambridge University Press, 1969, p. 8.

行为和暴力现象，但避免了大量的流血和牺牲，所谓“兵不血刃”的说法不太准确。两党领袖在詹姆士二世拥有数万名士兵的情况下，之所以邀请威廉来英国即位，是考虑到他不但具有丰富军事经验和指挥才能，拥有一支兵员可观、装备精良、训练有素的军队，还有着战胜国王军队的可能性。而威廉接到邀请后，经过数月的精心准备后方挥师西进，也是为了发动一场可能会相当惨烈的征服性战争。威廉带领军队登陆后，英格兰曾发生过支持新君的示威游行，苏格兰出现过一些比较激烈的战斗；爱尔兰发生了支持和反对征服的内战。这次内战直到 1689 年威廉三世率军亲征，才暂时将信奉天主教的爱尔兰人制服。①

其次，从王位更替来看，由于协商会议把王冠同时献给威廉和玛利，就已经违背了严格的长子继承制，打乱了王位继承顺序，并建立了一种奇特的一国二君体制。这说明 1688 年事件的发动者在事关国家前途的关键时刻，不乏果敢性和创新精神。而且，当 6 位主教和数百名教会僧侣拒绝向二位新君作效忠宣誓时，他们很快都被褫夺了教职，这也说明威廉三世与政敌矛盾的不可妥协性。

最后，从 1689 年到 18 世纪初，英国议会又通过了一系列法案，奠定了英国立宪君主制的政治和法律基础，使英国顺利实现了从封建主义到资本主义的重要过渡，这就既为 17 世纪 40 年代以来的资产阶级革命划了一个比较圆满的句号，又为以后资本主义的迅速发展提供了良好的政治前提。可见，“光荣革命”的革命性、进步性也是不应被漠视的。不列颠上层阶级在与封建阶级经过长期反复的政治较量后，在重要历史关头，作出慎重理智的选择。英国社会经过了曲折迂回，终于在甚少流血的情况下，找到了比较适合国情的政治归宿。

七、17 世纪政治思想

17 世纪英国政治思想家大致可分为 4 类：旧式君主制的维护者、共和制的倡导者、立宪君主制的阐述者和空想社会主义理想的追求者。其中以温斯坦莱

① G. M. Trevelyan, *The English Revolution 1688–1689*, Oxford University Press, 1974, pp. 113, 119–120.

为代表的空想社会主义思想，在当时仅是一种孤独短暂的呼喊，难以决定人们的政治抉择。

17 世纪英国各派政治思想家的学说，是当时复杂曲折的政治斗争的产物，带有极其明显的思辩论争色彩。核心问题是关于英国国家政体的抉择问题，即维护、抛弃还是改造当时的君主制。

维护旧式君主制的思想家主要有两位：霍布士和菲尔默。

托马斯·霍布士（1588—1679 年）是英国著名学者，出身于国教牧师家庭，毕业于牛津大学，多年游历欧陆，从事广泛研究，结交众多名流。霍布士的政治著作，主要有《论自然和政治规律的基础》和《论公民》，但代表作是 1651 年问世的《利维坦》。他作为有产阶级上层思想家，一再显露出折中特点。他是当时欧洲“社会契约论”的倡导人之一，但在国家观上又是君主专制的辩护士。所以，他的“社会契约”观点就可能获罪于双方：王权维护者为他的越轨意识所激怒，议会左翼则抨击他的专制君主制观点。霍布士在《论公民》中着重论述了教会与国家的关系。声称基督教的教会和国家是合二而一的实体，主权者国王应是其合法首领，有权解释《圣经》，裁决宗教纠纷和决定礼拜程式。这种论证迎合了查理一世建立专制统治的企图，但受到了清教徒的谴责。

霍布士的国家学说源于马基雅维利和布丹的思想，又有独到之处。他指出，人类为了维护自己的安全与和平，需要订立社会契约。处于对立状态的双方，都应把权利交归一个“第三者”，由它来掌握、行使公共权力。这个公共权力的拥有者就是国家。

在当时不少人心目中，国家的政治概念还较为模糊，这给霍布士更多的发挥余地。他在说明国家职能时，把国人分为主权者和臣民。主权者拥有多种重要权利，但不得违反社会契约；臣民应该服从他的旨谕。鉴于国家主权不可分割，以及人民已将权力授予主权者国王，任何臣民均不得以任何借口反对君主，也无权处罚和罢免君主，否则就是叛逆。霍布士把维护君主专制的理论阐述得格外明确：“一个君主的臣民，得不到君主的允许，便不能抛弃君主政体、返回乌合之众的混乱状态，也不能将他们自己的人格从承担者身上转移到另一个人或另一个集体身上。”

罗伯特·菲尔默（1588—1653 年）在思想界的影响难与霍布士相比，可他更加陷入当时的政治论争，是右翼思想家的典型代表，被查理一世封为爵士。内战开始不久，他在东萨顿的宅邸遭到劫掠，1643—1646 年间被议会派逮捕监禁，由此我们可以判断出他的政治倾向。菲尔默获得自由不久，就发表了政治小册子《论亵渎神祇行为》（1647 年），表明他维护国教。翌年 2 月，又撰写《自由持有农的全面调查》，与清教徒政论家约翰·弥尔顿等人论战。政敌刚刚反击，他又在当年散发了《论有限君主制或混合君主制的恶果》和《国王绝对权力的必要性》，申明他维护专制君主制的理由。1652 年，菲尔默左右出击，发表小册子《有关政府起源的观察》[①]，批评霍布士、弥尔顿和格劳秀斯[②] 等人的政治主张。

菲尔默最有影响的著作，是在 1680 年发表的《父权制》，其中他把国家视作一个家族，第一个国王本是一家之长，他的子孙是天然的族长；服从族长的权威是履行政治职责的关键。他甚至草率断言：亚当是第一个国王，查理一世是亚当的长子和英国天然的统治者。该书问世不久就遭到辉格党政论家的批评。

共和派思想家弥尔顿、哈林顿和李尔本等人的主张也不尽相同。其中约翰·弥尔顿（1608—1674 年）不仅是一贯捍卫共和制的独立派思想家，还是地位仅次于莎士比亚的伟大诗人，他的长诗《失乐园》是世界文学宝库中的瑰宝，他对撒旦反叛形象的塑造被誉为世界文学的最高成就之一。他捍卫清教革命的散文，庄严雄辩，充满激情，是西方思想界中的精品。弥尔顿出身富裕的中产阶级家庭，1637 年投身清教徒争取宗教和公民自由的斗争。而后多年全力撰写了大量的不同体裁的作品，呼吁自由，抨击君主专制。1649 年 2 月，即在查理一世被处决不久，他发表了《论国王与官吏的职权》的小册子，支持共和政体，克伦威尔聘他为政府外语秘书。1651 年，他 43 岁时，为了针锋相对地反驳法国学者撒尔美夏斯《为英王申辩》一书，维护共和国在国内外的声誉，在视力极弱的情况下，写出了《为英国人民声辩》的激越散文，义正词严地反对君主制，讴歌革命。其中，他对论敌使用的史实掌故认真考察，从自然法到神学，从国际法到诸般经典，论证人民有权处决查理一世。3 年后，又一文人莫鲁斯匿名撰写了《王族向上天控诉英国弑君者》的小册子，为查理国王鸣冤。弥尔顿在双目失明的情况下，创作了《再为英国人民声辩》的论文，为

---

① R. Filmer, *Patriarcha and Other Writtings*, Edited by Johann P. Sommerville, Cambridge University Press, 1991, p.xxvii.

② 格劳秀斯（1583—1645 年）是荷兰著名政治家，法学家、神学家和人文主义者，1625 年发表法学巨著《战争与和平法》，确立了国际法的标准。

克伦威尔辩护。在两篇论文中，他称查理一世为暴君，宣称共和制恢复了人民应有的权力，具有君主制无法比拟的优越性；特别强调人民应把权利保存在自己手中。但是，作为中等资产阶级和新贵族代表的弥尔顿，在其著作中所说的人民不是下层民众。如他反对实行直接选举制，坚持选民的财产资格限制，都说明他有着一定的局限性。

斯图亚特复辟后两个月，他不避风险，发表了自己最后的政治小册子《建立自由共和国的简易办法》，照样宣传共和政体。

詹姆士·哈林顿（1611—1677 年）在政治上则是另一种风貌。他出身贵族家庭，但赞同共和制，却又不妨碍他成为查理一世的亲近。内战开始后，他加入议会阵营。国王被捕后，他又作为国王侍从官，获准与议会谈判，试图达成协议，建立立宪君主制，但为此被短期监禁。共和国建立后，他成为共和主义者，其政治观点在《大洋共和国》中集中表现出来。可能由于克伦威尔不赞同他政治中的游移态度，他的文稿曾被抄走。多亏克伦威尔女儿克雷普尔夫人的干预，此书终于在 1656 年问世。①

所谓“大洋共和国”是他所设想的一个理想国度。有的学者认为它是指英国，书中所提到的人名也是有所指的。在那里，强大的中产阶级居于权力的重心，致使民主体制格外稳定；而革命是经济权力和政治权力分离的结果，若要避免社会动荡则应维护两者的有机吻合。就权力占有来看，大洋共和国乃是一种贵族寡头体制，其权力机制具有分立、制衡的特征。可见，哈林顿思想不乏理性信念。以后它对美国的政治发展，如成文宪法、两院制、秘密投票和总统的间接选举等，不无影响。

平等派领袖约翰·李尔本（1614—1657 年）是一位果敢的革命活动家和民主主义者。1638 年就因偷运清教徒的小册子被捕，革命开始后获释。1641 年他在伦敦组织反对主教的游行，内战时入伍，在议会军中勇敢善战，曾被王军逮捕，被议会方面用数名人质换回。革命中李尔本始终居于左翼，不仅坚决反对王党，还反对长老派的各项保守政策，如把战争负担转嫁给民众，征收重税等，主张废除专卖制，实行出版自由。他在 1646 年 6 月被捕，在狱中撰写小册子，反对长老派寡头体制，号召人民保卫内战成果。大约在 1647 年，平等派在他周围形成，以后他通过散发小册子、请愿、游行等方式，表达民主主

① 詹姆士·哈林顿：《大洋国》，商务印书馆 1996 年版，第 2 页。

义主张。李尔本在政治上的基本观点，在《为英国人生而具有的权利辩护》、《英国的新枷锁》、《弹劾克伦威尔及其女婿的叛国行为》和《人民公约》中一再表达出来，并在士兵和平民中广泛流传，甚至有些高级军官也对他的高尚人格和精湛思想持理解和支持态度。

李尔本作为小资产阶级思想家，坚持人民主权说。他认为，人生而平等，国家最高权力来源于人民；人民把权力交给下院，下院则应对人民负责，否则，人民有权抵制和反对背离职守者。至于英国的国王和上院，以及相关的等级制和特权，都是违反人民主权法则的；唯有人民选举的下院才能代表人民的利益。继而，李尔本论证：每个人在尊严和权利方面都是平等的，任何人都没有统治别人的权利。在长老派妥协和独立派游移之际，李尔本亲自起草请愿书，提出惩办国王和内战罪犯，实现政治平等，建立共和国。李尔本及平等派的政治主张，尤其在《人民公约》中反映出来。其中要求实行有限普选制，即不同意授予贫民及仆役选举权。他在经济方面维护私有制，表明了他的阶级立场和局限性。

杰出的哲学家约翰·洛克（1632—1704 年）在思想界占据突出的地位。他出身于清教徒家庭，父亲参加过新模范军。他自幼接受进步思想，在 1668 年参加皇家学会，是牛顿等人的好友，辉格党领袖沙夫兹伯里伯爵的秘书。1682 年沙夫兹伯里逃亡荷兰，他随后前往。光荣革命后，重返故国，整理出版了《论宽容异教的通讯》、《关于政府的两篇论文》等论著。

《关于政府的两篇论文》是洛克政治思想的代表作。上篇针锋相对地批判了菲尔默的君权神授说。其结论见于下篇篇首："亚当并不基于父亲的身份的自然权利或上帝的明白赐予，享有对他的子女的那种权威，或对于世界的统辖权。第二即使他享有这种权力，他的继承人并无权享有这种权力。"原因是上帝并未明文规定谁是合法的继承人。洛克在批判父权说的基础上驳斥君主专制主义，强调国民不应像子女服从父亲那样去服从国王，父母对子女的管教不应成为专制君主出现的模式和依据。父母在其子女未成年时，有养育管教的职责，但这并不等于父母可对儿女操掌生杀予夺之权。洛克批判君权神授说和父权说，实则论证了威廉三世入主英国的合法性。

为替新生政权辩护，防止君主或政府的专制统治，洛克还提出了天赋人权说和分权说。

洛克的天赋人权说是对霍布士等人社会契约论的发展，它摒弃了用神学解释国家起源的做法，具有鲜明的反专制特点。他认为，政府既然是订立契约的一方，就必须按照人民所一致同意的规定行事。“如果那些受社会委托来表达公众意志的人们受人排挤而无从表达这个意志，其他一些没有这种权威或没有受这种委托的人篡夺了他们的地位，那么人人都可以根据他自己的意志，各行其是。”这些词句已经包含着主权在民的思想火花，直接为辉格党人的反专制斗争和光荣革命做了辩护。

洛克思想的独特之处是他为了维护立宪体制，最早提出了分权学说，即把国家权力分为立法权、行政权和联盟权三种。其中立法权属于议会，负责制定和颁布法律；行政权属于国王，负责执行法律；联盟权是处理战争与和平问题以及与别国的关系，也可委于国王。洛克阐明：三种权力不是平等的，其中立法权处于主导地位，“是每一个国家中的最高权力。”① 洛克的高明之处，是从以往政治斗争中看到了财政问题的重要性，强调任何人不得凭借自己的权势，擅自向人民课税。这就强调了由选举产生的下院控制国家财政的权力。

洛克在阐述分权学说时，特别强调法治的重要性。他申明，政府必须根据既定的法律行事：“如果法律不被执行，那就等于没有法律。”而一个没有法律的政府，是没有资格存在的。洛克的过人之处，是他能超出阶级局限，提出“法律面前，人人平等”的原则：“每一个人和其他最微贱的人都平等地受制于那些他自己作为立法机关一部分所制定的法律。”②“这些法律不论贫富，不论权贵和庄稼人都一视同仁，并不因特殊情况而有出入。”③ 洛克的这些思想精华，超出了当时辉格党人的思想高度，在以后许多国家的不同社会里起着进步作用。

洛克的思想之所以能在当时和以后产生深远的影响，并且超越国界而得到众多人们的认可。主要是它反映了 17 世纪英国政治斗争的归宿，具有理智性可行性。另外，洛克的思想最具有明显的系统性和深度，这也是它具有长久生命力的原因所在。

---

① 约翰·洛克：《政府论》下编，商务印书馆 2000 年版，第 83 页。
② 约翰·洛克：《政府论》下编，商务印书馆 2000 年版，第 59 页。
③ 约翰·洛克：《政府论》下编，商务印书馆 2000 年版，第 88 页。

八、皇家学会与科学进步

17 世纪英国的奇特之处在于：甚至在炮火纷飞之际，英国的思想和科学进步仍然没有终止，斯图亚特王朝复辟所带来的政治上的相对安定则有助于科学的发展。当时很重要的事件是哲学学会和皇家学会（Royal Society）的建立。

40 年代，在著名的科学家约翰·威尔金斯（1614—1672 年）的倡导下，组织了一个学术团体。它被命名为“哲学学会”。威尔金斯是一位主教，是神学研究的权威，但他又发表《新行星论》宣传哥白尼的日心说，在不列颠起了好的影响。哲学学会的骨干会员有数学家瓦里士和物理学家波义耳等。他们主要在格雷山姆学院聚会。1646 年革命的议会军占领牛津。威尔金斯等人应邀去牛津大学任教，“哲学学会”一分为二。渐渐地牛津学会解体，伦敦的会员继续坚持学术活动。其成员定期会晤，讨论科学课题。

这些大学中的自发性学术团体是皇家学会的胚胎。1660 年 11 月，在著名的建筑师雷恩（1632—1732 年）的倡议下，一批学者在格雷山姆学院集会，呼吁建立一个促进物理和数学知识增长的新机构。皇家学会正式成立。第一批会员共 41 人，威尔金斯任首届主席。英国皇家学会不仅是大不列颠最早的科学学会，也是欧洲最早的学会之一。查理二世一面表示赞同该学会的问世，又想加以控制，任命其近臣为会长。1662 年，他颁发特许状，成立伦敦皇家学会，将英格兰的许多小型学会也并入该会。参加学会者多是清教徒和哲学家培根的信徒，而王室的支持仅是一种名义。学会基本上是一个民间机构。这和欧洲大陆由国家主办的科学院明显不同。大陆的学会接受政府的管理，其成员有薪金收入，但失去了思想和行动的独立性。英国皇家学会中，言论自由成为科学思想和科学发展的动力。事实证明：学术自由是科学进步的最重要因素。

学会的建立还在相当程度上受到培根的影响。一开始就贯彻他的学术思想：注重实验、发明和实效性的研究，“增进关于自然事物的知识，和一切有用的技艺……从而编成一个完整而切实的哲学体系，来解决自然界的或者技艺所引起的一切现象，并将事物理智性解释记录下来。”为此，学会下设若干委员会，如机械委员会、化学委员会、天文学委员会、解剖学委员会等。总的看来，与商业贸易密切相关的科学知识最受皇家学会的重视。

1665年，在富商奥尔登的赞助下，皇家学会出版了机关刊物《哲学会刊》，主要刊登会员的论文、研究报告、报道学术通信和书刊信息。这是西方最早的期刊之一。创办人有科学家威尔金斯主教，哲学家格兰维尔、数学家沃利斯、发明家胡克，建筑师雷恩。

皇家学会中史学家不落他人之后。1667年威尔金斯的高足斯普拉特出版了《皇家学会史》，为人们了解学会早期发展史提供了珍贵资料。

为使学术活动经常化定期化，学会设立了若干学术讲座。1668年主办了由库克领导的第一次太平洋科学考察。

英国复辟时期涌现的又一重要科研机构是格林尼治天文台。1675年由王室出资、在弗拉姆斯蒂德（1646—1719年）的倡导下建成。弗氏于1667年加入皇家学会，是格林尼治天文台首任台长，不列颠第一位从政府领取薪俸的钦座天文学家。天文台建立时没有购置仪器的专项经费，弗拉姆斯蒂德只好自行筹资购买，甚至动用先父遗产和自己讲学的收入。经过多方努力，他建造了一种测试仪器，用以测量恒星过子午线时的地平高度。他的星表《不列颠天图》确认了3000多颗恒星，定位的精确性优于以往任何一本专作。

弗拉姆斯蒂德死后，哈雷（1656—1742年）继任了格林尼治天文台的职位。哈雷20岁就到南大西洋的圣赫勒钠岛测定南天恒星的方位，完成了载有341颗恒星的精确位置南天星表。22岁当选为皇家学会会员。而后数十年里，哈雷还发表了世界上第一部载有海洋上季风分布的气象图，公布了布雷斯劳城的人口死亡率表，首次探讨了死亡率和年龄的关系。1705年出版了《彗星天文学论说》，其中载有1337—1698年间出现的24个彗星的轨道，并断言1531年、1607年和1682年的三个彗星可能是同一个彗星的三次回归，预言它将于1758年重现。由于预言得到证实，后世将此命名为“哈雷彗星”。

牛　顿

诸多事实证明，英国是近代科学的主要策源地。恰在其时，英国科学界升起了一颗格外耀眼的巨星——牛顿。

伊萨克·牛顿（1642—1727年）是17世纪科学革命的巅峰人物。他在数学上是微积分学的创始人，在力学上提出了作为近代物理学基础的力学三大定理和万有引力定理；他发现了太阳光光谱，为现代光学奠定了基础。牛顿的成就并非用“伟大”之类的词语就能充分表达，一个人若是能完成他的工作中的一项，就足以名垂千古。

牛顿出生于林肯郡的一个务农为生的小康家庭，自幼就表现出制作精巧机械的才能。1661年夏，他进入剑桥大学三一学院，研读科学大家伽利略、笛卡尔和虎克等人的代表作，掌握了当时数学和光学知识的精华。1665年大学毕业时伦敦正闹瘟疫，他返乡躲避。随后两年里，他发明了级数近似法和二项式定理；完成了光学论文《论颜色》；推导出太阳和行星之间存在的平方反比定律，在学界引起了空前的震动。1667年他被选为三一学院研究员，两年后晋升教授。1671年，牛顿向皇家学会提交了他的反射性望远镜，被选为学会会员。

1672年，牛顿向学会报告了他的“光谱说”，引起胡克的质疑和批评。受到刺激后，他转而研究天文学。1684年，他在论文《论运动》中，就行星运动轨道与按距离平方的作用力之关系作了透彻的数学说明，再次引起学界轰动。两年后，他将这篇论文修改充实，扩展为近代科学的奠基性巨著《自然科学的数学原理》。其中他提出了力学三大定理和万有引力定律，对一切宏观物体的运动作出精确的定量的描述。此书出版后，引起英国和大陆学界的叹服。

“光荣革命”后的首届议会里，出现了牛顿的身影，但他从不发言。1695—1700年，兼任造币厂督办和厂长，铸造了许多优质钱币。1703年他荣膺皇家学会主席，以后20余年连选连任，直到去世。

在英国科学史上，牛顿的成功是空前的。多次与他论战的德国科学界莱布尼兹盛赞他是“旷世奇才”。亚历山大·蒲柏则衷心讴歌道：

茫茫沧海夜，万物匿其行。

天公降牛顿，处处皆光明。①

牛顿的成功不是孤立的。除了个人天分和努力外，还是时代的产物。我们可以看到，大西洋岛国英吉利已经屹立在科学的前沿，为世界作出了突出的贡献。

---

① 杜兰：《世界文明史·宗教改革》，东方出版社1999年版，第763页。

第八章

工业革命前的英国

（1688 年—18 世纪中叶）

一、立宪君主制和寡头体制

1688 年“光荣革命”是英国历史的重要转折点。随即英国建立了立宪君主制。

这一体制并非一蹴而就，而是在“光荣革命”后若干年间，通过一系列法案的制定而逐渐建立的。

威廉抵达伦敦不久，根据“骑墙派”政治家哈里法克斯伯爵的建议，召集查理二世时期最后 3 届议会的议员、伦敦市参议员和市政委员会开会。会议授权他以临时元首的名义向全国发出通知，尽快选出新议会。1689 年 1 月 22 日，新议会开幕。由于这时国王詹姆士逃亡海外，玛丽和威廉尚未正式即位，所以此届议会只能被称为“协商议会”。协商议会的首要任务是为了解决宪政危机，确定王位继承权。为此，在当月 28 日议会通过决议，委婉宣布詹姆士二世已经“逊位”，应由新王补上“空缺”。玛丽二世和威廉三世一起登上王座，共同统治英格兰。因玛丽性格温顺，去世又早，威廉实际上独掌王权。

代表新兴阶级利益的辉格党人赞同玛利和威廉共掌王权，但要求他们遵守新的王者规范。托利党人对威廉三世存有疑虑，也借机联合辉格党人，对王权实行限制。1689 年 2 月，协商议会通过《权利宣言》，同年 12 月 16 日经国王和女王共同签署生效，称《权利法案》。

《权利法案》是英国历史上极其重要的建立立宪君主制的宪法性文件。它列举了詹姆士二世种种不端，提出了限制王权的规定。其中有：未经议会同意，国王不得停止法律效力；未经议会允许为国王征税视为非法；非经议会同意在本王国内招募或维持常备军视为非法；议员在议会内有演说、辩论或议事之自由，且不应在议会之外任何法庭或地方受到弹劾讯问。[①]《权利法案》重要意义在于：它保证了议会的立法权，强调了"议会至上"的宪法原则。

威廉三世即位后实行积极的对外政策，每年拨款总不够用，常向议会要求额外补助金。议会巧妙利用了他的财政困难，提出新法案限制王权。1694 年，议会通过《三年法案》，规定议会至少 3 年召开一次，每届议会不得超过 3 年。此案使议会成为一个常设性立法机构；其中每届议会不得超过 3 年的规定，是为了防止国王和权臣在议会中培植帮派。1697 年议会又通过《年金法案》，规定自翌年起，每年拨出固定款项作为宫廷开支，长期不变。

1694 年底，玛丽女王患天花去世，威廉三世获嗣无望。王位继承问题很快提上日程。部分托利党人提议将王冠传给詹姆士二世的儿子弗朗西斯·爱德华，引起多数议员反对。议会通过，威廉三世死后，王位由玛丽女王之妹安妮继承。但几乎所有的英格兰复辟势力都与住在巴黎附近的詹姆士二世恢复了联系，英国又面临天主教复辟的危险。安妮即位之前，即 1700 年 7 月，安妮 11 岁的儿子夭亡，王位继承问题再次引起关注。经反复讨论。议会于 1701 年 1 月通过《王位继承法》，明确规定安妮女王之后国王必须是国教徒，应由信奉新教的汉诺威王室的索菲亚（詹姆士一世的外孙女）及其后裔继承。国王未经许可不准出国；外国人不得进入议会和枢密院；非经议会两院的奏请，国王不得免除终身任职的法官的职务；国家的一切法律与条例非经议会通过，均属无效。这些规定不仅使下院掌握了监督国王行政活动的权利，还使以后的汉诺威王室要接受议会更多的限制。"君权神授说"已经完全被"天赋人权论"取代了。

上述法案的通过和实施，极大地限制了国王的权力，扩大了议会的作用，

---

① C. Stephenson and F. Marcham（ed.）, *Sources of English Constitutional History, A Selections of Documents from A. D. 600 to the Present*, New York & London, 1937, pp. 600–604.

标志着立宪君主制在英国的奠立。

英国立宪君主制是与贵族寡头体制几乎是同时出现的。从 1688 年光荣革命到 19 世纪前期，以上院贵族为核心的土地贵族始终控制着英国国家政权。从中央到地方，从枢密院、内阁、议会两院到军队，保持权力的主要是各级贵族和他们的子弟。

英国这时出现贵族寡头体制的原因在于：首先，他们是光荣革命的发动者，此后自然还要由他们把持国家权力。其次，光荣革命后英国依然保留了君主制，而贵族是君主制的热烈拥护者。既然英国社会的顶端有着一位国王，当然也会长期保留相应的贵族体制。

最深刻、最基本的原因是在经济方面。即在 1688 年政变后，贵族大地产者长期占有该国大量土地。带有封建主义残余的资本主义大地产制是英国贵族寡头体制长期存在的经济基础。之所以如此，是英国革命只是部分地打破了旧的土地关系，它废除的主要是“骑士领有制”。广大农民并没有成为独立的土地所有者，他们依然遭受地租剥削。依靠这种半封建式的生产关系，贵族阶级大地产制长期保留下来并有所发展。资产阶级革命前，尚有一些大贵族家道中落，难以维持与爵号相称的经济地位，可在革命后，英国几乎无贵族不富，无贵族不是大地主。他们的地产占有量同旧贵族相比有过之而无不及。据调查，17 世纪末，以贵族为核心的英格兰和威尔士的大地主占有全国 15%—20%的地产，与 15、16 世纪情况类似。① 而且，根据 17 世纪末的保守性估算：1688 年，160 家世俗贵族的总收入是 44.8 万镑，约占全国经济总收入的 1%。每户贵族的年平均收入约 2800 英镑。26 位主教和大主教的年收入在 360 英镑至 6000 英镑之间。

到了 1790 年，400 家土地贵族（其中多是上院权贵、从男爵和爵士）的地产份额在全国地产总额中升至 20%—25%，各家平均收入达 10 000 镑。10 万个中小农户的年度收入只占全国农业收入的 15%—20%，平均每户收入为 150 镑。

以土地贵族为核心的寡头体制的存在，还有着社会文化和意识方面的原因。17 世纪末到 18 世纪前期，贵族地主阶级的代言人很注意维护土地所有者的政治权益。他们宣称：只有家道富足的贵族乡绅才有资格进入议会，担任各

① G. E. Mingay, *English Landed Society in the 18th Century*, London,1963, pp. 22–24.

类官员。因为他们有闲余时间，受过良好教育，有独立性和责任感。而绝大多数民众缺少这些条件，即使商人和金融家也把主要精力用于经营，没有足够时间献身公职。而且，土地所有者财富主要是不动产，与国家总体利益息息相关，为了个人财富的安全他们总是关心国家公务。而商人和金融家在发生动乱时却可以携资逃走。故而，社会上理想的统治者应当是土地所有者，特别是土地贵族。

英国上院贵族的数目还因 1707 年与苏格兰的正式合并而有所增加。英格兰王国的名称也改为“大不列颠王国”。苏格兰与英格兰的合并早在 1603 年詹姆士南下称王时就开始了。可以后一个多世纪里，尽管两国共有一王，但苏格兰拥有自己的贵族体系和议会。1707 年的合并，颇像一种恃强凌弱的兼并行为，伤害了苏格兰人的民族感情，该国上层阶级怨言很多，可面对强大的英格兰又无可奈何。他们步步为营，要求每个苏格兰贵族都应该进入威斯敏斯特议会的上院，被英格兰政要所拒绝。理由是，苏格兰人口稀少，5 级贵族却有 134 名，与英格兰上院贵族总数接近，所以只能根据其人口和附属国的地位，在每次大选时，选出 16 名贵族代表，出席上院。而在下院，也根据同样的理由，允许苏格兰选派 45 名议员。英国政府如此而为，是为了加强对斯图亚特王室故乡的控制，防止它成为复辟势力的基地。

即便在英格兰，由于阶级狭隘性和党派斗争的影响，并非所有的土地贵族都能分享政治权力，而是要看其与王室的关系，受重大政治斗争的制约。威廉三世在位时，好战辉格党人颇受重用。安妮女王上台后，托利党情况渐渐好转。1714 年汉诺威王朝建立后，辉格党借机建立了一党寡头体制，并极力排挤托利党人，把他们的统治维持了大约半个世纪。

二、反法战争

威廉入主英国后，不列颠多了一个战神。他自幼在严酷的环境中长成，幼年丧父，终身无子，体质孱弱，但性格刚毅，把反对法国视为天职。他 1672 年 2 月出任尼德兰军队统帅，一个月后就鏖战英法联军。6 月情势危急，他断然下令决堤，放海水抵御法国入侵者，路易十四为之震惊。荷兰三级会议马上推举他为执政，重建军队，翌年攻占纳尔登和波恩，击退法军，欧洲诸强愕然。1677 年他为了政治和战略需要，与詹姆士的女儿玛丽成婚。1686 年，荷兰与奥地利、西班牙、勃兰登堡、瑞典、萨克森、萨伏依、巴伐利亚等，组成反法的“奥格斯堡同盟”，他以其坚韧顽强的反法经历，成为它的主角。

他到达英国后，下令法国大使在 24 小时内离开不列颠。他一登上王位，英国就成了奥格斯堡同盟成员，以后陷于一场 20 多年的反法战争，其中仅有短暂间歇。由于威廉三世在同盟中发挥突出作用，英国则在同盟中起骨干作用。威廉决心利用英国雄厚的人力、物力和财力，与法国决一雌雄。

进兵爱尔兰是威廉反法战争的组成部分。詹姆士逃到法国后，路易十四立即提供军费、船舰和可观兵员，帮助他占领爱尔兰，迫使威廉三世分兵讨伐。爱尔兰天主教徒早在 1661 年就力图反抗英国殖民统治，没收了 2400 名新教徒的地产。新教徒们逃往厄尔斯特，与当地英籍新教徒一道，配合威廉三世作战。在 1690 年 7 月 11 日的博因河战役中，威廉三世率领 35 000 名精兵，包括荷兰的蓝卫兵和两个团的胡格诺派信徒，打败詹姆士率领的 21 000 人的爱尔兰—法国联军。詹姆士侥幸脱逃。随即威廉转向海战和大陆战场，命令马尔博罗伯爵征服爱尔兰，1690 年底，爱尔兰战事结束。

以后，爱尔兰天主教徒每况愈下。他们占当地人口 4/5，却只有 1/7 的地产，而且多数人成了英籍地主的农奴，不得充任官职、参加选举或成为议员，不得进入陪审团、担任教师，不得买卖土地；不得将毛织品、牲畜输往英格兰，甚至不得购买价值 5 英镑以上的马匹。

威廉三世在 1689—1690 年间分兵作战，削弱了总体力量。在大陆战争中，联军失利。在英吉利海峡比奇海岬，法国海军打败了英荷联合舰队。英国人不赞成威廉的战略安排，讥讽道：

荷兰人保住了面子，

法国人取得了优势，

而英国人只有耻辱。[①]

威廉三世的另一失策，是未能及时重用英国最杰出的军事家马尔博罗，让他独当一面指挥英军。当马尔博罗流露出不满时，又被免除军政职务。

---

① 温斯顿·丘吉尔:《英语国家史略》下册，新华出版社 1985 年版，第 13 页。

1692年5月末，路易十四为改变大陆战局，调集了一支44艘军舰、24 000人的舰队，在奥格角附近的海战中，经过6天的激战，被拥有99艘战舰，4万官兵和7千尊大炮的英荷舰队重创。这一胜利本是盟军实行陆上反攻的绝好机会。但因同盟国力量分散，缺少统一指挥，加上罗马帝国正在匈牙利作战，难以抽出主力对付法国。法军得到喘息，战争进入相持状态。1697年秋交战国在海牙签订《里斯维克和约》，英国获权派遣舰队进入地中海，取得了对法国海军的永久优势，其海上实力无任何国家能与之抗衡。法国承认1688年政变为合法，两国恢复外交关系。

战争使英国军费大幅度增加，名目繁多的税收仍不能使政府摆脱财政困境，常向银行家举贷。光荣革命前，这种借款名义上被看作国王的私事，不受议会监督，须交纳8%—12%的年息，还要得到银行家的信任。故而，当时政府的年度收入约在200万英镑左右。威廉三世在位初年，政局不稳定，政府一时得不到银行家的足够信任，年度开支却攀升到600万英镑。鉴此，政府只好交付高额利息以得到贷款，然后再由议会批准某种税收偿还本息，这又造成了财政上的恶性循环。为此，政府积极寻求新方式解决财政困难。1694年，辉格党政府根据查理·蒙太古的建议宣布，凡向政府提供巨额贷款者，有权组成一个特权公司，享有发行纸币的垄断权。告示一出，120万英镑的股本在10天内被银行家抢购一空。一个永久性金融机构——英格兰银行——建立起来。国债制度也在1696年建立。① 这些情况，被后世学者称为“金融革命”。

此后，政府能以较低的利息借贷到所需资金，暂时渡过了财政困难。然而，这又刺激政府一再增加借款的次数和数额。1697年，国债达2000万英镑。西班牙王位继承战争期间，增至5300万英镑。这造成一种恶性循环，政府必须增收更多的赋税偿还本息，这势必加重广大民众的负担，引起以地租为主要收入的托利党乡绅地主的不满。

为了同英格兰银行对抗，地主阶级企图建立自己的银行——土地银行，但因股金不足和经营不善很快关闭。1699年，英格兰银行的对手联合行动，拿出大批纸币要求兑换，取走了所有的金银储备。在这关键时刻，辉格党政府出面帮助，英格兰银行渡过难关。

① Treveyan, *England under the Stuarts*, p. 441.

“奥格斯堡战争”硝烟未尽，西班牙国王查理二世（1665—1700年）病危。因他无嗣，其国土和殖民地又格外广袤，就在欧陆各国引起了错综复杂的王位继承问题。终于，法王路易十四的孙子安茹公爵获得继承权。拥有姻亲关系和王位继承权的罗马帝国、巴伐利亚选帝侯国极其不满。经过穿梭般的外交联系，英国、荷兰、奥地利、勃兰登堡、汉诺威等国于1701年9月7日组成反法大联盟。数日后，詹姆士二世客死法国，路易十四立即承认他的儿子为英格兰国王，称詹姆士三世。不列颠政治家认为此事干预了英国内政，又在历时多年的西班牙王位继承战争中扮演了主角。

1702年2月，威廉骑马时摔断锁骨，3月去世。安妮女王即位，格外重用马尔博罗及其夫人萨拉。马尔博罗担任英军总司令和荷兰代理总司令，成为西方两个强国的最高统率。他凭着杰出的军事天才，善于集中兵力打击敌军薄弱环节，先后领导指挥了10次反法战役，全部取得胜利。其中有4次大捷。

第一次大捷是1704年8月13日的布伦海姆战役。马尔博罗和奥地利欧仁统率的5.2万人，向6万法军发动突然袭击，打击其最薄弱的中部，随即扩大战果，将大量法军赶入多瑙河。结果，联军仅以1.2万人的伤亡，歼灭敌军3.1万人。马尔博罗因此晋升为公爵。

马尔博罗公爵

再是1706年5月23日的拉米伊大捷。马尔博罗指挥62 000盟军，与法国6万官兵鏖战。以5000人伤亡的代价，打死打伤和俘虏法军15 000人，占领了西属尼德兰的整个西部和北部。[①]

1708年7月11日的奥德纳尔德战役规模更大。8万盟军与8.5万法军激战。马尔博罗发现敌军刚刚围困该城，便下令盟军急行军50英里赶到，突然向法军右翼进攻，欧仁则同时进攻法军

① Treveyan, *England under the Stuarts*, p. 477.

左翼，再次以微小代价重创法军。以后法军试图反攻，终未挽回失败局势。

马尔博罗在 1709 年 9 月 4 日于法比边境发动的马尔普拉凯战役，是西班牙王位战争中规模最大的一次。10 万盟军向 9 万法军发动进攻，步兵骑兵短兵相接。双方损失各为 2.2 万人和 1.2 万人，盟军损失超过了法国，但最后占领了蒙斯城，赢得了战略上的优势。以后双方交战仍然不断，但多是消耗战。

1710 年战争形势变化。从国外来看，俄国在北方战争中打败瑞典，有可能取得波罗的海霸权，威胁到英国在东北欧和波罗的海沿岸的贸易权益。1711 年 4 月，罗马帝国皇帝约瑟夫一世去世，他的弟弟、一向觊觎西班牙王位的查理大公即位，称查理六世。若盟军取得这场战争的胜利，查理就可能借机实现其合并西班牙和建立哈布斯堡大帝国的计划，破坏英国的欧陆均势政策。

导致西班牙王位继承战争变化的内部原因是托利党的反战活动。1710 年，托利党控制了政府和议会，控告马尔博罗滥用军费。公爵夫妇失去了女王宠信，被撤去一切职务。

托利党人坚决反战的原因，是这战争使军火商人和金融家获取暴利，而他们不但没有因战争增加收益，而且还要承担军费，交纳多种捐税。威廉三世在位期间，他们的反战活动受到限制。安妮女王在位前期，因国外詹姆士分子依靠法国援助而使复辟危险再现，托利党人就暂时迎合辉格党政府的对法战争政策。以后英国军队在西班牙王位继承战争中连续获胜，又促使两党组成联合政府，共同进行反法战争。但到了 1710 年，费时过久的战争使托利党人无法忍受，就依靠乡绅议员支持，寻求安妮女王的同情，主张英国与法国及其盟国媾和，最后签订了结束西班牙王位继承战争的《乌特勒支和约》。

条约使英国得到明显好处。法国承认汉诺威的乔治有权继承英国王位，法国拆除威胁英国的敦刻尔克工事，把在北美和西印度群岛的一些属地割让给英国，其中有哈德逊湾、纽芬兰圣克斯托弗岛和斯科舍。英国占领西班牙的梅诺卡岛和直布罗托，并能在西班牙港口、加里的斯和西属南美殖民地进行贸易，向新大陆贩卖非洲黑人。

20 余年的反法战争使英国消耗了大量的财富，牺牲了不少子弟。但战争胜利唤起了英国人的民族精神，刺激他们去发展，去扩张，去建立更大的殖民帝国。

三、汉诺威国王和内阁制

在18世纪，王位和王朝的更替往往会影响到一些党人的政治生命。所以，一些有志在政界显露身手的政客，特别注意改善与君主的关系。1710年以来，财政大臣罗伯特·哈利颇得安妮女王青睐，次年封为牛津伯爵，他在国务大臣博林布洛克的襄助下，辅佐朝政。他们一面抓紧办理停战事宜，一面通过宗教迫害法案，镇压不信奉国教者。1711年，政府促使议会通过《偶然遵奉国教法案》，剥夺那些拒绝履行圣公会宗教仪式者担任公职的权利。3年后，又颁布《教会分离法案》，宣布关闭非国教教会兴办的学校，剥夺了广大不信奉国教者受教育的权利，引起极大反感。哈利本人出身于非国教家庭，对此类做法怀有疑虑。博林布洛克娓娓进谗，劝说女王在1714年罢免了哈利。

博林布洛克心胸狭隘而又狂妄自大，盼望尽快控制军队和政府，使流亡国外的觊觎王位者弗兰西斯·爱德华返回英国，延续斯图亚特王朝的生命。不料，女王病危时，博林布洛克等人因政变问题发生分歧。[①] 久受压抑的辉格党人在7月30日的枢密院会议上，根据《王位继承法》，重申了汉诺威王室继承英国王位的权利，破坏了托利党右翼的政变计划。时刻关注着英国事态的汉诺威选帝侯乔治·刘易斯听到安妮女王病故的消息后，9月中旬赶到伦敦，登基后称乔治一世。汉诺威王朝在英国建立。

乔治一世曾经积极参加西班牙王位继承战争，故把首先与法国议和的牛津伯爵和博林布洛克等人视为叛逆。他又听到了博林布洛克等人图谋扶植弗兰西斯·爱德华的做法，极其震怒，不顾托利党人依然在议会中占据多数，任命了辉格党内阁。

1714年初，英国实行大选，辉格党大胜。乔治一世借机镇压异己，下院以“通敌”等罪名对主持签订《乌特勒支和约》的哈利、博林布洛克、奥曼德等人提出弹劾。博林布洛克和奥曼德仓皇出逃。政府宣布他们为叛国者。哈利在伦敦塔关押两年。其他骨干分子也锒铛入狱。

---

① A. S. Foord, *His Majesty Opposition*, *1714–1830*, Oxford, 1964, p. 44.

同时，詹姆士分子发动叛乱。在英格兰北部，福斯特率众攻打纽卡斯尔城，战败后北逃，与玛尔伯爵的苏格兰叛军会合。11 月初，福斯特带领 5000 人进攻兰开郡的普林斯顿城，被政府围歼。1715 年的主力是由苏格兰山民组成的北部叛军。9 月初由玛尔伯爵带领仓促起事，两月后竟有万余人。但他们听到福斯特一众失败的消息后，军心动摇。11 月底，“觊觎王位者”在彼得兰登陆时，玛尔的队伍减至 3000 人，在政府军追击下困难重重。1716 年初，弗兰西斯返回法国，各地叛乱均被平定。

以后，国内少数托利党人又两度策划阴谋，都未成功。政府四下搜捕詹姆士分子。由此直到 18 世纪 40 年代，辉格党历届政府都以托利党人参加过叛乱为理由，把许多托利党人诬蔑为“詹姆士分子”，尽力把他们排斥在政府之外。

1716 年 5 月，议会通过《七年法案》，把议会任期由 3 年延长到 7 年，更有利于辉格党人长期控制议会。随着议会政治的发展和汉诺威王朝的建立，英国还在 18 世纪前期形成了内阁制。

英国内阁制的前身，远的追溯到中世纪的“小会议”、咨议会，近者可至 16、17 世纪的枢密院。威廉三世即位后，屡屡带兵出国作战，国内事务则指定少数枢密大臣密商处理。“内阁”由此产生。威廉三世归国后，经常出席内阁会议。安妮女王能力平庸，也必须靠内阁处理政府要务。但直到汉诺威王朝建立时，内阁仍然处在萌芽状态。

乔治一世的个人素质加快了内阁制的形成。他来自异国，有语言障碍，又对英国事务不感兴趣，厌恶内阁中冗长的讨论和争议，自 1718 年起不再出席。他指定一位大臣，通常是财政大臣主持内阁会议。很快，沃波尔得到格外重用。乔治二世不仅沉湎酒色，也像父王那样眷恋故土。每逢他前往汉诺威，总要指定王后卡罗琳摄政。卡罗琳则把谦卑恭顺的沃波尔视为心腹，许多重大事宜，悉凭他做主。于是，国王在政府中的作用削弱，沃波尔成为政府的实际首脑。

罗伯特·沃波尔（1678—1746 年）是英国著名国务活动家，出身于乡绅家庭，1701 年进入下院，1708 年在政府任职，因替辉格党人辩护而被关进伦敦塔。汉诺威王朝建立后，沃波尔除一度参加王储领导的议会反对派外，先后任政府主计大臣和财政大臣。着手进行财政改革，试图削减国债利息，筹集偿债基金。一场罕见的经济丑闻——“南海泡泡”——使他得到了展示才能的机会。

南海公司成立于1711年。1719—1720年，该公司出巨资贿买政府大臣，击败了英格兰银行的竞争，得到议会准许，无本发行巨额股票。沃波尔在下院猛烈抨击该法案，依然遏制不住狂暴的金融投机。短期之内，南海公司的股票从128点猛涨到1050点，然后狂泻到150点。数以千计的人倾家荡产，每天有人自杀，怨声不绝。沃波尔出面收拾残局。1721年，他担任首席财政大臣，主持政府工作，成为英国历史上第一位“首相”。

议会中的沃波尔

沃波尔还是英国任职最久的首相。原因之一，是他颇关注土地所有者的利益。1727年他将国债利息下调20%，30年代又将土地税由原来的每英镑4先令削减到1先令，得到地主们的拥护。[①]同时，他还兼顾工商业资产阶级的利益，根据重商主义精神调整关税，限制外国商品进口，鼓励本国工业品进口。

作为政府要臣，沃波尔是善于巴结王室的典型。为博得乔治一世的好感，沃波尔多次向他的情妇馈赠厚礼。1727年乔治一世病卒，沃波尔策马疾驰向一贯敌视父王的王储传报信息，并及时在议会动议，将国王年金增加10万英镑，使他得以继续担任内阁首脑。

沃波尔为其后任提供了主持内阁的经验。他为了巩固其领导地位，保持内阁的一致，总是预先召集几位有实权的大臣交换意见，由此形成了“小内阁”。内阁会议也是由他主持。与会者在13—17人之间；除了小内阁内务大臣、枢密大臣、大法官等，还有海军大臣、军械总监、爱尔兰总督、苏格兰事务大臣、掌玺大臣、侍卫大臣和坎特伯雷大主教等。[②]会上，沃波尔的意见最有权威。对个别好自作主张的阁员，他坚决驱逐出内阁。30年代初，他迁居唐宁

① D. Marshall, *Eighteenth Century England 1714–1783*, Longman, 1980, p. 108.

② Williams, B., *The Whig Supremacy, 1716–1760*, Oxford University Press, 1962, pp. 38–39.

街10号。自此，这座不太起眼的房舍成为历届首相的官邸。

沃波尔之所以长期任职，还在于：首先，他为了保证内阁政策的实施，努力寻求下院的支持。为此，他甚至拒绝接受贵族封号，以便长期担任下院议员。其次，他还指令唐森子爵和纽卡斯尔公爵操纵上院，使两院行动协调一致。① 再次，他还亲自控制每年在4.5万—10万英镑之间的专项经费，收买议员和选民。内阁稳定的再一原因，是他执行了稳健的对外政策，避免陷于外交争执和欧洲战争。为此，从1721年到1739年，英国对外无战事，这在英国近代史上是少见的。

然而，沃波尔审慎的对外政策未能长久贯彻下去。30年代中期，议会反对派势力迅速加强。其中最强悍的是代表金融家和大商人利益的辉格党派别，迫切要求进行对外战争，以夺取新的原料产地和商品市场。沃波尔被迫让步，1739年就所谓"割耳"问题②，对西班牙宣战，很快失败。反对派借此攻击沃波尔。1742年2月，他在议会多次遭到否决后被迫辞职。

沃波尔自动辞职一事被当做责任内阁制形成的标志。实际上，他不是被议会某一反对党派赶下台的，而是一些辉格党人放弃了对他的支持。所以，沃波尔的倒台主要是他个人政策的失败，而不是政党的失败，当时的内阁制还不是两党制下的责任内阁制。

从沃波尔辞职到1760年乔治三世即位，亨利·配兰及其兄长纽卡斯尔公爵在政坛上作用格外突出。仅纽卡斯尔一人就控制了20多名下院议员。

1745年7月，英国又出风波。詹姆士二世的孙子、"年轻的觊觎王位者"查理·斯图亚特趁英法交战，进入苏格兰，宣布其父弗兰西斯为英国国王，一些高地山民参加叛乱。9月，查理带领2000人攻入爱丁堡，在波利斯顿潘战斗中告捷，队伍扩充到5000人。12月，叛军南下抵达德比郡，英国政府调集三路大军迎击，在1746年4月的卡洛德荒野之战中，乔治二世的儿子坎伯兰公爵对叛军大肆杀戮，获得了"屠夫"的诨名。查理逃回法国。

这一重大事件还掺杂了民族情绪。一些苏格兰人想重新恢复苏格兰的独立。而不少英格兰人在"年轻的觊觎王位者"刚刚登上不列颠岛时，就在教堂里唱起了《上帝庇佑国王》祈祷曲：

---

① Jeremy Black, *Britain in the Age of Walpole*, Macmillan, 1984, p. 24.

② 是年，同西班牙进行奴隶贸易的海盗船长詹金斯来到下院，拿出一只瓶子，内放一只耳朵，声称他遇到了西班牙缉私队检查，被割掉了耳朵。为此激起了一些人的战争狂热。

上帝，赐下了马歇尔·韦德[1]，

凭借强大的援助赢得胜利。

但愿他像强大的洪流尽快平定叛匪，

造反的苏格兰人被击溃，

上帝庇护国王。

后来，这首歌曲流传下来。以后又经人改动歌词，删除了一些敏感的字句，被用作英国的国歌。[2]

叛乱期间，政府出现了一段波折。1746年初，乔治二世听取了卡特列特和巴思伯爵的意见，否决了财政大臣提名老皮特为内阁成员的建议。配兰不肯让步，于2月10日带领全体阁员辞职。乔治二世当即授命巴思伯爵组阁。但巴思不是下院议员，难以支配控制下院，无法得到下院支持。他邀请上届内阁的阁员入阁，被冷眼拒绝，只好在2月12日辞职。乔治二世面临宪政危机，只好请配兰等人复职。配兰立即向国王提出了相当苛刻的复职条件。此事表明，内阁对议会负责的原则已经在较大程度上被政界认可。

内阁制的形成，明确了国家最高行政部门对议会的依赖关系，形成了国王不得随意干预内阁人选和工作的宪法惯例，有助于提高政府工作效率。

四、“快乐的英格兰”

工业革命前的英国处在两大变革时期之间。它告别了内战、流血和专制，可仍未被工业社会浸淫。传统社会风貌处处可见：静谧的乡村、弯曲泥泞的小路，憨厚朴实的乡民，绿茵茵的公有地，哞咩欢叫的牛羊。这同莎士比亚的社会有多大区别？以后的英国人留恋和赞美农业社会的舒适生活，称之为“快乐

① 马歇尔·韦德是英军将领，曾被派往北方前线遏制叛军的攻势。

② 这一歌曲的作者是自学成才的托马斯·阿恩（1710—1778年）。他于1733年在其第一部歌剧《罗莎蒙德》中一首高难度的咏叹调《升起吧！荣光》，曾流行40年之久，他则成为英国主要的抒情歌曲家，谱写了许多上乘作品。

的英格兰”。当时一位学者索姆·詹宁斯评论说：[1]

快乐是现存的唯一具有真正价值的事情：富有、权力、智慧、学问、力量、美德、宗教甚至生活本身都不具有任何重要性，除非他们有助于快乐的产生。

“快乐的英格兰！”——决非虚妄之言。它包含多方面的适意、变化和进步。

同大陆国家相比，统一的大不列颠不仅社会相对安定，没有德意志和法国式的国内关税壁垒，没有过多的正规军，也没有大陆式的警察体制。议会两院议员不领取薪酬，政府行政开支明显低于大陆同类国家。

从 1700 年到 1770 年，英国外贸增长了将近一倍，海运业增长了近两倍，商品进口总额由 600 万英镑增加到 1220 万英镑，出口总额由 640 万英镑增加到 1430 万英镑。尽管欧洲仍在英国贸易中占有最大的份额，但高额利润引诱着英国人走向世界各个角落。英国货币中出现了金币“几尼”，其币值略高于英镑，而名称是来自非洲的几内亚。国内贸易同样有了长足的进步。

新的资本经营方式渐渐得到人们的认可。银行信贷业和股份企业的成长推动了国家工商业的繁荣。一些人买进卖出，短期内成为富豪，使人刮目相看。制造虚假繁荣的泡沫经济也出现了。“南海泡泡”则是乐极生悲的典型。当它破灭时，许多人的股票化为废纸。史学家爱德华·吉本的祖父就是破产者之一，他 30 年的心血化为乌有。

比起以往来，农业也显得风调雨顺了，人口增长未导致粮食过度紧缺。1700—1760 年，全国谷物产量，由 1310 万夸特增加到 1470 万夸特，而人口增幅不大，粮价稳中有降。英国仍被誉为“欧洲谷仓”。

即便如此，还会有饥荒岁月和食不果腹人们。在许多地区，地方官吏在歉收导致粮食价格上涨时，对穷人予以救济。渐渐地，萌芽了一种“斯宾汉姆兰救济制度”。这种发放救济的制度，得名于一个斯宾汉姆兰村，后在一些地区推行。1723 年以来，还行使着一种“济贫院体制”，部分教区陆续建立了这种机构。1776 年，英国共有济贫院近 2000 所。全国每年用于济贫的金额在一百万英镑以上。

贫困人口有增无减的原因之一，在于圈地运动的突然加速。与以往相比，18 世纪的圈地运动有几个特点：第一，主要在城市附近进行，这是由于手工

① 转引自阿萨·勃里格斯：《英国社会史》，中国人民大学出版社 1991 年版，第 191 页。

工场的发展和工业革命的刺激，导致农副产品需求量的增加；相应之下，土地价格的上涨[1]，也刺激越来越多的富人参与圈地。第二，公有地几乎全被圈占，地主阶级实现了对农民的比较彻底的剥夺，并采用农场式方式经营，建立了典型的资本主义大地产制。第三，圈地是在政府和议会的支持下进行的，规模迅速扩大。1700—1710 年间议会只通过 1 项圈地法案；1720—1730 年有 33 项；有 1740—1749 年通过了 64 项；1750—1759 年增加到 87 项；1760—1769 年因经济变革的刺激，猛增到 304 项；以后 10 年里又创下了 472 项的纪录。[2]

圈地运动带来的后果也是不容忽略的。一方面，它使大批自耕农失去土地，激起他们的反抗。反抗者对议会和法律庇护圈地者的做法极其愤慨，传唱着痛苦悲愤的歌谣：

他们把男的吊起来把女的拷打，
因为那些人偷去了公地的鹅；
但是他们对大罪犯却不闻不问，
任凭这些人从鹅那里偷走公地。[3]

失去土地者大部分流入城市和工业中心，成为廉价劳动力。

另外，工资劳动者所需的一切物品皆取之于市场，农场主也要在市场上购买消费品和生产资料，国内市场日益扩大。英国农牧业经济在商品化进程中全面资本主义化，使之有别于欧洲大陆各国农业，并成为英国资本主义经济的发展源泉和巨大潜力所在。

同一时期英国的人口变化也不同于欧洲其他国家。从 17 世纪末到 18 世纪中期，除 1720—1721 年、1736 年、1740—1741 年，因斑疹伤寒、天花、疟疾和流行性感冒等疾病，而使人口增长略微减缓外，其他年份的人口增长达到了两个世纪以来的最快水平。

比较而言，卫生条件恶劣的乡镇和伦敦贫民区最容易发生流行病。伦敦贫民区棚舍密集、居民拥挤、缺少供水和排污设施，肮脏污秽，易滋生病毒。另外，穷困潦倒的居民经常饮用劣质杜松子酒，酗酒使许多伦敦人没有钱去购买食品，导致营养不良，是大约 1/8 的伦敦人致死的原因。有钱人则饮用优质啤

---

① 1700—1790 年，英国土地价格几乎上涨了一倍。

② Roy Porter, *English Society in the Eighteenth Century*, Allen Lane, 1982, p. 226.

③ 阿萨·勃里格斯：《英国社会史》，第 212 页。

酒、葡萄酒等。1741 年一位贵妇的墓碑上铭刻着这样的句子：

她饮用优质啤酒、

优质饮料和葡萄酒，

一直活到九十九。①

饮酒的人多，酒馆也多。18 世纪中期，英国共有万余家大大小小的酒馆和酒铺。其中伦敦的各色酒店多达数千家。

各地死亡率依然很高。大约 1/3 的人在 21 岁前死去。1721—1751 年国民平均寿命只有 29 岁，死亡率高达 3.4%，接近人口出生率（3.5%）。1751 年以后，约克、曼彻斯特等市镇医院和市区情况好转，年度死亡率降至 3%，出生率增加到 3.7%。50 年代，卡多根医生的《儿童护理》再版 20 次，作用不可低估。生活条件好转导致婚龄降低。1701 年男子平均结婚年龄是 30 岁，18 世纪末降到 25 岁。工业区早婚现象普遍，如诺丁汉郡的出生率比农业区高 25%。②

英国人口快速增长引起学者的关注，为牧师托马斯·马尔萨斯（1766—1833 年）撰写和出版《人口原理》提供了素材。他惊呼：食物的算术级数增长将无法适应人口的几何级增长。如何抑制这种趋势？他认为较好的办法是所谓"道德抑制"，即把实行晚婚、婚前守节和自愿限制同房频率等方法结合起来。马尔萨斯认识到绝大多数人是不能采取这种受限制的方法的。一旦食物供应达到极限时，以痛苦为代价的瘟疫、战争和其他灾难将不可避免地成为减少人口的措施，贫困也就成了大多数人无法避免的命运。英国以后社会变化，证明马尔萨斯的人口法则乃属杞人忧天，但毕竟是他第一次强调了人口问题对人类的威胁，以后引起了知识界的关注和思考。

英国社会生活方面也是有利弊并存。经济上，英国贵族虽拥有大宗地产，但同欧洲大陆贵族相比，他们经济特权较少，必须交纳直接税，不得承包税收，这就将他们置于与资产阶级同等的地位，使其他有产者少有怨言。政治上，他们虽然拥有某些传统特权，但始终坚持资本主义国体，并在法律上予以确认。另外，与英国贵族群体相关的社会文化和心理因素也不容忽略。即他们在特定的国度里，养成了一种重视礼仪和言行举止的绅士风度，比较注意行为

① Roy Porter, *English Society in the Eighteenth Century*, p. 234.

② C. Roberts & D. Roberts, *A History of England, Prehistory to 1714*, Prentice–Hall, Inc. , N. J. Englewood, 1980, p. 464.

规范和外部形象，这有助于防止社会矛盾的激化。社区生活中，英国的贵族乡绅也曾严酷地惩罚偷猎者，刻薄地对待佃户，在大选中威胁选民等，但这样的人人数不多，其中多数人必须拿出较多的时间履行行政、立法或司法职责，参与实业经营，所以在社会上并不十分显露，不像法国革命前的贵族那样，恃强凌弱，施暴乡里，为居民所憎恶。

有关刑法和刑罚执行的大量数据证实了社会法治程度的提高：18 世纪的英国，国民中被叛处各类刑罚的比例是当时欧洲较低的。

但在另一方面，由于刑法是由富人为了维护他们的利益制定的，也必然有着狭隘性。法律处处表明，富人的财产神圣不可侵犯，穷人的性命一钱不值。关押在监狱里的犯人，大约一半是欠债者；而有钱人即便犯罪坐牢，也能花钱买到好的待遇。

死刑用得越来越滥，到了惨无人道荒诞不经的地步。1689 年可判死刑的“罪名”已有 40 种，1800 年增加到 160 多种。一个 7 岁的女孩，因饥饿难忍，偷了一块面包，竟被活活绞死。一个饱受欺凌的雇工，放火烧了东家的草垛，也被送上了绞架。1736 年的刑律规定：凡家仆盗窃主人者，不论赃物多寡，均判绞刑。1741 年补充了这样一条：凡偷羊者格杀勿论。其他的死刑罪名还包括：从别人口袋里偷走一先令以上者；冒充顾客偷窃货物价值达 5 个先令者；偷窃一匹马者；偷捕乡绅庄园里的兔子等等。按照法律要处放逐的罪行有：偷布；焚烧玉米秸；伤害或打死牲畜；阻挠税务官履行职责；破坏正当的行业；以及“所有的游民、懒汉、小偷、吉卜赛人和出入非法妓院的嫖客”等。据不完全统计：在 1722—1748 年间，所有 95 项死刑案里，所谓“侵犯财产罪”就有 76 宗，即占总数的 76%。[①]1749—1771 年间，英国高级法院判决的 678 名死刑犯人中仅有 72 人是杀人犯。[②] 无怪乎，第一任首相的爱子霍拉斯·沃波尔说：“在城内，最大的犯人是法官。”[③]

事实表明，所谓“快乐的英格兰”，只是美好社会风景画的一面，它的另一面，还有着引人注目的落后、破败和不公正。

① J. M. Beatie, *Crime and courts in England 1660—1800*, Clarendon Press, 1968, pp. 515, 534.

② Roy Porter, *English Society in the Eighteenth Century*, p. 152.

③ Roy Porter, *English Society in the Eighteenth Century*, p. 154.

五、重商主义和黑奴贸易

自 16 世纪以来，英国风行重商主义，而 18 世纪是重商主义的顶点。

重商主义理论先由他国学者提出，源于西班牙的重金主义政策。但最权威的阐述人是英国经济学家托马斯·曼（1571—1641 年），他在 1621 年发表《论英国在印度的贸易》，维护东印度公司的贸易行为，说只要英国的出口总值超出进口总值，则黄金出口是无碍的。他指出，从转口东印度货物所获得的售价超过了为支付这些货物而付出的黄金价值，这就第一个提出贸易差额论。1644 年，他的代表作《英国得自对外贸易的财富》出版，主张由政府控制国家的经济，以便削弱竞争对手，增强本国实力。1776 年，苏格兰著名经济学家亚当·斯密在《国富论》中首次使用“重商主义”（mercantilism）一词时，重商主义已流行不列颠了。它包括一些相互关联的原理：首先，一国的财富必然包括贵金属金、银等，它若没有贵金属矿场，就得通过贸易来取得；其次，对外贸易必须保持“顺差”，出口必须超过进口。这种理论不仅为英国商人经营一般贸易，还为他们从事以黑奴贸易为主的“三角贸易”提供了论据。

根据重商主义的信条，有的著作家认为，开发殖民地可以拓宽就业机会，“使我们的穷人找到工作，使那些在英国或殖民地无法维持生活的人有工作。”

黑奴贸易有一个发展过程。1660—1740 年间，不列颠政治动乱增加了白人劳工的输出。一些不尊奉国教礼仪者，因为非正统的信仰被驱逐，其中包括大批爱尔兰人。一些罪犯也被流放到国外。18 世纪，在宾夕法尼亚的移民中，2/3 的居民是白奴。整个北美殖民地共有 25 万白奴，他们约占全部英国移民的一半。由于利润的诱惑，使绑架之类的不正当行为盛行起来，甚至成为伦敦、布里斯托尔等城市的一种正式行当。绑匪用酒灌醉成人，用甜食诱骗小孩，然后把他们卖给船主，远渡重洋。一些放荡女孩也随同前往。

白奴到达美洲后，只是在一段时间内丧失人身自由；契约期满后则另谋生计。于是，在重商主义者看来，白人劳役制有严重缺陷：在商品制造和贸易方面，他们会与宗主国发生竞争。所以，与其在农场或工场使用那些白人劳工，不如让黑奴在种植园里劳动为好。况且，向殖民地提供劳动力越来越困难，因为种植园对劳动力的需求大大超过了英国流放犯人和被绑架者的人数，并且白奴容易逃跑，加上种族上的差异，从而使黑人奴隶劳动得以推广。实行奴隶劳动的决定因素，是黑奴的价格比较低廉，付给一个白人几年的工钱就能买一个黑奴，可役使他终生。另外，在非洲绑架憨厚的黑人，比在英国绑架白人容易得多。于是，布里斯托尔这个当年买卖白奴的市场，目下成了贩运黑人的中心。而贩卖白奴积累起来的资本正好用于黑奴贸易。大约一个半世纪，英国商人的黑奴贸易如火如荼。

约翰·霍金斯爵士已在1562年开创了英国贩卖黑奴的先例。1663年成立的“皇家非洲贸易探险者公司”，在几年内垄断了英国的黑奴贸易。1672年，由于该公司的亏损和衰落，它被“皇家非洲公司”取代。新公司遭到了两方面的抵制。一是中小港口的商人极力要打破对国外商业的垄断；二是殖民地的种植园主要求自由买卖黑人。

光荣革命的一个重要成果，是促进了自由贸易原则的产生。1698年，皇家非洲公司也丧失了垄断权，奴隶贸易自由被确认为英国人的基本权利。自由贩卖奴隶与贩卖其他商品的唯一区别，是把活人当成商品。西班牙王位继承战争后，英国不仅保住了贩奴权，还垄断了向西班牙所属的美洲帝国运输奴隶的权利。

1731年，皇家非洲公司无力与众多的自由贸易商抗衡，不再经营奴隶贸易，改为专营象牙和沙金。1750年，又成立了一个“非洲贸易商公司”，其董事会分别由伦敦、布里斯托尔和利物浦各出3名代表组成。1755年该公司注册登记的奴隶贩子中，有237人属于布里斯托尔、147人属于伦敦、89人属于利物浦。

随着自由贸易的发展和种植园日益增长的需要，英国的奴隶贸易发展极快。1680年，皇家非洲公司平均每年输送5000名奴隶。自由贸易开放后的头9年，仅布里斯托尔一地就输送了160 950奴隶。1760年，由英国港口开往非洲的运奴船有146艘，可运载36 000名黑奴。1771年，运奴船增多，所运载的奴隶达47 000人。据估计，在1680年到1783年之间，有200多万奴隶运到英属殖民地。①

① P. Fryer, *Staying Power, The History of Black People in Britain*, Pluto Press, London and Sydney, 1984, pp. 35–37.

大西洋三角贸易不仅刺激了英国的出口业、海运业、造船业，还加快了一些港口城市的发展。使布里斯托尔、利物浦和格拉斯哥等城镇在工业革命之前就得以率先发展，走到了曼彻斯特、伯明翰、设菲尔德等工业城市的前面。

布里斯托尔在从事三角贸易方面捷足先登。17 世纪初，该市已有不少人到大西洋彼岸寻求财富。同一世纪末，该市店主几乎都要在开往弗吉尼亚或安德列斯的船上做点买卖。个别牧师也精通生意经。1634 年，布里斯托尔的关税只有 10 000 英镑，1785 年增为 334 000 英镑。正是黑人奴隶贸易和食糖销售，使它在 18 世纪成为英国第二大城市。市内建筑华丽，居民服饰艳美，百业兴旺，但财源来路不正。为此，当地一位分析家写道：

这个城市里没有一块砖不渗透着奴隶的鲜血。豪华的宅邸，奢侈的生活，穿着制服的仆役所需要的钱财都是靠着布里斯托尔商人买卖那些痛苦呻吟的奴隶赚得来的。①

在经营大西洋奴隶贸易方面，居于默西河河口的利物浦后来者居上。故有学者说：英国“奴隶贸易的历史，大体上也是利物浦发展史”。利物浦早在 1207 年就由约翰王批准建市，但发展缓慢，1565 年还只有 138 户人家和 223 吨的 12 艘商船。17 世纪中叶每年仅能向政府交纳 15 英镑船税。当时布里斯托尔的船税高达 2000 英镑。1667 年，“安蒂洛普号”贸易船从西印度群岛满载而归，从此市民踊跃经营远洋贸易。1700 年 9 月，“利物浦商人”号载着 220 名黑奴，由非洲前往巴巴多斯，获利 4239 英镑。它从此开始了罪恶的黑人奴隶贸易记录。以后，不过数十年，利物浦就取代布里斯托尔成为英国第二大城市，人口由 1700 年的 5000 人增加到 1773 年的 35 000 人；共有 5 座码头，港口面积超过伦敦。1709—1771 年，开往利物浦的商船吨位和出口吨位分别增长了 4.5 倍和 6.5 倍。1750—1757 年其关税收入平均每年 51 000 英镑，1785 年增至 648 000 英镑。1795 年，它占有英国全部奴隶贸易的 5/8，全欧洲奴隶贸易总额的 3/7。

奴隶贩子为了追求利润不顾一切，运送黑奴的惨状不堪目睹。一艘 90 吨的船竟塞进了 390 名奴隶，每个奴隶所占空间只有 5.5 英尺长，1.3 英尺宽，不到一个棺材的面积。“他们一个挤着一个，就像书架上排列的书本一样。”②

① 艾里克·威廉斯：《资本主义与奴隶制度》，北京师范大学出版社 1982 年版，第 57 页。

② 艾里克·威廉斯：《资本主义与奴隶制度》，第 33 页。

每两个奴隶锁在一起。自杀、传染病以及食品和淡水的缺乏，常常使大量黑奴死在途中，他们的尸体被抛入大海，喂了鲨鱼。

黑奴贸易的利润非常可观。据估计，布里斯托尔在1730年开出的一艘装载270名奴隶的货船，如果一路顺利，一次能获7000—8000英镑，还不包括贩卖象牙的利润。有时一次出航的净利可达300%。利物浦曾经流行过这样的说法：某船主出航3艘船，若有1艘回来，足以保本；两艘回来，就大捞一把。如此的三角贸易一年可以搞几次，利润超过成本多倍。

在西方各国中，英国是黑奴贸易中获利最多的国家。仅在1630—1790年间，不列颠商人共将250万黑奴运出非洲，获纯利1200万英镑。其中18世纪中后期的40年就占了其中的一半。而且，黑奴贸易仅仅是三角贸易中获利的一个方面，其他如商品贸易、原料收购以及与此相关的造船业、海运业、银行业、保险业的发展，同样给英国资产者带来了丰厚利润。还有，英国人运走非洲的250万黑奴，起码要使非洲丧失一两千万的精壮人口。因为平均每个黑人离开故土到达美洲种植园，要经过围捕、关押、陆地押送和海运等多项环节，其间要抛下五六具尸体。可见，非洲人民的损失是极其惨重和难以估量的。

包括三角贸易之内的国际贸易仅仅是推动英国经济发展的一个方面。英国国内市场的扩大、工业的再投资、资本的不断积累和再生产的扩大，也对经济起了很大的推动作用。但整个看来，英国工业的发展，最初是为重商主义所激励；工业发展起来后又反过来压倒了重商主义，再把重商主义打得粉碎。

六、欧陆游学

改革与开放是一对孪生子。英国社会中上层在参与不列颠经济变革时，还频频越过海峡，从事“欧陆游学”（Grand Tour）。

欧陆游学的起点可以追溯到16世纪中叶甚至更早。1575年，15岁的弗兰西斯·培根在剑桥大学的三一学院不过两年，就前往法国居住两年半，学习拉丁语、法语、意大利语、神学、修辞学、数学等科目。为以后的广识博闻打下了坚实的基础。[1]1639 年，12 岁的罗伯特·博伊尔在导师伊萨克·马卡姆比斯的陪伴下，与兄弟一道，到日内瓦、罗马等地，此为早年游学的典型。1648 年，奥蒙德公爵送他的两个儿子到法国求学。其中长子奥索利学业有成，进入法国皇家学会。自此该家族形成了派遣子弟到国外学习的传统。[2]

不少人还认为英国的欧陆游学开始于 1670 年拉塞尔斯《意大利游览》的发表。该书虽然发表于斯图亚特王朝复辟时期，但反映了当时英国工商业者，包括贵族乡绅在内，要求发展商业经济的愿望。他们想走出国门，考察其他国家的文化和市场，为个人发展提高实力，拓宽视野。

所谓“欧陆游学”，有着大同小异的路线。1643 年 11 月，学者约翰·艾维伦离开牛津，经多弗尔海峡到加莱，至巴黎，再越过阿尔卑斯山抵达罗马和威尼斯，把意大利作为中心目的地。以后许多贵族和乡绅子弟将他的旅途视作典型路线。

桑德兰伯爵的路线也被后人奉为游学经典。他先渡海峡去巴黎，再往日内瓦，接着翻越阿尔卑斯山，在佛罗伦萨、皮萨、波洛格纳、威尼斯和罗马各停留一至数月，学习游览。顺道去佛罗伦萨参观名胜古迹，赴维苏威火山览胜。然后乘船至西西里文化遗址怀古。从希腊折回那不勒斯后，游历柏林、德累斯顿、维也纳和波茨坦等地，在慕尼黑大学和海德堡大学学习。

还有人取道北路，经低地国家深入大陆腹地。

英国贵族和乡绅如此重视欧陆游学，与他们的社会地位相关。17 世纪后期至 19 世纪，英国处在典型的“贵族时代”，人数不多的上院世俗贵族，不仅占有全国大约 1/5—1/4 的土地，还长期垄断了政府各类重要职位和议会席位。他们希望走出国门，开拓视野，学习治国安邦之术，增强管理和经营的能力。地位稍次的乡绅也有着类似的愿望和要求。

17—19 世纪的英国贵族乡绅重视和喜好游学的原因还在于：第一，不列颠先是处于工业革命的准备和发展时期，有产阶级对他国教育、文化和市场有着更高的兴趣和需求。第二，从国民文化心态上看，英国人长期崇尚经验主义哲学，对实践和实地考察情有独钟，希望通过游学方式增强阅历，提高个人素质。第三，就财力来看，当时英国是欧洲最富强的，而贵族乡绅则是不列颠最

---

① Alan Hagert, *The Age of Milton: An Encyclopedia of Major 17th-Century British and American Authors Book*, Greenwood Press, 2004, p. 32.

② Toby Barnard & Jane Fenlon, *The Dukes of Ormonde*, *1610–1745*, Boydell Press, 2000, p. 38.

富有的社会精英，他们拥有足够的财富和兴趣周游诸国。

自17世纪后期流行于英国的“欧陆游学”，一是具有贵族特色，二是具有文化教育属性，即游历欧洲的富家子弟，大多刚完成大学学业，需要到欧洲学习语言和多种功课，掌握舞技、剑术、骑术，了解各地风土人情，增广见闻。换言之，它是书本和课堂学习的必要补充。就学习方式而言，所谓游学，更多的学习是与游历相结合，在山水田园之间，在名城大都之内，在书本课堂之外，了解了异国传统习俗、文化制度，强化感性认识。

英国近代游学者首先垂青法国，一是两国距离较近，有着错综复杂的历史渊源和纠葛，二是法国是当时欧洲启蒙运动的中心，伏尔泰、孟德斯鸠、狄德罗和卢梭等人著作，激励着不列颠青年精英去作文本和心灵的探索。再者，法国首都巴黎作为欧洲著名都会，文化资源厚重、景点荟萃，其魅力影响是其他国家的首都所无法相比的。而意大利能成为英国青年精英游历的重点和中心，不仅在于其厚重的历史文化遗产，还由于它天然自成的亮丽风光。

1714年，汉诺威王朝在英国建立，汉诺威也成为英国旅游者的观光之地。18世纪后期，游学范围超出欧洲，一些人渐渐前往奥斯曼帝国土耳其、埃及等地。

随着时间推移，英国欧陆游学的人数增加，18世纪尤其快速。除了贵族乡绅子弟外，中产阶级的子弟也参加在内。1768年，有人写道：在以往17年中，估计“有一万余人（包括仆人）抵达意大利”。一些女作家随行其间。其中有玛丽·沃斯通克拉夫特、海伦·威廉姆斯、摩尔干贵妇和玛丽·雪莱等，她们在作品中细述欧陆游历观感国，显得尤其细腻。

欧陆游学中的一项收获是珍品收藏，而当时最著名的收藏家是汉密尔顿爵士。他精心收集古希腊艺术品，投入大量财力，毕生孜孜不倦。1777年，他公开展示藏品，其中有730个希腊花瓶、600件青铜器，6000枚硬币。截至1796年，他出版了多种书籍介绍意大利艺术珍品，激发大批年轻才俊赴欧陆寻宝。

使人们始料不及的，大英博物馆的早期收藏也与欧陆游学有关。该馆位于伦敦中心，规模宏大，是植物学家、藏书家、国王首席医生汉斯·斯隆爵士（1660—1753年）的临终捐赠。大英博物馆和图书馆自此成形，1759年对外开放。起初，该馆产品不够丰富。1772年威廉·汉密尔顿爵士将它的古希腊古玩捐献给大英博物馆，藏品由此大增。1805年，著名收藏家查理·汤尼将他在大陆收购的希腊和罗马雕塑献出，大英博物馆扩大了展出规模。

其他收藏家中的佼佼者还有托马斯·科克爵士。他在大陆6年，不惜重金收购文物；归国后在他的诺福克郡庄园上建成宏伟殿堂，收藏展出他在欧陆搜集的雕塑名品。另一位收藏家伯灵顿勋爵两度出游欧洲，在罗马收藏艺术品和文物。其他还有与欧陆游历相关的文物收藏家和艺术赞助多人。

欧陆游学中最灼眼的是一些学者专家，他们精心考察，根据自身感受写下了名篇巨著。其中蒙塔古夫人玛丽（1689—1762年）的著作格外突出。她喜欢结交，情感外露，多才多艺，使用书信体写作得心应手。1716年，其夫蒙太古爵士任土耳其公使，她随任前往伊斯坦布尔，积极学习土耳其文，融入当地社会，并撰写大量文论。26岁她曾患天花，承受折磨[①]。留居土耳其期间，见当地防治天花效果显著，回国后，她首先提出接种疫苗预防该病。后在国外居住二十余年，其代表作是《土耳其使馆来信》，身后发表，广受赞誉。

历史学家爱德华·吉本（1737—1794年）在欧陆游览中有着更深刻的感受。1763—1765年他留居罗马时，思绪泉涌，反复思索罗马帝国衰亡的原因，回国后继续研究，于1776年发表了《罗马帝国衰亡史》第一卷，登时轰动。全套史作耗费了12年光阴。聆听大众赞扬，淹博通达的吉本告诉世人："正是1764年当我坐在罗马，坐在孤独废墟中心沉思默想，当裸足的修道士们在朱庇特和凯撒塑像旁咏唱晚祷曲时，一种撰写该城衰亡史的念头开始出现在心头。"[②]这套巨著确立了吉本在世界史上的卓越地位，关键是他从大陆游历中得到了营养和启发。

名声与吉本齐名的是罗伯特·亚当（1728—1792年）。他出身建筑师世家，1754年在布鲁塞尔、巴黎、热那亚、佛罗伦萨等地观光，认真测绘研究古代建筑遗迹，领悟古典风格。离开罗马后，经威尼斯前往达尔马提亚，参观戴克里先宫。1758年回国后随即发表了《戴克里先宫之废墟》，确立了他在建筑学上的权威地位。当时英国人厌倦了呆板陈旧的建筑形式，亚当及时创新。他把大陆和不列颠古典建筑特色融会贯通，形成了"亚当风格"。它借鉴了古罗马建筑的精髓和当代法兰西格调，吸收了文艺复兴时期意大利建筑装饰的特色，把建筑物的不同部分处理得高低起伏，前后进退，使建筑物整体构图添加了

① Isobel Grundy, *Lady Mary Wortley Montagu*, Oxford University Press, 2001, p. 99.

② 戴尔·罗伊兰斯：《英国欧陆游学研究》，普林斯顿大学出版社1999年版，第27页。

“动感”。他在1789年设计的爱丁堡大学校门，是其一生建筑艺术创造的顶峰。

欧陆游学的一个重要后果，是改变了英国上层对罗马天主教的认识，使国民在宗教问题上增强了宽容意识，从而为正式合并爱尔兰、政治上解放天主教徒准备了必要的条件。

长期以来，英国人对天主教徒多有偏见。而天主教国家的居民对英国人也多有误解，鄙视英国人的岛国心态，嘲笑他们高傲保守，矜持冷峻。对于英国贵族异国旅游的行为，开始也不甚理解，称之为“英国式疯狂”。

欧陆游历使英国人加强了对异国异族和不同教派的了解。意大利等国丰富的宗教文化和艺术，使英国人逐渐放弃敌视心态，变为赞扬和接纳。其中起着潜移默化作用的，是文艺复兴时期的一些画作。如达·芬奇的油画《蒙玛丽莎》、《最后的晚餐》，拉斐尔的代表作《雅典学派》、《西斯廷圣母》等。绘画绚丽多彩，具有直观效能，是无声语言，可以突破政治信条和宗教戒律，激发心灵震撼。许多英国人在名画前流连忘返，长期形成的偏见和歧视冰释瓦解，崇敬赞美之心油然而生。甚至有一些艺术家不远千里，前来“艺术朝圣”。

绘画并不是英国才俊仰慕学习的单一领域。其他如建筑、雕塑、服饰、器具和缤纷斑斓的宗教文化等，都使不列颠人叹为观止。古罗马的政治制度、哲学、历史和艺术成就使他们想到了古老帝国的伟大①。于是，许多英国人放弃了孤芳自赏的心态，认识到不同文化不应过度排斥，而应兼收并存。其中尤其是对大陆各国宗教文化艺术的认可，无形中强化了宗教宽容意识。

游历还是体能心智的磨炼。抵达本国港口的首要任务是渡过海峡，渡海的三项困难是在海港等待、飓风和晕船。1759年，约翰·里克在哈维克滞留5日。8年后费弗勋爵等了3日，在家书中抱怨：“我在这里3天了，累得要死，因逆风滞留，现在要在夜间11点登船。但可能还要再次返回。”②1789年布兰德由哈维奇前往赫洛维茨路易斯，留下了这样的感触：大风猛烈狂暴，时常变化，海浪滔天。黑夜10个小时里，因怕抵达荷兰海近岸，我们必须奋力而为……我们竟在海上30个小时。③

陆地旅行也不顺利。多种险情会意外发生。雨天道路泥泞，晴天烈日暴晒，闹市惯偷窃财，乡野强人出没。1727年1月，威廉·本廷克在从普拉古

① 克莱尔·海恩斯:《画和天主教仪式：英国艺术和宗教》，阿什盖特出版社2006年版，第15页。

② Jeremy Black, *The British and The Grand Tour*, Groom Helm, 1985, p. 5.

③ Jeremy Black, *The British and The Grand Tour*, p. 7.

写给他母亲的信上，详细介绍旅途险情，让人读后却步：

游客们屡遇突发性事故；道路如此糟糕，我们上上下下行走在陡峭的山上……在这里和德累斯顿之间，埃尔伯河顺流而下，一边是陡峭的岩石，一边是悬崖峭壁，空间仅仅容许双轮马车通过，江河就在脚下穿行。[①]

19 世纪以前的英国学人在欧陆游学中经受了旅途考验，这就培养了他们蔑视艰难的品格、冷静观察事物的能力和冷静矜持的个性，还有一些贵族在异国注重结交名流，出入宫廷沙龙，增长见识，为以后在欧洲舞台的活动打下了根基。

英国人的大陆游学也会引发一些爱情涟漪。当然，这同当地国情风尚有关。法国、意大利风气浪漫，上流社会比英伦开放。为此伴游教师常常担心小主人招惹是非，影响学业。那时医学落后，没有治疗性病的良药和手术。一旦感染长期随身，给个人和家庭带来莫大痛苦。

除了情爱事端之外，酗酒赌博是英国贵族子弟的其他生活隐患。他们到了国外，出入各类休闲娱乐场合，颇受欢迎。而花钱最快的娱乐方式则是赌博。恰巧，当时英国赌博风气正盛。不列颠贵族子弟家产大多殷实，在异国他乡沉湎于赌戏，比国内有过之而无不及。那时大陆各国工业革命尚未开始，都城名镇多是消费城市。赌博方式多种多样。赛马、拳击、弹球、纸牌，甚至天气、时间等，都可以成为赌博的手段。有些青年赌场负债，险为人质，忙向国内亲人求救。

酗酒是另一祸害。1725 年，托利党颇有影响的周报《雾之声》批评了欧陆游学中的不良行为：讥诮英国某些游历者的不端。8 月 14 日，它以虚拟手法，登载了一封《提布鲁斯来信》[②]。批评提布鲁斯周游欧陆 3 年余，仅学习了一些应付场面的外语。同年 9 月 18 日，《雾之周报》发一报道，揭露英国海外游人常常外出酗酒，直至凌晨方归，途中事端屡生。[③]

旅游者置身异国，最担心的是祸端和重病。当时医疗水准低下，交通联络不便，稍有延误轻则伤残，重则送命。那时颇叫人同情的是著名诗人雪莱，携夫人在意大利会见拜伦后，两个孩子先后病逝，雪莱也葬身国外。[④]

---

① Jeremy Black, *The British and The Grand Tour*, p. 13.

② 阿尔比尤斯·提布鲁斯（约公元前 55 年—约公元前 19 年）是古罗马诗人，善写情节曲折的爱情哀歌诗，在罗马诗人中鹤立鸡群。

③ Chloe Chard, *Pleasure and Guilt on the Grand Tour: Travel Writing and Imaginative Geography 1600—1830*, Manchester University Press, 1999, p. 110.

④ M. 罗赛蒂：《雪莱夫人》，江苏教育出版社 2006 年版，第 195、203 页。

虽有各类问题，但欧陆游历的有益功能却是主要的。它发生在工业革命酝酿和进行之际，是社会经济变革的内容，属于英国上层阶级思想观念和行为现代化的一部分。游历拓宽了他们的政治和社会视野，促使他们抛却了狭隘保守心态和盲目自大，增强了游历者的文化知识，这对于他们以后的发展是相当有益的。

欧陆游学有着浓重的贵族特色，还因当时旅游费用高昂，非常人可以负担。工业革命之前，甚至在工业革命进程中，资产阶级的经济实力难望贵族地主之项背，由此决定了游历的主体只能是实力雄厚的不列颠贵族家庭。即便在贵族乡绅中，也因游历者家世背景、财力的区别，在国外的时间长短不一，随从人员多寡不等，游学花费大不相同。

16 世纪末，诺斯勋爵在国外每年约需 160 英镑。同时期的拉特兰伯爵在外一年耗资 1435 英镑，牛津伯爵爱德华外出 14 个月，花费了 4561 英镑。当时英镑币值甚高，如此开销令人惊叹。

从 17 世纪前期到 19 世纪初，欧陆游学大约持续了近 200 年。19 世纪铁路时代到来后，游历时间大大缩短。铁路时代之前，比如在 16 世纪中叶，贵族乡绅的游学时间平均为 40 个月，游者总是车马劳顿，困难屡屡，费用高昂。可在 19 世纪中叶各国形成铁路网后，平均时间锐减为 4 个月。[①] 多数中产阶级均可参与，普通工薪人士大多可以成行。交通方式的革命引发了社会、经济和劳动条件的革命，但最重要最有意义的后果，是它在商业市场的竞争中，降低了旅游成本和所用时间，使大批民众得以问津，旅游欧陆的人数迅速增加。从此欧陆游历失去传统的贵族游学特色。

七、苏格兰启蒙运动

英国启蒙运动开始颇早，并在整个欧洲的运动中占有重要地位。

不列颠启蒙运动的先驱，是唯物主义经验论哲学的创始人弗兰西斯·培

① Chris Ryan, *The Tourist Experience*, Learning Business Press, 2002, p. 95.

根。他倡导科学，反对中古经院哲学，肯定世界的物质性，提出“知识就是力量”的著名口号，强调自然科学的重要性。他的《学术的进步》、《新工具论》等倡导科学精神，给科学发展开辟道路。顶尖级的思想家还有霍布斯、洛克等。

自由思想家约翰·托兰德也是不列颠启蒙运动的勇者。他于1696年出版《基督教并不神秘》，使教会震怒，要求官方对他起诉。他并不惧怕，两年后又质疑《新约》的真实性。

英国启蒙运动在欧洲率先发生的原因显而易见。都铎时代资本主义的发展，使英国加快了社会过渡。斯图亚特王朝时期内战的冲击，科学的快速进步等，营造社会进步的良好环境。牛顿的三大发现、1660年英国皇家学会的建立，都是科学重大进步的标志。而经验主义哲学体系的创立和发展，是诱发促进英国启蒙运动的理念要素。

英国启蒙运动不仅具有早发性，还在18世纪中叶出现一个高潮，显露出“苏格兰特色”，形成了与法国启蒙运动并驾齐驱的生动局面。其中最著名思想家有大卫·休谟、亚当·斯密和亚当·弗格森。

苏格兰人能领启蒙风气之先，有着坚实的背景。早在15世纪，爱丁堡大学、格拉斯哥大学、圣安德鲁大学、阿伯丁等大学建立。苏格兰高校入学率居欧洲之冠。其中爱丁堡大学和格拉斯哥大学，成为焕发自由主义精神的中心。1768年，《大不列颠百科全书》在爱丁堡问世，显露北国文化神韵。17世纪末，苏格兰居民识字率高达75%，超过英格兰和大陆多数国家。

“苏格兰民族情结”是激发北国学者奋进的要素。1707年两国正式合后并，苏格兰不再是独立国家，民间不满情绪滋生。商界和知识界却多有庆幸。商人们希望借此营造新的工商业中心。知识界则希望通过合并激发全面的进取和创造精神。18世纪，苏格兰向世界贡献了大发明家瓦特、文学家和诗人司各特、近代地质学的奠基人詹姆斯·赫顿、建筑学家罗伯特·亚当等。这些文化业绩，使爱丁堡成为“不列颠的雅典”。

当然，所谓“苏格兰启蒙运动”的提法，仅具有相对含义。一则，不列颠相对宽松自由的社会环境、先进的生产力水平，有助于人们开阔视野，关注多种问题。二则，苏格兰学者的研究对象，不囿苏格兰一地，而以不列颠乃至更大的范围为着眼点。三则，英国的科学、哲学和人文等，已居欧洲前列，苏格兰启蒙思想产生，则是水到渠成，互相融合。

与18世纪的法国相比，同时期苏格兰启蒙运动的特点，是政治革命已经过去，工业革命即将和正在进行。不列颠面临的不是争取基本人权，寻求政治保障，而是面对一个逐渐城市化的“市民社会”，实现新的社会价值观，扩充公民权利。

苏格兰启蒙运动中英才济济，而著名哲学家大卫·休谟（1711—1776年）是18世纪启蒙运动中的思想泰斗。他12—14岁在爱丁堡大学读书，15岁离校自学。1737年，他在法国完成了《人性论》，建立了一个较全面的哲学体系。因他当时年轻，一些人感到不可思议，指责这部书宣扬普遍的怀疑主义，隐含异端意识和无神论，亵渎神明，破坏社会道德。书中不仅怀疑物质存在，也怀疑上帝的存在。正因如此，有人说他比洛克更接近无神论者；在主张信仰自由的同时，还主张保持宗教信仰的必要性。其中文句暧昧，没有打起无神论的旗帜，是惧于当时英国国教的权威，害怕迫害和歧视。

《自然宗教对话录》是他最后的一本著作，后边的一段文字发人深思：“假如我们听到云端里有一种清晰的说话声音，其嘹亮与和谐远非人间艺术所能达到……你岂非势必立刻将它归之于某种设计或目的吗?”①

显然，休谟虽然怀疑上帝的存在，但他理解人造上帝的必要性。这与伏尔泰的“即使没有上帝，也要创造出一个来”的说法，如出一辙。

在欧洲哲学史上，有人说休谟的不可知论走进了一条死胡同，可实际上他得出了许多不可思议的结论。他的超乎一般的怀疑精神和批判精神，是值得一代又一代的哲学后辈们仰慕追求的。②

除宗教外，休谟哲学体系中的另一重要方面是情感主义的伦理学。它以《人性论》和而后改写出来的几部专著为重点，探究了道德的属性、本质、根源、区分、与理性的关系等。他认为：伦理学不是一门抽象学科，不可借助先验推理，而是以实践为基础，即通过经验、观察和检验而证实的科学。并在此基础上强调：能对道德感情的发生起作用的只有苦和乐的感觉，而且，还是一些特殊的痛苦和欢乐。

休谟对道德研究的优长之处，是他没有从简单的分析中得出结论，而是把

① 休谟：《自然宗教对话录》，陈修斋、曹绵之译，商务印书馆2002年版，第29页。

② W. V. 蒯因所说的“休谟的困境就是人类的困境”正是在任何单一的本体思维向度上才显出其真见地。近年来因现代化和全球化所引起民族冲突、环境污染、资源耗费、人口、不平等问题，使更多的人反思休谟不可知论的历史价值。

一些人的有益品质（如仁爱、慷慨、博爱、和蔼慈善、怜悯等）社会化，使之促进社会的普遍利益和社会所有成员的幸福，升华为“社会美德”。这就将人们引入功利主义的园地。所以，后人把休谟视为英国功利主义的先驱。

休谟的《英国史》四卷六册，是吉本的《罗马帝国衰亡史》问世前最畅销的著作，至今起码有 170 个版本。它从罗马占领时期，一直写到光荣革命。与以前的史学著作相比，它在结构、风格和内容上都有创新价值。行文清新流畅，可读性强。其中不仅追溯了历代君主和政治家的业绩，还展示了精英阶层的精神世界。

在他之前，史学著作多以君主为核心，循照他们在位的年谱简单地刻画历史。休谟力图避免这种弊端。他甚至认为：“我是唯一的历史学家，因为我把现世的权力、利益、权威和公众偏见的呼喊全然置之度外。”①

后人难免质疑：他是不是在史书中流露了“苏格兰情结”？作者究竟是站在辉格党人，还是托利党人的立场上看待历史的？考虑到休谟的不可知论哲学立场和中庸的为人，他很容易被定为保守主义者，归入托利党的行列。而休谟在《英国史》一书中为托利党领导者们辩护，驳斥了人们对他们许多不公正的谴责，更符合光荣革命以来的史实。此外，休谟还指责辉格党人所表现出来的对托利党人宗教信仰的不宽容，背离了辉格党人信奉的自由主义原则。休谟本人恰当解释了自己的立场：“我对‘事物’的看法更符合辉格党人的原则，而我对‘人’的看法则更多的是根据托利党人的既有观点。”②

在历史观上他亦非拘泥于苏格兰民族主义。关于玛丽女王被处死，他秉笔直书，不失中肯：“细查她的品行，可能会给她带来颂歌，但综观她的行径，必然要使她遭到冷峻的讽刺和谩骂”。因为她是助情夫杀亲夫的首犯。她以后被处决，是因她策划了谋杀伊丽莎白女王的阴谋，并且相信后者是篡位者、异教徒。作者周严的逻辑推理和分析使读者信服。

作为政治学者，休谟也显示出超越常人的精细和富于预见。虽然因历史条件的限制，他不可能勾画出人类发展的历史脉络，但通过历史考察，已经领悟到人类历史大致经过了原始渔猎社会、古希腊罗马社会、封建社会和近代以来的商业社会。在马克思主义之前，这种感悟和勾画包含着扬弃创新，并且影响

---

① 转引自伊丽莎白·拉德克利夫：《休谟》，中华书局 2003 年版，第 5 页。

② 参阅休谟在《我的生平》(*My Own Life*) 的有关介绍。见 David Hume, *The History of England*, Vol. I, Liberty Fund Inc., 1985, p.XXXI.

到斯密等人的社会历史理论。

文明史是历史学和政治学研究的重点，休谟相当关注国家政体问题。于此，他流露出功利主义情感，以及对社会安定的关怀。至于政府的产生，他认为不是基于自然权利或根据契约，而是依照公众的意见。这样，他一方面承认人民有反抗暴政的权利，另一方面又主张人民服从。

千百年来，政治学家屡屡谈论君主制、贵族制和民主制三种基本类型。休谟面对新的历史条件，又在历史考察和继承前人成果的基础上，做了更细致的划分。仅君主制就涉关专制政体、绝对专制政体、自由政体、东方专制政体、僭主政体等。休谟经过分析判定：英国的政体是典型的自由君主制，他还比较准确地揭示了当时英国的“混合宪制”的特征。

与政体密切关联的是法治。休谟坚信法治对政府体制的关键作用，是社会和政府稳定的重要因素，否则会导致政治上的野蛮和专横。他警示：倘若放手听任大众激情的摆布，会导致社会的蜕化和瓦解。为此，“立法者不应将一个国家的未来的政体完全寄托于社会，而应提供一种控制公共事务管理机构的法律体系，传之子孙万代”。① 这些深邃字句，使那些经历了“民众专政”之荒唐现象的人感到震撼。

以后经过岁月的沉淀，后世人们越来越看中休谟道德哲学的价值。现代学者甚至将他的学说与“牛顿体系”相比拟。

亚当·斯密是英国历史上杰出的经济学家，但他的第一部著作却是论理学的名篇——《道德情操论》(1759 年)，其中交织着教诲、告诫和伦理分析，奠定了经济学研究的心理学基础。他阐述“人性原则”，说明原则的作用与社会上人们的地位、财富和尊严并无联系。他发现，导致社会道德情操变坏的一个重要现象，是由于富人对“穷人和小人物”的轻视和怠慢，因为，“财富和地位几乎总不断地获得人们的尊敬”。② 幸运的是，在中下等阶层中，取得财富的道路是相近的。他们真正的、扎实的能力和谨慎、正直、坚定而有节制的行为，大多会取得成功。

那么，在压倒一切的自卫和利己的感情面前，构成道德评价的能力的根源究竟是什么？斯密相信：每个人的体内存在着一个“灵魂”，起着公正的旁观者

① 《休谟政治论文选》，商务印书馆 1993 年版，第 14 页。

② 亚当·斯密：《道德情操论》，商务印书馆 1997 年版，第 72—73 页。

的作用，用一种不可忽视的声音赞成或谴责着人们的行为。[①] 斯密形象的说法是在阐明，一个生活在社会中的个人会想象有个旁观者从外部注视着他的行为。这说明，他把人类看作受感情支配的动物，而同时以他们的思考能力和同情心进行自我调节。使人们在互相斗争的同时，利用推理和明辨是非的能力，来建立机构和制度，缓解两败俱伤的恶果，转化为互利的结局。

斯密生活在工业革命前夕和前期，资本主义得到迅速发展，但受到传统势力的阻碍，故有必要倡导新理论，冲破观念和政策上的障碍。1776 年，斯密出版了《国民财富的性质和原因的研究》（以下简称《国富论》）。此书证明，他是第一个将经济学理论系统化完整化的学者。后人把《国富论》视为现代经济学研究的起点。

关于斯密在经济学上的卓越贡献，包括对使用价值和交换价值两个概念的区分、对英国社会机构的阐述等，前文已经涉及。《国富论》的中心思想，是把似乎杂乱无章的自由市场，看成一个具有自行调整机制的系统。商品供求和价格，都按照自由竞争的内在规律运行。《国富论》尽力揭示一种新颖的自由市场的自我调控规律：这一似乎混乱无序的市场，能自动地以合适的需求显示社会需求，告诉人们哪些是最受欢迎和最需要的产品。譬如，某种商品的供应短缺，导致奇货可居，其价格自然上扬，其他人就会被吸引来加入这一竞争，随即就是产量的增加、短缺的缓解和价格的下降，一直回落到“自然价格”。对此，斯密断定有一只“看不见的手”，驱使商人追逐他自己的利益，并将社会推进到更有效的状态。[②] 为此，斯密倡导市场经济的自由竞争。

对于现实的资本主义的社会关系，他在《道德情操论》中写道：富人虽然贪得无厌，但“他们还是同穷人一起分享所做的一切改良的成果，一只看不见的手引导着对生活必需品做出几乎同土地在平均分配给全体居民的情况下所能作出一样的分配，从而不知不觉地增进了社会的利益，并为不断增多的人口提供生活资料”。[③] 斯密还发现：倘若自由竞争遇到诸如高关税之类的不必要的障碍，“看不见的手”就难以发挥有效作用。于是，斯密强烈反对政府干预商业和市场的多项政策，因为干预只会导致商品价格的上扬和效率的降低。

---

① 亚当·斯密：《道德情操论》，第 191 页。

② 亚当·斯密：《国民财富的性质和原因的研究》，第 229 页。

③ 亚当·斯密：《道德情操论》，第 230 页。

斯密如此论证，不能仅仅理解为是他对资产阶级利润的关心和对资本主义的偏爱。而是还包含着一种社会责任感和对公众利益的维护。他多次谴责垄断性贸易的暴利和不公正，呼吁减少此类的不端行径。

伟大经济学家的两部著作引发后世学者的疑惑，为何它们既相辅相成，又互相冲突？为什么这位学者在伦理学上是利他主义者，在经济学上是利己主义者？有人解释，他的第一本书主要是解释生活方式；所以，人就被社会化了，就需要更高的道德标准来约束自己。

晚年的斯密声誉隆隆，影响超出不列颠。国内外上层社会颂扬他睿智博学，他的著作很快成为现实经济政策格外重要的理论依据。

亚当·弗格森（1723—1816年）是苏格兰启蒙运动的另一智者，早年学习神学，多年任随军牧师，经受过战火洗礼。这使他有着更多的武勇气质，更强烈的苏格兰情结，激发他研究社会文明史。

同休谟和斯密一样，他也关注道德伦理学，于1769年发表了类似于“箴言录”的《道德哲学原理》。该书文字不过数万，分为7编33章。是弗格森的集大成式的纲领性文献，语言精练、文风简洁质朴，立论明晰。其中从人类和个体自然史出发，判别人的外型和面貌、居住及生计。他相信地理环境对不同地区的人的影响，却提出了和孟德斯鸠不尽相同的结论：“在寒冷的气候中，相对说来是冷淡的和迟钝的，在温暖的气候中则会更加热情和迅捷，但在温带中却总能体现出无可比拟的优越性。”① 至于人类生命的周期，弗格森从记录着人口数量的死亡登记年册中得知：每年的人口死亡率是三十分之一，出生率是二十七分之一或二十八分之一。这与当时马尔萨斯的估计颇为接近。

弗格森对社会等级制的出现也流露着唯物观念：“一旦财产与头衔成为世袭的，便会出现生而有别的情形”；“当财产分配不均时，穷人便依赖于富人了”。②

惜墨如金的作者用较多的篇幅论述政治建制，并对本国的贵族体制格外关注。他认为，单一的建制有民主制、贵族制、君主制及独裁制等。可在英国式的混合建制中，“最高权威由行使权力中的多数来操作”，其中贵族政治的影响

① 亚当·弗格森：《道德哲学原理》，上海人民出版社2005年版，第11页。

② 亚当·弗格森：《道德哲学原理》，第17页。

不容忽略，特征是特殊阶层或阶级执掌最高权力。这一分析接近当时英国的政治现实。

弗格森还明确划分了混合宪制的两种形式：混合的共和国或混合的君主制。其中混合君主制又可划分为两种："最高权力为国王与贵族或国王贵族及人民共享。"

在宗教问题上，弗格森机警地借助了"怀疑主义"方式。他不去肯定上帝的存在，却说社会上关于"上帝存在的信念是普遍的"，因为"这一信念并不意味着关于上帝的确切概念"，甚至还会受到质疑。他随即揭示：上帝普遍存在于信仰，不依赖于任何时代或民族特有的情形，而是人的自然之结果，或为每时每地人的生存景况之启示。

弗格森的《道德哲学原理》涉及多方面知识，是集大成式的纲领性文献。对了解苏格兰早期的思想渊源都有极其重要的学术意义。

1767 年发表的《文明社会史论》则有更多的社会史特色，引起了更大的轰动。鉴于当时还没有产生现代社会学，而此书有着大量的社会学内容，探讨了社会发展的一般趋势和规律，追究社会变迁和形态更替的原因，为此弗格森则被视为社会学的奠基人。

在哲学理念上，弗格森不仅注重吸收希腊、罗马时期学者的滋养，还通过对哈林顿著作的研读吸收了马基雅维里的观点，接受了古典共和主义的影响，形成了他与休谟和斯密在学缘和方法上的区别。

他对新兴的商业文明的评判，显示出对社会发展的预见能力。其中包括对公民道德沦落的忧虑。因为商业活动会导致公民美德的丧失，导致社会腐败，毒化政治权力。公民美德的缺失包括生活上的腐化堕落和政治上的懈怠；最后导致民族风尚的败坏和公民素质的降低，表现为整体意志薄弱，腐败公行，社会成员也不再履行平等、独立或自由的原则。而且，腐败会导致民主的破坏。在并非民主的政体之下，虽然宪法规定了多种自由，另有立法机构等，实际上却是形同虚设。

在全书的结尾处，弗格森留下了意味深长的警示和乐观的展望：人类除了美德别无靠山：在每种环境中，人们都能获得自己天性中的最大快乐。

以上可见，苏格兰启蒙运动向不列颠思想宝库提供了宝贵的财富，并对英国现代社会的建设有着重要作用。

八、新文学：散文和小说

长期以来，诗歌是英国文学主要的表达形式。诗歌体裁不一，有史诗、抒情诗和讽刺诗。最杰出的诗人有14世纪的乔叟、16世纪的莎士比亚、17世纪的弥尔顿和18世纪的蒲柏（1688—1744年）。文学的另一形式是戏剧，但戏剧却非纯粹的文学形式；它利用了歌词、舞台效果、音乐、演员表演等表达手段，是一种复合艺术。

在形式归属上，散文是一种介于文学、哲学和政治之间的表达形式，包括杂文、随笔和政论文等体裁，内容宽泛，更能表达作者的思想和论点。

在17世纪的政治斗争中，小册子的发行量逐渐提高，成为对立党派从事论争的有力工具。但许多人认为，政治小册子已经偏离了文学领域。

光荣革命后，由于英国政治环境的变化和法国启蒙运动的影响，英国又萌发了一种借助于报刊发行的“报刊文学”或“期刊文学”。

在17世纪晚期和18世纪初，把期刊散文的艺术表达力发挥到近于完美境地的，是英语散文大家艾迪生和斯梯尔。

约塞夫·艾迪生（1672—1719年）是当时著名散文期刊《旁观者报》的创办人，与理查德·斯梯尔（1672—1729年）自幼就是好友。二人的共同特点是较为积极地参与党派论争，结合现实撰写了大量政论文，但又秉性不同。艾迪生沉稳灵活，仕途顺畅。1693年他将一首献辞奉与辉格党政治家萨默斯勋爵，得到了政界名流的关注，1704年进入辉格党上层和文人行列。当年12月，他发表了歌颂马尔博罗战胜法国的诗歌《战役》，读者如潮，两周内连印3版。翌年辉格党组织内阁，他获任副国务大臣。斯梯尔热情活跃、放荡散漫，但同样具有文学才能和事业心，1707年，由于艾迪生的推荐，被任命为《官报》主编。《官报》每周两期，刊载官职任免和国内外消息。

1709年，斯梯尔另外创办了《闲谈者》。这是英国第一家文学期刊，每周3期，内容为诗歌、学术、新闻、随感、社交娱乐，其中把时事杂谈和随笔巧妙地糅合在一起，富于文学趣味，颇受京城中上层市民的欢迎。

1710年辉格党内阁垮台，艾迪生被迫离职，斯梯尔也被免去《官报》主编。

艾迪生全力为斯梯尔的《闲谈者》杂志撰稿。

1711年3月1日二人合办《旁观者报》，每周6期，每期一篇文章，一直出到翌年12月6日。二人各在上面发表了二百多篇文章。两年后又续办了一段时间。该刊首期由艾迪生介绍《旁观者报》宗旨，以及他本人如何学识渊博，阅历丰富，从不插手实际事务和党争，等等。第二期由斯梯尔介绍所谓“旁观者俱乐部”的6位成员，同时还杜撰了一些笔名。随后他们撰写散文随笔，谈及时事民俗、道德风尚，评论文学作品乃至时装式样。其中最多的是关于俱乐部七八名成员的日常活动，涉及他们在伦敦各界和乡绅田庄的交往，反映出当时英国上层社会各种代表人物的生活、思想和风貌。《旁观者报》还编写了一些“来函照登”和“答读者问”，把他们二人在社会、哲学、道德、美学等方面的观点公之于世。散文内容广泛、词句淡雅、深受欢迎，每期销售3000份，读者估计有五六万人。①

《旁观者报》在英语文学上的贡献主要有两点：其一，它作为当时最有影响的文学期刊，把随笔散文这一文学形式大大发展；其二，它还促进了英语小说文学的成长。

18世纪初，英国的政治文学期刊还有1704年由丹尼尔·笛福创办的《评论》，专门刊登政论文，一连10年，其文稿几乎全部出自他一人之手。斯威夫特、博林布洛克和帕多特尼也常在政治期刊上发表文章。

1706年，英国首家日报在伦敦诞生，名称就叫《日报》。4年后，第二家日报《晚邮报》在京都发行。日报内容新颖，消息及时，很受欢迎。

汉诺威王朝建立初年，政界斗争激烈，“宫廷党”和“地方党”互相攻击。党派矛盾吸引了报刊的注意力。它们或支持政府，或同情在野党，如《周刊》、《工匠报》、《斗士》和《绅士期刊》等，由反对党中坚人物创办发行，经费靠党内富豪捐献。他们努力搜集政府要员和宫廷的劣迹丑闻，向公众披露时措辞辛辣，冷嘲热讽。面对反对党的舆论压力，辉格党内阁一面加强报刊管制，以煽动谋反罪起诉反政府报人，一面拨款赞助“宫廷派”报刊。1735—1738年间，仅《自由不列颠》一家报纸就得到政府1.1万英镑的补贴。

该时期文学领域的重大进展，是小说文学的问世。

关于英国小说产生的时间，学界有不同观点。有的学者认为，英国小说是

① 安德鲁·桑德斯:《牛津英国简明文学史》上册，人民文学出版社2000年版，第437页。

18世纪的产物。还有人断言:17世纪的约翰·班扬（1628—1688年）已是“伟大的小说家”。班扬最早的作品是他的自传《慈悲无量》（1666年），以后陆续出版了《天路历程》、《拜德先生传》和《圣战》。由于班扬把英文版《圣经》当做经典读本，他的小说里具有神秘主义色彩。

丹尼尔·笛福（1660—1731年）是彪炳西方文学史的英国小说家、报纸撰稿人、小册子写作者，一生经历复杂曲折。他曾是政府坐探，先后为辉格党和托利党效劳过，又是一个投机商、发明者、旅行家；几度坐牢，一次被枷号示众。他最著名的作品是发表在1719年的《鲁滨逊漂流记》，是根据一些航海家和流亡者的记载和口述，特别根据水手亚历山大·科尔塞克在费尔南德斯岛上的冒险事迹写成的。它情节奇特，富于想象力，刻画纤细真实，能使读者设身处地地阅读回味，具有罕见的感染力。以后它有多种译本、改写本，是世界名著。随后，笛福发表了《辛格顿船长》、《摩尔·弗兰德斯》、《杰克上校》和《大疫年日记》等作品，都展现出他作为小说家的卓越才能。为此，笛福被一代代的文学史家和批评家尊为英国第一位小说家。①

在文学界，乔纳森·斯威夫特（1667—1745年）与笛福齐名，又是英国最杰出的讽刺作家，在宗教界和政界也颇有盛名。1710年10月，他成为托利党刊物《考察者》的主编，支持政府与法国媾和及保护安立甘教会的政策，并将这段经历和他的感受生动地记载在《给特里拉的信》中。1713年，他被任命为都柏林一大教堂的主持。翌年，托利党垮台，他从此离开政坛，专心著述。其散文寓意深刻，讽刺辛辣。他最有影响的作品是完成于1125年的寓言小说《格列佛游记》，在伦敦出版后引起轰动。它通过描写假想的大人国、小人国，嘲讽时政，给人以联想和感叹。斯威夫特一贯维护爱尔兰利益，反对英格兰政府的掠夺政策，深受当地人民的爱戴。

笛福和斯威夫特的重要贡献，是通过他们精湛的作品，使小说成为大众最喜爱的文学体裁。但由于他们是小说撰写的先驱，就缺少同代的唱和者。大约隔了20年，才出现了具有较高水准的小说家。

其中塞缪尔·理查逊（1689—1761年）的《帕米勒》被誉为英国第一部小说。这一断语虽然引起争议，但他注重描写单一的细节，采用书信体展示人物的意识流，颇值得后人借鉴。

① 安德鲁·桑德斯:《牛津英国简明文学史》上册，第444页。

亨利·菲尔丁（1707—1754 年）虽然不是英国最早的小说家，但因他是第一个用完整的小说理论和完美的小说形式来从事创作的，被司各特称为“英国小说之父”。在《约瑟夫·安德鲁斯》、《弃婴托姆·琼斯的故事》和《阿米利亚》中，在他大量的剧作和散文中，他敢于针砭时弊，显露出立志改变社会风尚的决心，由此奠定了反映当代社会的现实主义传统，并影响着 19 世纪的文学。

劳伦斯·斯泰恩（1713—1768 年）是幽默小说家，一生屡遭不幸。他的两部小说《项狄传》和《感伤旅行》几乎没有情节，但充满同情和幽默感，穿插尖锐的嘲讽，为此被认为是现代心理小说的先驱。

托比亚斯·斯摩利特（1721—1771 年）是一个著作等身的学者，先后翻译过塞万提斯的《堂吉诃德》、伏尔泰的 36 卷的文集、撰写了 36 卷的《各国现状》，担任 58 卷的《世界史》的主编，并亲自撰写其中法国、意大利和德国等卷。斯摩利特在书信体小说《亨佛利·克林克》中，擅长描写滑稽人物，文笔有力，情节发展迅速。该小说直到他临终前才问世，但对后世影响深远。

如果说在笛福的时代，小说还只是一股喷泉，那么到了理查逊、菲尔丁、斯泰恩和斯摩利特时期，已汇集成汩汩的溪流。在四人身后，小说的河流日益开阔，很快形成波澜壮阔的洪流。

九、绘画艺术

在近代欧洲绘画史上，因法国、意大利、荷兰和西班牙画界强手如云，英国画家很难得到外国同行的赞誉。

然而，18 世纪中后期却是个例外。是时，几位画家同居画坛，绘出了时代风光。又因其中两位油画家——雷诺兹和根斯博罗——格外杰出，以至于他们所处的画坛被称作“雷诺兹时代”或“根斯博罗画界”。

雷诺兹（1723—1792 年）是当时最著名的肖像画家和艺术理论家，出身于德文郡的一个拉丁文牧师家庭，幼时得到了良好的教育和艺术启蒙。15 岁时，他到伦敦的一家肖像画室求学，1743 年开始肖像画创作，注重艺术风格的培养。1749年他随友人游学西班牙和意大利，在罗马费时3年，潜心学习意大利绘画艺术，认真揣摩文艺复兴时期拉菲尔、提香等人的构图和色彩。1753年定居伦敦创办画室，一举成名，两年内接受了120项名流贵胄的肖像画定件，坐上了英国肖像画家的头把座椅。画资滚滚而进，年收入高达16 000英镑。而后他的事业一帆风顺，1761年被封为爵士。

由于他专注于肖像画，使他无暇顾及历史神话和宗教性方面的题材。正巧，求他作画的主顾都是反对偶像崇拜的新教徒，对圣画不感兴趣。他们热爱大自然，不欣赏单纯的风景画，殷殷希望借助肖像画来挽留他们转眼即逝的黄金年华，给后世留下美好的印象。性格随和的雷诺兹善于揣摩顾主心理，运用自己的想象力和技法巧加修饰，使每个被画者心神不定地进入他的画室，喜滋滋地离开。他在上流社会有着最好的市场，留下630幅画作，其中为数最多的是贵族乡绅肖像画。后世人们能够瞻仰政客布特、思想家爱德蒙·伯克、辉格党领袖福克思、学者约翰森、政治评论家沃波尔、史学家吉本等人的神采与活力，全靠他的劳作。

雷诺兹善画贵妇淑女，又终身未娶，这似乎使他能用更美妙的笔法和心态美化她们，让她们的面庞更加秀媚端庄，秀发更加丰厚轻柔，服饰更加松软飘逸。其中最著名的有《阿尔贝玛伯爵夫人像》、《西顿夫人扮演的悲剧女神》、《伊丽莎白小姐和孩子们》。使他意料不到的是，一些带有美化创作倾向的画作抬高了他在当时的声望，却不利于后人对他的定评。晚年，他经受着疾病的折磨，但仍然提倡绘画的“崇高风格”，主张向过去的艺术大师学习，接受严格的学院派训练。

在当时英国画家中，雷诺兹有两点优长：较高的绘画理论和杰出的组织才能。他多次举行美术讲座和画展，出版了专著《艺术讲演录》。首先由于他的倡导和筹备，英国建立了皇家美术学会。他出任第一任会长，亲自制定办院方针，每年在该院作一次主题讲演，阐述其艺术思想。许多莅会者惊叹其言辞的优美。

托马斯·根斯博罗（1727—1788年）出身于萨福克的一个非国教者家庭。他是画界的另一面旗帜，幼年师从法国画家格拉维诺，学习经典技法。1746年与弗特公爵的私生女玛格丽特·布尔成婚，扩大了他在上流社会的结交范围。就个性而言，他不像雷兹诺那样对显贵曲意顺从，不愿以自己人格和艺术牺牲作代价，换取时人的捧场。他对风景画最感兴趣，又在人物画上显露强势。所作的风景画受扬·维南茨和雷斯达尔的影响，展露了英格兰的秀丽风光，描绘了各阶层的现实生活，并善于将两者结合，相得益彰。其肖像画《画家的女儿们在追一只蝴蝶》（约 1758 年）是英国儿童肖像画最优秀的作品之一。《安德鲁斯夫妇》的背景是典型的萨福克郡风景，静谧温馨，被认为是英国绘画中最能体现工业革命前乡间士绅生活情趣的写实佳作。1759 年移居旅游胜地巴思，1768 年被选为皇家美术学会的筹建成员。随着交游日广，更多更好的作品频频问世。1770 年左右所作的《蓝衣少年》是其名作。1781 年得以为国王和王后画像，而后邀请他画肖像的显贵络绎不绝。尽管如此，他还是主动到乡间和海滨探胜，用写实主义画风展示海景和农民生活，如《村舍门户》、《赶集的马车》等。所绘海景油画则继承了荷兰画派的传统。他在晚年创作了许多贵妇肖像画。其中《希丽丹夫人》是融化在风景中的人物画精品；《杜德雷太太》被誉为“用蓝绿两种颜色谱写的交响乐”；《西顿夫人》以后则进入世界经典名作之列。他这时的肖像画不作刻板的修饰，却更能显示画面的总体效果。

岁月未能消磨掉根斯博罗的倔强个性。一位贵族坐着让他画像时露出傲慢神态，他将此人赶走。70 年代初举行画展时，他为自己作品的悬挂位置不够突出，与皇家美术学会的有关人员争吵，随后多年拒绝向学会提供展品。单就根斯博罗与雷诺兹的私交来看，他显得不如年长者温和豁达。①

根斯博罗在世时名望难出雷诺兹之右。可随着时间的流逝，艺术家则给他以越来越高的评价，断定他的作品能够更准确地记载社会风貌和人们的相貌神态，称赞他预示了 19 世纪英国最伟大的风景画家康斯太布尔的写实画风。

当根斯博罗还在摇篮时，油画家、版画家和艺术理论家威廉·贺加斯（1697—1764 年）已经成名。贺加斯不仅在肖像画、风俗画和历史画方面有颇大的贡献，而且善于观察生活，创作了许多具有深刻思想性和讽刺意味的作品。1721 年，他的铜版画《南海阴谋》问世，诅咒了南海股份公司对人们和商业的戕害，展露了其讽刺画的幽默辛辣。1724 年，他的又一件主要作品《化装舞会与歌剧》问世，引起画界注意。4 年后创作了第一幅签名油画《乞丐的歌剧》，真实反映了下层穷人的生活。1731—1732 年他创作了一套 6 幅的铜版画《妓女生涯》，刻画了一个农村姑娘在伦敦的堕落和悲惨结局，从此声名遐

① J. Leonard, *The World of Gainsborough 1727—1788*, Time-Life Books, 1969, pp. 106–107.

迹，经济和社会地位得到改善。贺加斯的代表作是他在1745年创作的一套6幅油画《时髦婚姻》，逼真描写了上流社会的婚姻通病：订婚时追求门当户对和可观彩礼，婚后互相不负责任，感情淡薄，放荡形骸，最后双双死难，酿成家庭悲剧。两年后，同一故事又被画成铜版画，稳稳确立了贺加斯在英国美术史上的重要地位。他在1754—1758年画成的大幅油画套画《议会贿选》，是他晚年“滑稽历史画”的代表作，具有颇高的史学价值。[①]

此外，理查德·威尔逊（1714—1782年）也是18世纪著名的风景画家，皇家艺术学院的创始人。其作品兼有古典式的明朗景色与引人入胜的图画效果，他因此被称为“英国风景画之父”。

雷诺兹和根斯博罗的时代的一项壮举，是斯隆爵士在1753年将他所藏的艺术品及图书，连同它们的藏所——位于伦敦市中心布卢姆斯伯里区的一所博物馆，一同转归英国政府所有。大英博物馆和图书馆自此建立。1759年，议会通过法令，正式对外开放。馆内藏品中有古代和中世纪的手工制品和艺术品。以后逐渐分类建立分馆。

在根斯博罗和雷诺兹之后，英国有成就的画家增多，英国绘画艺术的繁荣期得以继续。

① J. Leonard, *The World of Gainsborough 1727–1788*, Time-Life Books, 1969, pp. 19, 29-31.

第九章

走向工业社会

（18 世纪后期—19 世纪中期）

一、工业革命

18 世纪后期至 19 世纪中期英国社会的特点，是经济发展的领先和政治变革的滞后。在经济领域，工业革命的一系列进展使英国社会面貌发生巨大变化，工业社会逐渐来临。

英国工业革命是一场巨大的经济变革。它是在各项前提条件具备时，于 18 世纪 60 年代迅速开始的。

前面已提到了英国率先开展工业革命的多种条件：圈地运动和农业的全面变革、殖民掠夺、国内外贸易发展和市场体系的形成，为英国开展工业革命提供了必需的资本、劳动力和市场。立宪君主制的建立和国内政局的相对安定则为之准备了必要的政治条件。17 世纪以来自然科学的领先发展，为发明创造提供了理论基础。

后世学人难免提出：为什么这个蕞尔小岛能在世界上最早进行工业革命？其实这已包含了它的原因之一。那时，英吉利海峡是不列颠理想的防御工事，岛国的地理条件能使它屡次免遭欧洲其他国家的进攻、占领和破坏，可以悠然自得地发展本国经济。

英国还是世界上最先建立近代金融机构的国家，发展最快。18 世纪初，英国只有几家银行，1750 年仅伦敦就有 20 家；1750 年增至 50 家；1793 年有 400 家。银行家提供了帮人处理钱财的最佳生财之道，把大量“闲散资金”汇集起来，发挥作用。

早在 16 世纪，英国手工业水平已居欧洲前列，部门齐全、种类繁多，具有比较完整的结构体系。它包括轻、重工业、资源工业和制造业，又包括消费资料和生产资料两类。其中长期作为英国“民族工业”的纺织业，几乎遍及英格兰城乡各地，形成了几个中心。采矿业分布于西南和中北部，冶铁业则以西北和东南部最为繁荣。

随着生产水平的提高，手工业展露出与农业分离的趋势。一则，农村剩余劳动力转向工业；二则，手工业规模的扩大和技术水准的提高，促使资金单薄的农民手工业者放弃农业经营，专门从事手工业，或成为一无所有的工资劳动者。这时的手工工场，特别是集中的手工工场，比较容易实现技术分工。劳动生产率的提高，使生产过程已经细化为若干简单程序，每道工序又分解为几个单纯的机械动作，使发明和使用机器成为可能。

英国工业革命是以轻工业，尤其是棉纺织业部门的机器应用和工厂制的产生为起点。之所以如此，是由于资产者经营的目的是为了最多地追求利润，而轻工业需要的资本少，资金周转迅速，获利容易，首先成为投资目标。棉纺织业之所以成为工业革命的先行部门，是因为它在英国是新兴工业，不受行会传统和旧习惯的束缚，而且集中在兰开郡等地。刺激棉纺织业技术革新的外部因素是印度的细棉织品物美价廉，东印度公司将之大量输入，迫使英国棉纺织业采用机器，减低生产成本，提高质量，以便竞争。

英国工业革命开始于 18 世纪 60 年代，还与当时存在的“纱荒”有关。1733 年，约翰·凯伊发明飞梭，织布速度突然加快，影响了纺、织之间的平衡，棉线供不应求，成为棉纺织业发展的瓶颈。1763 年，格里夫斯发明了多锭纺纱机——“珍妮机”，几年后注册专利，推广使用，缓解了纱荒。1788 年全国有珍妮机 2 万台，每台最多有 80 个纱锭。珍妮机未能解决的技术问题是仍需人工操作，纺出的棉纱粗细不均，仅能用作纬线，不能大量生产棉布。1769 年，理发师理查德·阿克莱特发明了水力纺纱机，提高了棉线的质量，更新了生产动力。两年后，他在克罗姆福德建立大型棉纺厂，利润稳步上升。

此时，存在的问题是纺的线过粗，影响棉布质量。于是，纺织工人塞缪尔·克隆普顿综合多锭防纱机和水力防纱机的优点，于1779年制成了被称为“骡机”的精纺机。1800年，英国有骡机纺纱厂600家。

纺纱部门技术改造的完成和相关工厂制的建立，对织布技术提出了新的要求，不然就会造成纺与织的严重失调，导致棉纱大量积压和出口。1785年，牧师卡特赖特发明自动织布机，织布功效提高40倍。1791年以来，机器棉织厂陆续建立，解决了棉纱过剩问题。此外，英国棉布生产的梳理、印花、漂白和整染技术也得到相应改进，棉纺织业生产实现了全面革新。

在棉纺织业的带动下，英国的另一民族工业——毛纺织业也慢慢改造，一些技术被加以移植。1773年，约克郡使用多轴纺毛机，1800年该郡共有18家精纺工厂。1820年毛纺织业普遍实现机械化。

棉纺织业的发展，需要大功率而又廉价的动力。旧式的手工业工场，机器少而简陋，用人力、畜力、风力就可带动。工业革命开始后，出现了结构复杂、体积巨大的机器，传统动力难于胜任，水力就成了转动纺纱机械的主要动力。但是，使用水力有着无法克服的缺点：第一，水力资源并非到处都很丰富，而是受到自然条件的限制，所以，棉纺织业一开始就集中在水源丰富的兰开郡；第二，使用水力时，受季节性水位、水流变化的影响，工厂正常生产会受到影响。所以，能否找到一个比水力更好的动力，成了工业革命是否可以继续发展的关键。

有关蒸汽用作动力的研究，很早就已开始。文艺复兴时，达·芬奇就从多方面研究了蒸汽的用途。18世纪初期法国的德尼·帕潘设计了用蒸汽发射的大炮，制造了矿井使用的蒸汽水泵，试验蒸汽轮船等。但由于这些探索脱离生产，未能成为迫切的社会需要。1705年，英国铁匠纽考门经过长期研究，创造了空气蒸汽机，靠蒸汽冷却后产生的部分真空，形成气压产生动力，用于矿井抽水，并且克服了易爆危险。1712年纽考门蒸汽机在矿井中陆续采用，证明该机器耗煤过多，蒸汽所产生的动能未能充分利用，难以普遍应用。

1761年，苏格兰机械师詹姆士·瓦特（1736—1819年）在格拉斯哥大学修理一台纽考门蒸汽机时，专门研究该机器的弱点。他发现：3/4的蒸汽用来加热汽缸，仅有1/4的蒸汽用作动能。他多次实验，发明了与汽缸分离的冷凝器，制成了单动式蒸汽机。1769年，瓦特的发明获得专利权。它比纽考门的蒸汽机有着显著的优点：转动快，燃料减少了3/4；缺点是仍然只能单向往复，难以带动多种机械。而后，瓦特在工厂主马修·波尔顿的赞助下，继续研究，终于在1782年制成了联动式蒸汽机。它通过传动装置可做旋转运动，利用蒸汽的膨胀作用，交替推动活塞，同时安装了调速器，能自动控制蒸汽机的运转，功率大大提高。

瓦　特

瓦特的联动式蒸汽机又被称为万能蒸汽机，最初在波尔顿的工厂里试用，带动鼓风机、气锤等机械，成功后渐渐被其他工厂仿制。1785年，英国建起了第一座用蒸汽做动力的棉纺厂，1789年，棉织业第一次采用蒸汽机。4年后，推广到毛纺织业。1826年，英国拥有1500台蒸汽机。又过了十几年，蒸汽机为欧美各国广泛采用。工业发展进入“蒸汽时代”。

蒸汽机的发明不仅解决了动力问题，加速了工业革命的进程，还促进了工厂制的建立。蒸汽机是以煤作燃料，消除了工厂对水力的依赖，从而也消除了地点和季节的局限性。从前依河傍水的工厂纷纷迁入城市，组建新型工厂，这又形成了许多工业基地。

蒸汽机的发明和推广还对冶金业、采煤业和交通运输业提出了新的要求。目下制造和使用蒸汽机，煤和铁的需要量增加，现有的煤炭开采量不敷使用。长期以来，英国冶铁是以木炭做燃料，发展缓慢，需要进口生铁来满足需要。

冶铁和采煤的难题早已引起人们的关注。18世纪初，焦炭已被用来炼铁。但炼出来的铁杂质过多，质地松脆，有关方法不能推广。1761年，约翰·斯米顿发明了带有气筒的鼓风机，焦炭炼铁法采用了新的鼓风法，炉温升高，减少了杂质，降低了耗煤量，效益提高，产量增加一倍多。木炭冶铁失去了价格优势。1790年，英国共有焦炭炉八十余座，木炭炉减至二十余座，大致完成了冶炼燃料的转变。

生铁冶炼法的改进带动了炼钢技术的改进。1784年，亨利·科特发明了“搅拌”和“碾压”法，即在生铁熔化成流体状态时加以搅拌，烧掉其中的碳素，再用碾压机取代铁锤将熟铁碾压成形；煅铁功效提高了十多倍。1785年，设菲尔德首先建成现代型大容量高炉的炼钢厂。不久，英国成为熟铁出口国。

机械动力的改变、焦炭冶铁技术的推广和城市人口的增长，迅速提高了煤的需求量，刺激采煤业实行技术革新。1800 年前后，矿井已普遍用蒸汽抽水机排水，矿井发掘深度一再增加。18 世纪 90 年代，煤矿用蒸汽卷扬机取代旧式的拖运办法，随后辅之以重型起煤机、金属缆绳、安全灯、火灯通风法、金属升降台等一系列开采措施。1760—1840 年，英国煤产量由 500 万吨增加到 3300 多万吨，不仅满足了国内需求，还大量出口国外。

稍后，机器制造业的发展紧紧跟上，在工业革命中占有核心地位。工业革命初期，机器完全是手工制造的，多用木料制成，结构比较简单，精密度不高。甚至连瓦特开始制造蒸汽机时，也只好用铸件汽缸。以后随着工业革命的深入，机器结构越来越复杂，精密度要求越来越高。特别是冶金、采煤和交通运输业的发展需要制造大型的机器部件，手工生产机器已不敷需要。这要求机器制造业实行技术革新，用机器制造机器。

蒸汽机出现之前，已有简单的车床、铣床和刨床。蒸汽机出现后，这些工作母机开始实现自动化。刀具不断改进。1775 年，威尔金森发明了圆筒镗床，对蒸汽机的生产起了决定性作用。18 世纪 90 年代发明了转动模型刀架，工人可以不用手把住刀架，把机器部件加工成各种形状。很快，模型刀具架改成自动装置，并在所有的金属机床上使用。19 世纪初年罗伯特发明了手动刨床，改进了切削机器模件的技术。同时，机器零件开始实现标准化，这对于大规模的机器生产具有重要意义。不久，摩莱兹发明了现代机床的全套设备，并率先建成了机械厂。19 世纪 20 年代后，英国用机器生产的机器越来越多。1825 年议会废除了机器出口的禁令，英国机器在世界市场上占据垄断地位。

交通运输业的发展也是显示工业革命中各个行业互相促进、互相影响的又一范例。它包括运河、海运以及陆路运输的拓展、轮船和火车的发明等许多方面。

长期以来，内河运输是英国运输业中一种便利方式。但因河流未能互相沟通，诸如煤炭等大宗货物的运送受到限制。1760 年前后，即在桑基运河和布里奇沃特运河竣工之后，英国出现了一个开凿运河的热潮。各地政府和企业在议会的支持下，经过半个多世纪的努力，不列颠形成了一个沟通各水系、连接各经济区和主要港口的运河运输网。1820 年，运河长度达 4000 英里。

18 世纪末，蒸汽动力用于水上运输的实验取得成功。1802 年，由威廉·赛明顿制造的“丹达斯”号汽船在沟通福尔斯河和克莱德河的运河试航成功，尔后费时10年攻克其他技术难题。不列颠内河和沿海水域设立了定期的船运服务。1828年，全国汽船计有338艘3万余吨。

在水上运输动力蒸汽化的同时，船体的技术改造同时进行。1787年，实验性质的铁制小型驳船首次下水。19世纪20年代初，铁制汽船“阿伦曼比号”首次渡过英吉利海峡。铁制汽船不仅节省了大量木料，降低了造船成本，还减轻了船体重量，扩大了运货空间。1838年汽船横渡大西洋成功。1840年前后，个别铁制大船安装了螺旋桨推进器，这预示了远洋运输革命的到来。

公路运输的改革与“运河时代”同时到来。从1760年到1820年，议会通过了1000多项有关法案。铺设了大约2000英里的优质公路。1754年伦敦到曼彻斯特的驿车大约费时一百小时，时下减为24小时。公路运输的改进，有利于商品交流、乘客来往和报刊邮件发行。

铁路建设包括蒸汽牵引、铁路铺设、机车制造等多方面的技术，难度较大，故而兴起于工业革命后期。1803年理查德·特里维西克就已成功地制造了铁路蒸汽机车，翌年2月21日在10英里长的轨道上完成了10吨铁和70名乘客的牵引试验。1805年纽卡斯尔煤矿开始铺设坚韧强硬的熟铁钢轨。1814年，乔治·斯蒂芬森（1781—1848年）制造出第一台蒸汽机车，它在基林沃斯煤矿的铁轨上，牵引装有30吨煤的8辆货车行进，时速4英里。他仍不满足，继续改进技术设备。1825年9月27日，当一列装载着450名乘客，以24公里的时速，从达灵顿抵达托克顿时，“铁路时代”实际上已经开始了。随即，全国各地出现了修筑铁路的热潮。1830年，利物浦—曼彻斯特铁路建成通车，最高时速约30英里。1855年全国投入使用的铁路线长达8053公里。

英国工业革命前后约80年，它既是一场技术革命，致使社会生产力飞跃发展，经济结构明显变化；又是一场社会变革，导致阶级结构变动、人口迅速增加，英国最先进入工业社会。

根据权威性材料可知：1770—1840年间，就整个冶炼业来看，英国工人日生产率平均提高了27倍。而在那些机械化程度较高的部门，如运输业等，劳动生产率则是成百上千倍地增加。

工业部门的生产量、生产率和经济增长速度都是空前绝后的。1785—1850年，全国棉织品由4千万码增加到20亿码，增加49倍。煤的开采量由1770年的600万吨增至1850年的4950万吨，增加7倍多。铁产量由1788年的6.83

万吨增加到 1847 年的 200 万吨，增长 30 倍。

经济结构的变化还包括：以机器生产为特点的工厂制取代了以手工生产为特征的工场制。工农业之间、地区之间、工业部门之间和部门内部的经济结构都发生了相应变化。

工业革命前，新兴棉纺织业无法与具有悠久历史的毛纺织业相比。可由于它率先实现了机器生产，1812 年超过毛纺织业的产生总值，成了工业的主要部门。

以前，英国经济重心是在伦敦为中心的东南部地带。工业革命后，煤铁丰富的英格兰西北部、苏格兰南部出现了诸如曼彻斯特、利物浦、伯明翰、设菲尔德、里兹、格拉斯哥等新兴工业城市，人口重心也逐渐向西北地区转移。

工农业产值和就业人口的变化说明了工农业结构的变化。1801—1851 年，英国国民产值中，农牧业的比重由 31%下降到 20%，而工业产值则有大幅度的提高。英国从事工商业生产的城市居民开始赶上农业人口，英国率先实现了由农业国向工业国的过渡。

工业革命前，英国的经济实力不比法国。工业革命期间，它建立并巩固了工业优势地位。1850 年，英国工业产值占世界工业产值的 39%，商业贸易占世界贸易总额的 35%。不列颠的工业品源源不绝地输向世界各地，英国成了名副其实的“世界工厂”。

英国人口的增长速度也是空前迅速。1541—1741 年，英格兰人口从 277 万人增加到 557 万人，200 年里增加了一倍。可在 1750—1850 年间，由于国民生活水平的相对提高，医疗卫生条件的改善和死亡率下降，人口增长率提高。1800 年英格兰和威尔士的人口达 889 万人，人口增长率突破 1%。1811—1821 年增至 1.8%。

英国工业革命还是一场深刻的社会变革。随着新型工业的兴起和工业资产阶级的出现，人口众多的无产阶级也产生了。工业革命期间，工厂主大量使用童工和女工；工厂对工人的罚款名目甚多。工业资产阶级与工业无产阶级的矛盾渐渐成为社会主要矛盾。

在工业革命进程中，种种社会弊病显露出来。1825 年，各国爆发了第一次经济危机，工商业混乱，产品过剩，工厂关门，工人失业。以后大约每 10 年就发生一次经济危机。这又暴露了资本主义社会的痼疾——社会化生产和占有的私人性之间的矛盾。工人运动由此发生。

英国工业革命是在多种社会因素成熟的历史条件下自然发生的，它呈现出引人注目的积极主动性，使社会面貌出现神话般的变化，又因其带有盲目性和无计划的特点，出现了环境污染、贫富差别加大等一系列的问题。

二、殖民地的得失

1760年，乔治三世即位，英国政局开始动荡。

在品格上，乔治三世具有两面性，一方面，他笃信宗教，行为检点，是君主中难得的慈夫严父；另一方面，又傲慢执拗，刚愎自用，政治上一意孤行。究其原因，是他幼年丧父，在母亲和老师布特的教育下长大，太后常用一些似是而非的狭隘意识影响他。1751年，当13岁的乔治成为威尔士亲王时，她就警告他：将来即位后，一定远离辉格党人，重振王权。太师布特伯爵出身苏格兰望族，曾受辉格党权贵的排挤，目下想借机施展抱负。乔治三世久受母亲和老师政治偏见的熏染，即位伊始就暴露出自大特性。执意恢复因议会制、内阁制和政党政治发展而削弱了的王权，当一名超越党派、拥有实权的“爱国君王”。

当时的政治条件也为乔治三世扩充王权准备了契机。1756年以来，英国陷于“七年战争”。在战争中获取重利的大商人、银行家和军火商盼望战事延期，以夺取更多的原料产地和市场。他们对某些在战争中态度游移的权贵不满，宁愿让国王凌驾于议会和政府之上，行使特权，扩大战争规模，夺取丰硕战果。托利党人乡绅地主不愿分担巨大的军事费用，盼望新君能是一位反战的砥柱，使英国尽快退出七年战争。

七年战争开始于1756年，是由奥地利企图收回普鲁士所占领的西里西亚所引起的，又是英法两大国长期争夺欧洲霸权和殖民地的继续。其间，奥地利抛弃亲英传统，与法国、俄国、萨克森、瑞典等国结成反普联盟。普鲁士则与英国、汉诺威联合。但在欧洲战场上，主要是普鲁士鏖战法、俄军队，各有胜负。英国为维护汉诺威的利益和维持欧洲均势，与普鲁士结盟，实际却把总体力量放在海上、北美西印度和印度，与法国争夺殖民地和海上霸权。在北美，英法战争于1754年就已开始。英军初战受挫。法军于1756年解除了英军对安大略湖一带的威胁，翌年挡住了来自纽约方面的英军。1758年，内阁首脑威廉·皮特（1708—1788年）一面派遣远征军前往美洲征服加拿大等地，一面支持东印度公司对法国东印度公司的斗争。1759年，英军占领法国在西印度的产糖岛屿瓜德罗普，夺取两处要塞；北方由詹姆士·沃尔夫率领的英军攻占魁北克。1760年9月，英军占领蒙特利尔，夺取了法国在加拿大殖民地的战略要地。次年占领马提尼克岛。[①] 至此，英国在北美和西印度战场取得全面胜利。

英国与法国在孟加拉的争夺也很激烈。1756年，殖民分子克莱武率军镇压了反抗英国的孟加拉总督多拉，继而占领加尔各答。翌年，双方在孟加拉的普拉西激战，多拉与法军溃败，孟加拉全部沦陷。印度开始沦为英国的殖民地。法国不甘失败，1760年与英军交战于温德瓦西，再创败绩。1761年，英国获取了在印度的殖民优势。不列颠帝国分子为英军战绩狂欢。

乔治三世借用国内反战情绪打击辉格党人。1761年春季大选时，他取代纽卡斯尔行使"恩赐权"，使一些王权支持者进入议会，而后又把许多官职赐予亲信。为了控制议会，他授意建立了一个专门收买议员的机构，并亲自审阅议会辩论和投票记录，对亲近宫廷者发放赏金。

国王最专断的手法是一再改组内阁。1761年3月，他任命布特为国务大臣，行使内阁首脑职责。反战派指责皮特滥用国帑，要求停止援助普鲁士。皮特为扩大战果而准备向西班牙宣战，遭到激烈反对。他在内阁中施展演说才能，呼吁把战争进行到底，遭到冷落后被迫辞职。可3个月后，因法国拒绝和谈，英国还是向西班牙开战。英国海军战胜西班牙舰队，夺取了哈瓦那港，占领了马尼拉。

稍后，欧陆战场出现转机。俄国彼得三世即位后立即对普鲁士停战议和，法奥联军失去军事优势，也主张进行和谈。1763年2月，参战国签订了《巴黎和约》，承认法国在美洲、西印度群岛、印度的部分殖民地转归英国。至此，英国建成了地处数洲的殖民大帝国。

战争还给英国带来了巨大财政困难。英国军费达8200万英镑，其中近8成是靠发行国债获得的。政府累积财政亏空达1.4亿英镑。为了缓和因战争激

① 王绳祖:《国际关系史》第一卷，世界知识出版社1995年版，第224页。

18 世纪的英国战舰

化的国内矛盾，内阁试图把亏空转嫁到北美殖民地。1764 年起，先后在北美颁布了《糖税法》，加强实施《航海条例》，对外国商品扩大征税范围。1765 年 3 月，议会颁布《印花税法》，规定殖民地的一切报纸、执照、商约、期票、债券、广告、历书和法律文件等，均须酌量加贴印花税票。违者受军事法庭的审判。为保证法令实施和镇压殖民地民众，颁布了《驻兵条例》，申明英军可以随意占用当地旅舍酒店，令各殖民地供应英军食物，负担交通工具。

1767 年 6 月起，宗主国颁布了系列性的“唐森法案”，内容有：增加英国在北美殖民地的税收，英国税吏有权进入殖民地任何房舍搜查违禁品和漏税货物；加强《航海条例》，建立美洲税务总署，在波士顿、费城和查尔斯顿设立海事法庭，缉私判罪；解散纽约议会。1769 年 1 月，在总督和英国官吏的操纵下改组纽约议会。①

高压政策沉重打击了北美殖民地的工商业，损害了殖民地上层的政治权力和经济利益，使殖民地与宗主国的矛盾尖锐化。另外，英国对北美贸易的下降也损害了工商业资产阶级的利益，致使失业者增加。英国上层有远见的政治家感到不满。其中有罗金厄姆、福克斯、伯克等辉格党人。他们主张对

① 王绳祖:《国际关系史》第一卷，第 232 页。

殖民地实行宽容政策，并在 1765 年 7 月不列颠反专制情绪高涨之际，组阁执政，试图废除《印花税条例》和其他有关法令，发展英国同北美殖民地的商业关系。

罗金厄姆派的行为激怒了乔治三世。1766 年 7 月，他罢免了罗金厄姆内阁，挑选暂时变得比较驯服的查塔姆伯爵、即老皮特组阁。在整个 60 年代，乔治的个人专断统治使内阁更换频繁。他先后换了 6 名首相。其中有 3 人是迫于国王压力被迫辞职的。罗金厄姆等人直接被国王罢免。直到 1770 年 1 月，所谓“国王之友”中的骨干诺斯勋爵被任命为首席财政大臣，频繁更换首相的境况才告结束。

诺斯一上台，就面对北美殖民地的反殖民斗争。他缺乏战略才能，不善于处理突然出现的政治问题。当年 3 月，英军在波士顿对手无寸铁的群众开枪，酿成惨案，激起殖民地人民极大义愤。1773 年夏，一群青年制造了“波士顿倾茶案”，诺斯政府暴躁不止。1774 年，英国颁布了多项惩罚性的“强制法令”，其中包括封锁波士顿港的《波士顿港口法》、取消殖民地贸易“特许状”的《马萨诸塞政府法》、加强英王直接统治权的《司法法》，加强军事管制的《驻营法》和禁止北美人民北上迁徙的《魁北克法》。

在这种形势下，北美各殖民地纷纷建立地方议会，摆脱总督控制。1774 年 9 月 5 日—10 月 26 日，各殖民地代表在费城召开了第一届“大陆会议”。宣布自 1763 年以后，英国对北美殖民地的高压法令为非法，并联合抵制英国商品。而后各殖民地竞相组织民团，购置武器，准备武装斗争。

是时，英国政府命令军方防御“叛乱”。1775 年 4 月 19 日拂晓，一支英军骑兵进入列克星敦，遭到民兵抵抗。不久又在康科德发生激战，英军死伤二百余人。北美独立战争由此爆发。

1775 年 5 月 10 日，北美各殖民地代表在费城举行第二届大陆会议，把汇集在波士顿的民兵改编为“大陆军”，乔治·华盛顿为大陆军总司令，领导独立战争。6 月 17 日，3000 北美民兵在波士顿附近的班克山击退英军，歼灭敌军千余人。消息传出，各地民众受到鼓舞。

7 月 6 日，大陆会议宣称：“宁可作为自由人而死，不愿作奴隶而生。”另一方面，它还发出“橄榄枝请愿书”，请求和解。乔治三世拒绝了请愿，于 8 月 23 日发布戡乱布告，宣称将尽力“镇压叛乱”。随即，25 000 名英军派往北美。议会则通过议案：断绝与北美殖民地的贸易，没收其商船货物。

值此关键时刻，民主主义者托马斯·潘恩（1737—1809年）的小册子《常识》出版。它痛斥王权，力倡共和，号召殖民地人民丢掉幻想，争取独立。《常识》发行10余万册，为动员民众发挥了巨大作用。3月，大陆军收复了波士顿。

在反英高潮来临之际，大陆会议于1776年7月4日通过了由杰斐逊起草的《独立宣言》。它列举了英国政府压榨北美殖民地的罪状，谴责了十多年来英王对殖民地的种种罪行和暴政。庄严宣告：北美应“解除对于英王的一切隶属关系，而他们与大不列颠王国之间的一切政治联系也应从此完全废止”。宣言的发表，标志着美利坚合众国的诞生。

1777年10月之前，英军依靠装备精良、训练有素的海陆军，占领了费城，重创大陆军。华盛顿在极其艰难的形势下，以顽强的意志领导大陆军坚持抗战。1777年10月17日，被围困在萨拉托加的8000名英军，在柏高英的带领下缴械投降。以后战争朝着不利于英方的方向发展。1781年10月19日，英军在约克镇投降。1783年9月，英国与美国签订了《巴黎和约》，正式承认美国独立。新生美国永远摆脱了殖民统治。大英殖民帝国彻底失去了颇为重要的一部分。

三、宪政危机

乔治三世即位初年，就酿成一场宪政危机，这就是历时数年的威尔克斯事件。

约翰·威尔克斯本是一位放荡形骸的记者，1757年靠贿选进入下院。1762年他在其主编的报纸《北不列颠人》上多次著文，攻击嘲弄国王、布特内阁和“国王之友”，引起上流社会的关注。翌年4月23日，他又在该报纸45号上匿名发表文章，批评国王及其政策，宣称国王不过是国内首席治安官，行使君权时不得出轨越矩。声称自由乃人民的特权，警告国王不得步专制君主的后尘。乔治三世震怒至极。指令内阁查封报社，拘捕50余人。并无视议员司法特权和宪法准则，发出通用逮捕状，将威尔克斯关进伦敦塔，搜查其宅邸。

面对国王专断行径，辉格党权贵表示沉默。伦敦民众接连示威，焚烧太后和布特等人的模拟像。5 月 6 日，威尔克斯受审时，他们聚集在法庭外面表示声援。法官以政府行为破坏议会权利为由，慷慨陈述，并当即释放了威尔克斯。民众高呼“威尔克斯和自由!”称赞法官的公正判决。由于这个案件，英国始规定损害赔偿，并确定使用通用逮捕状拘捕议员为非法。

国王不愿就此收场，指使议会搜集威尔克斯的文章。后者的朋友、国务大臣桑威奇落井下石，于 1763 年 11 月，在上院宣读了威尔克斯和波特几年前合写的《论妇女》，上院确认这些文章犯了诽谤罪，侵犯了议会权利。下院宣布《北不列颠人》45 号为煽动性诽谤。为躲避官方迫害和暗杀危险，威尔克斯逃亡国外。下院将他除名。1764 年 1 月，法庭对他缺席审理，判诽谤罪。民众强烈不满。只因《印花税法》和北美殖民地问题以及随后的内阁更替吸引了国人的注意力，威尔克斯事件暂时搁置。

1768 年举行大选，威尔克斯毅然回国参选，以维护公众自由的名义争取选民的支持。他虽然在伦敦失败，却被米德尔塞克斯郡选入议会。政府指示议会否决威尔克斯出席议会的权利，对他判处 22 个月的徒刑和一笔罚款。该选区却重新将他选为议员。4 月 3 日，下院以 219 对 137 票，宣布被他击败的对手当选为议员。① 民愤陡起。1769 年初，威尔克斯的支持者组成“保卫权利法案协会”奋力抗争，“威尔克斯和自由”的口号传遍英国。地方民众拿起武器，捣毁富人房舍。农民反对圈地、工人破坏机器的事件相继发生。5 月 10 日，几万人聚集在圣乔治广场声援威尔克斯。军队开枪射击，死伤多人，惨案震惊全国。激进派运动自此兴起。加上国外局势十分复杂，资产阶级警告政府及时采取妥当措施避免动乱。

民众依然支持威尔克斯。不久，他当选为伦敦市政官。议会表示让步，允许报纸报道两院活动。1771 年威尔克斯任市行政司法长官。1774 年荣任伦敦市长。

总的看来，威尔克斯事件虽然酿成了宪政危机，却没有赢得理想的政治后果。②1770 年诺斯奉命组阁时，乔治三世的个人专制实际上已得以确立。托利党人自此建立了一党寡头统治。除了一次短暂的中断③，他们把寡头统治维

① D. B. Horn & Mary Ransome, *English Historical Documents 1714–1783*, Eyre & Spottiswoode, London, 1957, p. 170.

② 但后世学者高度评价这一事件，认为通过此事，唤醒了人民的新闻自由意识，有助于以后民主主义的成长。

③ 即 1806 年 2 月至 1807 年 3 月的辉格党内阁。

持了大约半个世纪。

诺斯担任内阁首脑达 12 年。他迎合国王旨意，对英属北美殖民地实行不断升级的镇压政策，激起北美革命。1777 年起，英军屡遭败绩，反对党在议会中连续抨击政府在北美洲的冒险计划和行为。1781 年末，康华利在约克镇率军投降的消息传来，国内危机四起。内阁在议会中失去优势地位。1782 年 3 月，诺斯被迫辞职。

诺斯下台还引起一场类似集体辞职的事件。除 2 人外，内阁 13 名阁员一起离开政府。诺斯内阁的垮台标志着乔治三世个人统治的惨败和责任内阁制原则的发展。罗金厄姆侯爵重返政府，第二次组阁。

1782 年建立的新内阁，是一个以辉格党罗金厄姆派为首，联合其他派别组成的混合内阁。其中罗金厄姆任财政大臣，地位最重要。但乔治三世不愿承认他是内阁首脑，别有用心地把国务大臣谢尔本也以“首相”对待。罗金厄姆利用自己的身份，把本党派骨干分子安插到政府要害部门。随即，他们鼓动议员通过一系列议案，剥夺了所有政府包税商进入下院的权利。6 月，又通过议案，褫夺了从宫廷领取年金者当选议员的资格。7 月初，议会再次采取重大行动，通过了由爱德蒙·伯克提出的《文官定员法案》，以求限制国王行使恩赐官职权。

此时，罗金厄姆刚过半百，正要大显身手。但骤染急症身亡。乔治三世立即指定谢尔本为财政大臣，重建内阁。

此时，谢尔本内阁的情况相当窘迫。下院 558 名议员里，支持谢尔本和“国王之友”的仅有 140 人，为反对派人数的 2/3。所以，谢尔本为使政府获得主动，尽力与其中一派维持良好关系。同年秋，政府关于北美殖民地和谈的文件受到抨击，谢尔本只好设法寻求新的支持者。

他先派人面见福克斯，请他重新任职。后者不予理睬。他派人求见诺斯，诺斯不置可否。1783 年 3 月，福克斯和诺斯统率追随者，在议会联合否决了谢尔本关于与美国议和的草案，并通过一项对政府的不信任案，迫使谢尔本下台。

接连的打击使乔治三世痛心疾首，但还必须面对现实，允许诺斯和福克斯于 1783 年 4 月，建立了一个多党派联合内阁。[①] 波特兰公爵任财政大臣，是名

① J. P. Mackintosh, *The British Cabinet*, Methuen, 1968, pp. 67-68.

义上的内阁首脑，实际上在政府中起主要作用的是福克斯和诺斯。

很快，联合内阁也很难得到稳定多数。谢尔本依靠国王支持、联合人数众多的无党派议员，组成反对党，对政府构成严重威胁。同年秋，福克斯根据工商业资产阶级的要求，提出了“印度改革议案”，议案在下院勉强通过，但在上院遭到否决。[1]乔治三世立即宣布解散联合内阁，任命年方24岁的小皮特(老皮特之子）为财政大臣，建立新政府。

小皮特初任首相时，下院反对派议员报以嘲笑。面对险恶局面，小皮特依靠国王支持，别出心裁地解散了议会，宣布进行大选，政府取胜。

从 1782 年 3 月诺斯离职到 1784 年大选，不到两年中政府遇到几次危机，这在英国近代实属罕见，史书称之为“宪政危机”。危机的出现，主要由于英国在北美遭到惨败，国际地位下降，国内反政府势力上升，王权下降到自 1688 年以来的最低点，国王无法左右局势。自此，乔治三世再也没有不顾宪法惯例随意罢免过任何一位首相。内阁制继续发展。

1784 年小皮特解散议会重新进行大选之事引起宪政学家和历史学家极大兴趣。当时，离规定的议会解散时间尚差 3 年，这就打破了实行多年的议会法——《七年法案》，构成了新的宪法惯例：内阁失去议会多数支持时可以不辞职而解散议会，实行新的大选，直接求得选民的认可和支持。如果政府在新议会中仍然没有获得多数，说明它违背选民意愿，应当辞职；如政府在大选中获胜，则说明原有下院议员不支持政府的做法是错误的，是违背选民意志的。总之，小皮特在 1784 年解散议会重新举行大选的方式，加强了内阁对议会的依赖性，对以后英国政治制度的发展产生了深远的影响。

四、保守主义和反法战争

小威廉・皮特（1759—1806 年）是英国著名的政治家，少年老成，21 岁进入议会，23 岁入阁。24 岁时成为首相时，虽是蒙国王扶持，却并非钻营投

① Briggs, *The Age of Improvement 1783–1867*, Longman, 1962, p. 78.

机之徒。他政治上受父亲影响，党派意识淡薄，有志匡正政界风气。他在其下院的“处女演说”中，就对伯克的经济改革和政治议案表示支持，抨击腐败的选举制度。1783 年五六月，他以斗士姿态提出一系列议案，要求剥夺腐败选区、增加伦敦和各郡的议会代表；呼吁革除政府行政部门的弊端，惩罚渎职和滥用公款者。11 月议会讨论印度问题时，又代表工商业资产阶级利益，与福克斯一道，批评东印度公司垄断贸易权。他在领导内阁初年，准备实施较宏伟的改革计划。面对高达 2.5 亿英镑的国债和政府赤字，他开征新税，建立严格的财会制度，紧缩开支，扩大财源，并将全部关税和消费税简化成统一的偿债基金，企图在 45 年内还清全部国债。他针对众怨切切的东印度公司问题，设立监督该公司的董事会，同时派遣总督统辖孟买和马德拉斯政府。皮特在外交政策上也是成功的。1788 年他与普鲁士结盟，打算抑制法国，恢复因北美革命而丧失的欧洲均势。另外，他还在议会改革、废除黑奴贸易和爱尔兰等问题上，做了改革的尝试，虽未成功，却显露出他的改革意向。

1788 年 11 月。乔治三世患了血卟啉症，由精神错乱演为癫痫。将由威尔士亲王行使摄政权；王储一向与福克斯关系密切，一旦执政，可能会重用福克斯。幸亏乔治三世忽然康复，小皮特有惊无险。

法国大革命爆发后，在英国引起反响。多数英国人支持肯定法国发生的事件，认为波旁专制王朝的垮台预示着民主时代的到来。福克斯称巴黎人攻克巴士底狱是“世界上最伟大的事件”。激进主义者理查德·普莱斯纵情欢呼伟大时代的到来。各类社会团体的建立犹如雨后春笋，其中有以乡绅贵族为核心的“人民之友社”，中产阶级的“宪政协会”，工人和小资产者的“伦敦通讯社”和“革命协会”。在苏格兰，80 个协会的代表于 1792 年召开了“国民大会”。休会时，他们仿效法国革命者举手宣誓：“不自由毋宁死！”

爱德蒙·伯克

一些贵族寡头体制的拥护者则把法国大革命视为洪水猛兽。爱德蒙·伯克（1729—1797 年）断言法国的暴民破坏了社会秩序，威胁着欧洲文明。1790 年 11 月，他发表《对法国大革命的感想》，最初以同一个法国青年通信探讨法国革命前景的形式，较为理智而又不乏偏见地论述了法国大革命的过程和革命领导者的策略，分析了大革命的人权思想，同时谴责普莱斯等激进主义者倡导议会改革的言论，要求政府对法国的新政权发动战争。伯克的论作问世仅仅 6 日，就以 5 先令的高价售出 7000 册，以后连续再版。

在《对法国的革命感想》中，伯克断言法国第三等级的无知、嫉妒和暴力破坏了正常的自然秩序，造成了社会的无政府混乱状态，是邪恶行为。目下某些英国人要仿效之，必然会破坏英国的君主制、教会和政治传统，会鼓励穷人去劫掠他人的财富。

尽管伯克的《对法国革命的感想》不是一本非常系统的理论书籍，却在当时代表着英国贵族乡绅的政治立场和利益，表现出一种对于社会变革的审慎、怀疑和敌视态度。起初，伯克的观点和者甚寡，但随着法国形势的变化，英国资产阶级对革命的畏惧情绪加重，不少人渐渐成了伯克观点的拥护者，赞成政治改革和革命的人越来越少。以后，他对待法国大革命的基本观点，被视为英国保守主义的渊源，得到当时英国中上层阶级大部分人的认可，并在以后英国政治领域留下深远影响。旅居欧陆的潘恩针锋相对地发表《人权论》，讴歌法国革命，批判英国君主政体和伯克的观点。

在行动上，小皮特似乎缺少伯克那样的激情和敏锐。起初，他沉默不语，既想在国内利用福克斯派的分裂，分化瓦解议会反对派，又以幸灾乐祸的心理看待异国的风波，盼望革命使法国一蹶不振，不再是欧洲强国和英国的对手。1792 年，法国发生了处死国王等一系列重大事件。皮特代表政府草拟了对法作战的檄文，彻底搁置了政府改革计划，领导英国进入反法战争的旋涡，并成为欧洲反法联盟的倡导者和组织者。

1793 年 1 月，法国处死路易十六的消息传来后，英国立即与法国断绝了外交关系。2 月初，法国向英国宣战，小皮特政府则立即会同俄国、普鲁士、奥地利、西班牙、荷兰和德意志的一些诸侯国组成了第一次反法联盟。

英国政府参加反法战争的目的是复杂的，有别于大陆多数国家。它虽然具有反对革命、维护君主制的政治保守主义性质，但主要目的是为了争夺欧洲和世界的商业和殖民霸权。而且，小皮特反法战争的一个特点，是不惜动用英国的巨大财力军力，支援欧洲大陆各国的封建君主，企图假他人之手削弱宿敌。

同时使用自己强大的海军，对法国实行战略封锁和打击。

不久，英国舰队炮击敦刻尔克，挺进科西嘉岛，但在进攻土伦港时，遇到法国军队的顽强抵抗。尉官拿破仑脱颖而出，成为小皮特等英国政治家的强硬对手。

由于参加反法联盟的国家成分复杂，拥有不同的利益和目的，就难免互相倾轧。1794 年，各国干涉军被赶出法国。英国及其盟国陆战取胜的计划破产。1795 年普鲁士率先与法国缔和，退出联盟。两年后奥地利效尤。第一次反法联盟实际上解体。1798 年 8 月 1 日，纳尔逊率领英国舰队，在亚勃基尔湾与法国舰队遭遇，击沉对方 11 艘主力舰。此时，英国舰队虽然控制了地中海，但已经无法扭转欧洲大陆的局势了。

1798 年底，小皮特又组成了第二次反法联盟。参加的有俄国、奥地利、土耳其、西班牙、葡萄牙、那不勒斯等。它们把意大利作为主要战场，一度击败法军。随后，拿破仑从埃及赶回法国，在大资产阶级支持下发动政变，建立军事独裁政权。1800 年 5 月，拿破仑打败了在意大利的奥军，迫使它签订和约。随后俄国、普鲁士相继退出反法阵营。第二次反法联盟瓦解。

革命和战争形势促使小皮特政府在国内实行镇压政策。1794 年 5 月至 1795 年 7 月，“人身保护法”停止生效。1798—1801 年议会再度终止此法律的效率。小皮特还促使议会通过了限制集会结社的法令，规定：凡举行 50 人以上的集会，须经 3 个以上的治安官的准许，否则下令解散，直至调集军队镇压。《人权论》在英国被列为禁书，潘恩成为通缉对象。“伦敦通讯社”和其他激进派组织均被禁止活动。而且，随着法国暴力和恐怖事件的增长，以及法国政权和对外战争性质的变化，英国人对来自法国革命的态度也逐渐转变，从主张改革转为拥护现有的立宪君主制。相应之下，保守主义组织在各地纷纷建立，全国起码有数百个。其中以约翰·里夫斯于 1791 年 11 月领导成立的协会教为典型。它明确提出“维护自由与财产、反对共和派与平等派”的口号。

法国大革命对英国的影响的变化是微妙而又值得后人深思的。它先给人以欢欣鼓舞，又给人以反感和失望，最终导致了保守主义情绪的普遍流行，在一段时间内遏制英国政治改革。其间对外进行反法战争、对内加强政治控制的小皮特，被认为是英国保守主义的最早实践者。

在进行对法战争的同时，小皮特还必须兼顾爱尔兰问题。以前由于北美独立战争的激励，爱尔兰民族运动就一度高涨。英国议会曾于 80 年代初两次通过法令，放弃在爱尔兰颁布法律的部分权力，唯因国王反对，小皮特未能确认爱尔兰自治，也未能授予当地天主教徒议会选举权。18世纪末，爱尔兰发生民族起义，一些爱国者与法国联系，欢迎法国军队登陆，对英格兰形成夹击之势。在这种形势下，小皮特重提自己的将爱尔兰合并于英国的议案。此案于1799年1月在议会通过。翌年在爱尔兰总督康华理斯等人的主持下，在都柏林的议会中强行通过。其间，皮特政府不惜耗资10万英镑，收买投票人，终于得到了158票对118票的理想结果。1801年1月1日，合并法正式生效，爱尔兰议会被取消。伦敦"联合议会"中增加了28名终身任职的世俗贵族代表、4名主教和100名下院平民议员。爱尔兰名义上的独立也丧失了。

爱尔兰的反抗运动仍未平息。小皮特试图对爱尔兰天主教徒实行宗教宽容政策，授予他们同样的政治权利。1月22日，议案在议会得到明显多数的支持（245票对63票），却遭到乔治三世的抵制。小皮特无奈，立即辞职。亨利·阿丁顿奉命组阁，负责对法国谈判，在小皮特的参与下签订了《亚眠和约》。

1803年5月对法战争重起。阿丁顿领导战争无力，遭到皮特派和辉格党的嘲弄。1804年，他主动辞职。小皮特再度领导政府。

小皮特的第二届内阁总共不到两年，其间大的举措是在1805年4月，会同俄国、奥地利、瑞典和那不勒斯，组成第三次反法联盟。10月21日，纳尔逊率领的英国舰队在特拉法加海角，与法国、西班牙的联合舰队33艘战舰激战，大获全胜，击毁15艘敌舰，但他却因胸部受伤身亡。自此，拿破仑彻底放弃了在英国登陆的企图，英国始终在反法战争中掌握着制海权。

不久传来了拿破仑在乌尔姆、奥斯特里茨大胜联军的消息，英国海战的业绩全被抵消，第三次反法联盟破产。1806年1月23日，小皮特心力交瘁，沉疴不起，仅46岁。

随后，拿破仑在大陆所向披靡，建立了辽阔的大帝国，诸国君主惶惶称臣。1806年11月，他为了防止英国重新纠集反法联盟和封锁英国，在柏林发布了"大陆封锁令"，禁止一切与不列颠群岛的贸易和联系。英国则组织领导了1806年和1809年的又两次反法联盟，均被法国粉碎。1808年8月，在比利牛斯半岛的战争中，韦尔斯将军（即以后的威灵顿公爵）显露头角。他率领2万英军歼灭敌兵，占领葡萄牙。但这只是局部的胜利。

1812年拿破仑侵俄战争失败后，第六次反法联盟迅速组成。1813年10月16日，英军会同联军赢得了来比锡大捷。拿破仑退位，被流放厄尔巴岛。英国外交大臣卡斯尔累在维也纳会议上，为法国和欧洲问题与各大国钩心斗角。不料，拿破仑突然逃离流放地，登陆后顺利抵达巴黎，重登帝位。各国君主闻讯，匆匆组成庞大的第七次反法联盟。1815 年 6 月 18 日，联军在威灵顿的指挥下，在滑铁卢彻底击败拿破仑军队。反法战争终于结束。

英国在这场历时多年的战争中，付出了巨大的代价，却在维也纳会议上赢得了经济和军事上的好处，确立了它在欧洲第一强国的地位。

英国在反法战争中的一个重要插曲，是于 1812—1814 年与美国进行了一场战争。它起因于 1806 年以来英国对法国的反封锁。新建的利物浦政府考虑到这样下去，会继续导致英、美两国贸易亏损，于 6 月 26 日宣布废除对美贸易的一切限制时，实际上美国已于一周前对英国宣战。这是由于当时信息传递较慢，英国政府不知此事。开战后，英军在海上虽有挫折，但始终保持优势。1814 年 8 月，英军占领了华盛顿，放火焚烧建筑物，激起美国人的顽强抵抗。1814 年 12 月，两国签订和约，结束战事。

五、第一次议会改革

反拿破仑战争结束后，激进派运动再次出现高潮。资产阶级把反对“谷物法”和争取议会改革结合在一起，把宣传重点转向下层群众。另外，工人阶级随着队伍的壮大，开始成立独立的组织，提出了目标更鲜明、更激进的政治主张。1818 年 8 月 16 日，曼彻斯特 6 万名工人和市民聚集圣彼得广场集会，要求改革议会选举制度，取消禁止结社法和“谷物法”，遭到军队残酷镇压，死伤数百人。对此惨案，人们以滑铁卢比之，称“彼得卢惨案”。12 月议会通过“六项法令”：禁止出版、结社自由，禁止较大型聚会，禁止藏匿、使用武器和进行武装训练等，激起反抗。1820 年 2 月，发生了暗杀大臣的案件。随即，格拉斯哥一带有 6 万工人举行政治罢工。

高涨的反抗局势，使某些托利党人认识到：镇压政策有引起革命的危险；为缓和国内矛盾，应实行一些社会改革。1820 年夏，利物浦伯爵改组内阁。新阁员坎宁等人主张在维护土地贵族利益的原则下，适当照顾工业资产阶级利

彼得卢大屠杀

益，但引起威灵顿为首的右翼势力的不满。多亏利物浦首相从中调解，两派才没有公开分裂。1827 年春，利物浦重病辞职，坎宁受命组阁。威灵顿等人离开政府。坎宁上任数月后也病故。随后戈德里奇支撑了 5 个月，无奈辞职。威灵顿就任首相。

威灵顿一上台就面对议会改革问题——在两个小选邑中发现了严重舞弊现象。辉格党人约翰·罗素在下院提出议案，要求取消它们选派议员的权利。托利党极端派主张把两处议席转给政府控制的地区，遭到坎宁派的抵制。他们认为至少应把其中一半席位转让给新兴城市伯明翰。威灵顿在两派中斡旋，但当有人提出议会改革案时，他又断然拒绝。

威灵顿虽能暂时抵制议会改革，却难以对付爱尔兰天主教徒的反抗。1800 年英国彻底兼并了爱尔兰后，当地的天主教徒完全被排斥在政府和议会之外。19 世纪 20 年代，爱尔兰律师丹尼尔·奥康内尔领导建立了天主教联盟，力图重建爱尔兰议会，在英国统治下实行自治；并首先要求使天主教徒获得公民权，选举他们的代理人进入伦敦议会。两年后天主教联盟取得了第一个胜利，又过两年奥康内尔竞选成功，但都被托利党政府宣布无效。爱尔兰人举行大规模示威游行。这提醒威灵顿：如果政府继续拒绝天主教徒的选举权，爱尔兰就会爆发革命，英国就会陷于政治动荡。为避免内战，威灵顿改变态度，说服国王和同僚正视现实，于 1829 年强使议会通过了《天主教徒解禁法案》。该法案实施后，几十名天主教议员进入英国下院。从此，每当辉格党缺少可靠多数时，他们的支持就格外重要。

1830年英国局势更加紧张。工人失业率创15年来最高水平。农村出现了破坏机器的“斯温运动”。大约同时，法国发生了“七月革命”，推翻了波旁复辟王朝；比利时也脱离荷兰而独立。国内改革运动空前高涨。同年4月，国王乔治四世去世。依惯例重新进行大选。

新议会召开后，坎宁派很快投向辉格党，反对派实力壮大。11月15日，他们击败政府，威灵顿内阁立即解散。辉格党贵族格雷伯爵组阁。这一变动标志着寡头统治的结束。至此，议会改革条件已经成熟。

工业资产阶级的经济力量已相当强大，足以与大地产者和银行家抗衡。但是，工业资产阶级的政治地位和他们迅速膨胀的经济实力不相称。他们大多不能利用自己对城市居民的经济统治地位去获得议席，因为依附于他们的居民不是选民。工业资产阶级政治地位和经济地位的不相称，同腐朽的议会制有很大关系。

多年来，英国议会的腐败，以及席位的分配极不合理，早已到了荒唐的地步。工业革命开始以来，由于纺织、冶金和采煤工业的发展，西北部出现了一些人口众多的新兴工业城市，如曼彻斯特、利物浦、伯明翰、利兹、格拉斯哥、设菲尔德等。相反，一些本来很富庶的农业区，却由于自耕农的减少，变得很不景气。一些选邑本来选民较多，现在减少到几十名、十余名甚至更少。各郡选区中，选民和议员的分布也不合理。英格兰康沃尔郡在工业革命前人口较多，划分为两个选区和20个选邑；目下，此郡人口大减，仍选送44名议员。同时期的兰开夏郡，人口达130万，只能选送2名议员。苏格兰拥有数百万人口，仅能选送45名议员。在西北部新兴工业城市中，1831年曼彻斯特有18.2万居民，伯明翰有14.9万人，利兹有12.3万人，却都无权选送议员。

除议席分配不合理外，英国各地，特别是郡选区居民中选民所占比例过低。第一次议会改革前英国2400万居民中，仅有40万人享有选举权。其中苏格兰爱丁堡郡约有居民20万，仅有100人是选民。布特郡人口超过1.4万，仅12人享有选举权。在这种腐败的选举制度下，贿买选民和指定议员的现象司空见惯。1827年，根据托利党政论家约翰·克罗克的估计：议会658名议员中仍有270名受大地主赞助人的控制；其中受托利党支配的就有203名。这些根本不具备代表性质的议员，在议会活动中极力捍卫土地贵族、大商人和金融家的利益，而对其他阶级的利益不屑一顾。[1]1815年"谷物法"的通过就是一例。

工业革命的发展、社会经济地理的变化和新兴资产阶级的成长反衬出英国议会选举制度的陈旧过时，使政治改革问题提上了日程。随着国内政治危机的加重，不仅广大群众和资产阶级激进派参与不同形式的斗争。甚至在上层统治阶级内部，一些有识之士也认识到了实行改革的必要性。

格雷领导的辉格党内阁之所以能举起议会改革的旗帜，是想借机扩大政治影响，挫败政敌托利党以保证辉格党的长期统治。为此，他任命了一个议会改革草案起草委员会，指示他们起草一个尽量少地满足公众的改革要求、最有可能被议会两院和国王接受的文件。

1831年3月1日，议会改革方案终于问世。它建议取消60个不足2000人的小选邑，47个居民在2000—4000之间的较小选区取消一个议席。余出议席的大部分将分给那些代表人数不足或没有代表的工业区。

两院围绕该议案连续辩论3周。23日下院分组投票时，仅以一票之多通过，但被上院否决。迅即，国内舆论大哗。为扩大政府在下院的力量，格雷要求国王解散议会，重新进行大选。结果托利党候选人纷纷落选。辉格党人在新议会中获得100多席的多数，重新通过改革议案。提交上院后，以41票之差被否决。

各家报纸立即报道了这一消息，改革派报纸公布了反对改革的议员的名单。70 000个示威者向伦敦进发。伯明翰整夜鸣钟，10万人聚会。德比、沃切斯特、巴斯等地发生暴动。内阁出现了分歧。改革派要求国王加封足够多的贵族，改变上院的力量对比，以确保政府议案的通过。

1831年12月，罗素第三次提交改革议案，在下院以绝对多数通过。翌年5月，在上院又被否决。格雷敦促国王加封足够的贵族。国王却邀请威灵顿和皮尔组阁，希望他们能像解放天主教徒那样实行改革，避免两院对立。但皮尔不肯从命。国内局势再度动荡。大城市举行游行示威。其中伯明翰示威者多达20万人。威灵顿的住宅受到袭击，不敢再次出面组阁。威廉四世只得建议托利党贵族以缺席的方式来避免采取加封贵族这种非常手段。6月4日，议案再次提交上院，终于以绝对多数通过。

根据1832年改革法令，56个"腐败选区"被废除，30个小选区失掉一个席位。

---

① 阎照祥：《英国政治制度史》，人民出版社1999年版，第285页。

在伦敦和其他新兴城市，新设了 40 多个选区。即便如此，仍有一些小选邑被保留下来；一些人口较多的城市依然无权选送代表。长期存在的郡选区和城镇选邑之间席位分配不合理未能改变。改革法案还保留了选举人的财产资格，规定地主或房主年收入达 10 镑者、租地经营者年收入达 50 镑者才有选举权。故选民增加不多。在英格兰和威尔士，各郡选民由 20 多万人增加到 37 万人，城镇选民由 18 万人增加到 28 万人。全国选民大约增加了 30 万，即由 1831 年的 51 万增加到 81 万。选民在全国成年居民中的比例由 5%提高到 8%。就议会阶级成分来看，议案仍未动摇土地贵族的优势地位。[①] 在这场斗争中担任了绝大部分斗争任务的无产阶级和广大人民群众，依然没有选举权。

尽管如此，1832 年议会改革仍然是英国历史上的重大事件，是英国实行政治改革的重要起点。这次改革暂时调整了统治阶级的内部矛盾，为工业资产阶级代表打开了议会的大门。

六、欧文与欧文主义

工业革命使英国社会各阶级发生剧烈的两极分化。少数资产者迅速致富；广大无产者沦为机器的附属品，失业、饥饿、疾病和贫困成了他们长久的伴随者。压迫引起了工人反抗，但几乎每次反抗都遭到镇压。

英国无产阶级和人民大众同资产阶级之间的矛盾和斗争，引起社会舆论的密切关注。一些富于社会责任心的人道主义者、乌托邦主义者，试图寻找一种既能避免暴力震动、又能改造现状的理想方式，并通过自己的不懈实验和理论宣传，力图建立一个没有贫富对立的美好社会。其中最典型的，是欧文和他的学说。

罗伯特·欧文（1771—1858 年）是杰出的空想社会主义者和社会活动家，出生于蒙哥马利郡的纽汤镇，父亲是小手工业者，家境平平。欧文 9 岁就在一家店铺里当学徒，自谋生计；10 岁离开家庭，先后做过店员、职员，18 岁开

① A. Briggs, *The Age of Improvement 1783–1867*, p. 92.

办工厂，20 岁在曼彻斯特一家先进的大棉纺厂当经理，不久兼管另外两个企业，以擅长管理在实业界崭露头角。欧文没有接受过系统完善的教育，但勤奋好学，1793 年参加曼彻斯特“文学哲学协会”，研读葛德文① 等人的著作，并终生否认基督教信仰，坚持无神论。90 年代末，他前往格拉斯哥，与大工厂主戴尔的爱女卡罗琳完婚，在岳丈的支持下，担任新拉纳克纺纱公司的经理。该企业曾是“珍妮机”的诞生处，目下有 2500 人，其中一些是童工、流浪者和堕落分子。他们居住和劳动条件恶劣，工时过长，工资微薄，不易管理。欧文却能独辟蹊径，获取理想效果。他将工时减少 3 小时，提高工资，限制童工，采用定级考核、记录个人表现的办法激发工人的生产积极性。同时创办工厂商店、工人互助储金会、医院、厂属幼儿园，职业培训学校、公共食堂等，尽力改善工人居住条件，发放抚恤金。不久，该企业取得显著成效，产值利润大幅度增加，赢得社会赞扬。

欧文不以此为满足，自 1812 年起，他撰写了《关于新拉纳克工厂的报告》、《新社会观，或论人类性格的形成》等著作，宣传自己的成就和改造社会方略，引起广泛赞赏。而后他考察国内外多家工厂，在各地演讲，与内阁阁员和议会议员乃至“神圣同盟”的君主显贵们交往，呼吁开明管理，制定工厂立法，限定工作日，渐渐由一个人道主义慈善家，转变为力图改变社会不公平现象的社会主义者。

1820 年，欧文在《致拉纳克郡报告》中，提出一套“能使国家比较顺利地繁荣起来”的改造计划，较完整地阐释了他的空想社会主义思想，制定出消灭私有制、实现公有制、权利平等和共同劳动的理想化措施。其中包括采用新的耕作方法、公共管理方式、交换和分配手段，甚至规定了每个村庄的居民人数、耕地面积、公共设施、饮食服饰等。拉纳克的绅士们建立了一个委员会，讨论该报告，并将它两次送往下院。一个慈善团体在伦敦召集会议，为他募捐了 5 万英镑。②

欧文的名声越来越大，很快聚集了一批信徒。欧文的理想主义意念继续发挥。他自 1824 年起，带领 4 个儿子和信徒前往美国，用巨资购买了 3 万多英亩地产和建筑物，费时 4 年创办“新和谐村”。这时，他以往那种冷静精密、

① 葛德文（1756—1836 年）是英国哲学家、政治报刊撰稿人、不信奉国教者，著文提出无神论、自由主义和个人自由，是英国浪漫主义文学运动的先驱人物。

② 玛格丽特·柯尔：《欧文传》，商务印书馆 1995 年版，第 136—140 页。

讲究实际的商业意识统统不见了，代之以在理想鼓舞下的周密设计和形象构思。但他灰心地看到，和谐村的人事关系不尽人意，创业筹备困难重重。一些由他所设想的举措，如公众穿着统一的服装、抽签挑选舞伴等，得不到全体成员的赞同。最后，他在耗费大量钱财的情况下，承认自己的实验“是建立在迷信的基础上，没有获得相互忍耐和宽容的道德品质”，宣布解散新和谐村。1829 年他返回英国，继续从事社会主义的宣传和实践。

实验的失败损害了他的社会形象。攻击、诽谤、污蔑、恐吓、盘诘纷至沓来。教会僧侣攻击他藐视上帝，政府官员嘲笑他想入非非。他的关于社会主义思想论文被报刊拒绝发表。但他仍不灰心，一面继续建立生产合作社和公平交换市场的实验，一面潜心著述，撰写了大量阐述其空想社会主义观点的论著。

欧文的代表作是《新道德自由书》，包括 8 篇论文，于 1836—1844 年分册出版。其中，着重批判了阻碍社会发展的“三位一体的祸害”——所有制、宗教和婚姻形式。并指出私有制是诸祸之首，是以往和现在“人们所犯的无数罪行和所遭受的无数灾害的原因”。它使财产持有者变成利欲熏心、冷酷无情的利己主义者。而且，私有制不仅使少数人滥用社会财富，还使人们拜倒在金钱之下，造成“各国的一切阶级之间的纷争的永久根源”，阻碍社会进步。在分析私有制种种罪恶后，他断定：“私有制使人变成魔鬼，使全世界变成地狱”，在理论上不符合正义，在实践中不合乎理性。另外，欧文在批判私有制时，能以李嘉图的劳动价值论为依据，申明“一切财富都来自劳动和知识”，创造财富者本应享有自己全部的劳动产品。可令人失望的是，到处是不劳而获和大批工人的失业贫困。所以，应对社会加以改造，实施新的价值标准，使劳动者不再是工资制度的奴隶。

至于建立在私有制基础上的婚姻制度，欧文指出它同样充满了虚伪和欺骗，是以谋取财产为目的，当事人缺少真正的爱情，受害最大的往往是妇女。所以，它同私有制一样，应该被消灭。欧文认为，在新制度下的爱情是以相互了解为基础的，它不单是个人问题，还牵涉到整个社会的美德和幸福。他希望在新制度下，制定婚姻法，规范人们的结婚和离婚等行为。这在多年限制离婚的英国，属于超前的思想。

比起当时绝大多数人，欧文在宗教问题上比较理智洒脱。他劝人们正确认识宗教的实质，奉劝人们抛弃宗教所造成的愚昧，培植宽容向善的品质；并认定宗教自由，是每个人应该具有的权利。可以看出，他在宗教问题上所提倡的，多是伦理道德方面的要求。

欧文对理想社会的描述，集中体现在他所憧憬的以公有制为基础的“劳动公社”上。公社的基本原则是：共同劳动、共同消费、共同保有财产，可见它是一个公平、富裕和平等的社会制度。公社成员按照年龄分为 9 个组。前 3 组是幼婴到 15 岁的少年，分别接受培养，学习各种技艺；15—20 岁和 20—25 岁的两组是生产主力；25—30 岁的第六组负责财富保管和分配；第七组是 30—40 岁的人，从事内部管理；第八组是 40—60 岁者，掌管对外事务。60 岁以上者监督对公社宪法的执行，安度晚年。在公社财富分配上，欧文主张实行按需分配。由此可以看出他是具有共产主义信念的空想社会主义者。

进入老年后，欧文在信念上的执著仍未减退，对社会改革的兴趣至死不渝。他仅在 1825—1837 年间，就有过 200 多次宣传旅行，发表过上千次演说和 500 多次呼吁书，给报社写过 2000 多篇文章。1858 年，他 87 岁了，重病在身，还由 4 名警察把他抬上讲台，做了最后一次讲演，但已没有力气讲完了。

欧文身后，对其行为和主张，讥讽批评者有之，赞扬歌颂者有之。坚定的暴力主义革命家一面发掘他的思想精华，认可他对社会主义思想宝库的贡献，一面指责他对资本主义制度批判的不彻底性，不懂得阶级斗争的历史发展的动力，不认识无产阶级的历史使命。然而，我们不应忘记欧文所生活的时代环境，不能忽略欧文思想的主导面和超前性。应该看到，他是一位高瞻远瞩的思想家和有创新精神的社会教育家，其诸多主张还是在英国和其他国家实现了的。可以发现，经过费边社、工党和其他社会主义者，欧文的思想在不列颠福利国家建设中，部分地得到了实施。并由此避免了一些人为的流血、屈辱和痛苦。这些，也不应为后人所忽略。

七、政治经济学的突破

工业进步不仅带来了经济繁荣，也为政治经济学的发展提供了必要条件。纵观之，18 世纪后期至 19 世纪英国政治经济学在历史上占有权威性地位，被称为“古典政治经济学”。

配第、洛克、达德利·诺芝、约瑟夫·马西和詹姆士·斯图亚特等人是英国古典政治经济学的先驱。其中威廉·配第（1623—1687 年）既是经济学家，又是统计学家、医生、音乐家、测量学家、发明家、议员和政治算术的创始人。他主要活动在政治革命和手工工场阶段。当时，由于工场手工业的发展，流通从对生产的独立变成为再生产过程中的一个因素。经济学研究实现了从重商主义经济学向“现代真正经济科学”的转变，为此，研究的出发点就开始从流通过程转到生产过程。配第最出色的著作是 1662 年出版的《赋税论》，其中他把经济学研究对象从流通领域转到生产领域，指出生产所必需的劳动是交换价值的主要决定因素。《赋税论》的问世标志着英国古典政治经济学的诞生。为此，马克思称他为“英国政治经济学之父”。配第主张发挥个人谋求利益的自由，但认为国家有责任用财政、金融政策和市政工程来维持高水平就业。

同时期和稍后的其他经济学家，或提出利息和地租都是对别人剩余劳动的占有，或把借贷资本与货币分开，或反对重商主义主张自由贸易，或探究利润的起源、区分使用价值和交换价值。这些研究成果，为经济学进一步发展准备了基础。

政治经济学的杰出发展者是亚当·斯密（1723—1790 年）。他出生苏格兰，毕业于牛津大学，五六十年代在格拉斯哥任教授时就以博学闻名，通晓修辞、历史、哲学、伦理等多种学科，且深入社会，交游广泛。他的第一部著作《道德情操论》，奠定了经济学研究的心理学基础，赢得学界赞赏。斯密生活在工业革命前夕和前期，资本主义得到迅速发展，但受到传统势力的阻碍，故有必要倡导新理论，冲破观念和政策上的障碍。1776 年，斯密出版了被称为“第一部伟大的完整的政治经济学著作”——《国民财富的性质和原因的研究》（以下简称《国富论》）。其中把人类历史分为狩猎、游牧农业、封建采邑和商业互相依赖阶段。强调在最后阶段里要产生新的经济制度，企业发展需要自由而不要政府限制。这就是自由放任的资本主义。

亚当·斯密

斯密在考察价值问题时，首先区分了使用价值和交换价值两个概念，指出前者表示物品的效用，后者指占有某物后而取得的购买力；并认为：某一物品交换价值的大小和它的使用价值是不相干的；使用价值很大的物品往往只有很小的交换价值。继而，斯密第一次正确阐述了社会阶级机构，指出资本主义社会是由资本家、工人和地主阶级构成的，从而把资本家和雇佣工人视作两个独立的阶级，并初步懂得用人们对生产资料的占有程度作为划分阶级的标准。这在当时是很卓越的见解。另外，斯密还把工资、利润和地租确定为社会的基本收入，认为其中只有工资是劳动收入，其他两项是从产品价值中扣除工资后的余额。换言之，利润和地租就是剩余价值。他已经发现，剩余价值是在资本主义生产中才出现的，还驳斥了某些为资本辩护的观点，指出利润不是资本家指挥、监督生产的工资，而是对工人劳动的无偿占有，是同资本的大小成正比的。

斯密《国富论》的中心思想，是把看起来杂乱无章的自由市场，看成一个具有自行调整机制的系统。商品供求和价格，都按照自由竞争的内在规律运行。若是自由竞争受到阻碍，那么自动调节就会受影响。因此他反对高关税，反对政府对商业和市场的干涉。

大卫·李嘉图（1772—1823 年）是古典政治经济学的完成者，主要生活在工业革命深入和接近完成时期。当时资本主义迅速发展，但还必须扫清前进中的障碍。他 14 岁就在父亲的证券交易所里工作，21 岁因改变宗教与家庭脱离关系，独立经营证券交易。1799 年阅读斯密的《国富论》，激发了对经济问题的兴趣，而后专心研究了英格兰银行政策、“谷物法”、地租和工业利润的关系。1817 年发表了代表作《政治经济学及赋税原理》，分析了社会中三个阶级，即地主、工人和资本家在社会产品分配方面的规律。由于斯密对科学的真诚，对实践考察的敏锐，使他能对资产阶级经济学无所顾忌地作出总结，提出可贵见解。他著述不多，但某些学术观点颇具新意。例如，他虽然同意斯密关于剩余价值和交换价值的解释，但认为没有使用价值的东西绝不能有交换价值。李嘉图对资本主义制度下工人阶级状况的认识，也与斯密有别。斯密认为资本主义的发展会提高工人待遇，改善工人生活。李嘉图则得出相反结论：生产效率的提高，不仅未使工人改善待遇，反而有下降趋势。因为，工资和利润是互成反比例而变化的。工资的提高必然会引起利润的下降，这就指明了工资和利润的对立，揭示了社会阶级矛盾和斗争的根源。但是，由于李嘉图从事经济学研究时间较短，把经济学的范围规定得比较狭窄，就缺少社会学方面的内容。

这一时期社会科学研究的一突破性发展，是边沁、穆勒等学者努力把社会经济问题同哲学、政治学、伦理学、法学结合起来，提出功利主义理论体系。其中杰勒密·边沁（1748—1832 年）的代表作有 1776 年发表的《政府片论》和 1789 年发表的《道德和立法原则概述》。詹姆士·穆勒（1773—1836 年）是边沁多年的伙伴和虔诚信徒，研究范围涉及多种领域，代表作是《政治经济学原理》（1821 年）。

他们一致认为，避苦求乐是由人的天性决定的，人类行为完全以快乐和痛苦为动机；而人类的唯一目的就是谋求幸福，所以对幸福的促进与否就成为判断人的一切行为的标准。边沁认为，凡有助于产生快乐的行为和事物是善的，反之是坏的。某事物若能最大量带来幸福和减少痛苦，即是至善。穆勒强调对经济学要采用人文主义的方法来研究。而且，他们还把功利主义原则运用于政治和法学研究，判断国家机构和法律的好坏。

就历史作用来看，边沁和穆勒的功利主义是从政治学和伦理学的角度为资产阶级呐喊助威的，虽然会有时代和阶级的局限性，但在当时和以后相当时期内，具有积极的社会意义。后来，东方有些学者把功利主义简单地解释为利己主义，似乎失于偏颇。

八、浪漫主义诗歌

18 世纪末和 19 世纪初的英国社会处在剧烈变革和转型时期，也为诗人才情的发挥提供了广泛的素材。不列颠秀丽的风光、古老丰富的人文、千姿百态的民事、腐败的政治以及他国民族主义斗争和影响，成为诗人发散豪情的题材。英国诗坛出现了一个充满浪漫主义豪情的时代。

由于诗歌是心声的展露，是正义的呼唤，激情的升腾，理念的超前，所以它必须借助于正直无畏的人格。很难设想某个伟大诗人，会是一位蝇营狗苟、品行龌龊的小人；而处心积虑媚上欺下的势利者，也绝对不会书写出璀璨的诗篇。

苏格兰民族诗人彭斯用他的人生和诗作证实了此点。罗伯特·彭斯（1759—1796年）出生于艾尔郡一个及其贫苦的农民家庭，父亲劳累致死。他从小就在田间劳动，对当时的社会极为不满，并对各种宗教和政治思想予以辛辣的讽刺。彭斯仅受过极少的教育，却又博学。幼时即喜欢苏格兰民歌和民间故事，并开始模仿性创作，以后尽力收集。他的诗歌里，善于表达瞬间的经历和人的感情，摈除一切理念化和概念化的虚饰。例如，他在《不管他们那一套》中这样展示心声：

有没有人，为了正大光明的贫穷
而垂头丧气，挺不起腰——
这种怯弱的奴才，我们不齿他！
我们敢于贫穷，不管他们那一套。
什么低贱的劳动？
官衔只是金币上的花纹，
人才是真金，不管他们那一套！

很少有人把彭斯归入浪漫主义诗人的行列，却承认他用感情充沛、节律铿锵的诗篇预示着一个浪漫主义诗歌时代的到来。

在大诗人的行列中，威廉·华兹华斯（1770—1850年）是这一批诗人中最长寿的一位。他出生于英格兰北部湖区的科克茅斯，饱受湖光水色的陶冶，以至于他的诗作的主题多是描写人与大自然的和谐。他曾把法国大革命视为争取人类自由的伟大运动，热烈欢迎它；并为英国在政治上的滞后而忍受道德上的震动。但在随后的岁月里，眼看着拿破仑战争对欧洲的蹂躏，他又不得不经历一种精神幻灭的极度痛苦，认定高卢雄鸡已经走上了查理大帝的道路。

而现在，轮到他们变成侵略者，
法国人已经变一场自卫战争
为一场征服战争，看不见他们
曾经为之奋斗的一切。①

华兹华斯他把前半生献给诗歌，那时他在生活与情感方面，也富于挑战性。他长期处于胞妹多萝西的感情影响之下，对她的钟爱似乎超出了道德的许可。他凭着中青年时期的激情，捧出了大量诗作。其中《序曲》是自传诗，脱

① 转引自艾弗·埃文斯:《英国文学简史》，人民文学出版社1984年版，第69页。

稿于 1805 年，回顾了本人成长的过程和各个时期的感受，而《漫游》则表达了他的一些最深刻的信念。大约在 1815 年，他的诗才已枯竭。后人为之惋惜，可这有利于他在后半生，用平静理智的心态，回顾浪漫主义诗歌勃发暴长的历程。

戴维·柯尔律治（1772—1834 年）是华兹华斯兄妹的挚友。他们于 1795 年在湖区相遇，被称为“湖畔派”，其友情与合作成为诗坛佳话。这时柯尔律治在智力情感上正处于蓬勃奔放之际，确信每人身上都有强烈的“生命意识”。他用激情把华兹华斯从对时局的悲愤和消沉中搭救出来，继续讴歌大自然。二人于 1798 年出版了《抒情歌谣集》，从而开创了英国文学史上浪漫主义时期。

这时，柯尔律治以多病之身，在鸦片酊的刺激下，创作了神秘的《忽必烈汗》。该诗的异国情调和迷人的节奏使许多评论家感到费解，可又承认其结构的复杂，内涵的高超。柯尔律治的另一代表作是《古舟子咏》，用民歌形式讲述了一个神话故事：一个老水手违反生之原则，射杀信天翁，从而忍受身心折磨；直到他爱上水蛇时，才领悟了人类生命的创造过程。另外，柯尔律治的诗《法兰西颂》等，还反映了他的政治倾向和婚姻生活的不幸。

柯尔律治多年驰骋文坛，善于质疑问难，并对同代文学家有很深的影响，赢得拜伦和济慈等人的敬重。他凭着评论家和哲学家的心智和创作感受，对诗歌的性质作了独到的诠释：

诗歌是一种创作类型，它与科学作品不同，它提出的直接目标不是真实，而是快感。与其他一切具有这种同样目标的创作类型不同，它的特点在于提供一种来自整体的快感，同时与其组成部分所给予的独特快感又协调一致。[①]

在英国诗坛上，拜伦勋爵（1788—1824 年）的诗才行止都是特行独步的。他是浪漫主义的象征，政治自由的旗帜。他出身贵族家庭，却终生冲击传统的羁绊。残疾、家庭破裂、婚姻变故、社会压力的折磨，使他具有敏感、自尊、孤傲、暴烈、悲观、阴郁等个性特点。同时也使他在批判道德世界时显得格外勇猛、深刻，更能把诗歌的浪漫主义发挥到极致，同时获得伟大诗人、伟大革命家的桂冠。在感情领域，他浪漫得异乎常人，私生活放荡不羁，恋爱事件层出不穷。独特的激情有时会促使他不顾世俗道德的约束，去寻求别致的情感，试探人类感情的黑洞。拜伦与妻子的离异以及他与同父异母姐姐奥古斯塔的微

① 转引自艾弗·埃文斯:《英国文学简史》，第 77 页。

妙关系，虽可解释为对感情缺憾的一种弥补，又成为政敌攻击他的武器。他生活上的坎坷，不但在《异教徒》、《阿比多斯的新娘》、《海盗》等诗中有所反映，同时还是其他一些诗篇的创作源泉。拜伦在游历欧洲大陆时发表的《唐璜》，是他最有代表性的长诗。

拜伦与意大利烧炭党发生联系，比较了解下层人民，对政治邪恶势力恨之入骨。他对政府当局的抨击，丝毫不亚于当时政论文的力度。他于1820年在《本国没有自由可以争取》中叹呼：

本国既没有自由可争取，
为邻国的自由战斗！
去关心希腊、罗马的声誉，
为这番事业断头！
为人类造福是豪侠的业绩，
报答常同样的隆重；
为自由而战吧，在哪儿都可以！
饮弹、绞死或受封！①

俄国革命民主主义者车尔尼雪夫斯基等人认为，这首诗，体现了拜伦一生的指导思想和行为准则。1824年，他为了援助希腊人争取民族独立、反抗土耳其殖民统治，任伦敦希腊委员会代理人，并慷慨解囊，帮助建立希腊舰队。翌年患病，客死异乡。

在展示浪漫主义的魔力时，雪莱（1792—1822年）最能与拜伦媲美。他不但是拜伦的至交，在出身、经历、性格、诗风等方面也有许多共同点。西方权威评论他：“在一个伟大的诗的时代写出了最伟大的抒情诗、最伟大的悲剧、最伟大的爱情诗、最伟大的牧歌式挽诗，以及一批许多人认为就其形式、风格、意象和象征而论都是无与伦比的长诗和短诗”，虽有拔高之嫌，但说他热爱人类、献身理想、崇尚理性、追求真理、反抗邪恶、主张政治革命和社会改革等，却是十分真切的。雪莱代表性诗作《阿拉斯特，或孤独的精神》，完成于1818年夏季，它展露了雪莱诗作最重要的主题：理想和追求。

理想和追求使他格外果敢。彼得卢惨案发生不久，他发表了《暴政的假面游行》，号召人民起来推翻政府：

① 杨德豫、查良铮：《拜伦诗歌精选》，北岳文艺出版社2000年版，第104页。

像睡醒的狮子一样站起来，
你们的人数多得不可征服，
快摆脱束缚着你们的锁链，
像抖掉沉睡时沾身的霜露，
你们是多数，他们是少数。①

雪莱为了躲避国内的恶意攻击和休养病体，移居意大利。4年里，他创作了《西风颂》、《致云雀》、《云》等名篇。其中《解放了的普罗米修斯》，是他最伟大的抒情诗剧，中心思想是善定胜恶。另外，雪莱在短暂的生涯里，还写了大量散文作品。这些作品分析精辟，语言精美，至今难被超越。他描写旅途见闻的书简也细腻动人。1822年7月，雪莱在海上因船沉罹难，骨灰葬于罗马。

另一位才高命短的诗人是约翰·济慈（1795—1821年）。他早年失去双亲，被外祖母收养。学医时偏偏迷上了诗歌。1816年，他以《初读查普曼译荷马史诗》惊动诗坛，因此结识了利·亨特、雪莱、华兹华斯等著名诗人。1818年3月，他在照料病重的弟弟时，以薄伽丘的《十日谈》为蓝本，写成叙事长诗《伊莎贝拉》，但不幸也染上肺病。这首长诗也和拜伦、雪莱的一些作品一样，善于用浪漫主义的字句影射当代的不公，使人读后回味无穷。例如，在《伊莎贝拉》里，有这样的一连串的质问：

他们为啥傲慢？莫非白玉泉
比可怜人的泪水涌出更多骄傲？
他们为啥傲慢？莫非美橙山
比乞丐的阶梯更加易于登攀？
他们为啥傲慢，莫非红线条障目
比希腊年代的歌曲更为丰富？
他们为啥傲慢？我们再大声询问，
他们为啥以光荣的名义来傲慢？②

而后他以病体之身勤奋创作，作品犹如泉涌。其中《恩底弥翁》，是以希腊神话中月亮女神与凡人恩底弥翁相爱为题材，发表后却因人事纠葛受到几家杂志的攻击。他毫不灰心，断言："我想我死后定能名居英国诗人的行列。"这

① 江枫译：《雪莱抒情诗精选》，太白文艺出版社1997年版，第413页。
② 转引自艾弗·埃文斯：《英国文学简史》，第94页。

时，他结识了芳妮·布劳尼。芳尼移居伦敦，与济慈为邻。这使诗人获得了一点珍贵的爱情。许多佳作，如《心灵》、《哀感》、《夜莺》、《希腊古瓮》等，在此时喷薄而出。它们的共同特点是从不同的角度咏叹了青春、美和生命的瞬息即逝，使人读后慨叹不止。1821 年，济慈在穷困中死于罗马。

浪漫主义诗歌似乎只能是青年人的事业，各种意外造成了 1832 年前后诗歌的中断：济慈死于 1821 年，雪莱死于 1822 年，拜伦死于 1824 年，而柯尔律治和华兹华斯的诗歌创作，实际上在 1830 年也已经终止。另一位诗人瓦尔特·司各特爵士（1771—1832 年）也在这时去世。

浪漫主义诗歌的暂时低落，无碍于英国文学发展。在新的社会条件下，还会有新的文学激流出现。

九、近代体育的萌生和发展

不列颠人是众所周知的体育爱好者，其运动类别形形色色。但在光荣革命之前，较为突出特点是地方性、传统性，而大众性普及的时代尚未到来。史书指明：当时，世人总是迷恋前辈们擅长的传统活动，努力使之流传后世；另一方面，人们还积极创新，不断增添新的竞技项目。

1603 年，理查德·卡若在其《康沃尔考察》中，详细描述了当地的体育竞技，说当时许多村镇，不但常有各类运动项目，还有较为详尽的比赛规则。地方上，常有 15—30 个团队来往竞赛，以决胜负。[①] 摔跤、角力、速度和耐力比赛，总会吸引众多的乡亲乡邻观看。18 世纪初，伦敦一带的体育比赛则有足球、摔跤、短棒球、九柱戏、板球、推移球、软毛球、圆环套桩、拔树桩、斗牛、斗熊、斗鸡等等。以后比赛项目继续增添。1801 年，在斯特拉特的《英国人的体育运动和消遣》里，所记载的项目又有明显增添。但仍然没有全国性体育赛事。

英国在成为城市化社会之前，体育活动及相关赛事有着季节性。播种和收

① Richard Holt, *Sport and the British: A Modern History*, Oxford University Press, 1989, p. 13.

获季节，乡下人忙于农事，疏于体育运动。秋后冬初农闲，乃是各类活动的旺期。

英国是一个典型的等级社会，体育活动也显露出地位差别和人以群分。贵族乡绅家资殷实，其体育活动不仅是为了休闲娱乐，还显露出富人气派、尚武精神和赌博趣味。他们喜好的项目有板球、狩猎、赛马、击剑、骑术等，大多需要上好的设备和场地。训练时有人指导；比赛时有裁判执行规则，场下有仆从杂役跟班陪伴；赛后则有人管理照料。于此，普通民众望洋兴叹。1700 年以后，贵族们的体育活动已具有群体性质。有人出资赞助，组建俱乐部，并有报刊宣称报道。而工匠农夫和帮工学徒的运动项目大多是因陋就简，聚散随意，就地取材。破街陋巷、田边地头都能成为体育比赛娱乐的场所。一只脏兮兮的软毛球就能玩上半晌。大家汗流浃背，开心尽兴。

有趣的是，城镇未婚者和已婚者在体育活动中，还表现出来一种“井水不犯河水”的分离感。这也是身份地位的差异所致。手工业师傅大多已婚，生活小康，矜持自信，拥有些许体育器材和比赛经验。而未婚者阮囊羞涩，却血气方刚，体能出色，多是竞赛的主力，愿在运动竞技中抹平身份差异，通过出色表现争取人格平等，并抗议成人对他们藐视和不公。

地方教区的体育活动还带有宗教色彩，它们多由地方名流和教会倡导发起，利用周末假日和圣徒纪念日开展，省去了一些繁琐。天主教徒喜好在秋末封斋节之前，举办运动会。天主教徒的运动会继承了欧洲大陆的庆典传统，有意宣传它们的教义，巩固扩大其教众组织。如在兰开郡的教区，青年天主教徒们利用五月节，在运动会上选举所谓的“宫廷总管”(Lord of Misrule)，并模拟宫廷仪式，鸣钟击鼓，诵诗奏曲，载歌载舞。它们还在教堂院落中，或在教堂附近，欢呼游行，并委婉批评清教徒的“不良习俗”。

一些与家畜家禽相关的项目似乎有点残忍。如“掷鸡”，一个个壮汉手握活鸡的脖子，尽力甩出，投掷距离最远者为胜者。被投掷的活鸡则在一刹那间殒命。其他还有与宰杀活猪活羊活牛相关的运动，受虐动物叫声凄厉，鲜血四溅。当然，这种残忍的运动项目，并非肆意的凶杀，而是当时正值屠宰季节。[①] 乡民们如此作为，是为了培养男子汉精神。而且人们还相信，屠宰前举行斗牛赛，会排净体内糟粕，改善牛羊肉的质量。在规定的度斋日，学校还鼓励男生

① Richard Holt, *Sport and the British: A Modern History*, p. 16.

把活公鸡带到学校，效仿成年男子的投掷竞赛。其他一些项目，如足球之类，威猛小伙迅速奔跑，猛烈碰撞，强者为胜，亦能博得各教区支持者的喝彩。这种现象，并非不列颠人所独有，作为民俗，在当时的整个欧洲是普遍认可的。

诸般运动中，拥有较多群众基础的是拳击、划艇、赛马和板球。

关荣革命之后，拳击比赛逐渐流行开来，并较快具备了职业比赛的某些特征。该运动打斗场面迅猛快捷凶悍，富于刺激性，得到了贵族乡绅的赞助。1719 年，在一位伦敦出版富商的赞助下，不列颠首家专务拳击比赛的菲戈·艾姆波利姆赛厅隆重开业，并为其他地方所仿效。1743 年的一场比赛中，一名拳击手遭重拳打击致死。随即，荣膺英格兰第三个最重量级拳击赛冠军的杰克·布罗顿（1704—1789 年）制定了第一套拳击规则，发明了具有减压作用的厚手套。以后规则再经修改，得到公认，事故率有所下降。此规则一直实施到 19 世纪中叶。但随着该项目的扩展，恶性事故仍有发生。1787 年在伯明翰的拳击赛中，一日内竟有两名拳击手身亡。可事故之后众人兴趣不减。若有名手参赛，观众竟在万人之上。

拳击运动逐渐得到富人的赞助，在其行列中，土地贵族的身影格外突出，1750 年，坎伯兰公爵赞助布罗顿高达 10 000 英镑，世人为之瞠目。18 世纪后期，拳击比赛已经具备了职业化和公众赌博性质。拳击手的薪金多达 40 000 英镑。王室约克公爵和威尔士王子成为最大的参赌人。众多贵族乡绅竞相赞助，并提供私产房舍用做比赛场所。终于，这一项曾被认为野蛮凶狠的搏击项目，得到王室要员的理解和庇护。杰出的拳击优胜者则成为家喻户晓的名人和传奇人物。杰克·布罗顿高龄去世，被安葬在威斯敏斯特大教堂，与名流相伴。

在布罗顿之后，犹太拳击手门多扎盛名遐迩。而后，绰号“绅士”的杰克逊击败门多扎荣登魁首。伴随着拳击运动发展，出现了许多爱好者和满怀激情的观众。报道和评论拳击赛事的报刊成为热销品。其中有 1793 年创办的《体育周刊》、1796 年创办的《贝尔周讯》，以及 1801 年开始发行《每周快讯》等，都有较多的销量。1828—1829 年，一部 5 卷本的《拳击汇编》（*Boxiana*）成功发行，并由此巩固了拳击比赛在诸多运动中显著地位。以组织赛事为主要职能的拳击协会出现在伦敦，后在全国各地出现。各协会雇佣职员数十人不等。1780—1824 年，伦敦竟有 36 个拳击会，比利斯托尔有 20 个，伯明翰 10 个，旅游胜地巴斯 6 个；其他 40 个拳击会分布在国内其他城镇。

热度类似于拳击的运动是划船，同样拥有大量观众和赞助者，还得到青少年学生的青睐。起初，划船在公学里流行。不列颠纵横交错、星罗棋布的河流湖泊则为其推广提供了便利条件。18 世纪初，最有名气的赛场是流经伦敦的泰晤士河，以及在纽卡斯尔附近的泰恩河。最显赫的划桨高手，是爱尔兰演员托马斯·道杰特，成为青年学子和桨手景仰的偶像。令人惊叹的是，壮汉杰克·布罗顿竟然将这两项热门运动联系在一起——他还是著名的划桨奖金获得者。每逢划船比赛，人们蜂聚在河流两岸，举膊欢呼，激励自己所钟情的赛船。18 世纪末，起码出现了 3 个划船爱好者俱乐部。[①]1800 年前后，三所资深公学（伊顿公学、希鲁斯伯里公学和威斯敏斯特公学）和两所资深大学——牛津大学和剑桥大学，成为所有赛事中的声望最高的骨干船队。19 世纪 20 年代以来，一些船队定期比赛，它们都有自己的相对稳定的支持者。当泰恩河上举行大赛时，人们云集两岸，千万矿工和船工欢呼喝彩，惊天动地。场面隆重热烈，不亚于任何节庆。划桨强手在大众心目中的形象，犹如民族英雄。神桨手哈利·克莱斯波尔去世后，参加其葬礼的民众竟有 10 多万人。

在观众众多的运动中，堪与拳击、赛船媲美的是赛马。它们的不同点在于，拳击、划船比赛时，总有众多的下层百姓前往观看。而赛马却主要是社会中上层的热门项目。王室也积极参与。这不仅因为观看赛马的门票较高，还因赌马押注，钱数不菲。故而养马并雇人参赛的当事人，多是家资巨万的土地贵族。一匹名贵赛马，何止一家小康农户的家产！其他还有驯马师、教练、骑手，以及马厩等设施，开销巨大，普通人无法问津。1759 年，罗金厄姆侯爵花费 4586 英镑驯养骏马猎狗。1770 年，金斯顿公爵在一次赛马会上的马匹马厩的花费就达 560 英镑，加上养马人、驯马人和 9 名跟班、马弁的酬劳，以及在纽马基特赛马场和职业骑士师俱乐部的开销，数目十分巨大。18 世纪末，格罗夫纳勋爵每年赛马耗费 7000 英镑，其债务累计 15 万英镑。[②]

赛马场上，人们常常可以看到王室成员的影子。顺便说，英国赛马的起源也与王室有关。名马的进口，就可以追溯亨利八世时期，他指令专人从意大利和西班牙进口了若干柏布马，并修建了几处种马场。詹姆士一世在英格兰即位后，率先发起了赛马大会。而后查理一世积极经营，1649 年离世时留下了拥

---

① 这三所划船爱好者俱乐部分别是“明星俱乐部”、“箭矢俱乐部”和“鲨鱼俱乐部”。见 Richard Holt, *Sport and the British: A Modern History*, p. 22.

② G. E. Mingay, *English Landed Society in the 18th Century*, London, 1963, pp. 160, 151.

有 139 匹骏马的马场。稍后的查理二世被誉为“英格兰赛马之父”，他发起了国王杯赛，并亲自制定了英国最早的赛马规则。在查理二世的赞助下，纽马基特被指定为英国最早的赛马中心。

18 世纪以来，一些崭新因素使赛马活动进入新的层次。一是被称做“汗血马”（bloodstock）的阿拉伯名种马被引入比赛，体形优美，速度惊人，观众为之一振。二是 1727 年出版了《赛马实录》（*Racing Calendar*），详细记载和通报有关赛事。三是在 1752 年组建了赛马总会（Jockey Club），推动了赛马活动的商业化，由此强化了贵族乡绅对赛事的控制。一些典范赛事，如 1776 年的圣勒杰尔赛马大会、1779 年的橡树林赛马大会、1780 年的德比大赛，均以实地比赛优化了比赛规则。为此，赛前需要做相当复杂的组织安排，启用颇多的人员和设施。而且，因当时交通设施的限制，运送赛马破费财力。只是到了铁路时代来临，运送赛马方便之后，英国赛马活动才渐渐具有了全国性大赛的性质。

顺便说，与赌博相关的赛事，18 世纪进入了高潮期，再往后更是司空见惯了。

如果说拳击、赛艇和赛马是以规模效应而形成鼎足之势的话，那么，板球则以其普及性而独占鳌头。板球类似于后世的小球赛，在英格兰南部诸郡尤为流行。1836 年，肯特郡的板球俱乐多达 159 家，萨塞克斯郡 109 家，汉普郡 88 家，埃塞克斯郡也有 86 家。英格兰和威尔士的板球俱乐部总数则在 1000 家之上。

除了上述几种热门比赛之外，还有一些似乎不上门面的民间比赛。例如“竞吃”大赛。参赛者需在给定的时间里吃掉尽量多的某种食品。竞争者狼吞虎咽，憨态百出，观者忍俊不禁，助兴喝彩。在文化娱乐生活尚不够丰富的近代前期，这些具有乡土气息的比赛妙趣横生，丰富了人们的生活，并一直延续到 19 世纪。

英国体育娱乐还具有典型的地域民族特色。英格兰人的运动不少受大陆影响，较为注重比赛技能和规则。威尔士和苏格兰居民较稀少，运动多有民俗气息。如苏格兰的投掷、射箭、搬重物等，就具有山地荒原的古朴和原始，体现出劳动生活的本色，显得剽悍粗犷。

不容忽略是，各类活动还刺激了商业活动。比赛时，观者云集，各类商贩借机营业，利润超过平时。剧院演出、歌舞和体育比赛风云际会。其中尤其是赛马、斗牛和板球等项目，人们竞相押注。地方报刊迅即加以评论，并预告未来的赛事。

第十章

自由主义时代

（19 世纪 30 年代—1900 年）

一、宪章运动

英国工业革命造就了两大对立阶级，也带来了突出的问题。竞争导致生产的盲目性，1825 年出现第一次全国性经济危机。以后大约 10 年一次，穿插着经济萧条。危机期间，商品过剩，生产缩减，企业倒闭，大批工人离开工厂；而女工、童工的大量使用致使越来越多的男工失业。在 1839 年的工厂里，女工占 58%；五六岁的幼童也成了役使对象。机器使众多手工业者破产，难以为生。许多工厂肆意延长工时，长者达 16—18 小时。罚款、克扣工资和变相欺诈司空见惯。劳动条件恶劣。工人住宅区缺少供水排污系统。曼彻斯特、伯明翰等市的工人多半住在阴暗、潮湿、狭窄的房舍、地下室里。贫民窟肮脏污秽，疾病流行。利物浦工人平均寿命只有 15 岁。曼彻斯特工人的 5 岁以下的幼儿夭折率达 7 成。各族劳动者里，爱尔兰工人境遇最惨。他们在遭受英国殖民者的劫掠后，流落到英格兰工业区，大多从事危险、繁重的工种，工资待遇和生活条件最差。

无产阶级的悲惨景况引起进步人士、人道主义者的关注和批评。缩短工时的实验可以追溯到罗伯特·欧文。托利党人也站在地主阶级立场上，抨击资产者和工厂制度。1832年，里兹、哈里法克斯等地建立了“缩短工时委员会”。工人运动活动家萨德勒提出了10小时工作制法案，翌年在托利党议员的支持下经议会通过，成为最早的工厂法。它将工时缩短了3—5小时，提出了青工培训、禁止使用9岁以下的童工、设立巡回监察员制的条文，但离工人要求仍差很远。

日益扩大的贫苦阶层影响到社会的安定。原有的济贫制度已不敷需要。政府在王室委员会调查的基础上，于1834年颁布了“济贫法修正案”，取消了贫民补助金，在各地设立了“劳动院”，规定救济金仅在劳动院中发放，“游手好闲者”难以得到任何帮助。被迫进入劳动院的穷人，按照年龄和性别分开编组，这就造成夫妻分居和家庭离散。院内生活条件恶劣，没有书籍和《圣经》，不许抽烟和玩耍。大家在规定的时间和地点享用同样的低劣饮食，甚至小孩进食时也不得讲话。劳动院工作繁重乏味。工人愤懑之极，称之为“穷人的巴士底狱”。先进分子认识到，只有扩大民主，改变政治体制，工人境况才会真正好转。

可是，第一次议会改革又使他们大失所望。在这场斗争中承担了大部分任务的无产阶级，依然没有选举权。他们将改革视为骗局，积极进行新的斗争。

拿破仑战争结束后，工人运动开始与以争取议会改革为中心内容的民主斗争相结合。1830年，棉纺织工人成立了“全国劳工保护协会”。1831年建立了“工人阶级全国联合会”。稍后，一些工会团体，如“建筑工人工会”、“纺织工人工会”、“缝纫工人工会”等，相继出现。1834年，它们联合组建了“全国各业统一工会”，会员逾80万人。这些工会受欧文主义、工团主义的影响，看重经济斗争。其中左翼分子在经受了有产阶级的排斥和愚弄之后，日益意识到他们与资产阶级的矛盾是不易调和的，从而走上了独立斗争的道路。1836年至19世纪50年代的宪章运动就是在这样的历史条件下产生的。

宪章运动是一场以工人阶级为主体、以争取议会改革为中心任务的群众性民主运动。它发端于1836年6月“伦敦工人协会”的建立和当月27日在纽卡斯尔市广场上的民众集会。会上，浩浩荡荡的游行队伍在军乐队的带领下，举着鲜艳的旗帜，列队行进，旗帜上书写着拜伦的诗句：

自由之神再一次召集大军，

发抖吧，你们这些暴君！

难道你们还讪笑这是虚张声势？

到头来，你们会流血而非流泪。①

宪章运动得名于激进派洛维特在1837年5月起草的“人民宪章”。宪章包括6项要求：成年男子普选权；按照代表和人口的比例合理划分选区；取消议员财产资格；议员支薪，以使工人进入议会；代表无记名投票；议会每年改选一次。

1838年5月，人民宪章以法案形式公布，很快得到了广大工人的支持。各地召开大会，举行火炬游行，宣讲宪章精神。1839年2月4日，宪章派在伦敦召开了第一次国民代表大会，通过《国民请愿书》，要求实施人民宪章。3个月后就有125万人签名支持。

宪章派领导层成分复杂，行动策略上难免发生分歧。以洛维特为首的“道义派”代表收入较高的熟练工人和小资产阶级利益，主张扩大政治联盟，用经济斗争方式和“道义感化”实现宪章。“暴力派”则主张用政治斗争实现宪章，但其中也有分歧。以爱尔兰菲格斯·奥康瑙为首的激进派实际上反对“过激行为”，渐渐与主张发动武装起义的哈尼·琼斯和文森特等人相抵牾。

1839年7月，请愿书呈交议会，被下院否决。各地民众游行示威。伯明翰工人发动起义，遭到政府镇压。②哈尼等130人被捕，判处流放或监禁。国民代表大会难以正常工作，9月中旬解散。11月3日，威尔士蒙默斯河谷的3000名矿工，为搭救文森特，在纽波特与政府伏兵激战，死伤约70人，125人入狱。事后起义领导者被判处死刑；各地工人签名抗议，迫使政府将他们改为流放澳大利亚。1840年春，镇压继续扩大，又有500名宪章派骨干或被投入囹圄，或被流放。有的被折磨至死。多数资产阶级激进派退出了运动。

1840年7月20—24日，革命宪章派23名代表在曼彻斯特聚会，为加强领导创立了“全国宪章派协会”，最高机构是执行委员会，各地建立分会。会章规定会员交纳会费，定期集会，设有专职工作者和收支账目。由于会员多是工人，可知该会是一个类似于无产阶级政党的政治团体。1842年夏，它拥有数百个支部和7万名会员。奥康瑙是执行委员会的核心人物。

1842年春英国经济萧条，失业率上升。宪章运动出现第二次高潮。4月，

---

① R.G.甘米奇：《宪章运动史》，商务印书馆1979年版，第24页。

② R.G.甘米奇：《宪章运动史》，第143页。

国民代表大会在伦敦通过了更加激进的第二次请愿书，除了保留原来的6项要求外，还要求取消新济贫法和劳动院、减税、缩短劳动时间、改善劳动条件、政教分离等要求。这不仅表明请愿书在很大程度上是一个工人阶级的文件，还说明宪章运动已演变为独立的工人阶级政治运动。三百多万人在上面签名。

议会否决了第二次请愿书，宪章派号召举行总罢工。8月8日，罢工先由兰开郡爆发，很快蔓延到一些工业城市。8月中旬，政府开始大规模逮捕宪章派人士，奥康瑙等人被捕。数以千计的罢工者被拘禁。翌年3月，兰开斯特巡回法庭审讯奥康瑙、哈尼等58人，遭到他们的严正反驳。各地民众向议会递交了近千份请愿书，迫使法庭释放所有被捕者。

1847年英国再次出现经济危机，宪章运动复苏。1848年法国二月革命鼓舞了不列颠工人。宪章运动第三次高潮立即到来。3月，格拉斯哥发生“饥饿示威”和暴动，60多人被捕。伦敦等地工人与军警发生冲突。4月3日，宪章派召开第三次代表大会，决定在首都举行大规模游行，护送请愿书至议会。政府调集大批军警准备镇压。4月10日，当浩浩荡荡的工人向议会行进时，遭到奥康瑙等人的劝阻。几个领导人把请愿书送到议会。但议会依然否决了第三次请愿书。政府下令解散宪章派组织，逮捕骨干分子。宪章运动再遭失败。

以后，宪章派继续创办报刊，召开会议，支持工人罢工示威，但不再发动以往那样的重大行动了。1858年2月8日宪章派召开最后一次代表大会，给

前往议会送交请愿书的宪章派

这场运动划了句号。

宪章运动是英国无产阶级的第一次独立的政治斗争，是历时长久、规模巨大的政治运动。它的示威请愿等施加政治压力的做法，在很大程度上，对以后英国工人运动的发展定下了基调。

后来，人们在分析宪章运动失败时，总能举出宪章派领导层的分歧，右翼领导者的三心二意和妥协，以及工人组织水平的限制等原因。但容易忽略某些更显重要的因素：统治阶级方面的政策变化，政府政策的调整和社会经济繁荣，等等。就政府政策而言，1847 年，议会通过议案，规定女工和未成年者工作日不得超过 10 小时。1849 年，议会增派监察员，检查和监督改造矿井安全设施，使事故发生率逐年下降。由于大量监察员的派出，纺织厂、铁路、船运、码头的工人的工伤事故也有所减少。在无产者、人道主义者和新闻媒体的批评下，救济金只在劳动院发放的规定不再严格执行，在四五十年代，80%的济贫金是在劳动院之外发放的；劳动院的情况也有所改善。①

这一时期，英国统治阶级在经济上的重大举措，是废除了臭名昭著的谷物法，实行广泛的自由贸易政策。英国政治家马考莱认为：在欧洲到处发生革命的 1848 年，不列颠之所以能与革命无缘，也正是由于谷物法已经废除，使工业资产阶级和其他民众吐出了怨气。

在政治上，英国政府是比较灵活的。他们没有忘记彼得卢惨案所带来的耻辱，目下面对宏大的群众运动显得比较克制。许多情况下，示威工人若不诉诸武力，政府军警也尽量不首先使用武器。甚至在宪章运动低潮时，他们也有所让步。

尤其重要的是，40 年代中期以后，英国资本主义经济进入繁荣阶段，部分工人生活有了明显改善。当法国、德国工人的年平均工资分别为 21.1 英镑和 13.3 英镑时，英国工人的年平均工资已达 32.6 英镑。无怪乎一些人不像以往那样积极地参加宪章运动了。

我们还应该看到，宪章运动的失败是相对的。它毕竟向统治阶级施加了巨大的政治压力，促使政府加快了政治改革的步伐。半个多世纪后，人民宪章的 6 项要求里，除了议会每年改选一次之外，基本上都成为现实了。

① C. Roberts & D. Roberts, *A History of England, 1688 to the Present*. pp. 586-587.

二、“自由放任”和工业霸权

恰如19世纪英国的政治民主来之不易，资产阶级的经济自由也是经过了一番努力才得以获得的。

工业革命前，英国政府根据重商主义原则，在维护土地贵族利益的前提下，长期实施限制进口、支持出口的保护关税政策。最典型的行动，是议会在1815年制定“谷物法”，规定：当国内小麦价格低于每夸特80先令时，禁止外国谷物进口。这项自私的法令保证地主阶级继续获取高额利润，却严重损伤了工业资产阶级的利益。二三十年里，他们一再举起“自由贸易”的旗帜，要求废除谷物法，改变政府现行经济政策。

英国的经济自由理论，可追溯到亚当·斯密和大卫·李嘉图等人的学说。1819年，李嘉图成为议员，借下院之讲坛宣传自由放任主义，道出工业资产阶级的心声。翌年，曼彻斯特的工商业者以该市商会为基地，形成著名的“曼彻斯特学派”。19世纪30年代，该派涌现出两位杰出的领袖。

理查德·科布登（1804—1865年）是激进派政治家和自由贸易的倡导者。20年代即从事棉布批发，1831年开办印染厂。他长期漫游欧美，通晓国际商务，并撰写《英格兰、爱尔兰和美国》等小册子，要求政府通过人员和物资的交流，推进国际贸易。约翰·布赖特（1811—1889年）也是成名颇早的政治演说家，崇尚宗教宽容和政治自由，20多岁就在家乡成功领导了反对圣公会强迫征税的运动。他们经常演讲，激烈反对“谷物法”。1838年10月，二人与一批工业资产阶级会集曼彻斯特，创建了压力团体“反谷物法同盟”。一年后它发展成为全国性组织。反谷物法同盟经费充足，活动频繁，注意依赖宪章派工人群众的支持，仅1840年就在各地召开过二百多次大型集会，向议会呈递了七百多件请愿书，散发了1400多万本小册子。1843年他们在曼彻斯特建成了宏大的自由贸易大厅，作为集会场所，第一次开会时就筹款5万英镑。翌年，反谷物法同盟又印发了900万份小册子，发起赞助了650场演讲会，向议会派去了156名代表，出版了期刊《同盟》，在其他报纸杂志里添加了425 000个夹页，强烈反对农业保护关税，呼吁实行自由贸易，废除“谷物法”。在演讲中，他们配合默契，科布登善于提供有说服力的论据，布赖特则集中抨击地主的政治特权。反谷物法同盟与宪章派的重要区别，是他们在政治上比较灵活，并由于阶级利益的原因，使他们能够逐渐获得资产阶级政党和越来越多的下院议员的支持。

1841 年，英国内阁重组，出身工厂主家庭的保守党领导人罗伯特·皮尔（1788—1850 年）任首相。在 19 世纪英国政治家中，此人是顺应社会潮流的典型。早在 1825—1830 年他就改革了烦琐严酷的刑法，废除了多种死刑。1829 年他主持建立了大伦敦地区警察队；1829 年任内务大臣时，支持天主教徒解放法案。1834 年，皮尔在发表《塔姆沃思声明》之后，被保守党拥戴为领袖。

1841 年，皮尔任首相不久，宪章派和反谷物法同盟的斗争双双进入高潮，对政府造成强大压力。皮尔明了：谷物法抬高了谷物价格，影响了工商业资本者的利润，降低了民众生活水准，是社会动荡的重要原因。而若将之废除，就会使国外廉价谷物进入不列颠，降低食品和某些原料的价格，这不仅会使外商能够购买更多的英国产品，还会激发国内经济繁荣。此外，皮尔还在财政大臣古尔波恩和贸易大臣格莱斯顿的参与下，取消和降低了 1000 多种商品的进口税，全部废除了出口税，使旧的关税制度严重破坏，自由贸易占据上风。

皮尔政府能重新审视国家经济政策，还是政治策略的需要。1830 年以来，保守党始终在野。目下只有实施政敌的自由主义政策，才有长期执政的可能。为此，他在 1842 年两次削减小麦进口税，降低了国内粮价与进口税的比率，但人们仍认为幅度不够大。而后，他目睹激进派反谷物法运动和经济形势的演变，决心不顾土地贵族和本党右翼的反对，取消对农业的一切保护措施，废除"谷物法"。

1845 年以来的农业危机致使改革势在必行。在爱尔兰，马铃薯枯萎病造成农业严重歉收，下层民众苦苦捱日。在不列颠岛，马铃薯减产之前小麦已大面积减产，许多人难举常炊。倘若政府不及时采取果断措施从国外大批进口粮食，有可能出现饥民暴动和社会动荡。

1845 年 10 月，皮尔在内阁会议上建议继续降低农产品进口税，几位阁员反对。1846 年 1 月下旬，皮尔正式提出了废除《谷物法》的议案。经过 4 个月的激烈辩论，在自由党的支持下在两院通过，由维多利亚女王签署生效。

消息传出，成千上万的人们走上街头，集会庆祝。各家报纸发表社论，赞扬政府议案。皮尔成了改革楷模。

然而，这一行动使保守党发生分裂，皮尔很快下台。而后，皮尔采取超然态度，积极支持自由贸易政策。1849 年罗素政府废除《航海条例》，英国经济上的自由放任主义得到了充分体现。

恰巧，英国在 40 年代完成了工业革命，以骄人的成绩确立了世界工业霸主的地位。1850 年，英国生产了全世界金属制品、棉织品和铁产量的一半，煤产量的 2/3。其他如造船业、铁路修筑都居世界首位。1860 年，英国生产了世界工业产品的 40%—50%，欧洲工业品的 55%—60%。1870 年，英国钢产量仍占世界产量一半。1850 年，英国对外贸易占世界贸易总量的 20%。10 年后增至 40%。1851 年英国国民生产总值达 5.23 亿英镑。1870 年增加到 9.16 亿英镑。英镑成为国际货币。

工业化期间，英国人口发生空前变化。论其特点，一是人口总量增加极其迅速。其中英格兰由 1811 年的 1000 万人增至到 1881 年的 2600 万人。二是外流移民数量巨大。仅在 1853—1880 年就有 250 万人前往美国、加拿大、新西兰和南非。人口外流不仅减轻了国内就业压力，还为英国开辟了潜在的商品市场和原料产地，有利于所去国家的技术革新和经济发展。三是城乡人口比例倒置。随着工业化的实现，农业收入和从业人数同时减少，从而加快了城市化进程。19 世纪中叶农业收入仅占 20%略强，1881 年下降为 1/10。1851 年，英国领世界之先，城市人口超过农村人口；1870 年城市人口占全国人口的 70%，大伦敦人口占全国人口的 1/5。其他工业城市的人口也有相应变化。

作为经济和文化发展的伴生物，英国的新闻业也走在世界最前列。由于广告税、印花税和纸税的削减和废除，报刊种类和发行量大幅度增加。1821 年创办的《曼彻斯特卫报》是一份 4 个版面的地方周报。1855 年改为日报，稍后版面扩大一倍，每天 16 个版页，发行量由 1828 年的 3000 份增至 80 年代的 40 000 份。《每日电讯报》达 20 万份。《旗帜报》亦有 15 万份。1785 年创办的《泰晤士报》也是最有影响的报纸之一，它恪守办报传统，写作和报道力求严格准确，大体上保持独立观点，受到中产阶级的推崇。

19 世纪中叶新闻业的迅速发展，除了得益于政府政策外，还由于电报的使用、商业新闻社的建立。1851 年，世界最早的通讯社之一——“路透社”由犹太人保尔·朱利叶斯·路透（1816—1899 年）在伦敦建立。7 年后，它得到第一家报社客户——《广告晨报》。以后继续为银行、经纪人交易所、大商业公司、报社供稿。1873年，报社首次使用电报传递新闻，以前数日才能得到的消息现在只要几小时。

1851年，英国人借召开第一届世界博览会之机，及时地向国内外民众展示了他们的业绩。这场博览会由维多利亚女王的丈夫阿尔伯特王子主持筹办。杰出的温室设计师约瑟夫·帕克斯顿爵士专门设计了宏大敞亮的展览厅——“水晶宫”。他采用了大量的铸铁预制构件和玻璃，覆盖面积达90万平方英尺，是罗马圣彼得大教堂的4倍，但建筑工期仅6个月。这一划时代的建筑物不仅体现了19世纪中叶的建筑艺术，更以它内部展品而惊动当世。外国人面对旋转不停的大功率纺纱机，700马力的机器引擎，31吨重的火车头，1144吨的水压机，惊异感慨，对形形色色的水泵、机床、吊车、蒸汽机等，眼花缭乱。形状各异的运河、码头、桥梁和建筑模型，无不使人赞叹英国人构思的灵巧和神奇。展览会历时140天。根据参观时间的长短而出售不同的门票，价格分别为每张一先令、半克朗和一英镑不等。前后竟有600万人光临了这场博览会。[1]

博览会不仅向世界展示了英国工业化的成果，还展示了英国人超前的技术、巨大的创造力。这无疑会激发他们的民族自豪感和自信心。

水晶宫

① C. Roberts & D. Roberts, *A History of England, 1688 to the Present*, Prentice-Hall, Inc., Englewood, N. J., 1980, pp. 601–603.

三、政治改革的扩展

第一次议会改革极不彻底，下院多数议席仍被土地贵族控制，他们在下院占有大约一半的议席，所有地产利益的代表超过400余人。①

保守党领袖德比和迪斯累里不想让自由党垄断议会改革。他们于1859年抛出了该党第一个改革案。下院通过了罗素的谴责性动议，保守党议案夭折。1860年自由党政府再次提出一个带有党派偏见的议会改革案，也很快搁浅。

第一国际建立后，工人阶级争取普选权的斗争进入新阶段。1865年初，根据马克思建议，英国工人和激进派暂时结盟，在伦敦成立"全国改革同盟"。它在各地设立了分支机构，发布各种宣传品，号召民众积极参加争取普选权的斗争。

1866年，经济危机来临。改革同盟加强宣传鼓动。1866年3月，当时的内阁要臣格莱斯顿提出一个改革议案，预计将选民增加40万。遭到保守势力的反对。罗素内阁辞职。德比伯爵第三次组阁。

保守党内阁也面临严峻局面。它在下院缺少多数，随时可能垮台。工人阶级政治斗争正迅猛发展，处置不妥会引发革命。这次改革浪潮还与爱尔兰的革命运动遥相呼应。1867年3月8日，迪斯累里提出新的议会改革草案，规定：凡缴纳直接税20先令和缴纳地方济贫税的市镇居民均可获得选举权。但为了防止工人获得较多选票又作了某些限制。辩论中，自由党部分议员嫌它保守，保守党右翼则怨它违背了保守主义传统。同时，改革同盟加紧了政治攻势。4月初成立了一个庞大代表团，要与政府面谈普选权问题。1767年5月6日，50万民众聚集在海德公园；数百名议员在下院心神不宁地倾听政府发言人介绍新的改革议案。7月15日，文件经修改后在下院通过，由上院和女王批准生效。

1867年议会法规定：凡缴纳济贫税的房主和定居一年缴纳10英镑以上年租的房客，可获得选举权；在各郡，凡每年土地收入达5镑的农户或缴纳5镑租金的佃农可为选民。全国选民由130万增加到200余万，但全国半数以上

① L.Woodward, *The Age of Reform 1815–1870*, Oxford University Press, 1962, p. 92.

的男子和所有妇女仍然没有选举权。法案调整了选区设置，46个“腐败选区”被清除，曼彻斯特、利物浦、伯明翰等大城市拥有3个席位，伦敦选区独得4个议席。

1867年议会改革的突出进展是使土地贵族再次让步，工业资产阶级开始在议会中扮演主角。但贵族地主在上院和地方政府中还有颇大的势力，可用贿买威胁手段控制部分选民。1872年，格莱斯顿政府向议会提出并通过了《秘密投票法案》，各投票站开始采用无记名投票法，选举腐败行为明显收敛。

不久，两党争夺统治权的斗争加剧。自由党实力逐渐削弱。激进派和其他团体在全国各地集会，呼吁实现男子普选权。同时，保守党完成了组织更新，在各地加强竞选活动。种种压力迫使格莱斯顿实行新的议会改革。

1883年，政府颁布《取缔选举舞弊和非法行为令》。它规定禁止贿赂、款待、威胁以及冒名顶替等不正当行为，违者处以罚金和监禁。但此令还规定了所谓“合理费用”，用来支付监票人的报酬、竞选宣传和公共集会的开支，这为各党候选人及赞助者从事变相舞弊提供了借口。尽管如此，它仍有积极意义。

1884年12月，格莱斯顿促使议会颁布了第三次议会改革令，郡区选民和城区选民规定了同样的财产资格，每年收入10英镑的成年男子均可成为选民。大批农业工人获得了选举权。英国选民由1883年的315万人增加到改革后的570余万人。但仍有40%的男子和所有妇女没有得到选举权。1885年，议会还通过了《重新分配议席法案》，规定除22个城镇选区和牛津、剑桥大学选区外，各选区均选送一名议员。81个居民不到15 000人的城镇丧失了选派议员的资格；居民在50 000人之下的选区各减少一个议席。

议会改革拉开了政治变革的制动阀，文官制、司法和军队改革相继而至，英国在政治上出现了一个“改革时代”。

大略看来，此时中央行政改革主要在两个方面：一是根据日益增加的社会管理工作和对外扩张的需要，增设了一些政府部级机构。如在1854年增设殖民地事务部；1857年镇压印度民族大起义后立即建立印度事务部。其他如济贫部（1847年）、公务部（1852年）、地方事务部（1871年）、农业部（1889年）、教育部（1899年），等等，也都是为了适应不断扩充的政府工作需要，陆续建立的。二是对文官体制进行全面整顿和根本性改革，建立了近代文官制度。

英国近代文官制度改革是由多种原因促成的。19世纪中叶，英国完成了工业革命，生产规模、技术水平和商品贸易均居世界首位。议会改革使工业资产阶级开始占据统治地位，代表工业资产阶级利益的自由党人屡次执政。他们从功利主义观点出发，要求建立一个廉洁、高效的政府，促进本国经济发展。

英国政党政治的发展也要求建立新型文官制。两党制形成后，轮流执政频繁。某党一旦掌权，极力安排本党骨干，编织关系网。另一政党上台后如法炮制，并有意更改前任政策。在这种情况下，如何保持政府政策连续性和稳定性，成为政府关键问题。

英国文官系统的状况也迫切要求实行根本性改革。1841 年共有文官 16 750 人。以后由于社会救济、工厂和铁路监督、贸易扩充，10 年后增至 3.9 万人。① 人员膨胀给恩赐官职造成可乘之机，显官贵胄、执政党魁竞相在政府中安插亲近，文官素质每况愈下。

恰巧，19 世纪前期印度殖民政府和牛津、剑桥两所大学先后进行改革。它们的一些措施，如实行公开竞争考试选拔人才、奖优汰劣、奖勤罚懒等，为全面实行文官制度改革提供了宝贵经验。

1848 年起，议会任命了一些委员会，调查政府经费使用状况。诺斯科特和屈威廉积极参加，提出了文官制度改革的基本思路，并及时得到了自由党政府要员格莱斯顿和马考莱的支持。1853 年，财政部授权诺斯科特和屈威廉，拟订并提出了《关于建立常任英国文官制度的报告》。

报告批评了文官制度的种种弊病，对文官的选任、使用和晋升等，提出了一整套改革计划。大致来看，有几方面内容。

其一，区分文官类别，统一规定文官录用标准，量才使用。所有文官分为两类。高级文官要求具备多方面的才能、丰富的知识和经验，受过高等教育；其候选人应从牛津、剑桥等一流大学中招收，也可选用其他部门中的佼佼者。低级文官主要处理部内例行公事和带有一定机械性的工作，录用时以一般中等教育为标准。诸如文字抄写之类的事物性工作雇用计件工办理，各部门之间的事务性文官实行统一的薪酬标准。其二，实行公开竞争考试录用制，废除恩赐制，选拔优秀人才。其三，严格文官工作考核，实行政绩晋升制，奖优汰劣。

1854 年 2 月，该报告正式提交议会，在政府内外引起热烈反响。少数有

① J. Hanahm, (ed.), *The Nineteenth Century Constitution*, *Documents and Commentary*, Gambridge University Press, 1969, p. 318.

识之士对报告高度赞扬。保守分子恶言相加。正是由于保守议员的反对，该报告提交议会后又被内阁撤回。

不料，一场多国战争成了文官制改革的催化剂。这时，俄罗斯抢夺奥斯曼帝国“遗产”的战争已有一年，英国为控制地中海和加强在东方的殖民统治，正式对俄国宣战，参加克里木战争。战争使政府问题暴露无遗：众多机构混乱，官员玩忽职守，军事物资不能及时供应，前线士兵因伤重或饥饿而大量死亡。阿伯丁内阁因此倒台，帕麦斯顿就任首相。1855年5月，民间压力团体“行政改革协会”成立，它在国内各大城市组织群众集会，散发宣传品，呼吁建立廉洁高效的文官体制。

帕麦斯顿为了满足党内自由主义势力的要求，于1855年5月21日，以枢密院的名义颁布了文官制度改革的正式法令——《关于录用王国政府文官的枢密院命令》。法令规定成立文官制度委员会，审查文官候选人的年龄、身体、品格等条件是否合格，对考试合格者颁发证书，分配到各部用人机构，经过6个月的试用期后，再决定是否正式录用。

1855年文官改革令在英国政治史上占有重要地位，它是不列颠现代文官制度建立的起点。但这次改革令没有规定公开统一的竞争考试和考试标准，只要求在被推荐的候选人中进行起码的及格考试，加上提名文官候选人的权力仍然保留在各部门长官手中，所以一旦出现职位空缺，部门长官仍有权“推荐”一至数名候选人，为徇私舞弊留下方便。

1860年，议会成立文官录用调查委员会，对文官制度委员会工作进行全面调查，总结经验教训，重新提出了实行公开竞争考试录用制的建议。

1868年，自由党大选胜利，格莱斯顿就任内阁首相，继续进行改革。政府调查发现：在1855—1868年所录用的9826个文官中，经过有限竞争选拔的不到3成，完全经过公开竞争考试的仅28人。1870年6月4日，颁布了文官制度改革的第二个枢密院命令，规定：多数重要文官职位必须通过公开竞争考试择优录用；委员会委员在财政部的监督下，有权独立决定被录用文官的基本条件。但又规定外交部和内政部可以例外，某些高级官员（如法官和各类视察员）的职位仍可不经考试而由内阁直接任命。同时，财政部发出通知：文官考试分两类进行，按相应标准录取。自此，文官划分为高、低两级。

除了1855年和1870年枢密令外，政府还通过文官制委员会和财政部，并借用枢密院的名义，发出命令、报告和通知，对文官的录用、分级、薪酬、晋升和组织管理等诸多方面逐渐修正和补充。

19 世纪 50—70 年代的英国文官制改革是不彻底的，公开竞争考试还未成为文官录用的唯一方式，恩赐制仍在一定范围内存在。尽管如此，其进步性和历史意义也是明显的。这次改革是工业资产阶级在政治领域已经开始占据统治地位的自由主义时代进行的，所以它必定会巩固、扩展 19 世纪中期两次议会改革的成果，重创土地贵族和金融资产阶级的政治势力，加强资产阶级自由派在政府行政机构中的优势地位，有助于英国资本主义的发展。

另外，改革确定了文官不得参与党争的惯例，这对于减弱英国政界腐败风气，防止朝着美国式的“政党分赃制”方向发展，不无作用。

格莱斯顿首届政府的内政改革涉及面很广。1870 年，他采纳威廉·福斯特的《教育法案》，由各地公众选出监察委员会，帮助地方政府发展初等教育，国家对学校的经费资助有所提高。次年又在牛津和剑桥两所大学取消了宗教宣誓，准许非国教徒和无神论者注册入学。在军事方面，政府根据克里木战争的经验教训，于 1871 年颁布《军事改革条例》，改革部队建制，废除军职购买和鞭笞制，削减了常备军人数和官兵服役期，建立了有效的后备役。此外，政府还进行司法改革，颁布了《1873 年最高法院令》，改组和统一司法体制、简化司法程序。

上述自由主义的改革摧毁了 18 世纪政治制度的残余，地主寡头体制逐渐崩溃，中产阶级终于得到了同他们的经济实力相适应的权力。

四、科学的丰收

17 世纪英国的科学研究明显居于西方前列。它凭着良好的民间业余研究传统，源源不断地向世界推出新成果。可在 18 世纪，不列颠理论科学出现了相对寂寞和低落。究其原因，一是牛顿的巨大身影仍然没有消失，即便是杰出化学家普利斯特列、物理学家卡文迪什和天文学家赫舍尔等人，也难以在科学界树起更醒目的旗帜。二是在工业革命的技术变革中，施展身手的大多是一些能工巧匠，实践经验是诱发他们创造灵感的要素，对理论素养的要求却非很高。

低落是暂时的。到了19世纪，既在工业革命的后期和完成之后，英国理论科学和实验科学经过长期的培育，获取了丰硕成果。

首先登上19世纪英国科学圣坛的是物理化学家约翰·道尔顿（1766—1844年）。1787年他同时对激光现象和气象学产生了兴趣，先是得出了极光的射束和地磁有关的结论。以后经过反复实验，在新世纪来临时提出了气体分压定律，断定一种气体所占的体积与温度成正比。1803年他系统提出了原子学说，创立了原子论，编制了最早的原子量表。不到20年的时间，道尔顿的学说为许多科学家所采纳。

在19世纪的科学家巨星中，最伟大的应是物理学家和化学家迈克尔·法拉第（1791—1867年）。这位电磁感应现象、电解定律和光与磁的关系的发现者，曾是印刷厂童工，仅仅学会了简单的读写就被迫辍学，后靠自学成才。他从自己亲手装订过的新版书籍里，汲取最新科技的精华。夜深人静时，专心做化学实验，竟然装成了一台起电机。1812年，他聆听著名化学家戴维的系列讲座，对讲学内容的领会使他感到惊喜、自信和振奋。于是，他斗胆向戴维本人致函，赢得了后者的鼓励，经过少许周折，成了戴维的助手和杂役。

不过数年光景，法拉第在科学的圣殿里站稳了脚跟，重大成果接踵而至：1821年发现在载流导线周围磁力作用下的电磁旋转现象；1823年成功地将氯液化；大约同时发现光偏震面在磁场中的旋转，即磁致电流效应；1825年发现了苯，并在电化学方面作出了开创性工作。他在实验方面的成就博得高度赞赏，1824年当选为皇家学会会员。翌年任皇家学会实验室主任。

当时，电流的磁效应研究成为国际性攻关项目，丹麦的物理学家奥斯特、法国物理学家安培等已经取得了重要成果。问题在于如何提高一步，发现磁的电流效应，以便人们利用电能。1831年法拉第令人信服地证实了电磁感应现象，即磁场强度的变化会产生电流。这一辉煌的成功使法拉第占据了电学研究的最高点。稍后，他成功制造了世界上第一台发电机，为电力时代的到来揭开了序幕。此外，他还得出了电解的基本定律——“法拉第电解定律”，创造了许多至今仍然普遍使用的电学术语。法拉第品格高尚，淡泊名利。他婉谢了王室授予的爵士称号，未接受皇家学会主席的职务。

法拉第的创造性工作奠定了电磁学的物理概念基础，但他不懂数学，无法用精确的数学公式表述他的物理思想，以至于他的代表作被别人阅读时总感到它类似于试验报告，而非正宗的科学论著。当时遗留的问题是：用足够的数学知识来准确描绘电磁场的特征及其相互作用的关系，结束研究中出现的一系列迷惘纷乱，使电磁学形成一门完整统一的学科。麦克斯韦担负了这一使命。

詹姆士·麦克斯韦（1831—1879年）出身于苏格兰爱丁堡的名门之家，15岁时发表一篇推理卵形曲线的数学论文，惊动学界。大学毕业后，他先在阿伯丁任教，再转伦敦皇家学会任职，1871年成了剑桥大学的物理学教授。

1855年，麦克斯韦写了《论法拉第的力线》，初步阐发了电与磁之间的不可分离的数学关系。翌年，该文发表在《英国科学促进会报告集》中，赢得了法拉第等人的高度赞扬。7年后，麦克斯韦发表了《论物理学的力线》，首次提出了“位移电流”和“电磁场”等新概念，并对电磁场理论作出更完整的数学表述。1865年，他又从电磁场方程中推导出了波动方程，不仅证明了电磁场周期震荡的存在，还表明电磁波的传播速度恰恰是光速——近30万公里/秒。

麦克斯韦善于延伸自己的研究范围，对物理学的许多分支都作出了重大的贡献。例如，他运用概率论导出了气体分子运动速度分布定律，而后被称为“麦克斯韦分布式”，应用广泛。他发现了色觉的定量理论，制作了最早的彩色胶卷。他盛年病逝，人们痛惜不已，普遍认为他是在牛顿之后最伟大的数学家和物理学家。①

在十八九世纪，英国医学的成就纵然不能同物理学的成就媲美，也在世界上居领先地位。1798年，民间医生詹纳（1749—1823年）经过细微的观察和临床实验，发表了一本小册子——《天花疫苗因果之调查》，毫无保留地公布了种牛痘可以预防天花的重要研究成果。人们争相传阅，王室成员率先种了牛痘，接着在国内和欧洲推广，天花从此被人类降服。

恰如詹纳的牛痘免疫起源于前人的经验，外科防腐技术的发明人约瑟夫·李斯特（1827—1912年）的成功则受益于法国微生物学家巴斯德消毒法。1865年他读了巴斯德的一篇论文，受到了极大的启发，发明了石炭酸消毒术，对手术器械和创口仔细消毒，使术后的死亡率很快由45%下降到5%。

在牛顿的学说之后，不列颠科学界的又一巨大成就是达尔文的进化论。查尔斯·达尔文（1809—1882年）是博物学家和自然选择进化论的创立者，年

① 吴国盛：《科学的历程》下卷，湖南科学技术出版社1997年版，第544—554页。

达尔文

轻时学医未成，改学神学，又不成，却对博物学兴趣盎然。1831—1836 年，他随海军考察船比格尔号作环球旅行。途中目睹许多自然奇迹，采集大量植物标本和化石，观察过火山、原始火地人，经历过地震，归来后 20 年致力于地质学和生物学研究。

在其论著中，达尔文确信：生物的种类并非一成不变，而是在地质史的过程中缓缓进化。但如何进化还需要更恰当的解释。1838 年，他阅读了马尔萨斯的《人口论》，豁然想到：在竞争中适于环境的物种将会留存下来，不适于的将会灭亡，或生成新的物种。

达尔文系统阐述了自然选择的原理之后，没有急于公布他的思想，而是列出纲要，将阶段性成果展示友人，继续沉稳地撷取大量资料。1858 年 6 月，他的工作尚未完成，突然接到华莱士从马来群岛寄来的关于进化论和自然选择学说的论文。在胡克等人的坚持下，二人的论文同时在林奈学会宣读。但未引起足够重视。翌年 11 月，达尔文的《物种起源》发表，初版 1250 本当日售罄，而后多次再版。此事招惹了许多敌人。托马斯·赫胥黎奋力捍卫。

以后，他的学说得到认可，其精辟术语“物竞天择、适者生存”在后世被广泛应用。达尔文的自然选择原理不仅使整个生物学科发生了革命，还被人们应用到其他领域中去。在人类学、社会学、哲学、政治学和经济学等多种学科中产生了巨大影响。

毋庸置疑，19 世纪英国科学的丰收，有赖于本国欣欣向荣的经济发展、相对自由宽松的政治环境和良好的研究条件。英国学者的科学研究历来带有自发分散性特点。他们可以就近参加当地的民间学会，自由选择研究课题。当时英国各种学会，如皇家学会的各个分会、利物浦文哲学会、里兹文哲学会等，都对科学的发展起到了推动促进作用。但与当时的法国相比，则显得政府对科学事业的支持缺乏主动性。长期以来，伦敦政府未能为本国科学研究设置专项资金，也没有专门有效的官方科学管理机构。由于科学研究成了上流社会的时髦话题，各色人物竞相挤进皇家学会，贵族显胄成了学会领导权的占有者和点缀。英国科学研究缺少足够的后劲，不能密切地与生产技术的改进相结合。鉴此，剑桥大学教授巴伯奇于1830年发表了《论英国科学的衰退》，告诫国人：英国的业余科研传统正在使英国丧失原有的优势，英国政府应当将科学作为一项事业来加以关注①。可是，巴伯奇的呼吁并未引起足够重视。英国科研体制的弊端仍然保留了一段时期。

五、牛津运动和宗教信仰自由

拿破仑战争结束后的几十年，英国进入“运动时代”。议会改革运动、废奴运动、“牛津运动”、反谷物法运动和宪章运动等，相继发生或同时出现，涵盖了社会政治、经济和宗教等方面。

其中“牛津运动”是一场以牛津大学为中心的宗教抗议运动，反对圣公会内的新教倾向，恢复天主教思想和惯例。运动首领是约翰·纽曼（1801—1890年）。他原是国教会信徒，1832年12月起随父访问罗马等地，滋生了尊崇教廷和在不列颠复兴天主教的念头。纽曼尤善讲道，屡在牛津教堂里娓娓宣讲，劝说听众皈依天主教正宗。

牛津运动发生的近因，是社会宗教氛围的变化。1828年废除《宣誓法案》和在1829年颁布天主教徒解禁令之后，非国教各派别的情势改观，从此他们可以担任公职，参加选举。政府与圣公会的关系也发生变化。截至1851年，包括循道宗在内的非国教教徒（Nonconformists）共有20 399座宗教设施，480万教众。而同时的国教教会也不过有19 077所宗教设施，530万信徒。②两类宗教势力旗鼓相当。这一系列事件均是自由主义时代到来的标志。1856年，这所名牌大学，开始接纳非国教学生。宗教信仰自由和平等至此方得以实现。久违数百年的男、女隐修院得以成立。经过坚韧的努力，罗马天主教会经

① 吴国盛：《科学的历程》下卷，第668页。

② C. Roberts & D. Roberts, *A History of England*, *Prehistory to 1714*, p. 500.

历了三个世纪的迫害、压制和沉默，在不列颠恢复了“第二春”。

宗教改革以来天主教团体的恶名被洗刷殆尽。1878 年，纽曼被教皇利奥十三世选为新时期的第二任红衣主教①。在此前后，一些国教徒皈依天主教，形式上似乎是一种倒退，体现的却是权利、宽容和自由主义的价值观。

天主教的权利的复归还伴随着其他教派的强化。1840 年，唯一神教派也得到了公民权。1858 年，犹太教徒也得到了选举权。宗教各派别之间的不公平现象基本告终，“非国教”的各种派别得到了大致相似的社会政治发展空间，可以同样地有所作为。

19 世纪中叶，英国不列颠国教教徒与非国教者的人数也大体相当，完全形成了宗教多元化竞争的平等格局。政教分离已成为不可逆转的现实。

自由主义的蔓延，扩大了无神论者的话语范围。1855 年，本杰明·乔伊特（1817—1893 年）在其著作《圣保罗书》中质疑《圣经》中的原罪说和赎罪说，甚至怀疑上帝的有无，被指责为异端，但无碍他担任钦座希腊语教授和晋升牛津大学巴利奥尔学院院长。1862 年，两位教士坚持进化论观点，否认地狱之说，因此受审于教会法庭。当事人果敢上诉枢密院，卫斯伯里爵士推翻了教会法庭的判决。

最有影响的自由主义理论家小穆勒把宗教看作道德的敌对者。他质疑造物主：既然你造了伊甸园，为何又造了地狱？②

宗教信仰自由是其他各种自由的晴雨表，拥有了信仰自由的人们可以在社会上更容易地摆脱其他束缚，焕发精神和创造力。而一个没有真正思想自由的国度，会把浅陋的政治信仰强化到宗教信仰的地步。

宗教信仰自由是无神论的伙伴。牛津运动发生前后，无神论者的自由主义批判精神也得到张扬。

英国最早的无神论者是优秀的知识分子。工业革命的后期和完成之后，英国理论科学和实验科学获取了丰硕成果。1803 年物理化学家约翰·道尔顿系统提出了原子学说，创立了原子论，编制了最早的原子量表。伟大的物理学家和化学家迈克尔·法拉第成为电磁感应现象、电解定律和光与磁的关系的发现者，成功制造了世界上第一台发电机，为电力时代的到来揭开了序幕。詹姆

① 天主教解禁后由罗马任命的第一任英国红衣主教是怀斯曼。

② 苏珊·李·安德森：《密尔》，第 12 页。

士·麦克斯韦在数学和物理学的许多分支都作出了重大贡献，是在牛顿之后最伟大的数学家和物理学家。约瑟夫·李斯特发明了外科防腐技术，使手术后的死亡率大幅度降低。

19 世纪不列颠科学界的最重大的成就是达尔文的进化论。1858 年 11 月，他的《物种起源》发表，引起轰动。其精辟术语“物竞天择、适者生存”在后世被广泛应用。自然选择原理不仅使整个生物学科发生了革命，还被人们应用到其他领域中去。在人类学、社会学、哲学、政治学和经济学等多种学科中产生了巨大影响，它否认了自然界有一万能智者曾以手段任意而为的说法，对传统神学观念造成无形冲击。就此而言，《物种起源》的问世，不仅是科学发展的界石，还是科学向神学旧说挑战的界石。1871 年，达尔文又出版《人类的世系》，内中以有力的根据说明人类从下等动物进化而来。为此，格莱斯顿惊呼：“根据所谓进化论，上帝的创造任务被革除了；而借不变的律令的名义，上帝统治世界的职务也被革除了。”① 事实表明，科学是刺穿迷信的利器。

斯宾塞在普及进化论的观念方面，其功绩凌驾于国内任何学说之上。他对宗教的挖苦是：自牛顿发现了引力，上帝就离职了。

19 世纪之前，绝大多数人敬畏上帝和《圣经》，不敢质疑宗教陈规和陈腐说教。可眼下英国已经开始步入理性论进步时代，新的科学发现打开了人们的事业和思路。仅仅地质学上的重要发现，就把流行的创始说的历史真实性破坏无遗了。人们质问：假如诺亚方舟游荡洪水的故事是真实的，那么，不会飞翔和游泳的动物为什么会出现在美洲海洋中的岛屿上，为什么新大陆能发现那么多的旧大陆所没有的物种？澳洲的袋鼠究竟来自何处……

越来越多的人，甚至信徒们也在思考着《圣经》的悖理之处。上帝主持宇宙的观念曾经制约着历代人的思维，现在却必须接受那些经受了科学洗礼的现代人的质疑。于是，神化了的历史权威变得稀松平常，越来越多的英国人跨上了无神论的道路。

1869—1881 年，英国文学界出现了一个“反叛时期”，文学激进势力屡屡胜利。获胜的原因之一是政府有关法令和措施的实施。如 1869 年爱尔兰的政教分离；承认无神论者在法庭提供证据法令；1871 年在各大学取消宗教考试的

① 伯里：《思想自由史》，吉林人民出版社 1999 年版，第 95 页。

法令。还是在1871年，自由主义激进分子针对天主教流污，兴起唯理论思潮，要求取消教皇干预俗世的权力。斯温伯恩创作的《人类的颂歌》，被广泛传唱。其结尾竟有这样的词句：

因知你已经被击毙了，

上帝啊，你已经被击毙了；

你的死已经降临了，呵，主啊！

大地上因你已死而唱的欢歌

正在它的两翼的风中飘扬

——祝人类的光荣至高无上！

因为人类是万物之主啊！[①]

令人不无惊奇的是，如此质疑基督教、否认上帝存在的"凯歌"作者，竟然不被惩罚。这时英国政府只对个别"过分"的出版物施加渎神罪。[②]

英国宗教意识的最坚固的大门是由议会惯例看守着，可它遭到无神论者查理·布雷德洛（1833—1891年）无畏冲击。青年时期，他已是颇有名气的激进派反宗教演说家。1868—1869年，因在其主办的《国民改革家》中，因自由主义的无神论观点，被指控犯有亵渎上帝及煽动言论罪；7年后又为因出版节育小册子而遭受严厉惩罚。1880年布雷德洛在议员选举中胜出，却为拒绝宗教宣誓而不得就职。此事辗转数年，他又连续三次当选，1886年议会终于让步，自此无神论者的政治羁绊被永久地解除了。英国政教合一的原则已经松动了。

宗教信仰自由和政治信仰一样，有无自愿的选择是社会进步与否的标尺。英国自夸是世界上最先实现自由主义的国家之一，其发展步伐也是快慢交替。幸运的是，英国人和纵览英国社会历史的人，已经认识到：当人们思想处在人造权威的控制时，就不可能有自由思想。而思想自由的社会环境肯定有助于精神文化和物质文化的长足进步。

① 伯里：《思想自由史》，第111页。

② 1857年7月，康沃尔郡的一个男子在门上写了几句触犯基督教的话，被季审巡回法庭判处21个月的徒刑。5个月后他得到特赦。

六、现实主义文学

19 世纪英国文学的成就格外骄人。小说家对社会人生的观察格外细腻，并用自己的笔触，巧以刻画、讽刺和批判。为此，英国文学出现了批判现实主义的新潮流。它主要表现为大量小说对现实生活问题准确而详尽的描述。

谁是英国现实主义文学的先锋？何时是英国现实主义文学的源头？对此，人们总会想到 19 世纪中叶的作家狄更斯。况且，在欧洲范围内，现实主义作为文学艺术的一项美学原则，是在 19 世纪中期才被提出的。而狄更斯的作品恰恰在 30 年代问世，不应视为现实主义小说的先驱吗？

实际上，英国现实主义小说应该从简·奥斯丁（1775—1817 年）算起。她在短促的生涯中写了 6 部小说：《理智和感伤》、《傲慢和偏见》、《诺桑觉寺》、《曼斯菲尔德花园》、《爱玛》和《劝导》，率先向人们展示了英国现实主义文学的璀璨和隽永。

论及英国现实主义文学的起因，自然要提到工业革命。可奥斯丁在写作时，工业革命正在中途，新的社会矛盾和问题尚未充分展露，旧观念旧习惯比比皆是。奥斯丁正是通过对当时中产阶级最看重的财产观念和等级意识的观察和剥露，使她在小说界脱颖而出。

奥斯丁最早发表小说时，用的是笔名。读者赞叹之余，推测可能是某位文豪的作品。情节夸张的戏剧性浪漫小说已使人们厌倦。而奥斯丁的现实主义朴素笔法和机警文句，使大家感到了新文学的清新。

就作品题材而言，奥斯丁的独特之处，是善于在“二寸象牙”上细细雕琢。她自己的说法是：“乡间村庄里三四户人家”，是得心应手的好材料。擅长小范围的细节描写，既是她在小说艺术上自觉本能的选择，又是由其生活阅历决定的。奥斯丁生长于一个牧师家庭，一生在乡间度过，终生未婚。然而，狭小生活圈子没有限制她的才思，反而使她发挥女性作家精心入微刻画人情百态的长处，并使用机警风趣的语言，恰到好处地贬责和讽刺人事，赋予作品喜剧色彩。她擅长探索青春女主角从恋爱到结婚的心理变化，着力揭示贵族乡绅和中产阶级的人物个性和品质。她的作品摆脱了 18 世纪小说的空泛，贴近现实生活。

奥斯丁作品的社会价值，不限于细节刻画，还通过描写婚姻趣事，剖露了有产阶级之间赤裸裸的金钱关系。例如，她在《傲慢和偏见》里，开卷第一句是："凡是有财产的单身汉，必定需要娶位太太，这已经成了一条举世公认的真理。"其中最关键字眼是"财产"和"需要"。后面情节对话里有大量的金钱数字，披露了中产阶级的婚姻观念，使人加深了解当时人际关系的实质。

奥斯丁是英国第一个现实地描写平凡人物日常生活的最有成就的女小说家。但在 19 世纪，人们对她才能的评价，总显不够。起先，仅有司各特在 1816 年的一篇文章中，对她作了较高的评价。到了 20 世纪，人们才发现她是那时最敏锐的观察者，承认她"严肃地分析了当时社会的性质和质量，记录了旧社会向现代社会的转变"。还有人说她具有莎士比亚的"否定能力"。[①] 甚至把《傲慢与偏见》排在《仲夏夜之梦》之前，即在众多英语文学作品中占了首位。

奥斯丁之后，英国"女性文学"汇成了一股洪流。其中最典型的是勃朗特姐妹。三人孤寂悲惨的生活和她们小说中的主人公非常相似。她们幼年丧母，父亲是一位乡村穷牧师。她们都当过地位低下的教师或家庭教师，其中仅夏洛蒂·勃朗特（1816—1855 年）有过一年的婚姻经历，但死于难产；妹妹爱米丽（1818—1848 年）和安妮终身未嫁，俱患肺病早逝。

夏洛蒂的自传体小说《简·爱》1847 年问世。主人公简是个孤儿，离开慈善学校后，到一家乡绅家当教师，并与主人罗契斯特发生了曲折的爱情故事。其中夸张的情节和修辞，仍带有传奇作品的浪漫主义特色和抒情诗的韵味；但又因对不同人物的心态和行为的精湛描写，使之具有现实主义的风格。夏洛蒂创作手法的特长，是她不仅自己热切地进入角色，更能感染读者。其写作风格不仅影响了 19 世纪的女作家，还为狄更斯等人所倾倒。

爱米丽的《呼啸山庄》可与《简·爱》并驾齐驱。它描写了 18 世纪末英格兰北部一个弃儿希斯克里夫被庄园主恩肖收养后的辛酸生活：他热爱恩肖的女儿凯瑟琳，但因地位低下而不能遂愿。凯瑟琳嫁给了阔少林顿后，希斯克里夫执意报复这两个家庭，多年不肯甘休。《呼啸山庄》于 1847 年用笔名发表后，开始不仅未得好评，反而被曲解抨击。后来，评论家和读者才读懂它的价值，领略其惊心动魄的悲剧情节、幽默机警的语言和强烈的艺术特色。1947 年，

---

① 艾弗·埃文斯：《英国文学简史》，第 264 页。

评论家D.威尔逊认为这个故事实是爱米丽家乡工业区现实生活的翻版。

在勃朗特姐妹之后，乔治·艾略特（1819—1880年，原名玛丽·安·埃文斯）是“女性文学家”里的佼佼者。她曾在两所宗教色彩浓重的学校里濡染7年，通晓多种文字，博学广识。22岁时结识了自由主义思想家布雷后，受其影响而与宗教决裂。而后，她广泛结识文化界名人，担任《威斯敏斯特评论》副总编；并与才华过人但妻子精神错乱的新闻记者乔治·刘易斯公开同居。他在25年里启发她的才华，鼓励她进行文学创作。

艾略特是典型的多产小说家。作品里影响较大的有1859年发表的以农村为背景的3卷本长篇《亚当·比德》，它开创了把对人的深切同情与严厉的道德评价相结合的手法，震撼了读者心灵，一年里再版8次。翌年问世的《弗洛斯河上的磨坊》（3卷）以细致的心理描写著称。在《米德尔马奇》中，她以1830—1832年的骚动为背景，揭露了第一次议会改革的虚伪性。

为什么19世纪英国会有较多的杰出女作家？这在文学评论界是一个比较微妙的问题。笔者窃思：除了英国社会中上层比较重视女子教育外，还与英国社会的相对进步和开放有关。政治上，英伦中产阶级女子尽管长期未能拥有与男子同等的权利，还受到歧视，但她们的书斋和社交生活，毕竟拓宽了眼界和思路。另外，英国男性社会对女性的相对尊重，也有助于释放和发挥她们的文学才华。

在19世纪文学的众神之林中，查尔斯·狄更斯（1812—1870年）是最杰出、最有影响的。他出身中产阶级家庭。12岁时父亲因负债入狱，他只得到鞋油厂做工，对下层民众的生活颇有了解和同情。后来，他的许多小说里，有不少篇幅描写监狱、孤苦无助的受压迫者和迷惘的儿童。

狄更斯1833年为报刊写小说和散文。他的连载故事在1836年汇编成《匹克威克外传》。这部使他一举成名的戏剧性小说，既能密切结合社会现实，又体现了作者的爱憎，更形成了他的写作风格：以讽刺或谴责的笔调抨击社会的罪恶，影射时事；善于营造令人毛骨悚然的场面和气氛，准确展露民俗和伦敦的人和事，创造众多活生生的人物。

狄更斯精力过人，多才多艺，作品丰硕精湛。20多岁时，人们就把他与莎翁相比。自1837—1849年，他大约每年写成一部小说，附带主办报纸并创作诸多散文。他的《奥列佛·特维斯特》反映了手工工场的弊端和下层社会的道德败坏。《尼古拉斯·尼克尔贝》抨击了约克郡残酷的学校管理。《老古玩店》

里对主人公幼年早夭的刻画，倾诉了孤苦儿童的惨遭压迫和斑斑血泪。1846—1848年完成的《董贝父子》，结构严谨，思想成熟；其中揭示了金钱权势的腐蚀作用，展露了下层人们的纯朴和正直。评论家称它用“一种对当代社会的普遍关注期待了对个别社会罪恶的偶然性的关心”。1850年成集的《大卫·科波菲尔》是一部自传体小说，颇受国内外读者喜爱，被狄更斯视为圭臬。

狄更斯代表作之一，是情节曲折人物个性鲜明的《双城记》(1859年)。它以法国大革命为背景，用人道主义的观点，展现和审视群众运动。他对大革命根源作了较为客观揭示，对群众运动得与失作了全面考察和评估。其中一些情节和人物，以及就此所流露出的思想，是值得所有经历过激烈过火的政治运动的人们，去认真反思和回味的。狄更斯在这部小说中，有一种常被评论家所忽略的“距离感”和超脱。恰恰是作者的这种风格，使他能比较全面地去展露法国大革命时期雅各宾专政的功过。

狄更斯晚年的作品有《荒凉山庄》、《小杜丽》、《远大前程》和《艰难时世》等。现代作家认为这些小说艺术性最高，最深刻。

他自46岁以来，多次搞出售门票的朗诵演出，甚至到大洋彼岸的美国去绘声绘色地朗诵他的小说。写作和演出使他积劳成疾，1870年6月9日猝然病逝。欧美评论家认为他和莎士比亚是英语世界中两位贡献独特和大众喜爱的古典作家。虽然莎翁的作品显得更深刻广泛，但狄更斯拥有更为有利的社会条件，所以他的创作不仅人物众多，场面广阔逼真，而且尤其能够描写出工业社会城市化进程中的许多问题和希望。

在维多利亚时代的小说家里，威廉·萨克雷（1811—1863年）与狄更斯堪称伯仲。他早年家境充裕，不必为生计奔忙，受过较好的教育，善于写作。后因经济拮据，家庭生活屡遭不幸，被迫卖文为生。苦难和精神折磨成了他创作的财富和素材。他的观察敏锐、刻画精细的现实主义代表作《名利场》，虽然是以两位女子为主角，却是他本人对婚姻爱情的最基本的看法。他所刻画的野心勃勃、工于心计而又用情不专的蓓基·夏波，在描写效果上超过狄更斯小说中的任何形象；另一位主角爱米丽虽然是纯真、贤淑并情感执著，却又有一种本能的愚钝和疏忽。相反，配角都宾上校对爱米丽的一贯呵护和长久压抑的单相思，却能赢得读者的惊叹和同情。《名利场》的再一闪光点，是通过对主人公命运的叙述，展现了错综复杂而又唯利是图的有产阶级人际关系，批判了上流富人荒淫腐朽、龌龊卑鄙、趋炎附势的恶习。有人评论道：萨克雷的《名利场》，实际上是把英国比喻成为一个出卖各种名利虚荣的市场。在这方面它实与《傲慢与偏见》异曲同工。他的历史小说《亨利·埃斯蒙德》结构严谨，史实准确，绘声绘色，栩栩如生，也反映了他信奉维多利亚时代英国绅士的行为准则。

在比狄更斯和萨克雷晚一代的现实主义作家里，首推托马斯·哈代(1840—1928 年)。他是英国最杰出的乡土小说家和平民作家，最动人的小说都是以其家乡威塞克斯为背景。哈代的成功作是 1874 年的《远离尘嚣》，它的布局和基调属于悲剧类型，开启了哈代小说的悲剧特色。1878—1897 年是他创作的鼎盛期，较有影响的小说有《还乡》、《卡斯特桥市长》等多部。其中《德伯家的苔丝》，是描写一清纯贫女被乡绅诱奸后的种种委屈，以及被迫杀人后被判处绞刑的悲惨结局，发表后受到传统卫道士的攻击。作品的价值恰恰在于它针锋相对地表达了对当时道德标准的悖论。另一小说《无名的裘德》，表达了作者对其中离婚同居并生育子女的男女主人公深表同情，激起了更大的愤怒和攻击。哈代作品中的鲜明阶级性和果敢态度，使他居于伟大作家的行列。随着时间流逝，人们对他的评价越来越高。

19 世纪的英国文学界是一个群星灿烂的天空。尽管我们很难用少量的笔墨描绘当时现实主义小说的整个画面，却油然相信，他们的作品能使后人更真切地去了解那时英国的社会和历史。

七、“维多利亚风尚”

英国在 19 世纪中后期，不仅赢得了经济奇迹、政治进步，其社会秩序、风气和人们行为方式也有所改善。这种现象被称为“维多利亚风尚”(Victorianism)。

英国为什么会出现“维多利亚风尚”？这首先归因于社会经济条件的变化和人们生活水平的提高。当然，在自由主义盛行的资本主义时代，人们还不能一概地享受到经济进步的果实，生活水平和质量的差别还相当大。所以，人们行为风尚的变化，还主要限于生活水准较高的中上层。此外，教育发展、新型交通网络的建立和城镇卫生、治安条件的改善，也有助于重新规范人们的心态和行为。

英国的这种时代风尚为何被冠以“维多利亚”之名？

这与维多利亚本人的提倡和个人示范有关。维多利亚即位之前，汉诺威的几代国王和王室多数成员行为极不检点。他们或独断专横；或豢养情妇，勾搭情夫，养育私生子、乱伦或赌博、吸食鸦片。丑闻遍及国内外，名声狼藉不堪。为此，1830年，乔治四世死后，一位诗人写道：

我为四位乔治国王的隐没而放歌，
因上帝不许他们进入天堂。
有人说其中乔治一世最差，
也有人认为乔治二世最坏，
可谁听说过乔治三世有什么功德？
当乔治四世从地球上消失时，
感谢上帝乔治家族的统治终于结束了。①

女王即位时，社会上的伤风败俗现象也比比皆是。贵族朝臣屡屡制造丑闻。纨绔子弟整夜在外面鬼混。贫民窟的一些无业流民成了小偷惯盗、青皮无赖。一些无助的妇女沦为青楼女子。性病有增无减。

最初，维多利亚治理社会风气的意向并不十分明确。可她即位后不久，即与表兄阿尔伯特王子成婚。他虽然在法国腐败的宫廷里长大，却生性耿直清高，自幼就曾为母亲和胞弟的荒唐而痛心疾首，成年后成为维护道德的斗士。

婚后，阿尔伯特对英国宫廷的污秽紊乱深恶痛绝，决心加以整饬。他制定出详细严格的规章，力图杜绝宫廷里的淫乱和私通，限制名声不好者进入王宫。其计划虽未全盘实现，但宫廷风气改观。而且，他与女王相濡以沫，共生育了9个子女。他们接受了良好教育，被灌输了严格的宗教意识和道德准则。二人为国民树立了家庭美满和睦的榜样。

在着装习惯上，维多利亚女王不是一个刻意打扮修饰的女人，喜好端庄简洁。故王室在服饰方面没有特别的创新和提倡。当同时的法国贵妇以珠光宝气的盛装争奇斗艳时，而英国的服饰文化仍在展现着绅士淑女的风貌。

1861年，阿尔伯特不幸逝世，维多利亚成了寡妇。以后，她守丧多年，

---

① 奈杰尔·考索恩：《英国王室罗曼史》，吉林人民出版社1998年版，第153页。实际上，尔后威廉四世的即位又把乔治家族的统治延续了7年。他在做王子时，仅与乔丹夫人就生养了10个私生子。

其间，虽有人对她风言风语，但她从无实质性问题。到了 80 年代，年老的维多利亚已被公认为美德的典型。“维多利亚风尚”到了极盛期。

“维多利亚风尚”的涵义既宽泛又抽象，很难做准确阐释。它既属于社会伦理范畴，又具有宗教和哲学的涵义，但它的核心无疑是指约束人们行为的道德规范。这种道德，不仅由尊长提倡，还由牧师在布道时强调，由教师在学校中灌输，由法官在法庭上宣布，由歌德派诗人赞颂。它不加区别地渗透给各个阶层，要求从贵族到工人都应身体力行。

维多利亚道德规范的内容之一，是要人们重视婚姻和家庭。对于许多维多利亚时代的人来说，婚姻是神圣的，家庭是美好的。在人生的道路上，家庭是塑造品格的第一所学校。所以，良好的家庭应经常阅读《圣经》，虔诚祷告，认真忏悔，遵循严格的家规，坚持清心寡欲的新教准则。这方面的先驱者有政治家兼慈善家威廉·威尔伯福士（1759—1833 年）。他早年曾支持议会改革和天主教徒解放，参加反奴隶制协会，晚年趋于保守，反对工人阶级的宣传鼓动，提出严格的家庭规范。他憎恨公学管理的陈旧和混乱，宁愿让儿子在家中就教，并撰文倡导家庭教育。

托马斯·阿诺德（1795—1842 年）则是呼吁学校教育改革的旗手。1828 年，他任拉格比公学的校长，执意革除旧弊，逐渐将之办成同类学校的楷模。在教学方法上，他并无新意，主要是让较大的学生监督管理小学生，力图让学生培养成行为端庄、彬彬有礼、坚定执著而富于责任感的绅士。1857 年，阿诺德的学生托马斯·休斯（1822—1896 年）发表了《汤姆·布朗的学生时代》一书，生动介绍了拉格比公学的人事和管理。此书深受欢迎，至 1890 年发行了 50 版。翌年，宗教作家弗雷德里克·法勒（1831—1903 年）的长篇小说《埃里克》问世，它介绍了哈罗公学的生活，宣扬教育的目的是将学生培养成为品学兼优、具有爱国精神、坚定勇敢的基督教徒。《埃里克》的影响和《汤姆·布朗的学生时代》相类似，它在作者生前出了 36 版；不仅是中学生的阅读范本，还为大学生们所喜好。于此前后，一些公学的校长竞相效尤，同样重视绅士教育。一面加强课程讲授，一面安排学生参与有益的体育健身活动。中学校风逐渐好转。[①]

---

① C. Roberts & D. Roberts, *A History of England, 1688 to the Present*, Prentice-Hall, Inc. , Englewood, N. J. 1980, pp. 648–649.

在倡导良好社会风尚方面，报刊和出版界的作用也不容忽视。在英格兰北部，《里兹火星报》作用突出。在整个不列颠，钱伯斯兄弟共同创办的《钱伯斯爱丁堡杂志》拥有众多读者。这些报刊的主办者、编辑、作家和书商，不少是在自由—功利主义的社会环境里，靠个人奋斗建立功业的。目下，则现身说法地告诫人们要“节俭”、“自强”、“洁身自好”、“善良”，不但要奋力改变自己的生活，还得帮助他人。在类似的作家和作品里，苏格兰作家萨姆伊尔·斯迈尔斯（1812—1904 年）和他的训诫性著作《自助》最为出名，发行量在 1900 年以前就达 25 万册。斯迈尔斯还撰写了多卷本的《工程师列传》，宣扬个人业绩和道德信条。

渐渐地，这些作品所宣扬的价值观念还渗透到社会下层。一些识字不多的工人、雇农、商贩也饶有兴趣地阅读一些通俗读物，戒除不良嗜好，善待他人，不同程度地改变了生活方式，改善了家庭和人际关系。

精明的作家和出版商还把人数逾百万的家仆当做社会道德的宣传对象。劝说他们在为主人效劳时，要忠诚、勤勉、温和、顺从。而毕通夫人的《家务管理》主要就是为了培训那些来自乡村的仆女的。它写到了女仆必备的服务能力和道德培养，详细阐述了她们的职守。

经过几十年的提倡和努力，“维多利亚风尚”得到了较好的实施。一些学者认为：它的作用是潜移默化的，其实际效果总归要体现在社会经济、秩序和人们的心理、风貌等不同方面。确实，在某些曾满是酗酒、殴斗、盗窃、污秽和淫乱的地方，几十年后出现了良好的环境和秩序。学者们还发现，那些较有教养、精干、沉稳、自律而谦虚的工人，工作较稳定，收入高，家庭也和睦。他们中的佼佼者，甚至跻身于中产阶级。

恰如一枚硬币具有两个不同的图案，“维多利亚风尚”作为一种官方和民间相结合的社会整饬，还存在着问题和不足。

首先，维多利亚时代的道德规范是在资本主义上升之际宣传提倡的，它不可避免地具有阶级局限性。例如，它的目的之一是为了约束人们的行为，防止“犯上作乱”，这实是训诫人们不要采用暴力方式，与统治者对抗。

其次，它的一些准则和观念，不仅保守、生硬和概念化，甚至还相当陈旧、野蛮和粗陋。比如，它有意维护社会等级和尊卑关系，允许尊长对犯逆者施加体罚。所以，当时鞭笞现象依然流行。父亲可以抽打儿子，师傅可以打学徒、工头可以打工人，老师可以打学生，狱卒可以打犯人，军官可以打士兵，劳动习艺所管事可以打懒汉。必要时，绅士的文明棍也会成为得心应手的刑具。

“维多利亚风尚”的再一问题是保留了对女性的歧视。在维多利亚时代，不仅一般男子普遍有性别优越感，甚至一些有名望的学者也难脱男尊女卑的窠臼。如富于正义感和改革精神的学者罗斯金[①]竟然宣扬男子是实行者、创造者、发现者，而妇女只能受指使和表示顺从。女作家萨拉·爱丽丝在其《致英国母女们的信笺》里，教导女子要满足于依附男子的地位，做贤妻良母，理家育子。科学家、医生们则根据他们的“学识”，断定女性从生理上就决定了必须被动服从。在某些公开场合，英伦女性虽然总能得到“女士优先”的照顾，可实质上那还是具有绅士风度的男士对“天生弱者”的一种自认为慷慨的精神施舍。直到1867年议会终于批准《离婚法案》之前，一些妇女还须忍受丈夫的专制而无法离异。在中上层家庭里劳作的女仆中，有的女仆被男主人诱奸，只好忍气吞声。有的不幸怀孕，以后只能带着私生子艰难度日。在如此情况下，甚至不少上流社会的妇女宁愿独身也不嫁。20—40岁的女性中，老姑娘的比例居高不下。

更重要的是，在政府和政党的政策里，也总有重男轻女的印记。它们在政治改革的时代里，始终拒绝授予广大妇女以男子同样的政治权利。为此，在19世纪后期，一些中产阶级妇女曾组成政治团体，要求取得普选权。1897年，还成立了“全国妇女选举权联合会”，集会示威，但未能取得实际效果。

由于多方面的因素，“维多利亚风尚”所带来的社会变化只能是片面的、局部的。社会财产占有的严重不均，贫富差别的存在和加大，始终是造成社会问题的根源。据有关估计，在首都工人里，仅有1/10达到了小康水准；而做粗活、帮工、短工的非熟练工人却占了颇高的比例。在伦敦东区和其他一些城镇的贫民社区，乞丐、扒手、赌徒、酒鬼、皮条客、娼妓等，多如牛毛。经济危机发生时，失业男工大量流落街头，有的成为滋事生非者；许多女工卖身养家。1851年，伦敦警察局估计首都的职业妓女起码有8000人，加上野花流莺，共有三四万名。这种社会的阴暗面，为狄更斯等现实主义作家提供了丰富的创作素材。一些人道主义者、慈善家试图填补这种人间的缺憾，

① 约翰·罗斯金（1819—1900年）是著名作家、评论家和艺术家，牛津大学美术教授。他博学多产，其作品对维多利亚时代公众的审美观点产生了重大影响。他积极发起和参加社会公益活动，资助大学创办附属美术学校，赞助博物馆收藏艺术品。

但毕竟是杯水车薪，无济于事。还有许多富人对贫困者报以麻木、鄙视和嘲弄。

还应指出，甚至提倡“维多利亚风尚”的王室，也并非时时事事都能为社会垂范。当女王正色申斥社会各种弊端时，一贯浪荡的威尔士王子照样拈花惹草，私生子分布在英吉利海峡两岸。当他因与人妻私通被法庭起诉时，道貌岸然的维多利亚女王竟行使特权，对爱子加以庇护。

事实表明，英国的社会风气改观和社会文明营造，是个复杂而长期的任务。它需要经过多代人的不懈努力，才有可能真正带来明显的根本性的变化。

八、两党制度

第一次议会改革期间，托利党和辉格党开始分别演变成为保守党和自由党。

其中“保守党”衍生于法语，最初用来称谓以威灵顿为首的托利党人。这是由于他们当时反对议会改革，努力保持陈旧的政治传统。而后，托利党发生分化，罗伯特·皮尔重建托利党，公开采用了“保守党”的称号，逐渐采取了比较明智审慎的政策。

“自由党”源于西班牙语。1831 年议会改革进入高潮时，以格雷为首的辉格党政府几次提出改革议案，使托利党人恼羞成怒，用“自由党”一词贬称他们。以后二三十年里，“辉格党”和“自由党”两个词同时使用。①

新型政党的出现，是英国政党政治的一次重要发展。它促进了两党制度的形成。

第一次议会改革后，一党长期盘踞政府的现象彻底结束，在野党被称为“国王陛下忠诚的反对党”，其批评、监督、检查和限制执政党以及“后备政府”的作用得到政界的充分肯定。两党较为频繁地轮流执政。由于自由党的政

① 参见阎照祥：《英国政党政治史》，中国社会科学出版社 1993 年版，第 196 页。比较而言，托利党演变为保守党所费时间较少，而辉格党演变为自由党的过程则一直延续到 19 世纪 50 年代。

策颇能反映19世纪中期政治和经济发展的要求，所以就能多次组建责任内阁制政府。

英国两党制度处于政党政治发展的较高阶段，是在同议会制度、内阁制度互相依赖、彼此影响的情况下发展起来的，是一种由两党根据议会多数轮流组织责任内阁制政府的制度。它的特征是：多数党党魁理所当然地成为内阁首相，取代国王行使最高行政权，有权挑选阁员；内阁一旦失去议会多数的支持，或在大选中失败必须集体辞职等等。

第一次议会改革之后，英国两党制度迅速形成。究其原因，除了两个新型政党的出现之外，还在于：其一，第一次议会改革后，两党在议会内外尽力发展组织，整个下院分成为界限分明的两大政党。其二，两党制度是同完备的责任内阁制相依共存的，恰恰在第一次议会改革后，英国确立了比较完善的责任内阁制度。说明此点的最典型、最突出的史实，是皮尔在1841年领导保守党，在缺少王室支持的情况下，竞选胜利得以组阁。

19世纪中期英国两党制度的形成，同君主特权的继续削弱不无关系。第一次议会改革之后，“议会至上”的宪法原则更加深入人心，国王或女王的行为受到成文法和宪法惯例的严格限制。为此，19世纪晚期的宪政学家都一致指出：英国政治制度最突出的特点是议会至上。地位崇高的君主尽管还是名义上的国家元首和政府首脑，但实际上仅余3种微不足道的权利——被咨询权、鼓励权和警告权。凡属议会通过的议案，女王总是毫无例外地签署。为此，这时英国的立宪君主制还被称为“虚君制”。虚君制的出现，为政党治理国家提供了极为广阔的政治空间。

英国两党制度的形成和发展，还是该国议会民主体制演进的结果。随着选民的增多，执政党和政府的政策越来越受到选民的牵制。尽管它们还常常会维护本党私利，却又必须一再考虑广大选民的意向和利益。为了延长执政时间，它们有时会较为主动地制定和实施一些有助于社会进步的政策法规。另外，英国的两党制度在运行时，一方面，它具有民主的虚幻性和党内纪律的强制性，议会内的督导员制和议会外政党组织系统的监督性作用，常常会使议员和选民牺牲个人主见，盲目地违心地辩论投票；否则，作为议员，就有可能丧失自己的政治前程。另一方面，英国两党制度大体上是在法制的轨道上运行的。党派之间和各党内部，不能超越法律，不能对政敌和持不同政见者恃强报复和加以人身迫害。结果，该国政治生活中也就少了一些莫须有的冤假错案。这自然有利于该国政治稳定和经济发展。

从经济发展来看，19 世纪中叶的英国处在资本主义自由竞争的高峰阶段。“自由放任主义”成为中产阶级热烈鼓吹的经济纲领和口号。这种意识表现在政治上，是他们对本国两党在议会和政府内展开“平等”竞争的容忍和支持。

19 世纪 30 年代是自由党改革的黄金时代，格雷和墨尔本内阁利用议会改革所造成的有利形势，实行了若干改革措施，如废除奴隶贸易，颁布《工厂法》，实行《新济贫法》和《市镇自治机关法》等。这些做法，赢得了资产阶级的支持，扩大了该党的社会基础，使之能够连续执政多年。而保守党只能在自由党发生内部分裂时，才能偶尔短期地上台执政，并且还得执行自由主义政策。其中在 1846 年对《谷物法》的废除还分裂了保守党。该党右翼保护关税派攻击皮尔是党内“犹大”。自由党借机发难，联合保护贸易派挫败皮尔政府。皮尔离开政府后，其原来的追随者成了“没有皮尔的皮尔派”，他们在威廉·格莱斯顿等人的领导下，凭借着中产阶级的理解和支持，以第三党的姿态在下院存在了十多年。

三党鼎立的局面不利于英国政党制度的运作。它使执政党难在下院建立一支稳定的多数队伍，这自然会影响到政府的工作效率。英国统治阶级中的上层人物为此焦虑，盼望着两党竞争模式的复归。1852 年 3 月 17 日，维多利亚女

迪斯累里

格莱斯顿

王在写给比利时国王的信中吐露:"鉴于目前的混乱纷争局面，一种完好的状态应该出现。像以前那样，会重新存在两个政党。没有两个政党就没有强大的政府。" 1856 年，格莱斯顿在《季度评论》上著文指出:"一个强大的反对党使政府强大……一个软弱的反对党使我们拥有一个软弱的政府。"[①]1859 年 6 月 6 日，自由党和皮尔派在一家旅馆举行宴会，双方正式合并。

第二次议会改革是英国近代政党组织发展的又一里程碑。以后多年保守党党魁迪斯累里和自由党党魁格莱斯顿展开了激烈的权力争夺，两党轮流执政进入典型时期。

与此同时，选民的增加使两党领袖格外重视组织建设。经过大约 20 年的努力，自由党和保守党均建立了比较完备的现代化组织系统。它们在结构上都呈金字塔形。塔的顶端是党魁。党魁不仅直接控制督导员、本党议员、中央总部和全国性组织，还通过它们间接地操纵着本党的基层组织和附属组织。两党现代组织系统的完备化，标志着英国两党制度的确立。

随着两大政党现代型组织系统的形成，议会中自由党和保守党的对立扩展到全国各地，政党意识和党派联系渗透到城乡各地，千家万户。1882 年，著名剧作家吉尔伯特在歌剧《劳兰斯》中的一段唱词广泛流传:

我时常感到可笑滑稽，
人间万事是这样离奇，
降临到人世间的每个
活生生的男孩和女孩，
要么是个小自由党人，
要么是一名"小托利"![②]

19 世纪最后几十年是英国两党制确立和稳定发展的时期，也是自由党、保守党的组织网络形成时期。两党新型组织系统的组成不但反过来促进了两党制度的发展，还使一些工人和工人团体的活动，受两党中央和地方组织的影响和控制，沦为两大政党斗争的附属品。

① Alan Beattie, *English Party politics*, *Documents and Commentary*, London, 1970, pp. 126–127.

② 《劳兰斯》的唱词见: Ivor Bulmer-Thomas, *The Party System in Great Britain*, London, 1933, p. 29. 译文转引自阎照祥:《英国政党政治史》，第 303 页。

九、爱尔兰自治问题

爱尔兰是英国最近、最早的殖民地。长期以来，英国政府在这里实行惨绝人寰的殖民统治，政治压迫、民族歧视和经济掠夺多管齐下，使爱尔兰民族经历了可怕的灾难。在资本主义迅猛发展的19世纪，英格兰人口迅速增加，但爱尔兰人口却因土地掠夺和农业灾荒所造成的大批死亡和流亡而急剧减少。英国殖民者用剑与火把这块国土变成一个极度贫困的地区。此时的爱尔兰人被认为是当时世界上最穷的民族。一位法国记者断言："我虽然见过森林中的印第安人，也见过带着锁链的黑人，但真正的人间地狱却是在爱尔兰见到的。"①

自1830年以来，英国政府颁布了40项强制性管理法令，但始终不能征服为民族解放而斗争的爱尔兰人。

不可否认，在19世纪前期，英国也有少数较明智的政治家出于政治安定的考虑，试图改善对爱尔兰的统治，但多以失败告终。30年代的格雷内阁和墨尔本内阁曾因此分裂。1846年，爱尔兰发生动乱，皮尔政府提出《爱尔兰人民人身保护议案》，遭到政敌攻击，他被迫辞职。以后20年里，政府要员都力图避开这一敏感问题。

1868年，著名保守党人本杰明·迪斯累里（1804—1881年）就任首相之时，爱尔兰局势相当紧张。早在10年前，爱尔兰民族主义者史蒂芬斯等人就创建了一个革命团体——"芬尼党"，目标是推翻英国殖民统治，建立独立的民主共和国。1867年2月，芬尼党成员在都柏林等城市发动武装暴动，失败后许多爱国者被捕。同年秋，英国政府处死3名芬尼党人，激起民族义愤。不久，芬尼党人为营救战友，组织武装越狱，酿成重大流血事件。全国舆论大哗，迪斯累里踌躇不决，格莱斯顿步步紧逼。1868年3月28日，格莱斯顿提出议案，要求立即取消爱尔兰国教会的官方资格，实行宗教宽容，缓和天主教徒的不满情绪。迪斯累里进退两难。他深知镇压措施会激起非国教教徒和社会

① Mansergh Nicholas, *Ireland in the age of reform and revolution*, Allen & Unwin, 1940, p. 243.

进步力量的反对，而实行让步会引起怀有狭隘民族情绪和宗教偏见的国教徒的反感。当下院以 65 票的多数通过格莱斯顿的议案时，他只好恳请维多利亚女王解散议会重新进行大选。

竞选中，自由党为获取选票，提出了“宗教平等，给爱尔兰以正义”的口号。可事后格莱斯顿也陷入困境。大约 20 年前，他就对英国传统的爱尔兰政策产生怀疑，从资产阶级的长远利益和人道主义精神出发，主张采取自由主义立法，废除国教在爱尔兰的统治地位，发展教育和解决土地问题。格莱斯顿如此而为，还是出于党派斗争需要，想借此获取爱尔兰民族议员的支持，以加强自由党与保守党对抗的力量。鉴此，他在组阁后即宣称：“我的天职是绥靖爱尔兰。”

1869 年，格莱斯顿实施了取消英国教会在爱尔兰国教地位的法令，使之成为可以自由加入的宗教团体。自此，天主教会和国教会平起平坐。国教会不得随意勒索当地人民。1870 年颁布《爱尔兰土地法》，规定地主不得随意驱逐已交纳地租的佃农；对于无法交纳者，地主在收回土地时应对佃农所建造的房舍和农业设施给予补偿。另外决定由政府提供贷款帮助某些佃户赎买土地。土地法令颁布后，多数地主激烈反对。他们借机抬高地价，使佃农购买土地的愿望落空。格莱斯顿解决爱尔兰问题的计划草草收场，自由党声誉受损。

1880 年，格莱斯顿第二次组阁，发现爱尔兰问题更加棘手。1873 年，艾萨克·巴特建立了爱尔兰自治联盟，主张废除英爱合并法令，恢复爱尔兰政府和议会。次年大选，59 名同盟骨干成员在威斯敏斯特议会组成了独立党团。1875 年，民族主义者查理·巴涅尔进入议会，他与巴特等人用多种方式干扰议会工作，向政府施加压力，并把议会斗争同院外自治斗争结合起来，争取民众支持。1877 年，巴涅尔当选为联盟主席，加强议会外宣传鼓动。

两年后，自治运动同一个新的农民组织——土地同盟结合起来。土地同盟创始人迈克尔·达维特是爱尔兰民族解放斗争的杰出领袖，十多年前就参加了芬尼党。他深知自治问题同土地问题的关系：不摧毁英国在爱尔兰的地租剥削，英国殖民统治就无法根除。在土地同盟的号召下，爱尔兰人民发动了抗租运动，实际上开始了 200 年来最大的一场反英起义。巴涅尔很快参加了土地同盟，并因其显赫声望当选为主席。一年后兼任爱尔兰自治派主席，一身二职，有助于议会内外斗争的密切结合和集中领导。在历届大选中，爱尔兰自治派的人数逐渐增加。1885 年后增加到 80 余人。他们利用自由党和保守党实力的相对接近，在议会投票中左右局势，成为不可低估的“第三党”。

为了安抚爱尔兰，1881 年格莱斯顿提出一个新的土地法案，在下院辩论 58 天才得以通过。它基本上满足了土地同盟关于实行公平地租、固定地租并准许爱尔兰佃户自由出售农产品的要求；规定地租减去两成，租率 15 年不变，其间佃户可以自由出让其耕地，但地主不得任意驱逐他们。

《土地条例》颁布后，巴涅尔攻击自由党政府想用土地问题抵制自治，并立即提出了土地国有化的新主张。格莱斯顿失去了耐性。他颁布了《强制条例》，逮捕了巴涅尔、达维特和其他 1000 多名土地同盟成员。爱尔兰人民怒不可遏，开展更加顽强的抗租斗争。他们烧毁地契，围攻地主庄园，破坏农业设施。爱尔兰出现了罕见的“土地战争”，芬尼党更加活跃。

格莱斯顿见镇压无效，指派约瑟夫·张伯伦到狱中与巴涅尔密谈，达成所谓协议。巴涅尔急于出狱，应诺制止暴力和恐怖行为。格莱斯顿则答应颁布《欠款条例》，帮助那些欠租的佃农。巴涅尔立即获释。不料数日后，新任爱尔兰总督卡文迪什被芬尼党暗杀团误杀。格莱斯顿立即颁布了《防止罪行法》，建立特殊法庭，破坏土地同盟的组织，逮捕芬尼党人。爱尔兰自治派也受到极大限制。格莱斯顿企图解决爱尔兰问题的计划至此流产了。

1885 年 6 月，保守党联合爱尔兰自治派否决了政府的决议案，格莱斯顿辞职下台。索尔兹伯里侯爵成为英国最后一个贵族首相。他为了缓和爱尔兰人民反抗情绪，按期终止《防止罪行法》，拨款 500 万英镑帮助爱尔兰贫苦佃农赎买土地，任命一向赞成爱尔兰自治政策的卡拉丰为爱尔兰事务大臣。可是，卡拉丰到达爱尔兰后，除与巴涅尔会谈外，并无实质性的解决爱尔兰问题的措施。巴涅尔很快失去了耐心，他通过其情妇奥谢夫人与格莱斯顿联系，探询自由党党魁的真实态度。但格莱斯顿拒绝与巴涅尔重新结盟，他想把实现爱尔兰自治的任务推给保守党人。

11 月大选开始后，巴涅尔依旧对格莱斯顿耿耿于怀，号召爱尔兰人投保守党的票。但最终自由党还是获得了 335 个席位。保守党和爱尔兰自治派分别获得 249 票和 86 票，两党的议席正好和自由党相当。

在这种情况下，格莱斯顿仍希望保守党和爱尔兰自治党的联盟能继续下去，以便自治案能在上院顺利通过。可是，保守党领袖安之若素。同时，以哈廷顿为首的自由党右翼从地主阶级利益出发，顽固反对爱尔兰自治。由张伯伦领导的帝国主义激进派则警告格莱斯顿对此问题持慎重态度，尤其不要使大英帝国失去爱尔兰。1886年元旦，被保守党作弄了的卡拉丰悻悻辞职。1月下旬，索尔兹伯里宣布，他将提出一个更严厉的《强制条例》。格莱斯顿没有做好自由党各派的工作，在挫败保守党后匆匆上台。由于新政府无疑会赞成爱尔兰自治，哈廷顿等人拒绝入阁。张伯伦勉强入阁，但在内阁中担任次要角色，心怀不满，对爱尔兰自治计划持冷淡态度。这时，格莱斯顿本应对他做些说服工作，或委以重任。可他起草法案时未同张伯伦协商，也不理睬他的地方政府改革计划。张伯伦突然辞职，自此成为格莱斯顿的死敌。

4月8日，格莱斯顿的第一个《爱尔兰自治案》提交下院，内容有：在都柏林建立爱尔兰议会，它在伦敦帝国议会的管辖和指导下处理爱尔兰事务；爱尔兰行政上实行责任内阁制，但内阁的组成和存废，均需由女王任命的爱尔兰总督裁定；爱尔兰各种重要权力，如军事、外交、财政和关税等，仍由帝国政府代管。可见，此案相当保守，但还是在二读时被否决。以张伯伦为首的93名“自由党统一派”同保守党联合起来，共同反对格莱斯顿。老首相无计可施，只好于7月举行大选。“自由党统一派”公开与自由党其他候选人竞选，却与保守党互相关照。结果，自由党仅获191个席位。索尔兹伯里再次组阁。

保守党在下院地位稳固，就不介意爱尔兰自治派的支持了。不久，巴涅尔因风流韵事受到舆论谴责，政治上陷于被动，心情恶劣，很快病故。自治派因此元气大伤。

1892年夏季，耄耋之年的格莱斯顿重新赢得了爱尔兰自治派的支持，第四次就任首相。翌年2月，他在下院提出第二个《爱尔兰自治案》。它与1886年自治案大同小异，同样规定爱尔兰政府和议会不得拥有军事、关税等重要权力，没有提到北爱尔兰问题；新颖之处是规定爱尔兰可向伦敦威斯敏斯特选派80名议员，并允许爱尔兰贵族进入英国上院。这实际上是对帝国主义分子妥协。

为使此案通过，84岁的格莱斯顿在85次会议上舌战张伯伦等人，直到9月1日才在下院以34票的多数通过，却在上院被轻易否决。格莱斯顿的爱尔兰计划化作泡影。

历史一再证明，爱尔兰的自治、独立和统一，还需要爱尔兰人民的继续反抗和斗争。

十、工党的缘起

第二次议会改革之后，城市熟练工人获得了选举权，个别工人活动家试图进入议会，总是面对财政困难而却步。

工联主义是限制工人进入议会的又一障碍。19 世纪中叶，部分熟练工人建立了自己的工会。他们对参加者征收高额会费。处理劳资冲突时，工会领导人热衷于劳资协商，反对激烈的政治斗争。工联主义弱化了工人的阶级意识，使熟练工人和非熟练工人之间产生隔阂，阻碍了社会主义思想的传播和工人政党的建立。一些被排斥在工会之外的工人选民，易受自由党或保守党的影响。19 世纪后半叶，各地工会大多支持自由党和自由党政府。为此被称为“自由党劳工派”。

在这种情况下，一些工会团体试图利用工会基金和会员的投票权，推选自己的议员。1868 年大选时，全国工会代表大会召开，一些工会联合成立了“劳工代表同盟”。它在 1874 年大选中提出了 13 名候选人，2 人当选。以后“劳工议员”逐渐增加，1892 年达 15 人。名义上，“劳工议员”有自己的组织，实际上向自由党靠拢。

19 世纪 70 年代末，英国陷于经济危机，大量工人失业。工会无力领导工人斗争，会员减少。社会矛盾的激化利于进步思想的传播，促进了英国工人政党组织的产生。

1881 年，伦敦一些工人联合自由党左翼人士，建立了社会民主同盟。同盟成立初年，出版了一批阐释社会主义的报刊，举行演讲，揭露政府的帝国主义行径，宣传土地和资本国有化，产生好的影响。但它在组织上存在着宗派主义，其右翼领导人对政治斗争认识不足，左翼人物缺少足够的支持者。1884 年，该组织发生分裂。左翼领导人退出同盟，另外组成了社会主义同盟。不久，社会主义同盟同样发生分化，多数领导人忽视工会工作。1887 年，无政府主义者控制了同盟领导职位，左翼人士相继退出，3 年后社会主义同盟瓦解。

1884 年初，英国另一个社会主义团体——费边社，在首都建立。费边社的名称源于古代大将费边的名字，其成员大多是中产阶级知识分子。1884 年 5

月至1886年，萧伯纳、韦伯、西德尼·奥利维尔和格厄姆·华雷士先后入社。他们把休谟、李嘉图、边沁、密尔等人的经济学观点、功利主义理论、进化论和社会主义思想相糅合，炮制出一种新理论——费边主义。他们在论著中断言：在英国，重大社会变革不可避免。但利于社会进步的变革只能是渐进的、温和的、合乎宪法的。人们不必诉诸阶级斗争和暴力革命，只需依靠英国现有民主，逐步消灭土地和工业资本私有制，再通过各种机构逐步进行改革，最终改变社会的资本主义性质。1892年，学识渊博的韦伯和比阿特丽丝·波特结为夫妻，共同著书立说，成为费边社最重要的理论家。此后，费边社不但倡导缓进式的社会改造，还提出了政治“渗透”政策，主张本社成员在政府要员中宣传费边主义观点，争取支持，尽量扩大费边主义影响。在策略上，费边社成员认为无产者大多缺少理智和教养，易走极端，故而领导民众完成社会改造的重任应由知识精英完成。费边社的这些观点，易在有产阶级中产生共鸣。费边社人数不多，能量颇强。它号召其成员广泛参加各类竞选，设法进入各级议会、济贫委员会和政治团体，使费边主义广为传播。

随着工人运动的发展和进步思想的传播，建立全国工人政党的任务提上日程。1888年8月，苏格兰社会主义者凯尔·哈迪等人在格拉斯哥召开代表大会，建立了苏格兰工党。会上通过的纲领规定：党的任务是教育人民，力争本党同志进入议会和各类地方团体，促使实施政治改革，制定劳工立法。以后数年内苏格兰工党成长为北方工业区一个最有影响的政治组织。1892年大选时，它推出5名候选人，但因组织不力而无一取胜，但哈迪却作为独立的工人代表在伦敦当选，进入议会。哈迪的竞选之所以能够成功，除因他在工人中享有崇高威望外，还有赖于新工会的发展。

新工会运动开始于80年代末和90年代初。新工会由非熟练工人和普通工人组成，某些领导人接受马克思主义影响，并号召工人开展罢工斗争。1889年夏，伦敦码头工人在新工会领导下举行大罢工，10万余人参加，迫使资方让步。翌年各新工会响应第二国际号召，庆祝第一个五一节，在伦敦组织了20万人的示威。

由于苏格兰工党的带动和新工会运动的发展，各地先进工人纷纷建立新的政治团体。它们的出现为独立工党的建立准备了组织基础。

1892年，哈迪出面筹建新政党。约克郡的布雷德福成为筹备中心。1893年1月，苏格兰工党和布雷德福劳工联合会等在布雷德福召开大会，合并成立了“独立工党”。经大会通过的党纲规定：独立工党的任务是通过议会斗争以改善工人劳动保护条件和法定8小时工作日，在中央和地方政府中实行民主政治。大会选举产生“全国管理委员会”作为党的专门机构，执行该党年会形成的决议。首届管理委员会共15人。哈迪当选为全会主席。

独立工党的建立，使英国工人有了一个脱离资产阶级两大政党的组织。但是，独立工党仍非全国性工人政党，自始就存在着思想混乱和宗派主义等问题，难以在议会选举中扩大成果。1895年大选中，该党28名候选人无一当选。议会劳工议员降至12名。①

纵然如此，英国社会主义宣传仍未停止。1891年以来，社会主义理论家罗伯特·布拉奇福德在他创办的《号角》报上发表文章，描绘社会主义前景，深受工人欢迎。1894年布拉奇福德将其论文编辑成书，以《欢乐的英国》为名发表，一年内售出75万册，成为国内最有影响的理论读物。《欢乐的英国》启发了工人群众的阶级意识，对于以后建立工人政党不无作用。

某些不利因素也迫使社会主义团体的领导人和工会领袖们寻求合作，加快建立全国性工人政党。90年代以来，资本家为对付罢工斗争，实行雇主联合和同盟歇业。1893年，一些厂矿工头组建各类团体，对罢工者构成极大威胁。1897—1898年，机器制造商全国联合会实行全国性闭厂歇业。不久，雇主议员们又成立了议会党团，鼓动反工会立法。此外，雇主们还向法庭控告工会，要求赔偿他们的经济损失。实践使工会领袖们认识到：在英国，必须建立一个具有广泛群众基础的统一政党。

1899年9月，工会代表大会召开年会，要求各地工会、合作社和社会主义团体的代表召开特别会议，制定增加工人议席的措施。随后加快了全国性政党的筹建工作。

1900年2月27—28日，各工会和社会主义团体的129名代表在伦敦开会。会上通过了哈迪等人的议案，决定：“在议会中建立一个独特鲜明的工人团体。”大会宣布成立了劳工代表委员会。它共12人，包括工会代表7人，社会民主联盟和独立工党的代表各2人，费边社代表1人。独立工党党员拉姆赛·麦克唐纳当选为书记。大会规定其主要任务是促使劳工代表进入议会。

① 为此，韦伯夫人称之为“一个残缺不全的政党”。P. Adelmen, *The Rise of the Labour Party 1880–1945*, Longman, 1972, p. 23.

特别代表大会召开时，不列颠岛正笼罩在因英国入侵南非所引起的沙文主义狂潮中。劳工代表委员会的产生未在社会上引起重视。以后人民才认识到：1900 年劳工代表委员会成立，标志着工党的诞生。

十一、战争和扩张

19 世纪中叶，英国经济和军事实力空前强大，资产阶级扩充市场、原料产地和掠夺殖民地的欲望也空前强烈，不列颠殖民者把东方视为扩张和掠夺的重点，与列强在欧洲和世界许多地区争夺霸权和势力范围。

英国对中华帝国觊觎已久。1788 年，小皮特政府就派出代表团访华，向北京政府索求治外法权未果。1793 年马戛尔尼率众再度来华，提出诸般要求，被清廷拒绝。嗣后，英方一面进行武力试探，一面扩大鸦片贸易。1808 年，一队英舰袭击虎门，被中国水师击退。1834 年发生较大的武装冲突，英方再遭败绩。但英商的毒品销售有增无减。如在 1838—1939 年，他们向中国输出鸦片 35 500 箱，换取大量白银。许多鸦片吸食者面枯体衰家败，中华古国元气有伤。

鸦片荼毒使道光皇帝震骇，令林则徐南下广州查禁鸦片。1939 年 3 月，他严令英商和他国毒贩交出鸦片，不久在虎门将两万多箱鸦片当众销毁。

这时，英国的外交大臣帕默斯顿，是一个典型的帝国主义者，以直言英国“只有永恒的利益”而蜚声外交界。虎门销烟刚过，他密令英国驻华商务监督义律（Charles Elliot）做好开战准备。1840 年 6 月侵华英军司令懿律（George Elliot）率兵 4000 人、乘舰 40 余艘抵达中国海，鸦片战争爆发。

第一次鸦片战争历时两年余。初期，懿律避开广东，率舰队北上，骚扰福建、浙江，攻陷定海，抵达天津白河口，威胁北京。道光皇帝罢免林则徐等人，命琦善出面协商。英方代表义律于 1841 年 1 月提出《川鼻条约》，要求中国割让香港、赔款 600 万元，被中方拒绝。战事重起。2—5 月，英军攻陷虎门炮台，水师提督关天培率数百名官兵战死。随后英军进攻广州，炮轰城内设施，迫使奕山接受和约，尽快交讫赔款 600 万元。清政府的软弱使英方得寸进尺，于1841年8月至1842年8月陆续攻占厦门、定海、上海、镇江等地，沿长江逆流东进，兵临南京，与清政府签订了《南京条约》。据此英国获取了2100万元的赔款，割占香港，并在商务、关税等方面得到种种优惠。而后又获领事裁判权、片面最惠国待遇。英国的成功使列强垂涎。美、法、俄等国循例与清廷签订了类似条约。中国丧失部分主权，开始沦为半封建半殖民地社会。

第一次鸦片战争后，英国对中国的侵犯稍有停顿。这是因它正陷于对缅甸和阿富汗的战争。其中仅在1839—1842年的侵阿战争①，就使英国伤亡数万人，耗资1.5亿英镑；1851—1852年的侵缅战争使英国占领了下缅甸。再因英国在1853—1856年参加了大规模的克里米亚战争②。其间英国与法国、土耳其缔结军事同盟，凭借先进的军事技术和装备，以重兵战胜了俄国，迫使俄国接受《巴黎和约》。据此，英国虽然没有实现帕麦斯顿肢解俄国的梦想，却实现了黑海中立化，消除了俄国南下地中海、影响英国利益的可能。从而确立了英国在近东的霸权，并使其腾出手来，加强对中国的掠夺、对印度的统治和对奥斯曼帝国、伊朗和阿富汗的侵略。

克里米亚战争期间，中国的太平天国农民起义已在进行，严重威胁清朝统治。英国刚刚摆脱欧洲战事，就与法国和美国向清政府提出扩充特权的要求，遭到拒绝。恰好此时发生了“亚罗号事件”和“西林教案”，成为英法发动战争的借口。

第二次鸦片战争历时4年余，以1856年10月23日英国舰队进犯广州为起点。翌年12月，英法联军5000人攻陷广州城。1858年5月，英法舰队北上，抵达天津河口，炮轰大沽炮台后进犯天津，迫使清廷签订《天津条约》。英国得以在北京派驻公使，在通商各口设领事馆，增开通商口岸，取得了自由经商、贩卖鸦片和传教、修改关税税则等权利，还获得了400万两白银的赔款。《天津条约》签订后，英法侵略者欲壑难填。他们在1859年6月25日袭击大沽炮台，遭到反击，英舰悬挂白旗恳求停战。消息传到伦敦，首相帕麦斯顿决意扩大战事。1860年春，英法联军重组，包括英军13 000人，舰船200多艘。联军在额尔金等人的带领下，先占舟山、烟台，再攻塘沽、天津。10月，英法匪徒闯入北京，大肆烧杀劫掠，将圆明园毁于一炬，掠走大批珍宝。很快，

① 史称“第一次英阿战争”。第二次英阿战争发生在1878—1880年，阿军先败后胜，但最终仍然表示履行《甘达马克条约》，使阿富汗实际上沦为英国的保护国。

② 克里米亚战争中，英国死亡6万人，法国损失近10万人，俄国30余万人。

清廷签署了《北京条约》，英法索取的赔款增加到 800 万两白银，其他条件相应增补。而英国则得到了大部分好处。

英国对印度的侵略是东方大国历史中最悲惨的一页。七年战争后，英国独自统治印度，商业进攻和殖民掠夺变本加厉。如 1837—1838 年，仅东印度公司从印度汇回英伦的资金就有 230 万英镑；1857—1858 年度增加到 616 万英镑。英国在印度的地租剥削，一是包税制，盛行于孟加拉、比哈尔和奥里萨等地。在这种制度下，农村公社土地全为东印度公司所有，公司将之交给柴明达尔，令其代收地租后，再将大部分以地税形式上缴东印度公司。二是农民租佃制，盛行南部和其他一些地区，公司名义上承认当地农民的土地所有权，但照样强迫他们交纳相当于全年收成 1/3—1/2 的地租，农民实为公司的佃农。如此土地税制，使英国的收入一再增加。1800—1801 年度英国从印度榨取了 420 万英镑，1857—1858 年增至 1530 万英镑。英国殖民者从鸦片种植和贸易以及其他商品倾销中的收益同样十分可观。印度是英国最重要的殖民地。

英国严酷的殖民统治激化了民族矛盾。商品倾销残害了印度工业，手工业者失业。殖民主义土地和租税制不仅加重了农民负担，还使王公领地被兼并蚕食。同时，西方文化的传播和英国殖民立法，冲击了当地传统习惯和宗教习俗，激起印度民众对基督教文化的恐惧。令人气愤的是，印度士兵所使用的子弹上涂有牛油或猪油，而他们使用前又须咬掉子弹的尖头，这就亵渎了他们的宗教信仰。加上英国士兵在印度所有官兵中不足两成，且驻守各地，这就使印度士兵的反抗成为可能。1857 年 5 月 10 日，密拉特第三骑兵团的士兵，为营救因拒绝使用涂油子弹而被判刑的兄弟而举行暴动。印度民族大起义爆发。

起义前后两年，得到了市民、农民的支持。德里、詹西、勒克瑙是起义的几个中心。部分王公成为起义的领导者。浴血奋战的詹西女王是最果敢的民族英雄。但因起义缺乏统一领导和内部矛盾而失败。但它打击了英国殖民者，唤醒了印度人民的民族意识。英国为镇压起义，调集了大批兵力，依赖部分亲英封建主的支持，使用了先进的武器和战术。事后，英国彻底改组了军队，增派英籍官兵控制了关键职位和兵种，扩大少数民族士兵的比例。在殖民统治方式、宗教政策等方面作了调整。名义上，印度政府的统治权正式转归女王。后来在迪斯累里领导内阁时期，维多利亚女王兼领“印度女皇”的封号。

19 世纪后期，英国工业霸权地位逐渐丧失，便加紧了在世界各地的殖民征服和统治。非洲的价值也越来越为西方列强所重视，英国殖民者加紧了对它的军事侵略和经济渗透。1875 年，保守党首相迪斯累里不经议会同意，私自向银行家借贷巨资，购买了尼罗河的大部分股票，却赢得了资产阶级的喝彩。以后英国在埃及、苏丹、肯尼亚等地进行殖民战争，一步步地扩充它在非洲的领地。

1889 年，索尔兹伯里政府为了对抗列强、维护海上霸权，提出所谓“两强标准”，加快造舰速度。

在营建殖民帝国方面，世界历史上很少能有一个国家能像英国这样强悍、多能和执著。

第十一章

衰落和磨难

（1900 年—1945 年）

一、“日不落”帝国

19、20 世纪之交，英帝国的威势到了顶点，英国人的民族自豪感也空前充沛，并能不失时机地展示。

1897 年 6 月，即维多利亚女王登基 60 周年之际，不列颠政府举行了规模空前的“钻石庆典”。届时，帝国各殖民地国家的元首和政府首脑聚集伦敦，向女王祝寿，向帝国表示效忠。维多利亚虽然年近 8 旬，却身心俱佳，为自己能亲身体验“世界上最漫长的统治”而欣喜。她于 20 日，在王室成员的陪同下，去圣保罗大教堂，在盛大仪式中感谢上帝恩典，为帝国的强大和繁荣殷殷祝福。22 日，她又乘坐富丽堂皇的御辇，在王室和政府显要、陆海军联合仪仗队和帝国仪仗队、各殖民地骑兵和警察的簇拥下，沿着伦敦的通衢大道，巡行 3 小时 10 公里，接受万众的歌颂和赞美，欢呼声隆隆不绝。庆典持续了两周，全国各地一片喜庆。其间，女王还在海上检阅了 160 余艘战舰。大英帝国威势赫赫，炙手可热。

此时，英国的外交政策和国际地位似乎也是稳如磐石。英国外交家干练老道，风度翩翩，言辞娓娓，有强大的经济和军事力量做后盾，总能以较小的代价换取较大的利益。面对错综复杂的大国外交和结盟活动，英国政治家总是我行我素，自豪地奉行“光荣孤立”政策，不与他国结盟。他们认为，这种政策是最明智的，既可以使英国在欧洲国际冲突中保有行动自由，又不必承担任何同盟责任，还可以利用列强之间的矛盾和争斗，在欧洲维持均势，使英国更加灵便地在世界各地捞取更多的殖民利益。

然而，好景不长。“钻石庆典”前后，英国上层统治者发现他们最强硬的竞争对手是世交德国，不列颠的霸权主义遇到了空前强大的威胁。

19 世纪 90 年代之前，英德关系一向和谐。德国刚迈开争霸的步伐，主要以欧洲为基点，把法、俄当对手，却无足够力量同英国在世界范围内争夺。而且，两国王室多年联姻，亲上加亲。如过世不久的德国王储是维多利亚的爱婿，威廉二世皇帝则是她的外孙。再是宗教感情接近，清教的派别感情使两国一再成为盟友。英国长期以来在掠夺殖民地的斗争中遇到的竞争者依然是法、俄两国。

随着德国实力的剧烈膨胀，德意志的高层人物畅言“德国的未来在海上”。1898 年，德国议会通过议案，着手扩建海军。两年后，又通过了“最大海军”建设方案，直言：“德国必须保持着这样的海军力量，当和最大的海军国家作战时，能够威胁到那个国家的优势”。两国的造舰比赛一直进行到世界大战。

90 年代以来，德国还加紧对南非的两个布尔人共和国——德兰士瓦和奥兰治——实行渗透，因此和英国发生冲突。1896 年，英国的一支由刑事犯参加的远征队侵入德兰士瓦，被布尔人击溃。威廉二世立即致电德兰士瓦总统，祝贺他们在“没有友好国家参加下所取得的胜利”，从而公开地挑战英国。

1898 年，威廉二世亲赴近东作“圣地巡礼”，向土耳其苏丹示好。这是德国东进的信号。几年后，德国从土耳其手中取得了巴格达铁路的修筑权。它计划经巴尔干，修到波斯湾。这意味着德国将出现在印度洋，夺取英国在东方的殖民地。英国殖民者恨之入骨。

到了 19、20 世纪之交，英国政治家更加明显地感觉到了均势的丧失：自普法战争后延续了将近 30 年的相对和平局面结束。欧洲各大国经过几十年的斗争、分化和组合，形成了势不两立的两大军事集团。英国的经济优势首先被德国所取代，英德矛盾发展成为大国间的主要矛盾。世界各地的殖民地基本上被列强瓜分完毕，重新瓜分殖民地的战争终于爆发。

这时，英国的重大举措之一，是在1899—1902年挑起了“英布战争”，从荷兰殖民者手中夺取了盛产黄金和钻石的奥兰治和德兰士瓦。

英国人在发动这场战争时毫无“绅士风度”。1899年初，他们以其侨民没有享受到充分的公民权为借口，同德兰士瓦政府谈判。谈判中，英方代表蓄意百般刁难，致使谈判破裂。在不打不行的情势下，德兰士瓦于10月间进攻英军，奥兰治也立即对英作战。

战争初期，布尔人使用从德国进口的先进武器，兵力超过对手一倍，连胜英军。以后英军源源调来，布尔军寡不敌众。1900年6月英军占领了德兰士瓦首都比勒陀利亚，在战争尚未结束之际，就宣布将两国并入大英帝国。以后战争又进行了两年。英国投入这场战争的兵力共达45万人，伤亡近10万人。

经过长期的不懈努力，英国人用暴力、鲜血、外交和讹诈建立了空前巨大的“日不落”帝国。1877年，英国在世界各地的殖民地为2110万平方公里，人口为20 350万人；1900年猛增到2780万平方公里，人口达35 250万人。到了1913年，英国的殖民地面积竟然相当于本土面积的100多倍，人口的9倍，这在人类历史上是绝无仅有的。

如何统治这样一个帝国？英国人也是独有心路。他们实际上把殖民地分为几种类型。

一种是直属殖民地。多以原来居民为主体，有印度、缅甸等。在这些地方，英国取消了原有政府，或仅在形式上保有当地王公的部分权力，派总督直接管理，控制相当严紧。

再一种是所谓“自治领”。1867年英国议会通过了“英属北美法案”，加拿大成为英国第一个自治领，以后澳大利亚、新西兰和南非也逐渐取得了自治领地位等。这些地区大多有政府和议会，但以英国君主为国家元首；派总督监督它们的政府，而当地的政府在形式上又以英国政府体制为摹本。英国统治者给这些地区以自治权的原因之一，是考虑到它们的居民大多是英国和欧洲国家的移民，怕他们模仿北美殖民地闹独立，彻底摆脱英国殖民统治。由于自治领的居民，特别是上层居民，多是以白人为主，故将最早的自治领国家称为大英帝国的“白人俱乐部”。

还有一些殖民地居于上述两种类型之间，情况各别。

当时的军事水准，也使拥有海上霸权的英国在全球范围建立海军基地，控制着许多重要据点。例如，英国海军所控制的战略要地，从不列颠通往东方的航道上，就有直布罗陀海峡、塞浦露斯、马耳他、好望角、苏伊士运河、锡兰、新加坡等。英国皇家海军在各海洋游弋，镇压民族独立运动，统治着“日不落”帝国。

英国对殖民地的经济掠夺，除了商品倾销[①]、鸦片贸易、地租勒索和直接的暴力抢劫外，还逐渐添加了资本输出。即由英国资产者把部分资金，作为生产资本，投到海外殖民地，借用当地的廉价原料、人力，创办工厂、铁路、矿山和银行；或与当地资本家搞合股经营，榨取高额利润。英国在殖民地的市场，大多属于独占性质。英国资本输出的40%是以其殖民地为目标。1910年，英国伦敦各大银行在殖民地设有5000多家分行。它们如同许多吸管，源源不绝地吸吮着殖民地的血液。

1901年，在位64年的维多利亚女王撒手人寰，大英帝国的颓势显露。德国的庞大阴影使英国政治家越来越感到恐惧。为了建立和维持新的国际均势，英国外交家终于放弃了“光荣孤立”政策，主动寻求盟友。1902年，为了在东亚对抗俄国和德国，与日本缔结了同盟。两年后，英国统治者又放弃了传统的仇法政策有意接近法国。两国在殖民地问题上达成妥协。

1905年，俄国发生了革命，对东方民族产生了重大影响。英国这时很关心沙皇政权的存在，而英法关系的改善正好促使了英俄的接近。1907年，英国在彼得堡与俄国签订协议，划定了两国在伊朗的势力范围。随着帝国主义两大军事集团的形成，英国离世界大战越来越近了。

二、自由党社会改革

1886年，自由主义兴盛期在英国结束。保守党从此掌权近20年，其间仅有偶尔中断。

此后，英国工业逐渐丧失了垄断地位。它在世界工业总产值中的比重，由1870年的32%下降到1913年的14%；同期在世界贸易中的份额也由22%降

① 19世纪80年代至1913年，英国对帝国各殖民地的商业出口一直占其出口总额的1/3以上。

至 15%。

工业垄断地位的丧失，使英国有产者渴望夺取更多的殖民地，以弥补他们在国际经济竞争中的损失。鉴此，好战的保守党得以上台，执行野蛮的扩张政策，维护"日不落"帝国的余威。

在 1895 年组成的保守党内阁中，首相索尔兹伯里兼任外交大臣，负责指导对外政策。但因他年事已高，统一派首领约瑟夫·张伯伦成了制定和实施帝国计划的关键人物。南非战争时，张伯伦把国内沙文主义狂潮推向顶点。

这时，自由党因战争发生了分歧。以赫伯特·阿斯奎斯（1852—1928 年）为首的帝国主义者积极为保守党政府献策，遭到党内左翼代表劳合·乔治等人的指责。

南非战争后，巴尔福接任首相。他一面放弃孤立主义政策，一面冷静地解决爱尔兰问题。他指示爱尔兰总督给无地农民提供低息贷款，帮助他们赎买地主土地，加速了当地大地产制的瓦解，暂时缓和了爱尔兰和宗主国的矛盾。

但巴尔福却无法避免党内分歧。张伯伦为维护帝国利益，敦促内阁放弃自由贸易，实行保护关税政策；并在大庭广众之下宣传他的观点，引起国人关注和内阁分歧。1903 年 9 月，张伯伦等阁员或辞职，或被罢免。保守党实力削弱。自由党借机恢复了内部团结，利用保守党的政策纰漏，大加批评，致使巴尔福政府于 1905 年 12 月集体辞职。翌年 1 月大选中，自由党赢得 377 个席位；同爱尔兰自治派和工党联盟后共有 500 多个议席。它为维持这次执政机会，决意实行社会改革。而一种新的思想体系——"新自由主义"——为之提供了理论依据。

新自由主义产生于 19 世纪末，主要代表有托马斯·格林①、利奥纳德·霍布豪斯②等学者。一些年轻的自由党人也为这一理论的缔造作了努力。新自由主义的出现同当时的阶级矛盾和斗争密切相关，是对英国社会弊病的批判性产物。

19 世纪 70 年代以来，英国经济进入漫长的萧条期，经济危机和欧美廉价商品的冲击，使工业部门投资锐减，失业率持续上升。工人和广大劳动者每况

① 托马斯·格林（1836—1882 年）是英国教育家，其代表作《伦理学引论》和《论政治义务原则》被誉为新自由主义的先驱性著作。他认为理想的政治制度要体现社会道德观念，有助于改善公民的品质。

② 利奥纳德·霍布豪斯（1864—1929 年）是英国社会学家和哲学家，著有《认识论》等。他对自由放任主义质疑，坚信社会全面合作有利于发展个人潜力，并试图把自由主义和集体主义结合起来。

愈下，衣食欠缺，居住条件恶劣，甚至流离失所。劳苦大众的悲惨命运引起了人道主义学者的关注，他们发表社会调查报告和著作申诉社会不公，提出相应的改革措施。新自由主义应运而生。

新自由主义着重论证了集体主义原则，对国家的职能作了新的解释。他们把人类社会喻为一种“有机整体”，认为它的各部分互相依存，互相作用；社会整体对社会各部分起保护和调节作用，各部分对整体的存在和发展有独特的功能。这种比喻的真谛在于：社会各成员的美好生活都同其同胞直接相关。他们应当同心协力，共同改造社会。

如何改造现有社会？新自由主义者主张用国家的立法力量和行政职能，去调整社会财富，实现社会财富的再分配，其中包括“剥夺有产阶级不劳而获的收入，用来增加工人阶级的工资收入或增加公共收入”，提高社会消费水准。其具体措施有：实行养老金制、规定最低工资标准、建立社会保险制等。而为了实现这些计划则必须增收累进所得税、遗产税，以筹集社会公益金。这些主张得到国内社会主义者、工联主义者和一些中产阶级人士的支持，为自由党实行社会改革提供了理论基础。

在新自由主义的熏陶下，新一代的自由党人成长起来。代表人物有阿斯奎斯、劳合·乔治和温斯顿·丘吉尔等。1906 年大选前后，他们占据政府核心，支配国家政策，实施了一系列社会改革政策。

根据工党的要求，自由党最先提出了《劳资争议法案》，规定：工会对其工作人员的不法行为不负责任，除非某项行为曾经获得工会领导机构的许可。工党议员认为该议案仍旧保守含糊，借机提出了他们的议案，明言工会对其会员在罢工中所造成的损失将不负任何责任。自由党马上送顺水人情，号召自由党人支持工党的《劳资争议法案》。

1908 年 4 月，班纳曼因病辞职，阿斯奎斯任首相，劳合·乔治改任财政大臣，丘吉尔任贸易大臣。内阁改组使激进派力量增强，以社会福利为基本内容的改革广泛展开。

自由党的社会福利方案主要有 3 项：一是《养老金条例》（1908 年），规定凡年满 70 岁而每年收入不到 31 英镑者，均可得到国家养老金。其中单身者每周可获 5 先令，有配偶者 7 先令。当时失去工作能力而又年满 70 岁的人很少。多数老人望洋兴叹。但它毕竟是英国福利国家建设的起点。

二是建立全国劳动介绍制度。1909 年，政府吸收了 1905 年以来实行《失业工人法》所取得的经验，吸取了德国等国在此方面的经验教训，逐步建立了政府的全国性劳动介绍所。区区一年，即有 60 多个职业介绍所在各地诞生。它们虽不能根本解决就业问题，但因之收集了劳工市场信息，可使就业机会充分利用。

三是《国民保险法》(1911 年)。它包括健康保险和失业保险两部分。第一部分旨在为患病、伤残和因分娩而不能工作的女工提供保险救助，受保范围是 16—70 岁的体力劳动者和年薪不超过 160 英镑的职员。保险费按不同比例由雇主、职工和国家分担。并规定了较详细的发放额度。这项方案是强制实施的，各郡和郡级市都建立了一个保险委员会，由中央和地方政府、健康保险医师和受保人等方面的代表组成，监督福利经费的管理。法令实施后，受保居民超过 1000 万，国民死亡率逐渐降低。《国民保险法》的第二部分是关于失业保险，规定对一些易受经济危机影响、失业率较高的行业实行强制性保险。其资金来源类似于《公民保险法》的资金。该法案颁布时，英国约有 230 万人属受保对象，以后又扩展到所有的劳动者。

政府还在劳工立法方面有较大进展。1908 年议会通过了矿工八小时工作日法案。翌年扩展到一些轻工业部门。各行业委员会由劳资双方代表和政府代表组成，负责协定工人工资。凡不按照法定标准支付工资的雇主，要被追究经济和刑事责任。这一措施虽不能根绝雇主违法行为，毕竟在一定程度上维护了工人利益。

经过数年，自由党政府初步奠定了“福利国家”的基础。就在改革高潮之际，国内局势一再出现动荡。铁路、纺织和煤矿等行业工人举行大罢工，要求提高薪金，缩短工时，改善劳动条件。码头工人拒绝为船主卸货，甚至发生暴力冲突。同时，英国工会代表大会及时通过决议，敦促工人议员促进政府改革。决议发表后对自由党政府造成了强大的舆论压力，迫使它将改革引向深入。

自由党实施社会福利计划需要巨额开支，要求它不断调整财政政策，增加预算。1907 年它在新的预算中，对年收入超过 2000 英镑的“非劳动所得”征收超额所得税，对 15 万英镑以上的产业征收累进税。1908 年，阿斯奎斯制定年度预算案时有意增加财政盈余，为当年实行养老金制提供了条件。

1909 年，自由党的福利计划和军事改革计划同时实施，政府财政面临巨大亏空。为此劳合·乔治决心实行财政改革。4 月 29 日，他提出了一个“人民预算案”，要对年收入 500 英镑以下的家庭给予儿童津贴，故而需大幅度提高遗产税，增收土地税。[1] 自由党政府实行财政改革主要是出于政治上的需要。两年来，自由党在下院议席逐渐减少，眼下急于实施激进政策，来收回失去的人心。

“人民预算案”提出后，立即遭到反对派的抨击。巴尔福在下院率领其追随者攻击自由党劫富济贫，动员上院保守党贵族去否决它。劳合·乔治詈骂上院是巴尔福的哈巴狗。随后，财政法案在下院以 379 票对 149 票通过。

秋末，预算案送到上院。经过长时间辩论，以 350 票比 75 票的绝对多数通过了搁置的动议。贵族的做法立刻引起震动，下院和新闻界一致谴责上院侵夺了下院财政权力，是违宪行为。因此事还与两党对立有关，它很快成为一场自 1688 年以来最严重的宪法争端。自由党领袖回想到：1906 年以来他们的议案一再被上院拒绝，目下则必须采取有效措施改革上院。

1910 年 4 月 29 日，新选下院对劳合·乔治的预算案略加修改后而重新通过。上院面对自由党政府的强硬态度，不敢继续刁难，只好不经分组表决就匆匆通过了。

自由党政府重提财政法案之前，已在下院通过决议宣称：应以法律剥夺上院拒绝或修正财政法案的权力；上院对其他法案的权力也应加以限制。就在此案通过的当夜，阿斯奎斯傲然宣称：如果上院贵族继续抵制下院决议，政府将请求国王加封足够的新贵族来改变上院的党派成分。

可是，爱德华七世不愿支持政府。5 月 6 日，他突然病逝，乔治五世即位，重新进行大选。自由党依靠工党和爱尔兰自治派的支持，继续执政，并重新提出和通过了改革上院的议案。而上院为自救所提出的修正案，则几乎全被下院否决。

面对政府的强硬态度，上院保守党领袖建议本党贵族放弃投票，让政府议案通过。经过一段波动，最后政府的议案在上院以 131 票对 111 票通过。一项重要的议会法于 8 月 18 日正式产生了。

1911 年议会法规定：凡下院通过的财政案，于闭会一个月前提交上院，而上院于一个月内未作修正或通过者，该法案就可以直接呈请国王批准，成为法

---

① T. Lloyd, *Empire, Welfare State, Europe, English History 1906–1992*, Oxford, University Press, 1993, pp. 13–16.

令。其他公议案，经过下院连续 3 次会议通过，交上院被否决后，可直接呈请国王批准成为法律。这些规定，使上院余威大减。以后，上院虽然还是保守党占据多数，但它再也不是该党扼杀自由党或工党的有效工具了。

1911 年议会法还规定：议会任期由 7 年改为 5 年。

自由党政府通过立法大大削弱了政敌在上院的权力，它以后几年里继续进行社会改革。

三、战前社会动荡

自由党实行改革的主要目的是为了赢得民心，抑制政敌、继续执政，可做起来并不容易。从1908年至1914年，英国面临剧烈的妇女、劳工和党派问题，始终动荡不安。

妇女问题由来已久。19 世纪的历次议会改革，逐步扩大了男子选举权，却对妇女权利不屑一顾。当典雅的中产阶级妇女游行示威时，大男子主义的政治家含颌冷笑，不信弱女子能在政治上形成气候。

不料，20 世纪初，英国出现了“暴力的妇女运动者”，她们一反过去的温和做派，用战斗姿态和激烈手段去争取女权。这一运动开始的标志，是 1903 年“妇女社会政治同盟”在曼彻斯特的建立。其领导人是杰出的女权运动家爱米林·潘克赫斯特（1858—1928 年）。骨干分子里有她的两个女儿克里斯塔贝尔和西尔维娅，以及企业家安涅·肯涅、女权战士配思威克—劳伦斯夫人、爱米丽·戴维森等。潘克赫斯特夫人早在 1889 年就建立了女权联盟；5 年后为已婚妇女赢得了地方参政权。自 1895 年起，她在曼彻斯特地方政府里担任了一些职务，但始终不能参加下院议员选举。1908—1909 年，她率领“暴力的妇女运动者”散发传单，号召群众冲击下院，3 次入狱，毫不妥协。1910 年政府为“人民预算案”与保守党贵族斗争时，她宣布暂时休战。随即因政府反对一项女权法案，她和“妇女社会政治同盟”自 1912 年 3 月起，采用果敢方式抗议。她们涌向伦敦市中心，四下纵火、打碎玻璃，捣毁商店门面，破坏公共设施，起码造成了 400 万英镑的损失。潘克赫斯特夫人和她的 123 名战友被捕。女儿克里斯塔贝尔逃往巴黎，呼吁国际社会支持英伦女权运动。不久，潘克赫斯特夫人在狱中绝食，官方碍于舆论，将她一再地临时释放，但在健康恢复后重新监禁。一年里，她12次入狱，总计拘禁30天。年轻的爱米丽·戴维森性情刚烈，坚信须用鲜血和生命才能惩戒政府保守势力。1913年6月4日，她在国王巡游德比时，突然从人群里冲出，迅疾躺倒，被御马活活踩死。爱米丽的壮举赢得了更多的支持者，女权运动愈演愈烈。一年后共有一百多座建筑物被烧毁，其中有艺术馆、俱乐部等。她们还袭击首相阿斯奎斯；将破布点燃，填入邮筒；用盐酸硝酸在高尔夫草坪上烫出“妇女投票权”的大字口号；甚至自行绑缚在白金汉王宫的铁栏杆上，羞辱政府显要。①

临街演说的潘克赫斯特夫人

面对空前激烈的女权运动，自由党政客气急败坏而又无可奈何。英国上流男士不是一向尊重妇女吗？目下该如何对待“夏娃的呼喊”？幸亏第一次世界大战爆发，政府为动员国民一致抵御外敌，借机释放了全部因民权斗争而被拘捕的罪犯。潘克赫斯特夫人决定暂时停止女权运动。但她们的目标不变，努力没有白费。1918年，鉴于妇女在战争中为国家作出了突出贡献，联合政府同意授予年满30岁的妇女以选举权。1928年所有成年妇女获得了完全平等的选举权。

与女权运动大致并行的还有劳工运动。其原因与工党的壮大相关，是因工人生活恶化所引起的。

劳工代表委员会（即工党）初建时，没有明确的纲领和足够的经费。同年8月大选时，它既不能制造强大的舆论去抨击保守党政府的帝国主义政策，也无法资助自己的候选人当选。许多工会组织没有参加劳工代表委员会。1901

① C. Roberts & D. Roberts, *A History of England, 1688 to the Present*. pp. 716–717.

年初，其会员共 37.6 万人，在全国工会会员中仅占 18.5%。

1901 年 7 月上院对塔夫・维尔案的判决，促使更多的工会团体加入工党。此案由 1900 年的一次罢工引起。铁路公司提出控告，要铁路员工委员会赔偿因工会动员工人罢工所造成的损失。上院司法机构维护雇主利益，判处该工会支付公司 2.3 万英镑的赔款和巨额诉讼费。挫折使工会领袖认识到：工会的作用微不足道，只有依靠自己的政党去建立人数较多的议会劳工团体，雇主们对议会的垄断才会被打破。尔后，许多工会和工人加入劳工委员会。1902 年，劳工代表委员会成员达 86.1 万人，在全国工会会员中的比例上升到 43.3%。

工党借机扩大大选成绩。在 1903 年纽卡斯尔年会上，它设立了专门基金，用来支付本党候选人的竞选费用和议员薪金。这不仅减轻了党内竞选人和议员的经济负担，还加强了对本党议会党团的约束力。会议规定：今后劳工代表委员会的成员不得参加自由党或保守党。此次年会增强了劳工代表委员会的实力和独立性，成为工党早期发展史上一个重要转折点。

1906 年大选时，劳工代表委员会共提出 50 名候选人，29 人当选。在新议会里，他们组成议会党团，选出了自己的督导员。同年 12 月，他们在下院发起一场重大辩论，使下院通过了《劳资争议法案》，使工会罢工和纠察行为完全合法，并凭此推翻了对塔夫・维尔案的判决。

劳工代表委员会的成功轰动了英国政界。同年它正式采用了“工党”的简称。就这样，经过多年的努力，英国政治舞台上出现了一个阶级基础广泛的政党。

当自由党社会改革开始实施时，英国工人阶级对其抱有希望和信赖，未曾采取反抗行动。1909—1910 年，再次出现经济危机，工人实际收入下降，加上对政府改革的失落感，便在各地举行大规模罢工。煤矿、造船、码头、铁路和纺织业的工人普遍参加，非熟练工人占了较大的比例。他们要求提高工资，改善劳动条件。1911 年，全国因罢工损失的劳动日达 1000 万个；1912 年增加到 4000 万个。罢工中，伦敦和利物浦码头工人、都柏林的运输工人和南威尔士的煤矿工人组织水平较高，表现也最坚决。大罢工使自由党、保守党改变了对工党和工会作用的认识。

就性质而论，发生在爱尔兰的骚乱与女权运动和工运截然不同。它是由新的爱尔兰自治案所激起的，其骨干人物是保守党地主和英格兰民族主义者。这一法案于 1911 年 1 月由阿斯奎斯提出，其内容和当年格莱斯顿的议案大同小异，即同意爱尔兰人在都柏林建立自己的政府和议会，但必须把外交、国防和部分经济、治安权力交给帝国政府。阿斯奎斯这样做的目的，是为了继续争取爱尔兰自治党的支持。法案两次在下院通过，但被上院搁置。1914 年，爱尔兰自治案在下院连续 3 次通过；根据 1911 年议会法，它可以自动生效而成为法律。保守党地主无可奈何，只好在爱尔兰制造骚乱。

就整个爱尔兰来看，与阶级压迫、民族歧视和宗教矛盾交织在一起的北爱尔兰问题是矛盾的焦点。在所有爱尔兰的 460 万居民中，天主教徒共 370 多万人。新教徒只有 80 多万人，其中 78%居住在北爱尔兰的厄尔斯特。英吉利统治者出于私利和复杂心态，反对任何脱离帝国政府的做法，成为爱尔兰地主所依赖的社会基础。

从法律角度来看，保守党作为主要政党之一，不得支持违宪行为，更不得参与反对政府的骚乱。保守党党魁博纳·劳深知其中之要害，明言他不支持民族主义者的越轨行动，可实际上又默许和纵容爱德华·卡森（1854—1935 年）所领导的厄尔斯特帝国主义者。卡森煽动当地的新教徒和帝国分子采取“非常手段”，维持厄尔斯特在帝国中的永久地位。终于，他于 1913 年，依靠保守党人的财政支持，在厄尔斯特纠集起一支约 10 万人的“自愿军”，购置武器，扬言要发动暴乱。爱尔兰民族主义者则组建了“爱尔兰志愿军”。它名义上由约恩·麦克尼尔教授领导，实际上被爱尔兰共和兄弟会暗中控制。内战迫在眉睫。政府调集了大批官兵，派往爱尔兰，严阵以待。

面对危机，阿斯奎斯主动斡旋，与保守党领袖洽谈缓和方略，但有意回避和延搁北爱尔兰问题。最后，他向博纳·劳和卡森许愿说：厄尔斯特 9 个郡里，将有 6 个郡要继续留在联合王国；然后还要经过大选，才能最终决定爱尔兰共和国的命运。博纳·劳和卡森不肯买账，准备采取新的行动。由于大战爆发，英国才未因爱尔兰问题发生内战。

就以上诸问题的结局来看，英国政府真应感谢第一次世界大战。

四、大战洗礼

1914 年 6 月 28 日，奥匈帝国王储弗兰西斯·斐迪南夫妇在一场挑衅性的军事演习之后，访问萨拉热窝，被当地爱国青年刺杀。这一事件成为第一次世界大战的导火线。

英国政府立即作出反应。明面上，官方故作同情。首相阿斯奎斯发出慰唁电报；英王宣布其宫廷志哀5日；外交大臣爱德华·格雷建议各大国出面调解。暗地里，却在加紧准备战争。早在1912年，英国就与法、俄互换公文，确立了“协约国”之间的军事同盟关系。目下大战在即，它们将联合对付“同盟国”。7月14日，海军大臣丘吉尔下令皇家海军进入战备状态。8月2日格雷通知法国：若德国舰队进入英吉利海峡或驶经北海，对法国沿海或协约国船舶采取敌对行动，英国舰队当立即对之开战。陆军大臣霍尔丹则尽快组建远征军，准备赴法作战。好在英国陆军官多兵少，训练有素，装备精良，便于扩编。

8月4日，英国借口德国破坏了比利时的中立，正式对德宣战。就这样，在国内和平和中立的呼声高涨之际，自由党政府将英国拖入了世界大战。

关于英国参加战争的原因和性质，不列颠史学家见解有别。有的说是为了对付同盟国的挑衅，防止它们占领欧洲大陆后再进攻英国；有的说是为了重建欧洲均势，恢复和平。还有的说是为了救助弱小国，履行大国职责。更多的学者持真诚客观态度，深入分析大战历史和经济的深层原因，指明维护大英帝国的殖民利益和军事霸权、挫败强敌，是英国官方参战的主要原因；并因此决定了英国方面的帝国主义战争的非正义性质。

平民百姓在1914年夏季，还想不到会发生一场欧洲战争。当熊熊战火突然出现时，许多人不知所措。更想不到战场会扩展到天上水下——会有空战、潜艇战和化学武器，也没想到这场战争能打4年多。

战争开始时，英国各党立场大同小异。保守党颇有一种担负重大历史的使命感和激情。工党议员与其他议员一道高唱《上帝保佑国王》，并号召工人“以民族整体利益为重”，与资本家携手共识，避免冲突，宣布支持政府进行战争。麦克唐纳非要弹奏和平主义高调，被迫辞去领导职务。甚至爱尔兰自治派也为帝国精神所感染，愿实行政治休战，支持战争。

阿斯奎斯政府迅速排除了部分国民的犹豫情绪，开始了战争调度。8月6日，议会通过了大规模扩充陆军和增拨1亿英镑战费的议案，任命英军总司令基钦纳勋爵为国防大臣。8月17日，英国远征军的4个师和1个骑兵旅突然在法国露面，22日就与德军交锋，速度之快令敌、友吃惊。10月，阿斯奎斯建立了人员精干的“战时委员会”，由首相、国防大臣、外交大臣、财政大臣、海军大臣组成。它有较多的行政权力，可以直接向政府各部下达命令。同年12月建立了“内阁军需委员会”，由国防部、财政部、海军部、陆军部、贸易部和农业部的大臣们组成，负责军用物资的生产、征集和供应。

战争初期，交战国都对这场大战的长期性、剧烈性和艰苦程度估计不足。8—9月，英法联军以伤亡30万人的代价，遏制住了德国的进攻，使其所谓的速战速决的“史里芬计划”① 破产。在东线和西南战线，传来的大多是令英国人沮丧的消息。

英国的突出问题，是军火供应不足，英法两国防务薄弱，前方阵地伤亡惨重。1915年，新闻界批评阿斯奎斯和基钦纳领导战争无方。保守党人不仅攻击自由党领袖在军火供应上组织不力，还指责政府因渎职而使重要军事情报泄露给德国。于是，内阁矛盾暴露。劳合·乔治和基钦纳互相指责。费希尔反对丘吉尔领导海军部，愤而辞职。

内阁摩擦迫使阿斯奎斯打破政党界限，在较广泛的基础上建立了“国民联合内阁”。除自由党要员阿斯奎斯、基钦纳、格雷和兰西曼原职不变外，海战失利的丘吉尔被贬为兰开斯特大公，霍尔丹被免职。劳合·乔治则领导新建的军需部。一批保守党人得到高位。巴尔福任海军大臣、博纳劳任殖民部大臣，张伯伦之子奥斯丁·张伯伦任印度事务大臣，其他还有兰斯多恩侯爵等4人。工党主席阿瑟·亨德森首次入阁，任教育大臣。另外两名工党议员担任较低的职位。

联合内阁汇集了3党头面人物，却因人员过多而议事拖沓。于是，阿斯奎斯先在1915年6月成立了一个11人的“小内阁”，负责战争调度。5个月后又将之解散，重建了一个包括他本人、劳合·乔治、巴尔福、基钦纳和博纳·劳的“五人战时内阁”。

1915年，德国把进攻重点放在东线，虽然打败了俄军，却无战略价值。在西线，英法联军为了解除德军对巴黎的威胁，先后在香槟、阿杜瓦等地区发动进攻，伤亡巨大，均无进展。4月下旬，德国在反击联军的伊普尔战役中，首次发动化学战，即在英法军阵地附近放置了数千个毒气罐，借西北风对英军大量施放芥子气。15 000人中毒，咽喉剧痛，呼吸困难，5000人痛苦地死去。

---

① 该计划在1891年由德国前参谋长史里芬制定，后屡经修改。它规定德国在欧战开始后，将绝大部分兵力用于西线，占领比利时、迫使法国投降；结束西线战事后，立即挥师东线，联合奥军，以同样闪电战的方式打败俄国。

同盟国的再一收获是通过塞尔维亚和保加利亚的领土，与土耳其建立了直达的交通联系。协约国则尽量满足了意大利的领土要求，使它背弃了同盟国。

1915 年的战况伤害了“五人战时内阁”的形象。保守党评论家则别有用心地指出：在大战以来的各种核心机构中，阿斯奎斯的职位从来没有变动过，难辞其咎。劳合·乔治在保证军火供应时所取得的成就被大加褒扬。1916 年，战况吃紧，士兵伤亡惨重，悲观厌战情绪蔓延全国。新闻界加强了对阿斯奎斯的攻击，内阁激烈争吵。12 月 1 日，劳合·乔治暗与保守党领袖串通，突然向首相发难，迫使阿斯奎斯狼狈辞职。[①] 劳合·乔治按照“既定计划”，当上了首相。自由党发生了重大分裂。

平心而论，1916 年的战况不佳的责任不应由阿斯奎斯承担；相反，他的一些举措还是比较得体有效的：

其一，他在 1915 年 1 月就推出了新的征兵议案，强制所有在 18 岁至 41 岁的未婚男子和无子女的鳏夫应征入伍，并鼓励已婚男子参军。事实证明这一做法的必要性。

其二，当德国发起极其惨烈的凡尔登战役后，英法联军在索姆河畔向德军发动了大规模进攻，虽然造成了几十万的伤亡，但挫败了同盟国的战略进攻。其间，英军首次使用了新发明的坦克，使德军震骇。

其三，1916 年 5 月 31 日至 6 月 1 日，英国海军 151 艘战舰在日德兰半岛附近迎战德国舰队，在这场有史以来最大的海战中，双方在数百英里的海面上激战。英国一些吨位在 26 000 吨以上的“无畏舰”显示威风。结果，英方损失军舰 11 艘，阵亡官兵 6900 人，虽然伤亡超过对手，但从此控制了制海权。德国舰队无法扬威。可见，阿斯奎斯政府功不可没。这时的内阁改组虽然是为了提高国家作战能力，其中却包含着错综复杂的党派矛盾和权力之争。

在劳合·乔治领导的内阁里，虽然仍有十多名自由党人和工党要员，但主要角色多是保守党人。迅即，一个小型的“战争指导委员会”建立，由劳合·乔治、博纳·劳、卡森、米尔纳勋爵和亨德森组成。劳合·乔治建立此委员会的用意是使政府主要领导人摆脱日常部务，全力参与战争指挥。

在 5 人委员会里，保守党政要竟有 3 位，总体实力最可观。劳合·乔治的作用格外突出。他有意打破惯例，在议会之外物色各部大臣；内阁所有阁员集

① T. Lloyd, *Empire*, *Welfare State*, *Europe*: *English History 1906–1992*, p. 76.

体负责的原则已不存在。他对工党领袖亨德森，连拉带打。俄国二月革命发生后，劳合·乔治希望俄国临时政府继续参战，故指派亨德森出访俄国。不料，夏天亨德森归来后，突然赞成和平，便被赶出了政府。

在军事上，他也要独揽大权，不顾英军总司令海格和参谋总长罗伯逊的反对，坚持实行旨在保持英国实力的“东线战略”。1917 年，德国实行“无限制潜艇战”，英国船舰损毁惨重。不久，英国即实行有效的护航制，挫败了德国的潜艇战。

在兵工厂中工作的妇女

在外交方面，他要求美国总统威尔逊出兵援助协约国，使它在紧要关头获得了一支生力军和大量物资。翌年，他不征询军界要员的意见，同意由法国元帅福煦任协约国统帅。福煦加大英军的作战任务，使英军恶战中付出沉重代价。大战后期，劳合·乔治的演说才能充分发挥，在议会辩论中一再获胜。在英国近现代诸首相里，劳合·乔治在权力行使方面堪称独一无二。特殊的历史条件使他得以施展才能。

1918 年 3—7 月间，德军在西线调集了 205 个师，14 000 门大炮，全力发动了 4 次攻势，均被粉碎。8 月 8 日，英法联军在亚眠东面集结了百万雄师，配备 15 700 门大炮，3000 多架飞机和众多坦克、装甲车，全歼德军 16 个师；而后连连反攻。10 月初，英军突破德国的“兴登堡防线”，德军一败涂地。同时，保加利亚、土耳其和奥匈帝国也连吃败仗，陆续投降。

1918年11月11日，德国代表终于接受了投降条件。第一次世界大战结束。英国教堂鸣钟庆贺，人们涌向街头广场，欢呼大厮杀的结束。

第一次世界大战使不列颠付出了沉重的代价。英国共有600多万人应征入伍。75万人战死。另有14 461名水手丧生。[①]20—40岁的男性公民里，阵亡率达8.8%。伤残、病死的军民人数也相当巨大。不列颠性别结构更不平衡。来自英国殖民地的参战者里，也有20.3万人殒命。战后数年，仍有一些人死于疫病和营养不良。英国元气一时难以恢复。

经济损失也是空前的。战火激烈阶段，英国每日的军费开支达数百万英镑。为了保证供应，英国一面加快军工生产，一面提高税率。其中所得税由1914年的每英镑1先令3便士提高到1915年的3先令，1916年的5先令，1918年的6先令。政府同时还增加间接税，加大借款，致使国债从大战爆发时的6.45亿英镑增加到1917年3月的38.56亿英镑。整个大战则使国债增加到70亿英镑。影响了当时和战后的工业投资。还有，它对美国负债7.42亿英镑，国际金融地位开始动摇。

在空军作战能力尚且不太重要的时期，英国本土虽然没有像大陆各参战国那样，遭受空袭和炮火的巨大破坏，资源也未遭受大的损失。但由于它的海军和商船在作战、护航和运输方面发挥了独一无二的作用，损失也是最大的。其中毁坏的商船就有2479艘，总吨位776万吨。另外，许多工厂改为军工生产，战后又要重新改过来，由此造成的代价不易估量。

战争期间，英国和爱尔兰的关系继续复杂化。大战刚刚爆发，爱尔兰共和兄弟会立即决定："爱尔兰应利用这场欧洲战争的机会，举行反英起义。"1916年复活节，大约15 000名民族主义者在都柏林参加了武装暴动，虽被镇压，却使英国政府再次为爱尔兰人民争取民族解放的斗志所震撼。随即，由劳合·乔治出面，与爱尔兰民族主义者谈判。为了防止爱尔兰人大批地倒向德国，他承认了爱尔兰自治的合理性和必要性。5月末，他拟就提案，其要点是：应立即在爱尔兰实行地方自治，但在战争结束前，北爱尔兰6郡仍旧归属联合王国；爱尔兰议员应一律留在帝国议会，待战后确定英爱之间的未来关系。在1918年12月建立的新议会里，"新芬党"赢得了73个席位，却拒绝出席帝国

① W.N.梅德利科特：《英国现代史1914—1964》，商务印书馆1990年版，第79页。

议会，并宣布他们是“爱尔兰共和国”的众议院。这就迫使英国政府必须解决爱尔兰自治问题。

1921 年夏，劳合·乔治亲自和爱尔兰民族主义者谈判，在年底签署了《英爱协定》。据此英国宣布爱尔兰南部 26 郡为“爱尔兰自由邦”，享有自治领的权利和在形式上效忠国王。工业发达的北爱尔兰 6 个郡继续留在联合王国。

战争的政治后果之一，是自由党的分裂和衰落。战后数年中，劳合·乔治虽然仍然担任联合政府的首脑，但主要依靠保守党的支持。部分自由党加入了反对党。战后保守党继续支持劳合·乔治，一是为了利用他的威望解决社会难题和与爱尔兰的矛盾，二是为了使宿敌自由党保持分裂。到了 1922 年 10 月，爱尔兰问题解决了，自由党的分裂加重了。保守党人利用劳合·乔治在外交上的失误，迫使他辞职。博纳·劳就任首相，建立了保守党政府。

博纳·劳头脑清晰但胸无大志，就职时就已疾病缠身。他勉强支持到翌年 5 月，辞职 6 个月后谢世。斯坦利·鲍尔温继任首相。

五、工党的崛起

大战的硝烟刚刚散去，英国工党就迅速来了一个“三级跳”：1918 年成为议会第三党；1922 年末首次占据“国王陛下的反对党”的座席；1924 年 1 月上台执政。

工党崛起的原因之一，是它从诞生之日起，就是一个把“议会道路”作为基本目标的群众性政党，当时英国工人运动的发展态势也为它实现其目标创造了有利条件。

英国工党问世之际，正是德国伯恩施坦鼓吹“和平进入社会主义”之时。在“议会道路”思潮影响下，工党在其成立大会上强调了“进入议会的计划”，把上台执政当做政治目标。从 1900 年到第一次世界大战，是工党政治思想的准备阶段。其间，工党的理论逐渐系统化。它继承了旧工会的工联主义，在同自由党的合作中接受了费边社会主义，受当时国际思潮的影响发展了它的议会道路思想，形成了民主社会主义思想体系。

麦克唐纳是工党重要理论家。其代表作《社会主义和社会》出版于1905年，影响颇广。书中他运用进化论观点，说明社会是个有组织的统一体，个人都作为社会的组成部分，去寻找适当的生存条件；随着民主化的增强，阶级矛盾将得到缓解，劳资之间、生产者和消费者之间的冲突就会终止。麦克唐纳断言英国由于多年来合作社、互助会和工会组织的发展，阶级界限已相当模糊；所谓资本主义国家两大对立阶级的说法“不但不符合英国社会事实，还会使工会误入歧途”。[①] 费边社的主要思想家韦伯夫妇和萧伯纳等，也向工党群众灌输福利国家思想，使费边社会主义在工党理论体系中占据统治地位。

即便如此，工党在其最初10余年里，发展并不顺利。1910年有席位42个，几年后降至30多个。这一是因为自由党政府的改革使工人尝到甜头，暂时对工党活动家的理论不太关心。二是因工党宗派主义严重，多数工人不能以个人名义加入。另外，工党缺少统一党纲，不能向公众明确表达其政治主张和社会改造计划。

大战结束后，上述问题被逐步解决。1918年2月，工党特别大会通过了麦克唐纳和韦伯起草的党纲，明确指出：党的目标“是在生产公有制和对每一工业或行业所能做到的最佳的民众管理与监督的基础上，确保手工与脑力生产者获得其辛勤劳动的全部成果和可行的最公平的分配”。这对下层民众很有吸引力。同年6月，工党根据新党纲召开第一次会议，通过了韦伯起草的政策声明《工党与社会新秩序》，提出了“国民最低生活标准”、“工业民主管理”、“国家财政情况改革”和将“剩余财富用于公共事业”的四项基本原则，补充了2月工党党纲在社会改造方面的不足。后人把“二月党纲”和《工党与社会新秩序》看作一个整体，统称为“1918年工党党纲”。它成为以后几十年中工党政策的基础。

1918年党纲还在组织方面规定：所有承认党纲党章的组织和个人都可以参加工党。这就把一些中产阶级吸收进党内，促进了工党基层组织的建立和工会党员的增加。以后5年内，工党基层组织增加到近3000个，数百个选区都建立了工党分支机构。工党妇女团体的成员达15万人。少年协会建立。工会党员增加到1920年的432万，占全国工会会员的2/3。

英国工党迅速崛起并上台执政的再一原因，是它在第一次世界大战中曾与

① C. Cook & L. Taylor, ed., *The Labour Party*, Longman, 1986, pp. 70–78.

两大资产阶级政党通力合作，进行战争。这不仅使之赢得了本国统治阶级的信赖，还为它以后执政取得了一些管理经验。

十月革命后，英国工人向往社会主义的感情更加强烈，他们多次举行罢工和示威游行，要求政府停止武装干涉苏俄，进行社会改革。利用这种形势，工党上层人物一面反对干涉俄国，一面著书立说，攻击暴力革命和无产阶级专政。1919—1921 年，麦克唐纳发表《议会和革命》、《议会和民主》，谴责布尔什维克的“过火行为”，断言以暴力方式建立的俄国社会主义政权必将夭折，而英国工党凭议会选举胜利就可获得列宁所得到的全部权力；再后发表《批评的和建设的社会主义》，阐述靠“公民投票权利”取得政权和渐进式的社会主义和平改造计划，把工党活动引向本国宪政所允许的范围之内。1922 年末，麦克唐纳重任工党党魁后，又及时提出英国第一个社会主义改造提案，要求下院授予合法权力，逐渐改换资本主义，建立一个立足于生产和分配公有的、民主管理的工业社会制度。麦克唐纳等人的理论宣传和社会改造计划丰富了工党的“1918 年党纲”，扩大了它在英国选民尤其是在工人群众中的影响，在政治上树立起大党形象，使之在以后几次大选中步步获胜。

1918 年大选时，工党派出 388 名候选人，虽然只获得 56 个议席，却得到了全国 22.2%选票。1922 年 11 月大选中，工党共派出 414 名候选人参加角逐，结果得到全国 29.5%的选票和 141 个席位。以后一年里，以鲍尔温为首的保守党实行保护关税政策，引起党内分歧。为重新得到议会支持，他于 1923 年底解散议会，举行大选。在新议会中，保守党占 258 席，工党占 191 席，自由党仅获 159 席。保守党虽为下院第一大党，但其席位不足半数，无法控制议会投票机器。自由党在阿斯奎斯领导下团结起来，决意支持工党执政。1924 年 1 月 22 日，麦克唐纳成为第一任工党首相。

英国工党的崛起是以自由党的衰落为代价的，而自由党衰落的主要原因是内部分裂。自 1886 年以来，自由党的分裂一再发生，伤了它的元气。

自由党没落的基本原因，是它奉行多年的自由主义政策已经过时。1917 年 2 月，由保守党人领导的工商政策委员会在报告中指出：大战后英国政府应该实行帝国特惠政策。此建议在当年召开的帝国战时会议中顺利通过。1918 年 12 月劳合・乔治发表的竞选纲领中也包括了帝国关税特惠政策和保护工业政策。翌年，财政大臣奥斯丁・张伯伦在年度预算中声明帝国特惠原则已纳入英国财政制度。1921 年又制定“工业保护法”，对大英帝国以外国家输入的主要工业品加收33.3%的从价税，并授权贸易部采取强硬手段抵制他国产品倾销。终于，英国自由主义贸易的大厦倒塌了。自由党失去了赖以生存的条件，只有让位于工党。

不可否认，第一次世界大战前，自由党在社会改革方面颇有建树。其中一些社会改革客观上维护了劳动者的利益。但人们明了，其改革的动因不只是出于对下层民众的同情，还是为争取选票以求长期执政。而1906—1914年的改革则走得远了点，损害了多数地主和部分资本家的经济利益，违背了“私有财产不可侵犯”原则，使他们放弃了对自由党的支持。况且，尽管自由党最先为英国福利国家的建立铺设了基石，可它的政策同工党全面实行福利国家建设的计划相比，仍逊色不少。自由党缺少麦克唐纳和韦伯那样的理论家，描绘不出更精彩的社会蓝图。历史传统和阶级局限性，使它无法提出“财产公有”的口号，不易长期得到占选民大多数的工人群众的支持，就只好让位于在社会改革方面更为雄心勃勃的工党了。

麦克唐纳组阁时，国内形势严峻：商业贸易衰落，工人失业严重。但因工党是靠自由党的帮衬才得以执政的，加上其首届内阁任期过短，难有大的建树。在经济方面，工党通过“住宅法”，拟在15年内建成250万套住房。此法令刺激了经济发展，但它的效果却一时还不会显露出来。

在财税方面，工党力图左右逢源：一面反对保护性贸易，取消食品税，取消上届政府的帝国特惠制；一面降低娱乐税、电话税、汽车税，废除了公司利润特别税；但不能提供更多的就业机会和提高工人工资。码头工人、铁路职工、电车和公共汽车司机先后罢工。政府百般斡旋。

外交上进展较大。麦克唐纳为了巩固英国大国地位和消除欧战危险，就任之初就照会法国，反对它摧毁德国和支配欧陆。同年8月召开伦敦国际会议，列强达成和解协议。麦克唐纳还积极谋求英苏和解。1924年2月1日，他宣布承认苏维埃政府。两国于8月签订通商通航和友好条约。

英苏和解引起上层非议。所谓“埃贝尔事件”[①]成了反对党攻击内阁的借口。10月，保守党联合自由党对政府提出了不信任动议，挫败工党内阁。麦克唐纳只好解散议会，举行大选。

① 埃贝尔是共产党《工人日报》代理主编，曾呼吁士兵在劳资冲突中不要把枪口对准工人。为此以煽动叛乱罪被捕。麦克唐纳要求检察长撤销了对他的起诉。

竞选时，三党领袖对全国发表无线电广播演说，攻击对手，阐述本党纲领。投票前不久，《每日邮报》发表了伪造的《莫斯科对英国共产党的密信》，上有用暴力推翻政府的内容和共产国际负责人的所谓签字。一些选民突然受到“赤色恫吓”，改变了投票意向。结果保守党获得了419个议席。首届工党内阁解散，鲍尔温第二次任首相。

六、总罢工和“全民政府”

大战后的英国经济，是恢复和衰落交织在一起，危机和繁荣交替出现。

战争期间，由于民用工业转为军工业，英国丧失了一些市场。国债急剧攀升，海外投资丢失了10%。另有一些对俄国和其他地区的投资很难收回。海外出口市场主要被美国和日本所占据。机器出口大量减少了，甚至在经济繁荣期也不到战前出口量的一半。而纺织机器的大量出口则意味着印度和日本等国将成英国纺织产品的强硬对手。煤出口因广泛改用石油和水力发电而锐减；1928年仅恢复到战前的2/3。钢铁工业面临严峻的国际竞争。生铁产量由1913年的1030万吨降至1924年的740万吨、1925年的630万吨。而1925年德国和美国的生铁产量分别为1018万吨和3146万吨。

就经济发展态势来看，1919—1920年、1927—1929年、1936—1939年属于短暂的恢复和繁荣期；1922—1927年和1930—1935年出现了持久的危机和萧条。

本来，英国的经济结构就不甚合理。英国资本家忽略技术改造和设备更新，对一些新兴工业重视不够。例如，英国的汽车工业就晚于法国，化工和电力工业则落后于德国。战后英国企业的技术改造和结构调整也不尽人意。1924年新型企业占全国工业产量的1/8，1935年为1/5。大致看来，新型工业的发展成果很大程度上被老企业的衰败所抵消；新兴工业区的出现则总是伴随着旧工业区的衰落。1925年，英国恢复金本位制，英镑和美元的汇兑恢复到战前的比价。但英镑比价的升高影响到英国货物的出口能力；加上英国就业者的工资高于欧洲任何国家，这也增加了出口竞争的困难。

危机和萧条致使失业率上升、社会贫富差距加大，劳资冲突和工人罢工屡屡出现。1919 年，大约 260 万工人直接卷入劳资纠纷，造成了 3400 万个工作日的损失；1920 年的相应数字为 200 万工人和 2700 万个劳动日。1924 年夏季以来，失业人数再次增加。失业率从 10.3%上升到 1925 年的 11.3%。其中指数最高的有船舶制造和修理、码头装卸、内河航运、钢铁与海运等行业。在纺织部门，毛纺织业失业率由 1924 年的 13.7%上升到 1925 年的 14.6%。最突出的是煤矿业，失业率由 1924 年的 5.7%上升到 1925 年的 15.8%。而且该部门人数众多，政府补贴又即将停止，劳资双方最难互相让步，也最容易成为劳工同雇主、政府冲突的部门。工会发展和工人组织水平的提高，使政府在处理罢工问题时更感棘手。

鲍尔温第二次领导政府时，内阁似乎集中了政界精华。其中有丘吉尔、巴尔福、寇松和张伯伦兄弟。他们出于长远考虑，根据一个议会委员会的建议，于 1925—1927 年，将一家私人广播公司改建为“英国广播公司”。① 该公司开创了英国短波广播业务，1936 年研制出世界最早的正式电视广播，1967 年开创了欧洲第一个经常性的彩色电视节目；并在 1954 年独立电视管理局建立之前，一直保持着英国电视业务的独占权。它虽对议会负责，实际上又能独立自主地推动业务活动。另外，政府还建立了负责全国电力分配的中央电力局。

整个看来，鲍尔温保守谨慎，使内阁中的智多星们难以发挥作用。他在执政初期，在改革方面坐失良机，没有理睬内维尔 · 张伯伦的改革计划，而后发生的总罢工则使他在国内事务上难有作为。政府要员预料到会出现大罢工，并事先安排了应急措施。当时工党领袖和工会总理事会也不希望罢工。1926 年 5 月 3 日，一些矿主借口经济恶化，突然开除 100 万名矿工。铁路、矿业、公路运输等要害工业部门的数百万工人立即举行全国总罢工。② 一些大工会在领导、组织工人时作用突出。政府出面调停，但工人不准备退让，资本家拒绝大的让步。政府宣布全国处于紧急状态，征募“自愿人员”维持一些基本企业。如征召司机驾驶公共汽车、卡车、火车，募集志愿者到码头卸货、担任特别警察，支持警察和罢工者举行足球比赛，缓和紧张气氛。但成效不大，最后还是拒绝在复工前与劳工代表谈判，使这场规模空前的总罢工失败。翌年，又颁布了工

---

① T. Lloyd, *Empire, Welfare State, Europe: English History 1906–1992*, pp. 139–140.

② C. Roberts & D. Roberts, *A History of England, 1688 to the Present*, p. 754.

会法，提出了“安全第一”的口号。许多选民逐渐投向工党。

1929年5月，议会大选又至。保守党组织工作差了些，它虽然多得了30万张选票，却未能保住下院第一大党的地位。工党得288席，首次成为议会第一大党，再次执政。

新政府建立不久，亨德森与苏联代表谈判，恢复了被鲍尔温政府中断了的英苏正常邦交。同时政府还削减皇家海军造舰计划，召开伦敦裁军会议，对殖民政策加以调整。

在国内事务上，工党因其议席不足半数，其社会立法或因自由党的反对而不敢在下院提出，或因上院保守党的刁难而被搁置。在各种事务里，经济问题最显棘手。1930年，经济危机蔓延世界，英国失业工人高达250万。[①]1931年失业率达30.4%。工业利润下降16%。翌年国际金融危机发生，银行多被挤兑，黄金大量外流。危机使工党内部分化，宗派活动加剧。独立工党号召其议员不服从政府决议。麦克唐纳束手无策，便在保守党和自由党领袖的协助下，谋求出路。

8月23日，麦克唐纳前往王宫，请求辞职。乔治五世好言劝慰，说唯有麦克唐纳能领导政府渡过危机，并担保保守党和自由党定会全力支持他恢复财政稳定。次日上午，麦克唐纳、鲍尔温和自由党领袖塞缪尔一同面君。国王宣布由麦克唐纳继续担任首相，在各党支持下建立一个“全民政府”。

实际上，各党领袖是怀着微妙目的实行合作的。塞缪尔想借机恢复自由党的大党地位。鲍尔温想架空“无军之帅”麦克唐纳，加深工党的分裂，尽快建立一个由保守党控制的政府。麦克唐纳敢于出面组阁则出于虚荣心和赌气心理，结果他被开除出工党。

比较而言，从工党分裂中获利最大的是保守党人。1个月后，他们就要麦克唐纳下令改选议会，削弱反对党。麦克唐纳在其脱离工党的当天，以个人名义发表声明，表白自己无意参与任何政党的计划，只希望获得“医生的权限”，医治社会各种痼疾。10月大选结束，全民内阁共获1450万张选票，554个席位。其中473席属保守党，68席属自由党，麦克唐纳的追随者仅有13个。他应付着党内外的强大压力，渐渐发现自己只是“名义上的船长”，必须执行保守党的政策。

① L. C. B. Seaman, *Post-Victorian Britain 1902–1951*, Methuen, 1966, p. 212.

最初几年中，政府的航向实际由“舵手”——枢密大臣鲍尔温所掌定。在经济方面，他操纵议会通过了《多余进口物法案》，对具有竞争能力的外国商品征收 100%的关税，迫使首相认可议会对贸易特惠制的严格限制。麦克唐纳的失落感越来越重。1935 年 6 月 7 日，他借口健康不佳，与鲍尔温对调官职，改任枢密大臣。同年 12 月大选，以保守党为主体的“全民政府”获得了 53.7%的选票和 70%(432 个）的席位①，并将这种优势一直维持到第二次世界大战之末。

鲍尔温第三次任首相时，已是 68 岁高龄。在对外政策方面，他屡走臭棋，失多得少。但国内某些事务上，他仍有“最令人敬畏的政治家”风貌。1936 年英国出现宪政危机，爱德华八世执意要与曾两次离婚的辛普森夫人共结连理。鲍尔温委婉劝解无效，迫使他逊位。

1937 年 5 月，鲍尔温辞职退休。又一个 68 岁的政治家内维尔·张伯伦领导全民政府。他在外交上乖张失措，把英国和欧洲拖向战争深渊。

七、通向慕尼黑之路

1919—1939 年，英国政府在外交方面绘出了一幅幅昏暗的图画；其中虽然不乏特色，却有着较多的涂鸦和败笔。

1919 年 1 月中旬，劳合·乔治前往法国召开和平会议。会前，他已指令一批专家研究了和会上的决策。抵达巴黎后，又与美、法、意三国首脑和外长召开了预备会，背着 20 多个国家的代表制定了议事规则。比较而言，他的要求要比本国顾问们的意见温和得多。和会期间，英、法、美、意、日就对德和约问题钩心斗角。劳合·乔治为了重建欧洲均势，不愿过度削弱或肢解德国，不想向它索取太多赔款。最后，德国赔款定得甚低，且分期偿还；后来在世界经济大萧条中，赔款余额被一笔勾销。会间，英国还支持日本接管德国侵华权

① Chris Cook & John Steveson, *The Longman Handbook of Modern British History 1714–1980*, Longman, 1983, p. 70.

益的企图，在中国激起了五四爱国怒潮。

会上签订的《凡尔赛和约》中，还有一个由英国提出的建立国际联盟的决议。决议草案起草于1918年初，尽快征得了美国威尔逊总统的认可；12月经英国内阁通过后，转送巴黎，成为“国际联盟盟约”草案的底本。它在英美法顾问委员会上提出后，又成为国际联盟组织原则的主要内容，规定：国联行政院的常任理事国是协约国和参战友国——英国、美国、法国、意大利和日本。国联标榜的宗旨，是“促进国际间合作，并保持其和平和安全”。实际上它是西方列强，首先是英、法的工具，是适应帝国主义战胜国维持战后国际局势的需要而产生的，并用以反对无产阶级革命和民族解放运动。德国主动向战胜国表达了“充分履行盟约的愿望”，要求加入国联。法国慑于德国的人力和国力，从自身安全的角度考虑，反对德国入盟。英国想重建战后欧洲均势，又因其同法国在中东和近东的矛盾，便支持德国在适当时机参加国联。至此，不难发现：英国在巴黎和会中的表演，类似于它在1815年的维也纳会议中所扮演的角色。

由于列强之间的利害冲突，以后国联在审理和解决国际冲突时作用甚微。1924年9月，麦克唐纳建议国联接纳德国，但德国的入盟申请又被法国否决。同年10月国联大会通过《日内瓦议定书》，规定成员国信守和平解决争端原则，建立仲裁、裁军和安全保障机制。实际上它近似于一纸空文。以后，英国与国联对日本侵略中国、意大利侵略埃塞俄比亚等，均持绥靖立场。英国在国际事务中的一系列表现，不仅说明它失去了一流大国的姿态和气度，还显得暧昧自私。

在1925年10月与瑞士召开的洛迦诺国际会议上，英国又演主角。会前，法国已明了英国的目的是调整西欧各国关系和扶植德国，所以它担心德国在恢复实力后再度复仇，便希望调整法德关系，寻求边界安全保障。英国虽是法国昔日盟友，却不愿法国称霸西欧，而企图维持其“均势”政策，充当德法边界安全的保证者。会间，英国代表积极说服他国与会者，对法国施加压力，并要求德国无条件地加入国联，好利用它反苏。12月1日，《洛迦诺公约》在伦敦正式签署。它认可英国和意大利为其“莱茵保安公约”的保证国，承担援助被侵略国家的义务等。但公约对德波、德捷之间的边界不予保证。可见，英国是要拆散法国在西欧的霸权体系，鼓励德国向东扩张。

区区几年国际形势变化，就证明所谓国联和《洛迦诺公约》均是英国政治家主持摆放的臭棋。它们无法约束德国的行动。1933 年 4 月，德国工业全国联合会向政府提出重建工业的计划，强调要使“经济措施与政治需要协调一致”。10 月，德国退出国际裁军会议和国际联盟。1935 年 3 月宣布：废除凡尔赛和约中关于约束德国武装的条款，加快扩军备战。

在上述事件的发生过程中，麦克唐纳的作用显得次要些。鲍尔温的责任则不可推卸。他第三次领导内阁时，两个战争策源地已先后在亚洲、欧洲形成。德国、日本和意大利组成了“柏林—罗马—东京”轴心。英国的殖民利益和本身生存都直接受到严重挑战。可鲍尔温政府惧怕法西斯淫威，逐渐放弃均势外交，对其实行绥靖政策。英国最令人失望的，是在 1935 年 6 月 28 日，未曾照会盟友法国，就签署了《英德海军协定》，允准德国舰队的总吨位达到英国的 1/3。这等于撤销了凡尔赛条约对它的束缚。

内维尔·张伯伦继任首相后，讨好德国的意念强过鲍尔温。他自信对欧洲，甚至整个世界的局势都了如指掌，一反前任首相不过多过问外交事务的惯例，兼管外交大权。英国政府终于形成一套明确的绥靖计划。该计划的战略目标是以他国利益为代价，避战求和，尽量保持英国摇摇欲坠的大国地位。该战略设想的实施手段是：通过谈判和秘密交易，让出英国的次要利益，出卖中欧、东欧弱小国家的根本利益，祸水东引，牺牲苏联，确保西欧相对安全。为此，他同意意大利侵占埃塞俄比亚，容忍佛朗哥在西班牙建立独裁政权。

张伯伦就任后的首次外交举措，是要求德国外长访英；被拒绝后，竟派枢密大臣哈里法克斯，以私人身份前往柏林，疏通两国关系。为了清除实施绥靖计划的障碍，他迎合德国高层愿望，将呼吁对德国扩张行动保持清醒意识和加强防务的英国驻德大使费卜斯免职，换上了亲德的汉德逊。1938 年 2 月，又迫使态度强硬的外交大臣安东尼·艾登辞职，由“绥靖船上的大副”哈里法克斯接任。

张伯伦的种种举措，助长了希特勒的野心。3 月 11 日，他派兵占领奥地利。对此，张伯伦不仅不严加抗议，还在 4 月的英法政府首脑会晤中，要求法国不要履行法捷条约；同时，迫使捷克政府向德国屈服，并拒绝了苏联关于联合制止德国侵略的建议。

国际上，法国达拉第政府成为张伯伦推行绥靖政策的主要伙伴。美国的“中立”政策也纵容了德、意、日的侵略扩张。

1938 年 9 月，德国军队按照希特勒的命令，向德捷边境集结。捷克立即实行军事动员。欧战一触即发。张伯伦格外紧张，15 日，他不顾年老体弱，平生首次乘飞机赶赴慕尼黑，再换车赶到边远山区，晤见希特勒，恳求他不要采取军事行动。19 日，英法照会捷克政府，胁迫它把苏台德地区割让给德国。22 日，张伯伦再会希特勒，奉告喜讯。希特勒得寸进尺，要将捷克统统兼并。24 日张伯伦如实向捷克转告德国要求，并威胁说如不接受，捷克除遭到侵略和肢解外，别无出路。29 日他第三次飞至慕尼黑，与法、德、意代表协商后，于子夜签署了一分极其可耻的文件——“慕尼黑协定”。白日，又与希特勒签署了《英德宣言》，宣布两国永不交战，仅以协商办法解决一切争端。① 事毕，张伯伦急切赶会伦敦，格外欣喜地挥舞着那份有希特勒签字的文件，宣告了由他亲自营造的“划时代和平”。一下子，张伯伦的名字成了“绥靖主义”的同义语。

后来，个别英国史学家在探讨绥靖政策的责任时，简单从事，仅让张伯伦承担了主要罪过。但深知英国内阁集体负责原则的学者却能指明：他之所以如此行事，是由于他拥有一批支持者。换言之，绥靖不是他个人的政策，而是得到了阁僚的支持。

保守党首领推行绥靖政策时，受到两种力量的抵制。在党内，丘吉尔和艾登等人激烈抨击张伯伦，呼吁国人清醒过来，提高警惕，准备战争。在党外，整个 30 年代后期，工党领袖贝文、艾得礼等人始终要求英国重整军备，采取强硬的外交政策对抗德国和意大利的威胁。1939 年 9 月 1 日，德国突然进攻波兰，挑起世界大战。3 日，张伯伦以悲剧般的口吻在下院发表了讲演：“我在为公众服务期间为之致力的一切、希望的一切和信赖的一切，今天已摧毁殆尽了。”②

丘吉尔的预言被证实，声望迅即提高。张伯伦在大战初期，仍寄希望于议和，竭力避免与德军正面作战。其消极抵抗和法国的投降导致英军的“敦刻尔克大撤退”。

至此，张伯伦遭到国人一致谴责。劳合·乔治等人用辛辣语言，敦促他用辞职作出“贡献”。英国高层政治家中，很少有人遇到这样的难堪。他引咎辞职后不久，抑郁病死。

---

① L. C. B. Seaman, *Post-Victorian Britain 1902–1951*, pp. 293–294.

② 伊恩·麦克劳德：《张伯伦传》，商务印书馆 1990 年版，第 264 页。

一位擅长外交史的学者则评价说：张伯伦的下台，“是英国历史上稀奇古怪的时代的真正结束”。①

八、再经大战

1939 年 9 月 3 日，英法两国对德国宣战。英联邦的“自治领”澳大利亚、新西兰、印度也于同日宣战。南非联邦于 6 日、加拿大于 10 日宣战。

仅就宣战速度来看，英国在第二次世界大战的反应似乎比 1914 年快些。实际上，德波战争发生后，英国迟至 10 月才派远征军抵达大陆。法军先是消极观战，再与英军一道静守马其诺防线。德国伺机作出和平姿态，陆续将主力调往西线。这种情况维持到 1940 年 4 月。史称“奇怪的战争”。

4 月 9 日，德军突然侵占丹麦、挪威。17 日，英法和波兰联军在挪威登陆，5 月初达到 25 万人。但因战机已失，意义不大。德军以闪电战在北欧获胜。

5 月 10 日凌晨，德军集结 136 个师，使用大量飞机、坦克进攻西欧。当时西欧总兵力多于德国，但难抵对手。德国空军猛轰荷兰、比利时、卢森堡和法国，机械化部队迅猛推进，越过马其诺防线。

绥靖政策彻底破产，张伯伦政府垮台。5 月 10 日，温斯顿·丘吉尔出任首相，组成三党联合的“全民政府”。

德国闪电战获取成功，26 日，进抵英吉利海峡，夺取加来，切断英法联军同法国中部军队的联系。5 月 27 日至 6 月 4 日，英法海军集中 850 艘舰船，将被围困在敦刻尔克的 338 226 名联军，成功地运到英国。撤退中，英国远征军几乎丧失全部装备，二百多艘舰船沉没，但保存了有生力量。

在英国历史上，丘吉尔是在国家紧要关头和民族危亡时刻，涌现出来的伟大政治家和战略家。至此，他已在政界颠簸了 40 年，在内阁中担任过多种要职，但因其性格外露，两次改换党籍，故被讥讽为野心勃勃，执拗无情，是一个“以牙还牙的斗士”，故很少有人想到他会抵达权力的顶端，成为首相。

① 梅德利科特：《英国现代史 1914—1964》，商务印书馆 1990 年版，第 459 页。

6月4日，丘吉尔作了大战中最能鼓舞人心的演说："我们将再次证明，我们自己能够保卫我们的岛国，安然度过战争风暴，战胜暴政的威胁，必要时可以战斗多年，必要时就单独战斗。"[①]6月22日，法国宣布投降，德军践踏整个西欧，纳粹空军飞临英国，实行大规模空袭，并准备进攻英国本土。丘吉尔临危不惧，发出坚定誓言："我们的政策是用上帝给予我们的全部能力和全部力量在海上、陆上和空中进行战争"，"不惜一切代价去争取胜利；无论多么恐怖也要去争取胜利；无论道路多么遥远和艰难也要去争取胜利；因为没有胜利就不能生存"。这种铿锵之音，不仅鼓舞了国人斗志，还确立了他在战时英国的重要地位。

如果说丘吉尔在他领导内阁的最初几周里，其首要的重大举措，是及时鼓舞了英国人民的士气，维护了英国人民的尊严。那么，他早期的第二个重大决策，是拒绝派遣英国最后一批空军储备力量前往法国战场。否则，英国空军如果过早地损失在法国，在不久后出现的德国的飓风式的空袭中，英国将无力回击；德国陆军就有可能在几乎未设防的不列颠登陆。

丘吉尔首相

从1940年6月法国沦亡到1941年6月德苏战争爆发，英国是在极其困难的形势下在西欧孤军作战[②]。起初，德国屡屡进行和平试探，要求联合王国"归还殖民地"、"承认德国在欧洲的霸主地位"，均被丘吉尔政府严词拒绝。7—10月，德国集结了2600多架飞机，对英国狂轰猛炸。伦敦是被轰炸重点，多次起火，房屋倒塌，数万军民罹难。英国地面防空部队和战斗机奋起迎击，击落德国飞机9百多架。8月24日，皇家空军以攻代守，空袭柏林，赢得了空中自卫战的胜利，德国企图在英国登陆的"海狮"计划终归未能实现。

① 梅德利科特：《英国现代史1914—1964年》，第461页。

② 尽管在6月23日，即戴高乐将军飞抵伦敦后，曾宣布成立法兰西民族委员会。英国首先正式承认"自由法国"，并与之结成同盟关系。但在军事上尚且不能发挥大的作用。

意大利军队借英国陷于对德空战，进犯非洲，占领英属索马里和肯尼亚等地。1940 年 12 月 9 日，英军两个师在韦维尔指挥下，发起反攻，击溃意大利 7 个师，除收复部分失地外，还于翌年 2 月占领利比亚，俘虏意军 13 万人。同时，印度、澳大利亚、新西兰的生力军陆续而至。英国还就地征集大批非洲兵，在埃及和埃塞俄比亚人配合下，强力推进。5 月 20 日，英国控制了非洲之角和红海。

1941 年 3 月 28 日，坎宁安上将在马塔潘角赢得了一场重大的海战胜利。5 月 27 日，皇家海军击沉德国“俾斯麦”战舰。出于战略需要，德国在大西洋实行“狼群”战术，多艘潜艇结群攻击盟国舰船。英格兰东海岸的港口统统被关闭，西海岸港口过于拥挤，易于遭受德国潜水艇、水雷和空袭打击，物资进口困难。英国加强护航制，使形势有所好转。但效果有限。1942 年德国击沉盟国舰只达 770 万吨，超过盟国新造船的吨位。1943 年春，德国潜艇战达到高峰，迫使盟国于 5 月采取强硬护航措施。几个月后，大西洋海战出现转折，德国潜艇战渐渐失败。

英国单独与德意作战时，丘吉尔政府就一再呼吁美国给予援助。法国沦陷和英伦军民的抗战，使美国政要感受到欧洲法西斯的威胁。他们在公众要求下，逐步放弃孤立主义立场。1940 年底，丘吉尔致函美国罗斯福，敦促美国给予援助。翌年 3 月，美国国会授权总统以出售、转让、租借等方式提供军用物资，拨款 70 亿美元实施“租借法”。至此，美国实际上介入欧洲国家的反法西斯战争，英美联盟开始形成。同时，英美参谋部代表在华盛顿秘密会晤，大致确定“先欧后亚”的战略实施计划。12 月，英美首脑确认了这一计划。

1941 年 6 月 22 日，德国集结空前庞大的兵力，突然袭击苏联，苏德战争爆发，欧战扩大。此刻，丘吉尔将自己一贯反对共产主义的立场和英苏矛盾搁置一旁，在广播演说中表示：英国将同苏联联合对德作战，“要尽我们的所能去帮助俄国和俄国人民”。7 月 12 日，英苏签订了在对德战争中联合行动的协定。

8 月 14 日，丘吉尔和罗斯福公布了《大西洋宪章》。英美战时政治联盟确立，得到许多国家的认可，对于动员全世界人民，加强反法西斯联合起了积极作用。会上，二人致函斯大林，建议举行 3 国会议，讨论共同对德作战问题。10 月 1 日，3 国签订协议书，规定英美两国每月向苏联提供 400 架飞机、500 辆坦克及其他武器装备；苏联向它们提供原料。

12月7日凌晨，日本航空母舰编队偷袭美国海军基地珍珠港，挑起太平洋战争。并进攻东南亚诸国，进逼大洋洲，使第二次世界大战变成一场空前激烈、广阔的全球性战争。反对法西斯侵略的共同利益，促进了世界正义力量的大联合。

即便如此，战争形势的转变还是需要一个过程。轴心国部队在尔后大约一年里巧妙而凶猛地出击，屡操胜券。德国重演自己擅长的“无限制潜艇战”，英国及其盟国的船舶损失越来越重。

在北非，由奥金莱指挥的英军，从1941年11月至翌年1月，穿过昔兰尼加，奋力前进，遇到德国骁将隆美尔的劲旅。双方在沙漠上以坦克战对阵，德军占据优势后猛攻英军阵地。6月21日，鏖战失利的3500名英军投降。30日，德意军队占领阿莱曼，威逼亚历山大港。英国朝野震动。

又是一个关键时刻。丘吉尔亲赴开罗，再组英国中东司令部。他任命以坚强著称的蒙哥马利将军（1887—1876年）为第八集团军司令。蒙哥马利到任后，设法加强兵力和军火供应，调整战术，遏制德军攻势。10月23日至11月4日，他发动了阿莱曼战役，歼灭德军5.9万人，把隆美尔赶出了埃及。1943年1月下旬英军向西推进2200公里，抵达的黎波里。

1942年11月，美军进入北非，作为盟军开辟第二战场的替代行动，与英军一道实施“火炬号”作战计划。迅即德国和意大利5个师的援军与非洲军团会合，实力加强。盟军进攻失利。翌年2月，德军向前推进了150公里。4月，英美联军汇合一起，5月7日攻入突尼斯。13日，北非德、意军25万人投降。

按照英、美、苏3国首脑卡萨布兰卡会议和华盛顿秘密军事会议的决定，盟军肃清北非敌军后，首先对意大利发动进攻。7月，蒙哥马利指挥英军主力，会同美国和加拿大军队在西西里岛登陆。一个多月歼敌16.7万人。意大利法西斯政权垮台；9月，新政府与盟军签署停战协定后又宣布投降。10月3日意大利对德宣战，3大国承认它为盟友。

1943年11月28日，英、美、苏3国首脑在德黑兰聚首，签署《德黑兰宣言》和《德黑兰总协定》，订下了在欧洲开辟第二战场的全盘计划，缓解了它们在对德作战方针上的分歧，对以后实行反法西斯战争的反攻具有重要意义。会议还提出了战后重建和平和建立联合国的设想。

随后，西南战线的英美盟军和东线的苏军对德国实行夹击，反法西斯战争胜利的势头不可逆转。1944年6月，美、英和加拿大等国盟军集结精锐兵力，使用大量先进武器，在法国塞纳湾诺曼底沿海登陆。这是世界战争史上规模最大的两栖登陆战。事先做了充分准备。其中实行地面突破的英国和加拿大部队由蒙哥马利上将统率。6 日后，有 19 个师、32 万人登陆，盟军战场连成一片。1944 年 8 月，法国解放。德国军队接连在比利时、荷兰、挪威、丹麦等国境内战败。

1944 年，中、英、美联军在缅甸、印度和中国云南等地打击日军。2 月下旬，英军获得对日作战的首次胜利，打死俘虏日军 12 000 人。中国大批远征军克服重重困难，打通中印、中缅公路，为英美作战创造条件。当地游击队积极配合盟军作战。1945 年 5 月解放缅甸。

1945 年 4 月 1 日，西方联军在鲁尔地区包围西线德军主力，18 日迫使 32.5 万德军投降。大约同时，朱可夫指挥苏军 250 万人发起柏林战役，完成对柏林的包围后，进入柏林中心。30 日，希特勒自杀。5 月 7 日，德国政府代表向英、美、苏、法代表签署无条件投降书。欧洲战事很快结束。以后直到 9 月 2 日日本正式投降，英国基本摆脱战事了。

第二次世界大战中，英国作为主要参战国之一，付出了艰苦卓绝的努力和巨大代价。比起第一次世界大战来，英国在这次大战中经历的时间更长，在某些方面更为艰苦。据统计，全国军队的人数，1943 年为 476.2 万人，战争末期达 509 万人。但生命的付出却少得多，总共未超过 40 万。其中作战军人死亡 30.3 万人；因空袭死亡的平民 6 万人；商船死亡人员 3 万人。[①] 物质的破坏要惨重些。例如，空袭使伦敦和考文垂等城市的 50 万座房屋被毁。英国经济在这次战争中大伤元气。战争开支超过了国民收入的一半；出口贸易削减到战前的 1/3。英国工业因适应战争而大量地转产，以后需要若干年时间才能恢复。商船吨位总数减少了 28%。海外投资变卖了 25%。老百姓伤亡和磨难较多，食物配给制一直实行到 1950 年。而在第一次大战后，只实施了一年。由于更复杂的原因，英国在世界上的经济地位和金融实力，都不如往昔。英镑的国际货币地位渐渐被美元所取代。

英国能在第二次世界大战中取得耀眼的胜利，有着多种原因。其中丘吉尔的领导才能和个人贡献是格外突出的。他凭着过人的毅力和才能带领英国人民经受了罕见的考验。他在关键时刻作为新任首相向国人召唤时所使用的词句，

① 梅德利科特：《英国现代史 1914—1964》，商务印书馆 1990 年版，第 503 页。

必将长久流传。他的作用超过了第一次大战中的阿斯奎斯和劳合·乔治。

苏联军民坚忍不拔的奋战，牵制了德军大批兵力，并以其胜利最好地支持了英国。如果没有苏联在东线的非凡胜利，如果苏联没有持续地耗竭德国的人力资源，英美联军就难以在1944年获取诺曼底登陆的成功。其他国家的合作、支持以及英帝国自治领的同心协力，也是英国走向胜利不可或缺的因素。

第二次世界大战中，英国多党合作的密切程度也是空前的，这显示了英国政治制度的灵活性。丘吉尔出任首相伊始，就参照第一次世界大战的做法，建立了一个小型的多党战时内阁，其中除他和另外两位保守党政要外，还有工党领袖艾德礼和格林伍德。对此，他说得好："过去，我们曾有不同的见解，也曾争吵过；但现在一个共同的目标将我们团结在一起，来把战争打下去直到赢得胜利。"3个政党在海军部、陆军部和空军部均有代表。以后内阁几经变动，但始终保持了两大党的大致平衡。1940年9月，战时内阁增至7人，工党前工会领袖贝文参加在内，负责劳工事务。1940年，艾德礼任副首相，他在丘吉尔出国时主持内阁。实力衰微的自由党人也在政府中得到了若干职位。

相应的还有议会延期和选举休战。本应在1939—1940年间举行的大选一直拖延到大战结束。在补缺选举中，两大党候选人不互相对抗。政府许多决议都是通过秘密协商达成的。议会公开会议和投票已不具备党争性质。各党的主动配合使丘吉尔政府从未失去过选民的信任。1941年5月，首相故意挑起一次对政府的信任投票。结果仅有1名共产党人、10名社会党人和1名无党派人士投不信任票，投赞成票者477人。翌年1月，议会再次实行信任投票，反对者只1人。

战争中的大量事实显示了英国人顽强的素质，并表明：国难当头有助于增强民族凝聚力。战前多年，英国通常耕种了1200万英亩农田。大战中德国封锁了大部分海上通道，使英国谷物骤然减少，国内食品供应困难。为此政府对农业生产实行监督制、贷款补贴制和供应农业机械等措施，使耕地面积增加到1800万英亩。甚至一些草坪、花圃、高尔夫球场也改为粮田菜地。全国就业人数创历史最高记录。1939—1945年，小麦产量由197万吨增至217.4万吨，大麦由90.4万吨增至217.4万吨，燕麦由199万吨增至286.2万吨。在工厂里，许多人每周工作7日，每日工时10小时，薪金降低却没有怨言。675万妇女出来工作，其中不少成为兵工厂骨干。全国55%的资金设备和劳动力用于战争。军用产品大幅度增加。例如，1938年，仅生产3000架飞机；1943年增加到 26 000 架。有趣的是，战争焕发了人们的精神和生活潜能。自杀人数降低了 25%。精神病患者相应减少。婴儿死亡率降低 10%。青年结婚率高于以往，战时出生率超出战前 17%。税收达到空前水平。主要生活用品统统实行配给制。这些做法自然会缩小贫富差距。战前，仅占人口总数 1%的最富者拥有 14%的国民收入，另外 10%的高收入者拥有 38%的国民收入。战争结束时，这两个比率分别降为 11%和 30%。①

值得指出的是，英国人在战争的艰难时期，并未放弃对未来美好生活的憧憬。1942 年 12 月，著名经济学家亨利・贝弗里奇（1879—1963 年）应政府邀请提出战后福利国家的蓝图——《贝弗里奇报告》②，迅即发行了 63.5 万册。

英国人之所以能在战争中表现出空前主动性、创造性和牺牲精神，很大程度上在于他们所拥有的正义性。后来，见仁见智的学者往往要强调英国在战争前期的非正义性或两重性。这不无道理，可只要考虑到战争对立面德国法西斯政权的性质；考虑到英国政府和人民是在无奈的情况下被迫拿起武器的，就会发现其正义性是客观的和不容漠视的。

① C. Roberts & D. Roberts, *A History of England, 1688 to the Present*, pp, 806–810.

② T. Lloyd, *Empire, Welfare State, Europe: English History 1906–1992*, pp. 256–257.

第十二章

战后发展

（1945年至今）

一、福利国家和国有化

1945年夏，欧洲的炮火仍在燃烧。但因战局已定，为期10年的议会应该结束了，大选迫在眉睫。

部分保守党人踌躇满志，相信有“全国领袖”丘吉尔作党魁，必胜无疑。某些工党议员埋怨本党领袖急于放弃政治合作，对大选前景不抱希望。

然而，选举结果使许多人愕然：工党获得全国47.6%的选票，赢得393个席位，以146席的多数超过其他政党议席的总和。[①] 丘吉尔诅咒英国人忘恩负义。外国评论家怀疑英国选民是否患了“政治健忘症”。

可仔细想来，工党的胜利和保守党的失败又不奇怪。人们尚未忘记：二三十年代，是保守党实施保护关税制，维护富人利益；大战前，是张伯伦对法西斯一味绥靖，酿成大患；大战期间，保守党领袖没有诚意提出战后改革计划，还嘲笑攻击工党的改革纲领。

---

① T. Lloyd, *Empire, Welfare State, Europe: English History 1906–1992*, p. 269.

竞选期间，两党的做法亦属南辕北辙。工党竞选宣言发表于4月，名为《让我们面对未来》，简单明了地提出了战后施政纲领。其中除声明要在许多部门实行国有化之外，最得人心的是有关国民保健、住宅和全面社会保险的内容。工党演说家还奔走各选区，深入浅出地宣讲社会改革的必要性，使中下层选民憧憬鼓舞。从客观形势来看，战争给英国造成了严重破坏，不列颠有必要继续实行相对性计划经济和生活必需品配给制，尽快改善多数人的生活水准。而一向倡导社会主义的工党则会比较胜任。

保守党不仅未提出富于吸引力的竞选纲领，丘吉尔在演说中还耸人听闻地警告人们：提防出现“社会主义的盖世太保”。

丘吉尔的演讲使许多人无法接受。他们铭记：工党自始至终地参加了战时政府，其阁员人数几乎与保守党相等；战争结束时，国家许多部门由工党大臣负责。其中艾德礼管理经验丰富，工作踏实认真；他少有心腹亲近，却以善于驾驭同僚闻名。丘吉尔虽顽强刚毅，适合作战时领袖，可他尚武好战，敌视社会主义，且年事已高，怎能在和平建设中大有作为？

艾德礼组建了一个精干的内阁。由贝文任外交大臣，道尔顿任财政部长，莫里森任枢密大臣和下院领袖。党内左翼头领比万精力充沛但性格倔犟，艾德礼有意让他任卫生大臣，去解决最棘手的住房建造和医疗保险问题。

艾德礼政府的工作重点，包括财政、国有化和社会保障三个方面。

艾德礼首相

财政上，政府紧缩行政开支，增收高额消费税，鼓励出口、限制进口和出国旅游，弥补财政赤字。为争取大国援助，政府派遣著名经济学家凯恩斯前往美国，力陈英国战时贡献和眼下困难，得到大宗借款。此外，政府还说服工会，支持限定工资政策，以降低生产成本，增强出口商品竞争能力。

工党政府的国有化计划，实质上是要在英国建立一种混合经济体制。为此，议会逐步通过了一系列法案，建立了“工业委员会”负责此项工作。企业国有化的一般程序是，任命中央管理局，负责接管私有企业，再由国营公司根据立法细则经营。最初两年是试验阶段，被没收的工厂大多是战争期间被政府控制的企业。1947 年后国有化速度加快。到了 1950 年，政府已把矿业、民航、通讯和部分钢铁等企业收归国有，其资产总额约占全国经济部门的 20%。国有化范围限于全国规模的公共企业和基础工业，没有接管消费品生产部门，大多数赢利企业也未触动。

经济改革的制高点是建立比较完善的福利制度。它涉及社会各阶层利益，容易诱发党争。因此，艾德礼政府在实施“国民保险法”和“国民医疗保健法”时须尽量体现《贝弗里奇报告》中的“三原则”。

首先是“最低原则”，即保障全体社会成员的生活不低于“维持生存所需的最低限度”，保证劳动者获得维持生活的基本收入。其次是“普遍原则”，即社会保障应“不分贫富一视同仁”地顾及全体社会成员，人人都要参加社会保险，以备在年老、失业、怀孕、伤残患病和鳏寡孤独等情况下，享受津贴资助。最后是“责任原则”，即每个国民应尽力工作和捐款，使政府通过税收实行社会财富再分配。为此，政府还尽力维持充分就业、追求经济的稳定增长，保证经费来源。

1946 年，政府实施《国民保险法》，规定凡已就业而未达到退休年龄者都必须参加国民保险，以备将来享受津贴。实施《国民医疗保健法》时，须将全国医院收归国有，遇到的阻力也大。这同传统的财产私有观念相抵触，保守党上层心怀怨恨，但又不敢触犯众怒，便埋怨国民保险法的“一视同仁”的原则对穷人不见得有利，最好的做法是在大众中挑出真正的贫困者，给他们更多的救济。在讨论《医疗保健法》时，反对党先是勉强支持，二读时突然反对，理由是它侵犯了病人就医自由，妨碍医疗事业发展。为此，比万大动肝火，同保守党和英国医学会屡屡论战，在大约两年内将全国各类医院收归国有。到了 1948 年秋，已有 93%的国民登记接受免费医疗。它保证凡居住不列颠的人，无须取得保险资格就可以在免费或低费用的情况下享受完善的医疗服务。

艾德礼政府的一项失误，是未建立专门机构负责住房建设。致使比万一面主持医疗改革，一面兼管建房工作；加上建筑材料缺乏，使他殚精竭虑。尽管如此，政府仍在 1946—1948 年间，建成 48 万套住宅，解决了数百万居民的困难。

工党政府的国有化政策和福利国家建设计划，大体在 1949—1950 年实现。1948年，艾德礼就宣布英国已建成福利国家。而后得到西方舆论界的承认。[①]并为以后历届政府提供了范例。从此至今，社会保障体制的维持始终是英国政府的核心职能之一。

工党政府国有化能在数年里达到这般水准，还与历史有关。一二百年来，政府早已建立了皇家兵工厂，并将邮政收归国有。第二次世界大战前又接管了煤气、电力、供水系统和部分铁路，建立了国营海外航空公司。第二次世界大战要求政府动员全国人力物力争取胜利，推动对许多与军工生产相关的企业实行公管。故而，战后继续扩大社会经济中的国有成分，难度要小些。再者工党的国有化并非剥夺资本家，而是对原企业主付出大量的补偿费，引起的抵触情绪自然要小。

至于英国福利国家的基础，是自由党政府在本世纪初就奠定了的。这几年的主要任务，一是建立社会保险部，把以往分散、杂乱、重叠、不易协调的社会保险项目统管起来；二是充实和扩大社会保障的内容。

艾德礼政府在改革期间，也遇到颇大的困难。其一是经费始终紧缺。战后英国百废待兴，需要外资支持。可于1945年在华盛顿的援助谈判中，美国人不仅拒绝了英国从美国无息贷款60亿美元的要求，最后仅给37.5亿美元有息贷款。到了1947年8月，美国贷款几乎全部用完，还面临着每年支息1.4亿美元的前景，故实施起社会保障计划来难免要缩手缩脚，使国民产生失落感和不满。

其二是严寒的干扰。1946—1947年冬天，英国气温达到1880年以来的最低点，冰雪覆盖，铁路不通，海陆运输停顿，工厂因缺乏燃料而关闭。运输业和采矿业工人失业率极高，劳资关系紧张。政府调集军队运送食品，被迫动用2亿美元进口生活必需品，并呼吁国民体谅政府难处，友好合作。但在严寒中苦苦挣扎的工人仍然牢骚满腹。

燃料危机引发了外汇危机。因进口生活紧缺品和维持英国在德国的占领军，致使通货外流。贸易景况的恶化致使兑换危机。多数英国国外债权人急忙把英镑换成美元。英镑的国际地位受损。

此外，工党在1945年以后实行国有化时，只是从事社会主义经济模式的一种尝试，缺少相关的经验和教训。在实施过程中难免会有些失误和紊乱。

---

① T. Lloyd, *Empire, Welfare State, Europe: English History 1906–1992*, p. 288.

1947 年 7 月 23 日，丘吉尔使用他杰出的演讲才干抨击国有化说："社会主义日益表明是充满危险的、代价高昂的错误。社会党人实行了国有化的每一个大工业部门，都毫无例外地从国家资产负债表上将赢利或能够自给的一栏转到了亏损借贷一栏。"①

工党在实行工业国有化和福利制度时，内部意见比较一致，但在外交和防务问题上一再发生分歧。以比万为首的左翼议员，谴责政府联美反苏和组织大西洋公约组织的政策，主张建立一种介于美苏之间的"第三势力"。1947 年 4 月，72 名左翼议员投票抗议政府的"全国兵役法案"，迫使内阁把士兵服役期由 18 个月减至 12 个月，工党内部对立趋于公开化。

政府在人士安排上，也加重了工党内部矛盾。1947 年 11 月，克里普斯继道尔顿之后任财政大臣。这虽有压制比万之意，但因克里普斯才能出众，党内公众意见尚且不大。3 年后，党内鸽派代表人物、45 岁的盖茨克尔接替克里普斯担任财政大臣，不少人为比万打抱不平。而后，他被调到劳工部，工作毫无热情，很快辞职。工党内部分歧昭示于众。

工党政府的再一难题是不能满足国民越来越高的提高生活水准的愿望。工党竞选时，艾德礼曾许愿到 1948 年工业产量提高到 1938 年的 160%。实际上只达到 138%。1949 年也只有 151%。所以，就不能取消食品配给制。国内慈善机构认为英国是欧洲第二个营养条件最差的国家，国人颇感失望。人们在享受免费医疗时，也会有怨言，有的嫌医院效率低；有的说：医疗既然免费，就不该让病人在配眼镜和镶假牙时，承担一半的费用。1951 年 5 月，英国为庆祝 1851 年创办万国博览会一百周年而庆祝时，政府正陷于战后第三次经济危机，国际收支再次恶化，许多人认为英国已不再是"西方的乐园"。

1950 年 2 月大选时，保守党借机攻击工党。工党纲领的题目是《让我们携起手来去争取胜利》，其中强调了政府在社会服务方面所取得的成就，提出了进一步国有化的建议，但回避存在的问题。保守党则在其竞选纲领中向全国阐明：国家垄断不会减少垄断的固有弊病，消费者将不再得到有效保护。纳税人被迫担负起会因生产效率低下所造成的负担。

保守党的努力初见成效。它获得了 1250 万张选票和 298 个席位，比工党

① 梅德利科特：《英国现代史 1914—1964》，第 547 页。

只差70万张选票和17个席位。加上自由党和其他小党派的12个席位，使工党多数降低到5席。尔后，贝文离开外交部，艾德礼病重住院。老一代领袖无力主持全局，政府工作出现混乱和争执。

1950年初，英国承认了中华人民共和国，并支持中国加入联合国。可迫于美国压力，又与台湾保持联系。夏季，工党政府被美国拉入朝鲜战争，随即公布了一个扩大军备的计划：延长兵役制，在3年内支付36亿的军费。翌年4月，财政大臣盖茨克尔公布了预算方案，基本特点是大炮先于黄油。劳工大臣比万、贸易大臣哈罗德·威尔逊和供应大臣弗里曼立即辞职。以后，政府较大幅度地增加税收，减少福利开支。1951年夏，国际金融危机发生，英镑地位再被削弱，工党政府穷于应付。

保守党屡屡谴责政府。1951年大选时，保守党发表宣言《强大而自由的英国》，重申上次竞选政策。并向选民许诺，一旦由他执政，每年建造30万套住房。结果证明：保守党获取321个席位，超出工党26席，上台执政。

二、"共识政治"

保守党1951年大选的成就实属可观，以后又连获胜利。在议会中的优势由1951年的26席增加到1957年的57席、1959年的107席，连续执政13年。保守党能有此势头，关键是它在组织和政治上作了重大调整，政策上向左转，与工党达成了共识。

保守党组织和政治调整始于1945年大选之后。该党上层召开专门会议，指明组织涣散是被工党挫败的原因。翌年，曾领导战时粮食部的伍尔顿任保守党主席，放手征集活动基金。一年后，保守党筹集了100万英镑经费。1948年吸收了大批新党员。而且，伍尔顿为了吸收中下层群众，在征集经费时规定：任何候选人每年对选区的捐款不得超过25英镑，保守党应注重广泛募集小额捐款以设立竞选基金。这就扬弃了以往保守党主要依靠富人资助的做法，扩大了社会基础。保守党还在学校青少年中发展组织。1946年，英国保守党青年中央委员会成立。两年后，它在各地建立了2300多个保守党青年支部，共有 16 万成员。

比较而言，巴特勒所主持的政策改造更显深入。他擅长理论研究，曾在战时内阁中任教育大臣。1945 年 11 月，他领导着一个“工业政策委员会”走访几个大工业区，花费一年多时间制定了《工业宪章》。该文件重述了原由工党提出的国有化和福利国家的主张，并依据凯恩斯的经济理论，宣扬充分就业、低息贷款和赤字预算等。《工业宪章》的问世，表明保守党已明显偏离了传统立场。而且，它被称为“宪章”，是表明它不是一个短期性文件，而是保守党在新的社会条件下的“根本而持久不变的原则”。保守党还就农业、帝国政策、妇女和民族问题发表类似宣言。其中《农业宣言》也是工党政策的翻版。

巴特勒等人的宣传工作，不但改变了保守党在选民中的形象，使其占领国内政治的中间地带；还表明：以后相当长时间里，英国两大政党无论哪个上台，都要执行大体一致的政策。所谓“共识政治”已在客观上达成了。

全面看来，保守党的政策还有别于工党。如《工业宪章》虽承认工党实行的国家接管英格兰银行、煤矿和铁路的现实，但反对钢铁国有化，主张公路运输转为私有。而且，保守党在其竞选纲领中屡屡指明：旧式垄断所固有的弊病不会由于国家垄断而减少；国有化的低效率有可能加重纳税人的负担；国有化企业的雇员会发现其上司比私有企业的老板更缺少人情味。这表明保守党虽然向左转了点，但未放弃保守主义传统，有利于它在一贯保守的国度里，保住原有的资产阶级选民。

保守党的向左转和工党的向右转，缩短了两党的政策差距。1956 年，工党理论家安东尼·克罗斯兰发表《社会主义和未来》，宣称社会主义的本职是平等而非公有制，国有化是手段而非目的；超意识形态的税收、福利政策会加快实现社会主义的理想。克罗斯兰还认为，由于社会阶级的变化，工党应由原来工人阶级的政党转化为全民党，应认可现有的以私有经济为主体的混合经济体制。工党右翼一再要求放弃 1918 年党纲中有关公有制的第四条，彻底解除“沉重的精神枷锁”。这展示了两党政治上靠近的趋势。

两党政策上的接近引起了学界的重视。1955 年，英国老刊物《经济学家》，不无风趣地将前保守党财政大臣巴特勒和工党财政大臣盖茨克尔的名字加以“嫁接”，拼装出了“巴茨克尔主义”的新词。1965 年，塞缪尔·比尔在其著作《现代英国政治》中，首次使用了“共识政治”（consendus）一词。

英国共识政治的出现原因是极其复杂的。它既有着深厚的历史渊源和理论依据，又有着错综复杂的政治背景和社会基础。历史上，英国已多次出现两党或多党合作的事实，而两次世界大战中的联合政府则是它们成功合作的范例。理论上，进化论哲学、费边主义、集体主义以及凯恩斯主义和其他民主社会主义思想，为它酿造出不太刺激的“混合饮料”。政治上，历史悠久的议会体制、在法制轨道上运行的两党制和不容忽略的选民意向，迫使任何执政党都不得漠视多数民众所关注的重大问题。而战后英国产业结构的变化和中产阶级的壮大，以及由此所引起的两党阶级利益的接近，则为共识政治的产生和长期存在，提供了极为重要的社会阶级基础。

1951 年丘吉尔再任内阁首相时，高龄患病，难以兼顾内外，便使自己集中于国际事务，国内诸事任凭其他阁僚分工处理，但告诫他们：不得擅改社会保障制，尽力维持安定局面。

财政大臣巴特勒继续实行凯恩斯主义经济政策，改善国际收支。终止了生活必需品配给制，基本实现了充分就业，巩固发展了社会保障体系和国有化经济，社会经济出现繁荣。住房大臣麦克米伦成绩更加突出。他率领一个精干机构，依靠其他部门的配合，尽力筹集资金和材料，并扩大承包商建房的比例和鼓励地方政府发放贷款，第一年就建成近 30 万套住房。翌年达 32.7 万套。1954 年达 35.4 万套。麦克米伦兑现了 1951 年保守党大选时的诺言，缓解了战后房荒，为他以后攀登首相高位奠定了基础。

1954 年，81 岁的丘吉尔辞去保守党领袖，艾登继任首相。翌年大选时，政府及时公布减税方案，宣扬保守党政府的各种政绩，赢得 344 个席位，继续执政。不料，大选刚过，铁路和码头职工罢工，出口减少，国际收支失调。政府急忙提高消费税和利润税，取消住房补贴，致使保守党的支持率急剧下降。1956 年 7 月，艾登又在外交领域失手。埃及总统纳赛尔断然宣布将英法长期霸占的苏伊士运河收归国有。10 月底，英法联军攻占塞德港，酿成战争危机。工党借机制造倒阁风潮。11 月英国同意执行联合国停火协定，苏伊士战争迅即结束。艾登作为外交老手遭此挫折，于 1957 年初抱病辞职。

继任的哈罗德·麦克米伦久居官场，通晓国内外事务，主张政策革新和“中间道路”。他上台后，一面采用现实主义态度调整外交和殖民政策，一面根据凯恩斯主义解决国内经济问题，在两年里制造了祥和与繁荣。他通过减税、豁免贷款和恢复投资补贴等办法，人为地延长经济稳定期，然后在萧条期到来之前，突然宣布解散议会，实行大选。竞选时，伍尔顿指挥党内干事，制造宣传攻势，提出富于诱惑力的口号："跟着保守党走，生活更美好，不要让工党毁掉美好生活！"并借用美国熟语手册中的短语提醒选民："你的日子从来没有这么好！"而工党为了结束多年在野的局面，竟向选民许诺：它若上台，将在不加税的情况下，改善福利条件。保守党立即反驳：政府不增税又如何发展福利国家？1959年保守党政府用于社会保障的开支占国民总收入的16%，超过1951年工党政府的14%。保守党千方百计地获取民意，以体面多数再次连任。

尽管如此，保守党同样无法抗拒经济规律。1960年，国际收支逆差达2.58亿英镑，政府急忙增税，削减公共开支，冻结工资、提高国有银行利率。然而，收缩政策削弱了国民消费和生产投资能力，加快了危机的到来。国有企业职工连续罢工。麦克米伦政府依靠工党内部争吵苟延残喘。1961年以来，保守党在补缺选举中连续败北，政府寿命似乎屈指可数。

重压之下，麦克米伦设法恢复个人威信和政府元气。1962年7月13日，他一次罢免7名阁员。以后人们把这次政治手术称作"大刀挥舞之夜"或"七月大屠杀"。大清洗改变了麦克米伦处事稳健的形象，削弱了他在党内的地位。不久，又发生了政府要员涉嫌外国间谍的桃色丑闻。国内外舆论轰动。翌年戴高乐将军又否决了英国加入欧共体的申请，外交上遭受挫折，反对党在威尔逊领导下，就政府许多问题穷追不舍。1963年10月，麦克米伦托病辞职。霍姆伯爵出人意料地继任首相。

自1902年索尔兹伯里侯爵辞职以后，英国已形成了贵族不得担任首相的惯例。霍姆为得到首相职位，被迫放弃爵位匆匆参加补缺选举，成为下院议员，这自然要引起非议。他在党内仅属二流人物，只是巴特勒等人的激烈竞争才使他坐收渔利。所以，他上台后难有大的作为。

1964年夏季，霍姆政府采用以往保守党政府的伎俩，再次营造经济繁荣以迎接大选。但在当年10月大选开始时，工党发起强大攻势。威尔逊不但攻击保守党人的腐败堕落，还尽力在霍姆的贵族出身上做文章，把他描绘成旧势力的代表。在电视辩论中，霍姆举止呆板，语病迭出。致使许多动摇选民临时转向工党或自由党。在野13年的工党终于重返政府。

三、"英国病"

战后几十年里，凯恩斯主义不仅影响着西方许多国家，也是英国政府经济决策的权威性依据。一方面，它作为西方经济学派中的主导性理论，在有关政府干预、增加投资和充分就业、增加消费等方面，不乏真知灼见和可行性；另一方面，它也和许多理论一样，并非万能的灵丹妙药。它虽能提出诸般措施，在一定时期内加速经济增长与缓和危机，但由于它只重视市场下的供求矛盾，忽略社会基本矛盾，以及其他方面的原因，又容易加剧通货膨胀。

另外，在英国，经济发展还与政治斗争纠集在一起。由于两党政治角逐和轮流执政，它们必须关注短期的经济实效和民心收买，关注福利国家建设的投入，致使凯恩斯主义政策在实施过程中，会遇到人为因素的干扰，出现政府在经济上的违规行为，造成高失业率、高通胀率的恶性循环。例如，保守党人在 13 年里，为了连续执政，一再采用"振兴经济迎接大选"的手法。这虽能借用凯恩斯理论中"紧缩和扩张"的模式，在大选前努力制造经济繁荣，在大选后再作收缩；但由于社会经济发展有其不可抗拒的内在规律，各种人为的短期性措施不仅不能改变经济发展的趋势，还会带来惩罚性后果。近期看，它会使政府顾此失彼、进退两难；长远看来，则不利于经济良性发展。

经济发展一旦成为大党竞争的赌注，受影响的必是整个国家。1952—1964 年，英国国民总产值年增长率平均为 2.8%，低于同期欧美主要资本主义国家，英国在大国中间落伍。第二次世界大战结束时，英国经济实力仍在列强中排名第二，可 1955 年被西德赶上，60 年代被法国、日本超过。英国经济发展的滞涨状态持续了二三十年，与两大政党实行"共识政治"的时限大致相符。这种带有"滞涨"特点的经济顽症，被讥称为"英国病"。

1964 年，工党一上台，就发现上届政府留下了 6 亿英镑的国际收支逆差，英镑再临贬值之虞。威尔逊政府一面公开抱怨前政府，一面医治"英国病"。它对进口商品征收 15%的附加税，将银行贴现率提高 3/4，削减军事开支，借贷了30亿美元的外汇，克服了即将发生的金融危机。这样，政府就无法兑现上台前的诺言。而且，工党在下院中的投票优势过低，1965年秋就本土防卫问题表决时，仅以1票的多数通过。翌年初，工党在补缺选举中获胜，威尔逊伺机在3月解散议会，举行大选，一举获得了全国48%的选票和363个席位。下院多数增至97个。[①]

胜利刚刚实现，经济危机降临。政府为应付金融危机，采取了抑制需求的措施，使市场和消费的矛盾愈加尖锐，失业率增加了一倍。1967年夏，全国海员大罢工，码头瘫痪，出口急剧下降；英镑比值下跌，出现挤兑风潮。威尔逊一改过去做法，决意增加消费，冻结工资，削减国有企业和政府开支，但收效较慢。同时，英法发动侵略埃及的“六日战争”，引起石油和航运价格上涨。储户再次怀疑英国的国际支付能力，慌忙抛售英镑，国家外汇减少。面对严峻局势，威尔逊不顾财政部非议，下令控制分期付款，刺激消费，但仍不能阻止资金外流。熬到11月18日，政府宣布英镑贬值14.3%。英镑对美元的比价由1∶2.8降为1∶2.4。保守党批评说：工党仅用3年，“使英国从一个繁荣的国家堕落成为国际乞丐”。

经济危机致使民心浮动，工党在补缺选举中连连失利，政府席位大幅度减少。这时，威尔逊之所以能继续主持内阁，仰仗他善于调解党内外各种关系和矛盾，笼络工会领袖限制罢工。另外。政府实行的一系列社会改革，如把公民投票年龄降至18岁，承认人工流产合法，对文官制实行全面审查，在教育上实行改革等，也有助于争取选民的支持和谅解。

然而，选民心态不易捉摸。1969年8以后，对外贸易创历史最高水平，国际收支有了较多盈余，但工党在民意测验中的支持率却波动不止。翌年4月，它在地方选举中，净得400多个席位。领导阶层认为良机到来，宣布改选议会。可大选结果表明：英国发生了“本世纪最富于戏剧性、最出乎意料的选举变化”，在电视演说中，保守党领袖爱德华·希思虽然不敌威尔逊，却率领保守党夺得了330个席位，超出工党43个席位从容组阁。

保守党获胜的原因之一，是它通过党内民主建设，加强了内聚力。长期以来，该党领袖不是像工党那样选举产生，而是在原党魁离职、而又缺少明确继承人的情况下，由党内元老秘密推选。1922年以来，该党有一个由高级官员、

① T. Lloyd, *Empire, Welfare State, Europe: English History 1906–1992*, p. 407.

退休元老或影子内阁要员组成的专门机构——“1922 年委员会”——协助此事。若仍有争议，则由国王作为党派斗争的局外人出面裁定。20 世纪中期，丘吉尔、艾登和麦克米伦都是通过这种遴选方式，成为保守党党魁的。1963 年，霍姆的突然晋升使党内一些人惊异。一年后霍姆内阁匆匆垮台，暴露出保守党组织上的缺陷。1965 年 2 月，保守党制定了新章程，规定：党魁由本党下院议员举行 2—3 轮的投票民主产生。这时，霍姆威信正值低点，该党议员劝他引退。随即，3 名候选人经过了两轮较量，希思战胜对手，成为保守党第一个选举产生的党魁。

希思在野期间，已从教训中认识到：凯恩斯学说并非指导政府经济政策的验方。他有意在党内发起一场“极为激进的改革”，将国际上另一宏观经济理论——“货币主义”——作为指导思想。他任命货币主义经济学家艾尔弗莱德·谢尔曼为政策研究中心主任，探讨改革方略。当年 10 月，保守党内阁成员在本党年会上决定：缩小政府在各个领域的作用和开支，恢复企业竞争，停止资助濒临破产的企业，控制工会势力。一些国有企业被精简合并，私有企业投资开始回升。

可是，财政收缩影响到了福利支出，迫使政府于 1971 年 4 月取消小学生免费牛奶，增收学校伙食费、医院处方费和牙医费。低收入者怨声载道，反对党借题发挥。政府匆忙发放困难补贴。同时，经济危机到来。到了 1972 年，制造业固定资产下降 20.7%，失业率高达 6.9%，消费价格上涨 8.1%。工会要求大幅度提高工资。面对社会压力，希思被迫资助国有企业，扩大公共开支。英国经济开始了所谓“希思大转弯”，重返凯恩斯主义老路。

1973 年，石油提价触发西方严重的经济危机。英国煤炭紧缺。政府不愿大幅度提高煤矿工人工资，全国矿工工会号召举行大罢工。政府无奈，先是颁布限制用电法，1974 年元旦下令全国电厂每周仅供电 3 日。时值隆冬，民众苦不堪言。2 月初，政府与工会的谈判陷入僵局。希思宣布进行大选。工党借机推波助澜。闭口不谈客观原因，尽意丑化保守党政府。

竞选的第一周，保守党略占优势。可随后公布的统计数字表明：食品价格上涨一成。保守党发言人猛烈攻击欧洲共同市场。可英国是在希思的努力下，于一年前加入欧共体的。不少选民嫌保守党行为失措，改变立场。3 月初，选举产生了戏剧性结果：保守党得到全国 37.9%的选票和 297 个席位，而工党也只获 37.1%的选票和 301 个议席。[1] 两党议席都不足半数，这在战后英国尚属首次，表明公众对两党“共识政治”的失望，也是对两党医治“英国病”时无能为力的惩罚。

大选出现僵局，希思不愿辞职。他同自由党领袖索普谈判，希望两党共建联合政府，被婉言拒绝。

工党卷土重来，但在下院仅拥有 47.4%的席位，有必要重新举行大选。同年 10 月大选后，其议席刚刚过半。而且保守党在 1975 年 2 月由撒切尔夫人担任主帅后，在补缺选举中一再获胜，使执政党再次成为“少数派”。

财政预算仍是威尔逊政府的难题。3 月下旬，财政大臣希利提出了一个控制需求的预算案，提高了所得税、企业税和部分商品的消费税，增加了儿童补贴、食品补贴和退休金，削减了对国有企业的资助，但因收支相抵，成效不大。一些国有公司因资金短缺而关闭，失业率上升。于是，4 个月后，希利又提出新的预算案，降低和免除一些税种，稍微扩大需求。但因这一调整仍未离开凯恩斯主义轨道，还是无法解决社会经济难题。工党政府未因财政困难而放弃对国有企业扶植，遭到保守党人的激烈批评。他们指责国营企业权势过重，但不得不承认：工党在 1975 年控制了北海油田的开发，并把油田大部分利润收归国库，是很有必要的，这对以后英国经济发展具有战略意义。

威尔逊看到通货膨胀率居高不下，党内分裂严重，在议会中又无稳固多数，便思告退。1976 年春，他宣布辞去首相职务。党内竞选举行，右翼候选人卡拉汉经过两轮投票，继任工党领袖和内阁首相。

不久，工党在补缺选举中连连失败，幸亏各小党支持，才使政府维持了微弱多数，但在下院谨小慎微，难有作为。1977 年 3 月，两名民族主义者放弃支持工党，卡拉汉急忙与自由党达成盟约，允许它在内阁议案提交下院之前予以修改或否决，使工党政府勉强维持。

卡拉汉的命运与希思相似。他既要为经济问题犯难，又要安抚桀骜不驯的工会。1979 年初，政府在治理通货膨胀和失业问题上彻底失败；罢工浪潮到来，其规模和激烈程度超过战后任何时期。同年 5 月，卡拉汉只好举行大选，以撒切尔夫人为首的保守党获胜。英国政策即将发生大的变动。

---

① T. Lloyd, *Empire*, *Welfare State*, *Europe*: *English History 1906–1992*, p. 445.

四、“撒切尔革命”

在英国政治史上，撒切尔夫人是多项纪录的创造者：第一位女党魁；第一位女首相；1827年利物浦伯爵离职后连续任职最久的阁揆。并以其卓越才能、个性和风格，果断改变战后历届政府大体一致的政策，使英国出现“撒切尔革命”。

变革酝酿于70年代初。货币主义经济学家谢尔曼主持保守党政治研究中心，积极宣传改革主张，要求限制政府在市场经济中的作用，扩大私有化，倡导自由主义竞争，抵制通货膨胀，削弱工会势力。1974年9月，前公共事务大臣基思·约瑟夫发表反通货膨胀的讲演，批评凯恩斯主义经济政策，呼吁保守党抛弃巴茨克尔主义。玛格丽特·撒切尔成了约瑟夫的追随者，要用货币主义猛药，医治“英国病”。

保守党下台后，面临领袖改选。约瑟夫成为希思最有力的挑战者。不料他在一次演讲中，要求下层妇女控制生育力，舆论大哗。[①] 约瑟夫忍痛退出党内竞争，鼓励撒切尔夫人竞选。1975年4月，她成为保守党党魁。

这时，保守党正处在政策和形象转变时期。撒切尔夫人重建影子内阁时，逐步重用货币主义者。她还委任杰弗里·豪领导一个“经济建设小组”，制定党的政策，指定约瑟夫负责党的路线和理论研究。她亲自制定对付工会的韬略。保守党发言人为了丑化工会和争取舆论，有意套用历史名言，断定：工会权势“已经上升，正在上升，但应被削弱”。

保守党改弦更张时，工党政府正面临着26%的通货膨胀率的折磨，货币发放严重失控。1976年，卡拉汉等人也认识到凯恩斯主义已在英国失败，想实现某些调整，但行动迟缓。而保守党却不怕得罪工会，在1977年提出一份充满货币主义精神的报告——《经济成功之路》，宣称保守党一旦执政，当在“减少开支和避免失业的前提下，在一定程度上限制工资增长”。而且，撒切尔夫人在党内站稳脚跟后，言辞激烈，咄咄逼人，在影子内阁中惯于发号施令。

① 玛格丽特：《通向权力之路——撒切尔夫人自传》，当代世界出版社1998年版，第265页。

撒切尔夫人

1979年1月，她获得了“铁女人”绰号。

1979年5月，大选举行，保守党在民意测验中一度落后。不料，撒切尔夫人的助手约翰·尼夫被爱尔兰共和军的恐怖分子炸死，民众指责政府管理社会秩序不善，一些浮动选民改变初衷。保守党最终得到339个议席，上台执政。

撒切尔夫人首次组阁时，把多数职位分给经验丰富的温和派人物，但只让他们在各自主管部门中发挥作用。一些事关国家经济决策的要职，则由货币主义政治家担任。其中杰弗里·豪主持财政部，约瑟夫负责工业部，约翰·诺特为贸易大臣。她还把一些经验稍次、威望不高的支持者安插在低职位上经受锻炼，以备将来重用。她为了避免在内阁中与温和派摩擦，有意少开内阁全会，许多政策只通过小型的内阁委员会制定。委员会的骨干都是首相心腹。最重要的经济委员会由杰弗里·豪控制。政府财政预算和其他重要经济政策全由该委员会制定后，再交内阁委员会作形式上的认定。女首相用一套新型领导方法，显示出她的果断和灵活个性。

撒切尔夫人登台之初，经济危机已经来临。1979 年 6 月至 1981 年 6 月，国内生产总值下降了 4.6%，工业生产率下降 10%以上；1982 年 1 月失业人数突破 300 万，失业率创世纪最高。面对险情，政府的支持者有的疑虑，有的埋怨。但撒切尔夫人认准目标，不改初衷。

政府首要目标是控制通货膨胀。撒切尔夫人先逐年降低货币发行量；1984 年度创 20 多年来最低纪录。其次是紧缩公共开支和提高银行利率。她撤销了前工党的 3000 多个项目，取缔一些机构，使公共部门借贷由最初占生产总值的 4.4%，降至 1983—1984 年度的 1.5%。一系列金融政策使原料价格下跌。英国经济逐渐走出了“滞胀”困境。1980 年，通货膨胀律高达 21%，1983 年降至 4%，1987 年仅 3%。

为鼓励私有企业发展，政府还改革税制、鼓励自由竞争和发挥市场调节机制。1979 年个人所得税基本税率从 33%降到 30%，最高税率从 83%降至 60%；1988 年，所得税基本税率再降至 25%，最高税率仅 40%。① 企业税从 62%降至 35%。税制改革减少了政府财政收入，为此增加了间接税。鉴于“英国病”的主因是政府对企业干预过多，撒切尔政府撤销了物价管理委员会，缩小国家企业局权力，废除了 180 多项限制经济生活的规定。

国有企业私有化是“撒切尔革命”的中心内容。截至 1979 年，国有企业职工人数达 150 万，产值占全国总产值的 11.5%，投资占全国总额的 20%，效益低下，成为国民负担。1981—1987 年，政府将 1/3 的国有企业转为私有，国企职工减员 60 万，产值在国民生产总产值中的比重下降到 1988 年的 6.5%。几乎所有转为私有的公司都增加了利润。国有企业私有化带动了国民经济全面发展。正是在这个意义上，人们将之称为“撒切尔革命”。

撒切尔政府还出售了 100 多万套公共住宅，获资 20 多亿英镑。截至 1988 年底，政府出售国有企业和住房的总收入超过 200 亿英镑，财政状况空前好转。

私有化的政治作用也是明显的。其一，因大批工人转入私有企业，以及因收缩政策所造成的高失业率，选民加入工会的比例由 1981 年的 30%降至 1987 年的 22%。工会势力削弱，便于政府控制社会秩序。其二，私有化使股票持

① 玛格丽特:《通向权力之路——撒切尔夫人自传》，第 573—575 页。

有人在全国居民中的比例由1979年的7%上升到20%，许多新的私有者乐意支持保守党。

福利制度也是改革的重要方面。起初属试探性质，如提高处方费、削减福利津贴等。1985年以来，政府计划实行全面改革，涉及养老金、儿童和青年津贴以及住房、医疗补助等许多方面。但是，由于福利制度关乎许多人的切身利益，是改革总体计划中最敏感的部分，容易成为反对党攻击的借口，实行起来自然阻力较大。

此外，政府还削弱工会作用，推进工资改革。1984年工会法规定：罢工须有适当理由，限于劳资纠纷，且不得到同行业其他工厂设立第二纠察线；罢工必须在4周前以无记名方式征得多数工会会员同意，否则以非法论处，并赔偿因此造成的经济损失。1986年新工资制的做法是：企业固定工资只占工资总额的2/3，其余1/3随企业利润的增减而浮动。这就使职工个人利益与企业经营结合起来，有利于改善劳资关系，弱化工会的作用。80年代初，政府还根据法律，先后瓦解了煤矿工人和印刷工人大罢工，劳工运动走向低潮。

“撒切尔革命”使经济发展速度明显加快，“英国病”基本治愈。1984—1985年间，英国经济增长速度比法国快一倍，比西德快50%。1985—1989年间，英国生产率共增长18.9%，在欧美国家中居第一位，被称为“撒切尔奇迹”。①

为了减少政府行政开支，提高效率，撒切尔夫人还大刀阔斧地整顿了文官系统。各类行政人员由起初的75万减少到1986年的59万，监督考核制度加强。

撒切尔夫人在进行经济和行政改革时，做法泼辣，却不影响她政治上的保守。她反对工党关于限制王室特权、取消上院的建议，漠视自由党和其他小党要求改革议会选举制的要求。呼吁人们匡正社会风气，发扬维多利亚时代的良好道德风尚。她领导内阁时，总是原则高于情感，对能力欠佳或意见不合者，坚决罢免撤换。1981年9月，她曾搞了一次内阁清洗，其严厉不亚于麦克米伦的“大刀挥舞之夜”。以后，她又利用大选胜利后的内阁重建，大幅度改组内阁。

撒切尔夫人为了保证改革计划的实施，利用有利时机延长内阁寿命。1982

① 玛格丽特·撒切尔：《通向权力之路——撒切尔夫人自传》，当代世纪出版社1988年版，第580页。

年初，改革正处困难时机，民意测验显示政府支持率仅有27%，可她毫不介意。1983年5月，工业产值达战后最高点，选民支持率升至49%时，她适时举行大选。结果保守党获397席，拥有144席的多数，这是战后历届内阁都未得到的。自此她加快了国有企业私有化速度，并果断地对付工会和罢工。1987年，通货膨胀率降至20年来最低点。政府将所得税下调两个百分点。政府支持率落而复升，超出工党13%。撒切尔夫人顿时宣布大选开始，得到104票的多数，顺利实现了三连任。是时，女首相名扬国内外，一些评论家认为，她还有可能实现四连任。

可事情并非如此简单，80年代末，问题接踵而至，导致撒切尔夫人下台。

“铁女人”下台的原因是国内经济形势的变化和各种矛盾的加剧。从根本上看，“撒切尔革命”实际上一场私有化运动。它虽在一段时期内造成某些经济发展活力，但扩大了贫富差别和对立。例如，政府减少了个人所得税的档次和各档的税率，使高收入者受惠最多。还有，撒切尔政府曾用五六年治理了通货膨胀。可到了80年代末，由于开支加大和货币发行增多，通货膨胀率升至11%，迫使政府采取收缩政策，导致企业关闭，工人失业，750万人生活在贫困线之下。低收入者最愤恨的是她强征人头税。舆论界和反对党抨击她冷酷残忍，一些地方发生骚动。保守党上层为了延续政府寿命，宁肯更换党魁。

撒切尔夫人的下台还与她的性格有关。她虽然精明、果断、坚定，可过于自信、傲慢和好斗。随着时间的流逝，其弱点越来越明显，使同仁难以承受，影响到了保守党高层团结和内阁稳定。仅在她当政的最后一年里，就有6位大臣辞职。当杰弗里·豪挂冠时，她首届内阁的阁员已无一人留任了。1990年10月底在罗马召开的欧共体特别首脑会议上，撒切尔夫人就货币联盟问题投了唯一的反对票，引发了一场严重的政治危机。舆论普遍认为，若撒切尔夫人再恋栈相位，保守党则会在下届大选中失利。终于，在同年11月，前大臣黑塞尔廷向她挑战。

撒切尔夫人依然傲慢自信，竟在保守党议会党团内部竞选之际出访法国。20日首轮投票时，她虽然得到了55%的选票，可未能超出其对手选票的15%，还要进行二轮较量。2日后，她仔细权衡了继续留任的利弊，忍痛辞去领袖，并在下轮投票中支持财政大臣约翰·梅杰竞选。梅杰资历和能力尚未突出，但处事温和。他在首轮投票时虽然得票不足，但外交大臣赫德和黑塞尔廷宁愿退出竞争，从而维护了保守党团结。47 岁的梅杰成了保守党党魁和内阁首相。

五、新工党与“第三条道路”

梅杰置身于两个有作为的首相之间，被媒体称为一个“模糊不清的人物”、“次要人物”[①]，似乎很难取得显著成绩。而且，他是在议会召开后 3 年零 5 个月时骤然上台的，离法定大选时间仅有年余，英国经济始终未能走出衰退的泥潭。为此，有人断定他任职不会长久。

1992 年春季大选开始以后，保守党的弱点暴露无遗。它曾在 70 多次民意测验中居于劣势；在大选时间上已无选择余地；竞选工作不尽如人意，梅杰甚至拒绝同工党和自由民主党领袖展开三方辩论。

但 4 月 9 日大选揭晓，颇使人吃惊。梅杰带领保守党获得 336 个席位，占下院席位的 51.6%。以超出所有政党 21 席的多数继续执政。保守党能在经济不景气的情况下赢得“四连冠”，是因为许多选民懂得：即使工党执政，也不会立即拿出治愈经济衰退的良方，况且这次经济衰退并非英国独有，它波及整个西方，受经济规律的制约，其责任不能仅由梅杰政府承担。而且，保守党能为保住执政党地位，还借助了一些有利的外部因素：海湾危机和战争使之炫耀了武力；苏联解体和东欧的急剧变化，使它提高了在欧洲事务中的地位。

以后，梅杰屡遇挑战。在保守党里，始终存在着一个亲美的“欧洲怀疑派”，他们一再发难，迫使首相攻守兼用。1993 年 7 月，为使议会批准《马约》[②]，梅杰只好采用了信任投票的方式，使反对者暂时认输。1994 年 11 月，他开除了 8 名在欧盟摊款问题上与他作对的议员。半年后，60 名欧洲怀疑派议员在下院与梅杰辩论，要他许诺英国永远不得加入欧洲统一货币。保守党再次出现内部危机。梅杰只好提出保守党实行领袖换届选举，与党内反对派领袖约

① 爱德华·皮尔斯：《梅杰传》，世界知识出版社 1991 年版，第 164 页。

② 即关于实行欧洲统一货币和成立“欧洲联盟”的《马斯特里赫特条约》，1991 年 12 月由共同体各国最终决定订立。

翰·雷德伍德较量。

梅杰首相的破釜沉舟之举，赢得了党内多数议员的支持。贸易大臣赫塞尔廷和财政大臣克拉克等人，也觊觎相位，但均无把握战胜梅杰，又怕落下破坏党内团结的恶名。况且，假若此时更换党魁，分裂必然加剧。工党乘机进攻，保守党政府必垮无疑。于是，大多数内阁成员和本党议员、前高级大臣，包括撒切尔夫人在内的许多高层人士纷纷支持梅杰。7 月 4 日，选举结束，他以 218 对 89 票战胜了雷德伍德。

梅杰巩固了地位后，立即重组内阁。一半职位易人。雷德伍德被免职。赫塞尔廷支持首相有功，升为副首相。在欧洲问题上一贯务实的前国防大臣里夫金德主持外交部。

随即，梅杰开始调整政策，争取选民。在对外时务上，梅杰一面继续维持英美的"特殊关系"，一面使英国较为积极地融入欧洲事务。在内政方面，他着重控制通货膨胀，增加教育经费，解决住房问题，打击犯罪，建立良好秩序，努力创造就业机会，改善医疗服务水平，并允诺削减所得税和遗产税。可事实表明，有些问题相当棘手。

最关键的问题是，保守党经过一次次危机，内部形成宗派。它们在税收、私有化和对外关系等重大问题上分歧严重。某些要员与梅杰私怨绵绵，一遇机会就寻衅发难。上层分歧严重削弱了该党的凝聚力，导致人心涣散，基层组织瘫痪，党员人数锐减。

保守党的前途还受到英国两党制下"钟摆法则"的制约。该法则是一种微妙的社会心理要素。它不仅承认反对党具有监督、反对与合作的职能，还有意维护其取代政敌上台执政的权利。众多选民不愿让某党过久地霸占政府职位，而把两党轮流执政的模式看作是民主自由的标志。而且，经过十多年的岁月，不列颠选民看厌了政界的熟面孔，期望国内能有新变化、新局面，宁愿让工党一试身手。从竞选纲领来看，工党和保守党在大政方针上已无明显区别。所以，尽管在 1997 年大选时，英国经济正处良性发展阶段，增长率较高，失业率较低，梅杰政府还是遭到了挫败。

工党在野期间，一直致力于政策更新。1994 年 7 月，年仅 41 岁的托尼·布莱尔以高得票率荣任工党党魁。他在 1983 年就进入下院，历任反对党影子内阁能源大臣和内政大臣，精明强干，颇能服众。1995 年 4 月 29 日，他在特别大会上敦促工党抛弃坚持了 70 多年的公有制政策，修改了工党党章第四条，

布莱尔首相

将工党的目标改为“建立多数人享有权力、财富和机会的社会”。第一次对混合经济、市场及私营经济采取了肯定性提法，使党的目标和价值观明显区别于原党章。党章更改的重要意义，是适应了国内外形势变化，改变了工党多年的政治被动局面，赢得一些中产阶级的支持。其中对公有制条文的删除，为工党制定更加灵活的社会经济政策打下了基础，同时也改变了长期以来工党意识形态色彩过于浓重的形象。此外，布莱尔还有意拉开工党与工会的距离，同企业界联络感情，甚至宣称工党是同样代表企业主利益的政党。竞选时，布莱尔强调工党是一个“跨越民族，跨越阶级，跨越政治界限”，能代表整个英国的全民党。而后，工党多次在议员补缺选举中取胜。1996年底保守党仅余1席多数，全靠小党的支持才勉强执政。在1997年3月中旬的民意测验中，工党领先于保守党25个百分点，以致正式投票之前，保守党人承认败局已定。

1997年5月1日，工党以该党空前的优势获胜，得到了659个下院议席的419席，占总数的63.6%，比保守党多254席。这是第二次世界大战后历次大选中最高的得票率。

工党的胜利主要在于政策革新。而导致工党政策变化的社会深层原因是战后英国社会阶级结构的变化，出现了一个人数不断扩大的以知识分子（学者、医生、律师和公司白领职员等）为主体的中等阶级，加上第三产业就业人员的扩大，原有的产业工人队伍渐趋萎缩，熟练工人比例的提高，使工党领袖认识到：若要得到掌权机会，必须争取中产阶级的支持。由此看来，工党在政策上的右倾化，是顺应了本国阶级变化趋势的。

布莱尔在其上台前后，一再声称工党已经完成了政策更新，成了“新工党”。新工党执政后的突出特点是寻求改革，实现布莱尔建设“新英国”的种种设想。在内容上。这些设想渐渐被称为“布莱尔主义”。其主旨起码包括两个方面：其一，在技术急剧变革和经济全球化之际，工党如何采取切实可行的政策方针，使英国经济保持繁荣。其二，在一个社会、家庭和人们的生活方式都发生了巨大变化的情况下，工党如何维持一个良好的社会。具体而言，布莱尔主义还包括四个方面：一、在指导和管理方面，要重新认识政府的角色，摆脱旧工党的社团主义和过分干预的做法，着重发挥政府在促进教育、机能、技术进步、企业发展等方面的作用。二、在社会政策方面，强调福利享受权与责任的平衡，建立有效而富于生机的社会机制。三、在经济方面，通过政府的支持和努力，使英国建成一个和谐的共同体，在私有和公共企业之间建立良性关系。四、以全球性战略眼光认定英国的国际地位和作用，确立一种既适用于英国、也适用于国际社会的共同信念。

布莱尔和工党在政治理念和方法上的变化，引起国际关注。它被称为“第三条道路”，在工党理论家和精神领袖安东尼·吉登斯①的代表作《超越左与右——激进政治的未来》和《第三条道路》中作了权威性阐述。其基本思路是要在左翼与右翼、保守主义与民主社会主义之间找到一种更加合理的道路。吉登斯提出一种发人深省的政治现象：左与右、激进与保守，由于其自身的片面性，不可避免地要走向它们各自的反面。任何国家都不例外。一个政府或政党，无论执行左的或右的，激进的或保守的政策，都难免偏离历史中心；即便能够取得某些进展和成就，最终还要有困难和教训。而理想的做法是使政府和政党的政策向历史的中心靠拢，切实解决社会问题。②吉登斯还提出了有关“全球世界主义秩序”的理论。在他看来，各国面临着全球化的冲击，“简单现代化”和革命的时代已经过去；随着苏联式的社会主义模式的终结，资本主义也要成为历史。第二次世界大战后，西方国家接受了凯恩斯主义，并在不同程度上实施了社会主义国家的中央控制，而社会主义国家正在借鉴资本主义生产手段，发展本国生产力。所以，社会主义和资本主义已经不像过去那样简单和单一了。各国人们在冷静反思之后，更乐于采取居于不偏不倚的中间道路。

简言之，“第三条道路”具有民主社会主义的实用主义特征，又是对以往

① 安东尼·吉登斯（1938— ）是英国著名社会理论家和社会学家，当代欧洲思想界最有影响的学者之一。1970年即为剑桥皇家学院院士，1996年出任伦敦经济学院院长，兼任剑桥大学教授。其代表作还有《历史唯物主义的当代批判》、《民主一国家与暴力》等。

② 安东尼·吉登斯：《超越左与右——激进政治的未来》，社会科学文献出版社2000年版，第2页。

民主社会主义理论的发展。准确而言，它不是社会主义与资本主义之间的“中间道路”或“半社会主义”，而是在具有凯恩斯主义特征的民主社会主义与传统保守主义之间的审慎选择。

此外，“第三条道路”还强调个人自由和责任的关系，提倡主动积极的社会援助等，使之比以往的巴茨克尔主义更容易被民众认可。

布莱尔作为精干的政治家，曾孜孜不倦地寻求政治改革与社会现实之间的平衡，巧妙地贯彻和实践着吉登斯的理论。内阁建成不久，他告诫本党议员道：“这是一个现实的时代，那些过分的言辞会遭到人们的怀疑。”而后几年里，他领导政府进行了多方面的改革。

新工党政府的经济政策具有明显的灵活性。它建立不久就扩大英格兰银行独立运作的权限，准许它自行确定利率。政府其他经济政策立足于宏观经济的稳定、低通货膨胀率和财政收支的平衡。此届政府没有像往届工党政府那样，上台伊始就增加税收和开支。1998 年的政府的财政预算，不仅降低了低收入者的税率，还降低了存款利税，使中下层民众同样受益。同时，提高公司法人税、汽油消费税和遗产税的征收起点，使政府收支平衡。1993 年 3 月，政府又通过预算报告表示：从 2000 年起，将基本所得税从 23%削减到 22%。

在经济方面，工党政府面临着两个难题：其一，它作为一贯推崇民主社会主义的政党，不敢在私有化的路上走得太远。甚至它在沿袭和实施与保守党一致的私有化政策时，也得尽量避免使用“私有化”的话语，否则就会面对社会压力。其二，在英国与欧盟的关系以及加入欧元区问题上，存在着舆论压力。

在福利国家建设方面，工党政府强调政府的作用不是提供所有的社会保护，而是发挥“组织和规范”职能。它还强调受益者的责任感，以及“社会风险共担”的原则；既要求具有工作能力者积极履行社会职责，又不减少对穷人和无劳动能力的支持。布莱尔政府计划大幅度削减社会保险财政开支，用于卫生医疗和教育，这体现了“国民利益均沾”的思想。但当它鼓励那些无正常工作能力者去“尽力而为”时，在议会内外受到了批评。

布莱尔政府在政治制度方面的改革是最激进的，也最能说明它与保守党政府的区别。工党政府最大的成就是它解决了延续多年的爱尔兰难题。半个多世纪以来，由于北爱尔兰两大教派之间的矛盾冲突和激进民族主义的影响，恐怖主义浪潮始终在整个不列颠蔓延，众多军民遭难。据官方统计，仅在北爱尔兰一地，1970—1981 年间就有 4 万次枪击事件和爆炸案，导致 19 200 多人伤亡。

1998年4月10日，北爱尔兰各派在英美和爱尔兰推动下，达成一项结束该地区流血冲突的协议。从此，北爱尔兰仍然是英国的一部分，但将与爱尔兰共和国建立更密切的关系。1999年11月，北爱尔兰各派领导人经过一年多的谈判，成立了联合政府。人们殷切盼望，该地区和整个联合王国能自此摆脱恐怖和暴力，英国和爱尔兰的关系能从此步入新阶段。

其次是对议会上院实行改革，废除了世袭贵族的大部分政治特权。

另外，工党政府还把部分权力下放给苏格兰和威尔士的地方议会。即准许它们拥有较多的地方事务管理权，甚至可以浮动3%的所得税。但保留了中央政府在外交、国防、安全和经济决策等重大问题上的决策权，规定两个地区不得脱离英国。1999年5月，苏格兰议会和威尔士国民大会的选举按期举行。自此两地的民族主义政党将取代保守党，而成为工党的重要竞争者。自20年代以来始终主宰着联合王国的两党政治模式，实际上已在这两个地区解体了。可能，权力下放还会带来了一些问题。政府和民众都在拭目以待。

“布莱尔主义”使英国经济步入良性发展阶段。一些官方统计数字说明了政府的业绩。1998年，商品和服务总产值为8480亿英镑，比1997年增长1.75%。1998—1999年通货膨胀率为2.5%，是数十年来的最低点。1998年政府支出比1997年多2.5%。政府债务在1997—1999年里减少了320亿英镑。1998—1999年，全国就业人数稳定在2740万人左右，比1997年增加1.5%，失业率相应下降。银行利率降至20多年来的最低点。抵押贷款则是30年来最低的。诸多数字表明，布莱尔在其执政的三四年里，在经济增长、稳定币值、降低失业率等方面得到了一定的成效。

与历届政府一样，布莱尔政府还有一些难题。例如，处在贫困线以下的国民较多，约占全国人口的1/12。改变这点需要较大的努力。一些与人民生活密切相关的问题，如社会治安、医疗服务等，仍未解决好。教育上取得成效也非一时之功。总之，新工党正在接受选民的检验。

一些头脑冷静的人还想到：在英国，没有长期成功的政策和主义。以后，布莱尔主义是否会像以往的巴茨克尔主义和撒切尔主义那样，先扬后抑，经不住历史的长期检验？

同时，英国人懂得：社会问题的存在是正常的。布莱尔和新工党的做法毕竟表明：一个政党，只有不断进行思想和政策更新，政府和国家才会焕发生机，才会赢得选民的支持。

工党在政策方面的改弦更张还再次引起两大政党政治上的接近。英国会又一次出现“共识政治”。

六、英美关系和英欧关系

第二次世界大战结束时，不列颠政治家和外交家依然保留着“历史的自豪感和责任感”。英国是战胜国，未像法国那样蒙受过亡国之辱，未像德国那样遭到严重破坏。胜利使他们对自己的制度和外交能力怀有信心，并不无得意地把英国看作大国政治中的一支主要力量，看作战后新的国际体系中负有重任的三大国之一。英国人这种高傲的心态在战后不久最为明显。如在1948年10月，丘吉尔在保守党年会上提出了著名的“三环外交”总方针：

在自由民主国家存在着三个大环。……对于我们来说，第一个环自然是英联邦和英帝国及其所包括的一切。第二个环是我国、加拿大和其他英联邦自治领以及美国在其中起着如此重要作用的英语世界。最后一个环是联合起来的欧洲。这三个大环同时并存，一旦它们连接在一起，就没有任何力量或力量的结合足以推翻它们，或敢于向它们挑战。现在你们想象一下这三个相互连接的环，就会看到，我们是在所有的每一个环里都占有重要地位的唯一国家。事实上我们正处在三环间的连接点上。由于我们这个岛国是海运线的中心，或许还是空运线的中心，我们就有机会把它们都连接在一起。①

丘吉尔的这段话，实为一些英国人的心声。他们认为，英国应继续扮演多种角色：大英殖民帝国的宗主国和英联邦的领导者、欧洲大陆政治和军事均势的主要决定者、与美国有着“特殊关系”的大西洋大国。

在“三环外交”的构思中，英国一方面想利用其特殊的地理位置、庞大的殖民主义遗产和战胜国的身份去作“超水准的发挥”，另一方面又得依赖和利用美国，使美国承担对西欧的安全和防务，实现联美抗苏的战略方针，同时又

---

① Robert R. James (ed.), *Winston Churchill: His Complete Speeches 1897–1963*, Vol. 7, New York, 1974, p. 6945.

抵制美国对其势力范围的渗透，努力在欧洲保持势力均衡。

英美“特殊关系”始于第二次世界大战，也受到两国文化、语言和政治传统的影响。① 而且，所谓“特殊”主要是对英国而言。一方面，战后英国力量严重削弱，无法像往昔那样单独发挥世界大国的作用，只好借助英美特殊关系以对美国政策施加影响，发挥英国在国际事务中的作用。另一方面，英国又不甘愿充当美国的追随者和小伙伴。相反，英国领导人利用战后欧洲大国衰弱之机，扶持法国，以加重英国在欧洲天平上的分量。他们在第二次世界大战结束前的同盟国首脑会议上，极力主张将法国视为战胜国，甚至为法国在德国争取到一块占领区，就是为了通过与法国的合作，扩大英国对欧洲事务的影响力。

英国高层政治家在构思“三环外交”时，冷战已在酝酿。所以，在欧洲一环的“自由和民主国家”中，不仅不包括当时的另一个一流强国苏联，而且是为了对付迅速崛起的以其为首的社会主义阵营。正巧，作为战后冷战基础的“铁幕说”也是由丘吉尔于 1946 年最先直率地提出来的：

从波罗的海的什切青到亚德里亚海的里亚斯特，一幅横贯欧洲大陆的铁幕已经降落下来。在这条线的后面，坐落着中欧和东欧古国的都城。……所有那些名城及其居民无一不处在苏联的势力范围之内，不仅以这种或那种形式屈服于苏联的势力影响，而且还受到莫斯科日益增强的高压控制。②

丘吉尔的演说被视为冷战序幕的开启。表明英国的“三环外交”是与冷战的国际大气候密切相关的。丘吉尔还呼吁“西方民主国家团结一致”，对付来自莫斯科的任何威胁。

尽管英国上层政治家格外重视大西洋两侧的“特殊关系”，战后英美关系的坐标还是呈现出一条蜿蜒波折的升降线。大战刚结束，美国方面担心坚持“社会主义”主张的工党政府会向莫斯科靠拢，突然终止了《租借法》的实施，解散了专务经济合作的“英美联合委员会”，翌年 8 月又停止了与英国在核武器研制方面的合作，使英国政界名流耿耿于怀。可不久，英国外交大臣贝文屡屡抨击苏联的威胁，证明工党在对外政策方面也与保守党达成了共识。加上国际形势的变化，美国及时启动了帮助英国重建的贷款，两国关系很快修复。

1948 年 1 月，贝文倡议建立西欧联盟，得到保守党政治家的赞赏和西欧

① 汉里德、奥顿：《西德、法国和英国的外交政策》，商务印书馆 1989 年版，第 236 页。

② 转引自陈乐民主编：《战后英国外交史》，世界知识出版社 1994 年版，第 64 页。

诸国的响应。但英国及其西欧伙伴实力有限，难与苏联抗衡，便要求美国参与西欧防务。美国借机在 1949 年 4 月组建了北大西洋公约组织。原由英法为核心的“布鲁塞尔条约组织”的成员国一道进入了北约。

从 40 年代末到 50 年代中期，英国表现出它与美国和与欧洲关系上的厚此薄彼。朝鲜战争爆发后，英国政府派兵参战，支持美国；却又为了保持自己的行动自由，不愿过多地卷入欧洲事务。1952 年，由法国提议的欧洲煤钢共同体成立，它实为欧洲共同体的前身，成员国有法国、西德、意大利、荷兰、比利时和卢森堡，目的是使它们的煤炭和钢铁工业一体化。但英国从自身利益和维护国家主权考虑，仅与该共同体签订了一个规定与他们之间关系的协定。5 年后，法国等 6 国签订《罗马条约》，准备成立欧洲经济共同体和欧洲原子能共同体，英国再次成为局外者。

五六十年代，英美两国因利益有别，一再发生抵牾。起点是 1956 年的苏伊士运河事件。7 月 26 日，埃及总统纳赛尔宣布将苏伊士运河公司收归国有，运河公司 3500 万英镑的年收入将被用于由苏联援建的阿斯旺水坝。英国人尤其震惊。因为英国政府所拥有的股票占运河公司登记资产的 44%，又是运河航道的最大使用者。次日，英国和法国政府分别发出了抗议照会，警告埃及政府应对因此产生的后果负全部责任，被对方严词拒绝。当天，艾登致电美国总统艾森豪威尔，希望美国与英法一道对埃及施加政治压力，并准备使用军事手段夺回运河。不料，艾森豪威尔以美国公众舆论为由，主张和平解决，拒绝使用武力。8 月 16—22 日，18 国会议在伦敦召开，承认埃及对苏伊士运河的主权，提议由一个国际委员会管理运河，又被纳赛尔拒绝。尔后，第二次伦敦会议和联合国安理会和平解决危机的努力均告失败，但美国依然反对使用武力。10 月末，英法对埃及开战。以色列如期出兵。纳赛尔发布全国动员令，埃及空军轰炸以色列机场。英法陆续投入大股兵力入侵埃及。中东局势格外紧张。美国在联合国安理会上，称以色列为侵略者，呼吁制止战争，实是为避免苏联援助埃及和插手中东事务。结果大会通过了美国要求各方立即停火的决议。① 艾登内阁为之愠怒，但无法抵制来自苏联、阿拉伯国家、美国等各方面的压力。加上国内反对党的强烈抗议和保守党内部的谴责，被迫与法国一道于 11 月 6 日

① C. J. Bartlett, *The Special Relationship, A Political History of Anglo-American Relations since 1945*, Longman, 1992, p. 87.

宣布停战。圣诞节前，十几万军队全部撤出埃及。

1957 年 1 月 1 日，埃及政府宣布废除 1954 年英埃协定，很快将所有外国在埃及的银行、贸易公司等收归国有。中东战略格局大变。外交老手艾登在外交和军事方面蒙受羞辱，迅即以“健康不佳”为由辞职。英美的特殊关系开始演化为“一般关系”。以后两国仍在尖端科学方面实行合作；1962 年古巴导弹危机期间，麦克米伦首相曾对美国政策施加影响，但作用毕竟有限了。

人们发现：英美关系一再受到不列颠党派更替的影响。工党执政时，英美关系容易疏远，保守党上台后，两国关系则会近乎些。例如，1964—1965 年，美国政府急剧扩大其在越南的战事，威尔逊首相不但不派遣兵力以示支持，还告诫约翰逊总统：不要使美国过度地陷入支那战争。又如，1967 年，威尔逊政府为削减军费，决定撤出英国在苏伊士运河以东的军队。这样，英国在印度洋和波斯湾留下的空缺则需由美国去填补，无疑会加重美国在中东的防务负担，影响美国的世界战略计划。

1970 年，保守党在大选中取胜，可是希思政府继续实施前工党政府的削减防务开支的政策，甚至在 1973 年的第四次中东战争中，拒绝为美国空军提供基地。此等事例不止一端。

与此同时，英国在外交上实现大的调整，渐渐疏远美国，将对外关系的重点转移到欧洲。突出的表现无过于申请加入欧洲共同体。

英国加入欧共体的过程一波三折。1961 年秋至 1963 年初，麦克米伦指令同为“欧洲派”的掌玺大臣爱德华·希思率庞大代表团，就英国与欧共体分歧问题与欧共体官员洽谈。主要由于英法矛盾和英联邦优惠问题而未取得任何实质性进展。一贯与美国“顶牛”的法国总统戴高乐直言不讳：英国加入欧共体，等于在其中安插进一个美国的代言人；这是一个非同小可的政治问题。经过 15 个月的论争，英国政府的第一次申请因法国反对而失败。

而后几年，英国经济继续恶化，加入欧共体的愿望更加迫切。1967 年 1 月，威尔逊首相出访欧共体各国，向他们表达友好态度。同年 5 月，英国政府第二次提出申请。戴高乐以英国没有作好加入共同市场的准备为由，再次将之否决。

英国政府的两次失败，迫使它重新考虑英国传统的欧洲政策，愈发坚定了向欧陆靠拢的意念。1969 年戴高乐总统辞职，蓬皮杜继任，法国政府改变了它对英国的强硬政策。1970 年，保守党希思政府建立，第三次提出加入欧共体。经过谈判，英国得以和爱尔兰、丹麦一道，于1973年1月1日起成为欧共体的正式成员。以后，工党政府又同欧共体就英联邦农产品进口、关于英国是否可以自行决定自己的汇率、财政和劳资政策等问题，与欧共体继续谈判。又经过了两年多的周折，双方才达成了妥协。1975年6月，英国政府经全民公决，确定仍留在欧共体内，英国的欧陆政策的调整才真正告一段落。自此，英国与德、法等国成为大致相同的欧洲国家，不再对欧洲国家采取孤立主义态度了。

英国在对外政策上终于实行大调整，乃是多种原因所致。其一，英国政治家发现：长期游离于欧洲共同体之外，会使其在经济竞争中居于不利地位。1950—1970年，共同体6国的年平均经济增长率为4.15%，而英国仅为2.3%。为此英国必须面对现实，在欧洲确定自己的位置。其二，五六十年代，第二次世界大战中的战败国德国和日本迅速崛起，经济实力压英国一筹。英国若仍想在资本主义世界扮演"第二小提琴手"，已经力不从心了。其三，英帝国的解体和英联邦的衰落，以及英国被迫实施的"殖民撤退"，使之失却了原有的物资和经济价值，英国人急于通过新的途径和方式弥补其损失。另外，英国与欧洲经济交往的扩大和共同利益的增加等，也有助于英国融入欧洲。

英国虽然加入了欧共体，其传统利益却又与欧共体的经济政策相抵触。特别是它在70年代末80年代初的摊款占欧共体预算的21%，受惠却只占13%，颇不划算。在经济利益背后，还有不容忽略的心理因素，即英国的世界海洋大国的意念仍在涌动。例如，当希思等人不再提英美"特殊"关系时，却还强调两国同属盎格鲁—撒克逊支脉的"天然关系"。不列颠上层人物的大国心态也未完全消失，一有机会就想表明英国不只是一个欧洲大国。

撒切尔夫人上台后，英国对外政策中的个性加重，表现出几个特点。

其一，注意发展英美关系，增加"大西洋色彩"。撒切尔夫人同美国总统关系密切。1979年12月访美时，就对两国的"非凡联盟"大加赞扬，加上她多年与里根总统的关系相当密切，有助于重新恢复英美"特殊关系"。撒切尔夫人领导内阁期间，坚决支持美国的行动更是接二连三。如1979年在伊朗扣押人质危机和阿富汗事件中声援美国；1980年1月为推行北约中程核武器现代化，率先允准将160枚美国巡航导弹部署在英国。2月撒切尔夫人再次访美时，公开声明支持里根关于建立快速部署部队的计划。美国方面也注重对英国及时回报。翌年，马岛战争发生，里根政府向英国提供了响尾蛇导弹、空运飞机、大批军火、轮船加油设施和卫星侦察到的重要军事情报。当撒切尔政府因拒绝对南非种族歧视政策实行经济制裁，而在英联邦和欧共体中陷于孤立时，美国却支持英国的立场。1986年美国以打击国际恐怖主义活动为由，对利比亚实行军事进攻，并要求使用英国的空军基地，撒切尔夫人又决定给予协助和支持。当阁僚对美方未曾与英国事先协商而提出异议时，她力排众议，强调要对美国在马岛战争时对英国的支持给予回报，做"患难的朋友"。1987年两伊战争激烈进行，美国在这一地区与苏联的角逐升级。美国要求其北欧盟国相助，遭到拒绝。但英国最后还是派出了6艘扫雷舰，在为本国船只护航时也为美国舰船扫雷。1990年海湾危机发生，为英国再次体现英美合作精神提供了机会。据西方舆论披露，布什总统下决心实施"沙漠风暴"行动，用武力解决科威特问题，就先接受了撒切尔夫人的劝说。而后英国尽力支持美国把伊拉克的军队赶出科威特，显示了英国作为美国头号盟国的地位。

其二，对西欧既斗争又联合。1983年以前，她为了维护英国经济利益，就预算摊款和共同农业政策多次与其他成员国发言人激烈争吵。1984年欧共体在枫丹白露会议上对英国在预算摊款回扣问题上作出让步，英国同欧共体的关系越来越密切。

其三，对待苏联和东欧先强硬后灵活。撒切尔夫人上台之初，就宣称同苏联的斗争是两种社会的生死斗争。1981年两国发生竞相驱逐对方外交官的风波，关系继续恶化，还对东欧国家产生影响。英国逐渐调整对它们的政策，加强经济往来，鼓励东欧各国的某些事态的发展。同时警告西欧国家，在戈尔巴乔夫实行重大政治变动之前，不要对苏联实施任何"马歇尔计划"式的经济援助。

每当美国同苏联的关系遇到麻烦时，撒切尔夫人总是"自然地"站在美国一方，尽量给予支持和协助。1983年，里根总统提出"战略防御倡议"，苏联为之震怒，西欧国家也表示疑虑和批评。而撒切尔夫人却是一面予以支持，一面施加一定的限制和引导；翌年又亲赴戴维营同里根会谈，就战略上如何遏制苏联等问题达成共识。

大约在海湾战争之后，随着两国高层决策人物的变化，英美关系开始降温。1992年克林顿出任美国总统后，有意将英美关系与美法关系、美德关系同等对待，高度评价法国的欧洲问题立场，说德国已成为其在"欧洲的主要盟国"，却不提及英美"特殊关系"。

布莱尔政府建立工党政府后，为摆脱保守党所造成的外交困境，尽力在英美、英欧关系中寻找平衡点。他一方面与克林顿频频互访，在欧洲防务、北约东扩、“人权外交”和伊拉克核武器检查、北爱尔兰等问题上屡屡达成共识；一方面竭力调整与欧盟的关系。1998年，英国在“沙漠之狐”行动中作为唯一的盟国参与美国的对伊拉克的空中打击，尽力表明英美特殊关系是不可取代的，在关键时刻美国必须依赖英国支持。而在此稍前，布莱尔在阿姆斯特丹首脑会议修改《马斯特里赫特条约》时作出较明显的让步。可总的看来，在欧共体内，英国还是一个最有个性、最不安分的成员国。

战后英国外交史也是一个相当曲折复杂的话题，难用少量文字做全面的概括。但不妨碍我们发现：无论何时，英国决策人物总是一再地遵循着帕麦斯顿的名言：英国没有永久的盟友，也没有永久的敌人，而只有永久的和不变的利益。

七、大英帝国的瓦解

战后英国的重大变化之一是大英帝国的迅速衰落。西方有的学者称之为“非殖民化”。然而，所谓“非殖民化”是一个令人迷惘的政治概念。它强调了殖民国家的主导面，会给人以这种印象：帝国殖民地的独立是由宗主国恩赐的，英国的“殖民撤退”是有步骤有计划地实施的，是其明智的殖民主义政策的目标和结果。这就掩饰了“非殖民化”的真实成因，抹杀了殖民地国家的民族解放运动在瓦解大英帝国过程中的重要作用，夸大了宗主国在其殖民帝国瓦解中的主动性。实际上，战后英国的“非殖民化”是在殖民地人民反抗斗争日益高涨的情况下，被迫采取的退却。而且，这种退却是渐进的，软硬兼施的，意味着从一种旧的控制转变为新的控制，用一种新关系代替旧关系。[①] 当然，其中还伴随着英国人的无奈、惋惜和伤感，让步、算计和谋略。

① 我国有学者认为：“非殖民化”是民族主义强大而又非十分强大、殖民主义力量削弱而又非完全削弱的产物，是殖民主义力量与民族主义力量在特定的历史条件下相互较量的结果。这种看法是颇有见地的。张顺洪等：《大英帝国的瓦解——英国的非殖民化与香港问题》，社会科学文献出版社1997年版，第5页。

何时是大英帝国“非殖民化”的起点？这是一个人言言殊的问题。可以说，早在19世纪英国给予加拿大、澳大利亚和新西兰自治权时，大英帝国的“非殖民化”已初露端倪。第一次世界大战促进了英帝国内部关系的继续演变。战时，帝国自治领在人力物力方面给予宗主国以重大支持，为它们争取提高国际地位和提高自主权获得了理由。同时随着自治领经济的发展，当地民族主义者为重新调整本自治领与宗主国的关系，提高国际地位，屡屡呼吁和抗争。使之逐步取得了出席国际会议、派遣驻外使节和签署国际条约等方面的权利，赢得了独立行使外交政策的国家或准国家的资格。例如，两次世界大战间爱尔兰就是通过这些途径较快实现民族自治的。1919年阿富汗经过顽强斗争，也宣布摆脱对英国的附属国地位。不久伊拉克迫使英国承认其形式上的独立，这些史实，均可视作大英帝国瓦解的起点。

在部分英属殖民地争取民族独立的过程中，各自治领退而求次，要求使第一次世界大战以来帝国内部关系发生的这些变化得到巩固和承认。英国上层决策人物也急于寻求一种合适的组织形式，维持宗主国同各自治领之间的联系，认可各自治领的相对独立地位。于是，英国同各自治领政府反复商洽，终于在1926年的帝国会议上，就“巴尔福报告”中一些具有宪法意义的指导原则达成共识。该报告声称“地位平等”是指导英国与各自治领之间关系的根本原则，又强调了各成员国参加或保留在英帝国内的“自愿”精神。1931年英国议会通过《威斯敏斯特法案》，将英帝国内部关系的这种变化以法律形式确认下来。英联邦正式成立。其成员国除英国外，还有加拿大、澳大利亚、新西兰、南非、爱尔兰自由邦和纽芬兰。当然，尤其是在英联邦建立前期，所谓内部各国的平等并不存在。实际上英国在外交和防务方面都在英联邦内居于支配地位。

“非殖民化”作为一个不以帝国主义者意志为转移的时代潮流，则发生在第二次世界大战之后。此次大战改变了世界格局，削弱了西方殖民列强，涌现出社会主义阵营，促进了民族解放运动的发展，加速了英帝国解体的进程。第二次世界大战期间，自治领与各殖民地出动了约500万人的军队，其中半数来自印度。殖民地参战活动大大促进了当地民族意识的增长，要求国家独立的意识空前强烈。再如东南亚的马来亚等国人民，在太平洋战争爆发、英军纷纷逃离之后，在当地进步组织领导下，开展多种形式的抗日斗争。其中马来亚共产党领导的抗日军队在英军重返之前，已从日本侵略者手中解放了自己的国土，大战胜利后也不允许英国恢复殖民统治。还有一些殖民地，如印度、非洲和西印度等，于战争中一面发展自身民族经济和政治生活，一面向宗主国提供巨大支持；英国殖民者作为回报，也被迫允诺某些殖民地获取部分政治权利，这也为它们争取民族独立创造了先决条件。

战后英帝国瓦解再一根本原因，在于宗主国自身的衰落。关于第二次世界大战给英国造成的沉重损失，前面已经提及。还应指出的是战后冷战思维和政策加重了英国在军事防务方面的开支，使英国政府在战略防御和军备竞赛时深感力不从心。面对东欧华沙条约国的对抗和西欧动荡不定的局势，英国必须把保卫本土的安全放在首位，在防务上有所取舍，集中力量对付主要的挑战。其结果则是英国不再使用过多的财力和武力去维持庞大的帝国，而要实行某些收缩和退却。

战后英国实行殖民撤退，还有不容忽略的国内社会因素。从 1945 年艾德礼组阁到 70 年代，两大政党为建立福利国家体系而进行“民意争夺”，它们在执政期间，必须增加政府财政支出以维持全国医疗、教育和各类社会保障所需要的开支。于是，社会福利费用与政府的海外开支的需要互相矛盾。而战后英属殖民地的广泛反抗，又迫使英国统治集团付出高昂的代价。这自然会与国内的福利国家建设发生矛盾。为了维持必要的选民支持率，历届政府必须通过“殖民撤退”来减轻海外军事开支，其结果也会加快大英帝国的瓦解和衰落。

纵观之，战后英国的殖民政策的调整和殖民帝国的解体，呈现出三个阶段。第一阶段是从大战结束到苏伊士运河危机之前。其中最典型最突出的事件是英国最大的直属殖民地印度赢得了独立，建立了共和国。印度的民族主义运动，于战前就屡见高潮，迫使英国议会两次通过议案，在印度实施宪政改革。第二次世界大战期间，英国政府为了诱使印度将巨大的人力与物力投入战争，曾答应以后把政权移交给独立的印度政府。战后，由尼赫鲁领导的国大党要求英国兑现诺言，实现印度的独立和统一，而以真纳为首的穆斯林联盟则要求建立一个分离的回教国家——巴基斯坦。民族矛盾、种族矛盾、宗教矛盾与殖民和反殖民的矛盾交织在一起，印度各地出现罢工、农民和军警起义，使面临国内重建重任的英国政府无法调集足够的人力财力，组成漫长的防务战线，去控制南亚次大陆的局势。终于，在 1947 年，英国同意印度和巴基斯坦分离和各自独立。翌年 1—2 月，缅甸和锡兰也相继独立。

英国从巴勒斯坦的撤退则复杂曲折。1917 年，英国为肢解奥斯曼帝国，就一面表示支持阿拉伯人于战后建立独立国家，一面又发表“巴尔福宣言”，同意在巴勒斯坦地区为犹太人“复国”。这种分而治之的殖民统治伎俩，挑起了阿拉伯人和犹太人之间的仇恨。两次世界大战期间，巴勒斯坦成为英国的委任统治地；大批犹太人移居至此，他们与阿拉伯人的矛盾不断加剧。第二次世界大战时，英国政府为再次赢得阿拉伯人的支持，暂时搁置帮助犹太人建立民族家园的计划。而亲犹势力强大的美国却于 1944 年宣布：帮助犹太人在巴勒斯坦建立自己的国家以色列。而后犹太人纷纷来巴勒斯坦定居。英国政府面对美国的压力、犹太人的恐怖活动以及阿拉伯人与犹太人的谈判僵局，被迫于 1947 年 4 月将巴勒斯坦问题提交联合国讨论，通过了对巴勒斯坦实行分治的决议。以后，英国结束了在巴勒斯坦的委任统治，但播下了民族和宗教矛盾的种子。巴勒斯坦的阿拉伯人和以色列的犹太人一再发生冲突和战争，至今仍未得到圆满解决。

战后英国殖民体系的瓦解，导致了英联邦的重大演变。英联邦本是英国与其白人自治领所结成的联合体，名义上它们仍尊英国国王为国家元首。第二次世界大战后印度建立了共和体制，选举产生了作为自己国家元首的总统，自然就不能再奉英王为尊了，这是否还能留在英联邦内？英国为了防止印度成为一个“反对欧洲人的亚细亚运动的领袖”，于 1949 年与其他英联邦国家商定：不再以效忠英国君主作为英联邦成员国的一个条件；除英国之外，凡承认英国君主作为英联邦国家联合的象征和英联邦的元首者，即可成为英联邦的成员国。1950 年印度正式宣布为共和国，并继续留在英联邦内。这就为以后其他建立共和国的前英国殖民地加入英联邦内提供了范例。英联邦就由第二次世界大战前的“白人俱乐部”，演变成为一个包括不同种族、不同文化和政体形式的国家联合体。英联邦实际上取代了原来意义上的“大英帝国”。

英国政府之所以能对英联邦抽梁换柱，除为了尽力维持旧帝国的“主仆感情”外，更是出于自身经济利益的考虑。战后英国肩负重建重担，很想利用前殖民地的经济价值和背景，保持和发展新的联系，继续把它们当作自己的商品市场和原料产地，以加强其在世界上的竞争实力。为此，英国尽量把英联邦国家留在英镑“安全区”，对他们实行联邦特惠制，抵御欧美诸国的贸易进攻。据统计，1950—1954 年间，以英联邦国家为主体的英帝国在英国进口贸易中占去了 49%的份额，在出口贸易中高达 54%；同一时期英国约 2/3 的海外投资流向这些地区。可见，战后若干年里，改造后的英联邦仍然是维系英国经济的重要因素，它有助于英国政府采取“撤退”与“固守”相结合的殖民政策。

以1956年的苏伊士运河危机为转折点，英国步入了“非殖民化”的第二阶段，从其殖民帝国全面撤退。这一阶段大约延续了20年。直接原因是苏伊士运河事件导致英国与阿拉伯国家矛盾的加剧，削弱了英国在阿拉伯地区、非洲乃至世界各地影响。英法军队撤出埃及不久，约旦率先爆发反英高潮，于1957年3月废除了英约友好条约，所有英军撤离该国。翌年7月，伊拉克发生革命，推翻了亲英的旧王朝及其政府，英军悻悻撤离。到了60年代初，英国已丧失了它在中东北部阿拉伯国家的大部分地盘。同时，美国以防止共产主义渗透为由，借机向中东国家提供军事与经济援助，进入了英法的前殖民地和势力范围。科威特、南也门、巴林、卡塔尔和阿拉伯联合酋长国陆续摆脱了英国的控制而独立。

在中东地区掀起反英斗争高潮之际，英属非洲也出现了独立运动。1957年3月，加纳最早宣布独立，意义深远，仅在1960年就又有17个非洲国家宣布独立。英国政府被迫在殖民地问题上采取现实主义态度。1960年2月，麦克米伦在南非发表演说时承认：“变革之风已经吹遍这个大陆，不管我们喜欢不喜欢，民族意识的增长是个政治现实。我们大家都必须承认这是现实，并且在制定政策时把它考虑进去。”而后，英国加快了非洲殖民地的非殖民化进程，容许一些争取民族独立的国家和地区在英联邦的旗帜下取得自治或独立。60年代中期威尔逊领导政府时，英国在亚洲、南太平洋和加勒比海地区的一些殖民地与保护国也大多独立。70年代初，英国又从新加坡、马来西亚和海湾地区撤军。到了70年代中期，基本上完成了从苏伊士运河以东地区的撤退。英帝国殖民体系土崩瓦解。

1979年撒切尔夫人开始执政时，英帝国所剩余的殖民地还有20多处，但大多是加勒比海、南太平洋、印度洋和太平洋中的一些人口甚少的小岛。其余较重要的殖民地，一是中非的坚持种族主义政策的罗得西亚，二是总人口占去英国殖民人数3/4的香港。罗得西亚在当地游击队的打击和国际舆论压力下陷于困境。从1979年9月到1980年春，由英国主持，经过几个月的谈判，达成了和平协议。1980年4月罗得西亚改名为津巴布韦，正式独立。英国对罗得西亚的最后处理方式，体现了灵活的现实主义原则，津巴布韦也乐意在独立后留在英联邦内。

在对待第三世界的英属殖民地问题上，撒切尔夫人及其继任者软硬兼施。硬的一手以在1982年解决与阿根廷因马尔维纳斯群岛的主权争端问题最为典型。英国人声称是他们最先发现福克兰群岛的，派兵驻守已有一个多世纪。阿根廷则认为它对马岛拥有天然的和地缘的权利。1965年以来，两国根据联合国的决议，时断时续地谈判了10余年，未能达成协议。1982年4月2日，阿根廷军队在马岛登陆。英国在女战神撒切尔夫人的领导下，出动上百艘军舰，3.5万人的兵力，以沉重的代价，与阿根廷大规模作战74天，终于取得了胜利。当时，包括一些西方新闻媒体，都认为撒切尔政府犯不上花费如此巨大的代价，去争夺这么一块小小的遥远的殖民地。而英国政府之所以不惜血本地大动干戈，除了顾及马岛及其附近岛屿的重要战略价值和经济价值，还是为了在阿根廷这么一个实力虚弱的对手身上，借机松弛一下英国公众对战后以来国势日蹙的压抑感，用战争胜利去争取民心，夺取党派斗争和大选的胜利。

软的行为之一是处理香港问题。在强大的中华人民共和国面前，她深知炮舰政策是毫无效果的。而中国政府几十年来，多次阐明对香港问题的严正立场，一贯主张和平解决这一问题，并坚持两个原则：1997年一定要恢复对香港的主权；在此前提下保持香港的稳定和繁荣。为了实现上述目标，邓小平提出了“一国两制”的构想，为香港问题的解决打开了通道。1984年4月，英国外交大臣杰·豪在香港发表声明：“要达成一份能使本港在1997年以后仍然继续由英国管理的协议，是不切实际的设想。”到该年年底，经过22轮谈判，中英双方达成了关于香港前途的决议。12月19日两国正式签署的联合声明规定：“中华人民共和国政府决定于1997年7月1日对香港行使主权。”“根据中华人民共和国宪法第31条的规定，设立香港特别行政区”，并对香港保持稳定和繁荣作出合理的安排。1997年7月1日英国国旗在香港徐徐降落，鲜艳的五星红旗冉冉升起。中国国歌演奏时，英国在“东方之珠”的一百多年的殖民统治已付诸历史了。

随着香港问题的最终解决，英属所余殖民地零零星星，仅有寥寥居民，大英帝国实际上已经寿终正寝了。

大英帝国重复了人类历史上许多超越民族和国界的大帝国轮回过程：以暴力和鲜血造就之，在征服中扩大和繁荣，而后随着宗主国的削弱和被压迫者的强大和抗争而无奈解体，在历史上留下令人惋叹和讥诮的一页。

颇有意味的是，英国人甚至能在其帝国解体瓦解过程中，继续运用灵活的手法，怀着思古之幽情，缔造、改造并维持着一个颇具特色的英联邦，使之成为旧帝国的影子。这也许是亘古独有的。

八、民众生活习惯的变化

历史的前进是以加速度的形式进行的。第二、三次科学技术革命给西方工业社会带来了令人目炫神迷的进步，全方位地影响到了人们的生活习惯和行为方式。衣、食、住、行等方面均区别于以往。

20 世纪英国人在服饰上的变化是格外明显的。比较而言，直到第二次世界大战之后，多数英国人，特别是男子的服饰仍然比较庄重。英国的男服，无论是其款式的创新还是做工之精细，以及对不同场合的服饰样式规定之严格，都居欧美之冠。男士着装带有趋同性和流行性。例如，在两次世界大战间，社会上几乎所有的中上层成年男子，在公开场合都戴款式相近的呢质礼帽，中下层男子则习惯于戴鸭舌帽和工装帽。而英国女性服装则一再突破着保守主义的羁绊，紧紧追赶并偶尔领导世界潮流。究其原因，一是新型传播技术，如电影、电视和照相技术和报刊杂志等，使包罗万象的时新的服饰艺术形式进入千家万户，促进了人们审美观念变化。二是诸如弗洛伊德的精神分析学说和反传统观念的影响，使人们反省过去，认可现实，挣脱束缚，清理自身愚昧，追求个性解放和自我表现。三是两次大战给人类的精神和肉体以摧残，留下了难以治愈的创伤，刺激了人们对传统束缚的反叛心理。它不仅使一部分男子抛却了原先审美意识上的矫揉造作和娘娘腔，力图找回矫健挺拔的英姿和阳刚之气，使服饰变得简洁优雅、宽松舒适，而且还刺激了妇女对美的多样化追求。战时大批女子走向前线，或在后方参加军火生产、体力劳动，她们也开始抛弃繁赘华丽的服饰，破例穿上了长裤。加上战时和战后一段时间里，男女性别比例严重失调，性压抑导致“性饥渴”和“性解放”，后因职业妇女越来越多，妇女解放的浪潮一再涌动、妇女经济地位的相对提高和社交范围的扩大，激发部分女子追求着装自由和个性表现。另外，人们户外体育活动的增加，生活节奏的加快，社会分工的细化，对“性感”、“形体健美”的新理解和解释，对人体舒适感的重视，以及国际之间不同民族、种族交往的扩大，均使英国人的服饰，特别是女性服饰由保守转向开放。

这里，我们很难用简洁的文字说明整个20世纪英国人服饰的多样化。仅就造型和式样来看，几何形、非对称形、军服式、性感化、女装男性化和男装女性化倾向，异彩纷呈，令人眼花缭乱。电影电视中明星演员的新潮时装会一时间引起不列颠一批人对时装的追求。棉纺织业生产技术的改良、多种化纤工业的发展和丝绸的大量进口，则丰富着服装的质地种类。工装裤、牛仔服、夹克衫、T恤衫、遮阳帽和旅游鞋的普及，大大模糊了人们在着装上的阶级差别。仅仅在20世纪中期，上流社会的有钱人、知识人士和非体力劳动者，特别是银行界的职员，仍视白色衬衫为高雅，穿着西服礼服时，总配以白色衬衫。为此他们自称为“白领阶层”。其他劳动者被视为“蓝领阶层”。可到了20世纪后期，这两个名词渐渐失去了本来的意义，下层人穿白衬衫或上流人着工装服的比比皆是。某人要从服装上判断他人地位的高低，已是相当困难了。

如果说，第一次世界大战后，女性服装最明显的变化是裙子长度普遍变短，她们能够大大方方地露出自己秀丽而健美的小腿，拖地长裙仅在特殊场合出现，那么，到了第二次世界大战之后，拖地长裙实已归入历史，超短裙和喇叭裙先后进入大众的视野。

不容否认，20世纪欧美各国最新颖最激进的服饰是超短裙。可这一大胆的革新之举却是从以保守而著称的英国开始的，是由英国一个普通女设计师——玛丽·奎特（1934年— ）首创的。早在1962年，《时髦》杂志上就刊登了她设计的新颖大胆、下沿在膝盖以上的超短裙。开始虽有人欣赏，但极少有人穿着。1965年，奎特率领一批模特儿去美国，旋风般游历了许多城市，展示了她设计的超短裙、印花喇叭裙等“青春女装”，激发了大西洋两侧国家的求美新潮，并立即波及不列颠岛。超短裙成了少数时髦少女的追求，也震撼了一些男士的心扉。最早的超短裙穿着者曾遭受批判，特别是皮革质地的超短裙被视为“放荡女郎”的标志，有的少女还为此遭到抗议者的讽刺和袭击。但为时不久，就见怪不怪了。

人们在服饰上的新的追求必然引起服装业的变化。位于伦敦市中心卡恩比街，成了60年代摩登派服饰的发祥地。跳迪斯科舞的年轻人常常聚集于此，他们衣着花哨怪异。其中有些年轻人则是由于多种社会因素，使变态心理突然间得到过度地释放，其服饰则呈现许多奇形怪状，给人以形态的颓废感和挑战性，而他们所追求的男装女性化倾向，则给人一种超越了男子本质美的性倒错感。

60 年代末，伦敦有许多摇滚乐队的歌星们穿着奇装异服登台表演，这作为艺术表演未尝不可。可不料他们的服装和他们使年轻人发狂的音乐一样流行起来。有些年轻人穿着这种奇装异服招摇过市，被称为“朋克”，意为“无知草率的年轻人”，甚至含有轻蔑贬低之意。但是，服装设计师们却利用这种服饰，设计出不分男女都可穿着的怪异时装。[①]

20 世纪晚期，历来保守的英国人在着装方面变得相当宽容和随意。人们懂得：服饰方面的新潮和新奇感总是有其合理性，但又可能是暂时的。而见怪不怪的心态却是最值得认可的时代心态。

在饮食方面，英国人一向以简易单调和缺乏特色而著名。长期被称做英式特色食品的三明治即是主食简单化的典型。科技进步、生活节奏的加快和快餐似乎又加重了他们的这一特色。70 年代超级市场和连锁食品店的陆续出现，冰箱冷柜进入各家各户，使人们的饮食更加简单便捷。舶来食品、冷冻食品、罐头食品、暖房培植食品，化学合成和高产食品、机械化速成食品和新式饮料的大批量生产，使人们逐渐拉开了与传统饮食方式的距离。同时，同类食品也因“绿色”成分的多寡而使价格差异颇大。作为对自己平时饮食单调化的一种补充，人们也越来越经常地前往中式、法式、意大利式餐馆和日本料理店，品尝多样饮食，变换口味。

20 世纪中后期英国人在饮食方面的改善，既得益于社会福利的扩充，又直接受益于 30 年代以来不列颠农业的恢复和发展。第二次世界大战又对英国农业进步以最积极主动的刺激。农作物种植、牲畜家禽饲养和渔业技术全面提高，英国农产品自济率一再提高。[②] 当然，英国农业在现代化过程中，也出现了一些令人遗憾的问题。世纪之交疯牛病和口蹄疫的出现，使不列颠畜牧业效益大减，并使人们对本国农业发展中的其他潜在性问题产生疑虑。

在战后英国，人们的居住条件自然要受到人口和住房的增长情况的影响。

① 张乃仁、杨蔼琪著译：《外国服装艺术史》，人民美术出版社 1992 年版，第 330—333、367—368、379 页。

② 参见曾尊固、陆诚、庄仁兴编著：《英国农业地理》，商务印书馆 1990 年版。

比起多数国家来，20 世纪英国人口增幅不大。1900 年，全国人口约 4000 万，100 年后接近 6000 万。20 世纪前半叶人口增长速度较为快些。后半叶由于避孕措施的普及和生育率的降低，人口增长率放慢；1974 年至 80 年代初，一度出现负增长，后因经济情况好转人口出生率稍微回升，以及外来移民的补充，全国人口保持了缓慢增长的态势。

相应之下，住房建设却长期得到政府重视。从 40 年代后期开始，英国两党在大约 20 年里实行“建房竞赛”。造型比较简易的“红砖公寓房”在英国各地大量出现。许多下层人依靠政府的补贴搬入了社区公房。通过贷款和分期付款购买商品私房的人越来越多。撒切尔夫人领导内阁时，又将一批公房出售给个人。英国人的住房条件好于以往任何时期。

人口分布的复杂化和流动性的加强，则促进了政府和民众改进交通手段。20 世纪初，乡村人口向城市的流动仍在继续。后由于一些老工业区的衰落和新兴工业区的崛起，城市之间的人口流动也在进行。战后，由于交通工具的改进和工作方式的多样化，城乡居民出现“倒流”现象。一些生活水准较高的居民宁愿逃离喧嚣污染，移居郊区、中小城市或静谧的乡间。地铁、公交车、私人轿车成为许多人必需的交通工具。1939 年，英国私人轿车共 300 万辆。60 年代突破 1000 万辆。80 年代接近 2000 万辆。乘坐飞机外出旅游的人也越来越多。一个稍显笼统的说法是：20 世纪初，英国只有 6%的居民有条件出国旅游，而到了 20 世纪 80 年代，仅有 6%的人被迫留在国内。1994 年 5 月，连接英法两国的海底隧道——“欧洲隧道”竣工了。它耗资 150 亿美元，由 15 000 多名建筑工程人员，经过 6 年多的夜以继日的努力而建成，被誉为“人类工程史上的奇迹”。欧洲隧道的建成，使英国人的出游更加便捷频繁。

20 世纪还使英国人文化娱乐和信息获取方式发生很大的变化。1936 年，即在收音机迅速普及之际，电视节目首先开播。但因售价昂贵，普通人不敢问津。电影院的生意格外红火。大约 25%的人每周看两次电影，另有 40%的人每周看一次。青少年男孩酷爱美国的“西部片”，而多情女子则把风流倜傥的好莱坞影星鲁道夫 · 瓦伦蒂诺视为“伟大的梦中情人”。50 年代，黑白电视在不列颠普及，十多年后又出现了“彩电热”。各种电器进入千家万户。

两次大战间妇女的社会地位迅速提高。1922 年婚姻法的颁布使她们在离婚时获得了与男子相同的权利。1969 年的“离婚改革法”，将感情破裂作为离婚的首要理由，任何一方都可以提出申诉；夫妻双方分居 5 年，可以自动解除婚约。英国的离婚率也逐渐上升。1910 年全国仅有 801 起离婚案，1950 年达 32 516 起，1980 年达到 158 829 起，1990 年为 165 658 起。[①] 多种因素还使家庭规模持续缩小。单亲家庭和未婚同居者增加。

自 20 年代起，妇女能够成为律师、法庭陪审员、高级文官，能够进入牛津大学攻读学位。但更多的女性文化人成为秘书、打字员、教师、会计和工人。只有少数女子跻身于记者、教授、医生和管理人员的行列。第二次世界大战后，特别是在 60 年代的高等教育社会化之后，女性接受高等教育的机会渐渐与男子无异，社会政治和经济地位也明显有别于以往。女官员、女议员渐渐增多。1979 年甚至出现了一位女首相。英国的大男子主义跌入历史的低谷。60 年代后英国妇女大量参加工作，除了上面提到的原因外，还与全球性女权运动的高涨、传统经济部门的衰落和第三产业的勃兴直接相关。

过去几百年里，沉默寡言的英国人一直以保守而著名。外国人一贯认为，在追求权利平等和行为自由方面，富于“岛国心态”的英吉利人总是落伍于美国人、法国人、意大利人，甚至北欧人。可 20 世纪下半叶，英国人以一系列的自下而上和自上而下的改革，在一定程度上改变了他们在国际上的形象。

第二次世界大战后，人们的性观念越来越开放。而作为英国社会观念变化的两个里程碑事件，一是在 1959 年议会允许妓女以“适当方式”开业；二是 1960 年法庭审判企鹅出版公司出版已故著名作家劳伦斯的《查太莱夫人的情人》的案件。该书写成于 20 年代，因其中有许多性行为的描写，长期不得在英国出版，而企鹅公司公然破此先例，则被认为是伤风败俗。人们和媒体密切关注整个审理过程，不少人为原告的失败而额手庆贺。自此，英国对所谓“黄色书报”的禁令突破了，各类出版物上的性暴露和性描写不再被视为非法。英国跻身于西方“性解放”的大潮，在许多方面都不比其他国家落伍。例如，1967 年议会宣布成年人同性恋行为为合法，不应受歧视；1977 年宣布“易装癖”是少数人合理正常的心理现象，也应得到多数人的理解。[②] 恰如社会其他方面的变化也是利弊兼有，20 世纪后期的“性解放”也引起婚前性行为比率的攀升、私生子的增加和性病的传播。于是，政府和社会又针对具体问题，采取了一系列应对措施。

---

① David Butler & Gareth Butler, *British Political Facts 1900–1994*, Macmillan, 1994. p. 326.

② C. Roberts & D. Roberts, *A History of England, 1688 to the Present*, Prentice-Hall Inc., Englewood, N. J. 1980, pp. 849–851.

面对本国民众生活习惯和方式的变化，英国的政治家、社会学家、伦理学家和媒体也总是在不断调整着自己的心态。见怪不怪和适当约束是该国政府经常坚持的态度。

九、工党的失势和保守党复出

布莱尔盛年担任首相，精干睿智，意气风发，执政初年稳步实施改革，领导新工党超越自身政治传统。经济方面，政府的首要政策是授予英格兰银行“独立运行”的权力，即由银行决定利率，在货币政策方面不受政府的掣肘。在税收与开支政策上，政府消除了人们对以往工党高税收政策的疑虑，有意降低了低收入者的税收负担，提高了遗产税起收点，相应提高公司法人税、汽油消费税等。这就不仅在基本政策方面保持了与保守党政府政策的连续性，还博得社会各阶层的赞扬。在国内宪政问题上，布莱尔政府锐意改革。适当扩大了苏格兰和威尔士的自治权，实施了一些优惠政策，即在保持中央政府在外交、国防、安全和经济政策、主权等重大问题的决策权的同时，扩大两地区地方事务管理权，如在法律、司法、经济、教廷、卫生和教育等领域拥有决策权，甚至有权浮动3%的所得税。但唯独不能就独立问题投票和不能脱离英国。1999年5月，苏格兰议会和威尔士国民大会进行选举，其结果冲击了英国两党政治的模式。

布莱尔上台不久，就主动处理北爱尔兰难题，其方法慎重灵活，屡有进展。1997年，政府要员与北爱尔兰民族主义领导人频繁接触。同年7月，爱尔兰共和军宣布正式停火，新芬党正式签署了关于放弃暴力的宣言。翌年4月，北爱尔兰冲突各方达成一项旨在结束长达30年流血冲突的历史协议。根据该协议，北爱尔兰继续留在英国，但将与爱尔兰建立更加紧密的关系，北爱将成立新议会和负责协调同爱尔兰关系的“南北委员会”。随即，北爱尔兰亲英组织“北爱统一党”的执行委员会投票通过了和平协议。5月22日，英国的北爱尔兰地区和爱尔兰共和国举行历史性全民公决，并分别以71%和94.4%的投票结果通过了4月10日达成的北爱和平协议。1999年11月，北爱议会选举产生权力共享（由新教徒和天主教徒联合组成）的北爱地方政府执行机构，正式吸纳新芬党进入北爱地方政府，完成了向北爱地方政府移交管理权力的法律程序。12月2日，北爱历史上第一个由原先对立的新教徒和天主教徒联合组成的地方政府开始运作，英国政府对北爱尔兰的直接统治宣告结束；当日，爱尔兰议会对宪法进行了修改，正式放弃对北爱尔兰的领土要求。

再一重大举措是对上院的改革，涉及到了英国现行政治制度的运行机制。工党政府进退有度，稳扎稳打。

20世纪以来，上院的权力、威望和作用在不断下降。1949年，新的议会法规定财政议案只能由下院提出，上院不得对其进行修改；上院对公共议案的延搁权被减为一年。至此，上院特权已被严重剥夺。1958年，英国首相开始任命非世袭性的"终身贵族"，上院成分的重大变化和世袭贵族的自然减员不可遏止。截至1999年，英国上院中的终身贵族约占总人数的1/3。

工党对上院的最近一次"大手术"是在20世纪末，它利用执政的优势地位改组上院。1998年11月24日上午，它借助女王之力，宣称将剥夺759名世袭贵族议员在上院的出席权和表决权，废除延续了六百多年的传统世袭贵族在上院的特权，以期达到上院民主化的目标。翌年1月20日，政府宣布：公爵、侯爵、伯爵、子爵和男爵将在当年夏天失去在上院的席位，仅允许92位上院议员在过渡期留任。

2004年，布莱尔政府又出台一项新计划，根据计划，英国政府将废除上院改革中残留的92名世袭贵族的上院议员席位，并创建一个独立的委员会来负责任命部分上院议员。2006年，上院议员还首次选出了议长，废除了由英王任命的旧例。

2010年3月，英国即将举行新的大选。工党和保守党孰胜孰败？一时难以料定。为不使本党的上院改革计划长久搁置，工党政府公布了一份改革预案：设立美国式的"参议院"，未来第二院的300个席位完全经选举产生。选举时间与下院选举同步，每次改选1/3。这些议员最长任期15年。当改革计划实现时，英国这一拥有700多年的历史的世界上最大的贵族院将会完结。

工党政府之所以重提上院改革方案，是想将上院改革的难题留给可能上台的保守党及其政府。

然而，未来的政治改革还要付出一定的经济代价。多年来，议会贵族议员是“义务”在第二院服务，至多可以根据出席议会的天数等，领取适量的补贴。而在未来的参议院中，所有的成员将仿效下院议员领取薪金。届时，政府在财政上为他们所付出的开销，每年要多以亿计。人们是否还会为此说三道四？

对于两个带有敏感性问题——私有化和和英国与欧盟的关系，工党政府采取了比较灵活的言辞和办法，避免冒进，并防止留下保守形象。布莱尔作为一个有作为的政治家，能不囿于传统以适应新的环境，采用多种方式实现目标，其早期政绩有目共睹。

在外交方面，布莱尔及其政府得失均为显著。他上台伊始就在国际舞台上格外活跃，提出的一些主张，在欧洲乃至世界都引起了强烈的反响。其中引人注目的动作，是提升人权在英国外交中的战略地位，对第三世界国家展开“人权攻势”，对所谓“人权纪录糟糕”、且“拒绝改正”的国家给予经济制裁，尤其要限制对其武器出口。1999 年四五月科索沃危机期间，布莱尔政府不仅支持北约对南联盟实施军事打击，而且为北约的行动提供道义依据。北约在华盛顿举行 50 周年庆祝活动时，布莱尔在芝加哥的一次重要演说中，提出了一项处理国际事务的新理论——“新干涉主义”。其要点是：包括英国在内的、作为联合国之外的国家集团北大西洋公约组织，享有集体干涉的界定权和行动权，即某个国家发生了人权、种族或民族矛盾时，可纳入国际干涉的范围。也正是在这一政治理念之下，2003 年，布莱尔在没有获得工党中大多数人支持的情况下，以莫须有的理由，追随美国对伊拉克宣战。这就在较大程度上滥用了首相的权力，招致党内外、国内外的普遍非议。

最使布莱尔难堪的，是人们一再追问：工党政府绑架英国参加伊战的所谓借口——萨达姆政府的制造和拥有大规模杀伤武器——为什么竟然是谎言？这究竟是何人所为？2003 年 7 月 20 日，英国《星期日泰晤士报》公开了揭露政府编造伊拉克违禁制造武器的丑闻，英国武器专家戴维·凯利自杀身亡，他在自己的电子邮件中，称自己承受着政府“造假”的巨大压力，并深感他是被某政府部门出卖的。布莱尔政府面临着严重危机。与此相随的，是 2004 年初披露的英军虐待伊拉克俘虏的丑闻。①

① 英国《太阳报》首先曝光了有关英军士兵如何虐待伊拉克俘虏的恐怖细节：一些俘虏遭到痛殴，被迫喝人尿，导致一名俘虏死亡。

随着布莱尔和工党执政的时间的延长，媒体对之盯得更紧，一件件令布莱尔和工党蒙羞的丑闻也被挖掘出来，除了上述的"伊战门"之外，还有首相夫人切丽以权谋财的"切丽门"、布莱尔一家利用女王专机出国旅游的"专机门"、工党出售爵位赚钱的"爵位门"、[①] 内政大臣错放外国罪犯的"监狱门"、卫生大臣的改革计划遭嘘的"卫生门"，每一次丑闻曝光都让英国公众对布莱尔失望一次，再加上布莱尔一直不得人心的伊战政策，使他的支持率从83%变成了26%。区区10年，布莱尔形象变化，在政治舞台上留下了一个精明强干、圆滑世故、拒绝认错的政客形象。

布莱尔执政10年盛极而衰的事实，不仅暴露了英国政府的制度漏洞和道德缺陷，还展示了英国检查和司法机构、反对党、媒体和民众的监督、揭发、抵制和批判政府的能力。

2007年9月，布莱尔被迫将首相职位移交财政大臣戈登·布朗。布朗与布莱尔搭档多年，一直是布莱尔政府的财政大臣，成绩显著：他领导实施的改革措施使不列颠经济走出滞胀的怪圈，使英国年产值总量在世界大国中的位次前移。布朗也因此被看做英国历史上成功的财政大臣之一。但在布莱尔政府后期，他与首相的关系微妙而紧张，有关布朗"逼宫"传言渐起，并影响到工党内部的团结。恰逢此时，一系列丑闻曝光，工党内部要求布莱尔提前下台的呼声不断高涨。在英格兰的地区选举和议会补缺选举中，工党连遭惨败，来自党内的压力越来越大。终于，布莱尔被迫承诺将在一年内提前辞去工党领袖和英国首相的职务。

布朗苦熬10年登上高位，意欲展示身手。起初，他面对恐怖主义、洪灾等重大考验时表现出色，支持率大幅度飙升。但随后突如其来的金融危机重创英国经济，企业大量倒闭，失业率攀升。民众埋怨政府应对乏招，保守党乘机谴责执政党处置危机不利。而议员"骗补门"丑闻更给了民众及反对党抨击政府的口实。在国外，英军深陷阿富汗战争泥潭，阵亡人数不断增加，民众怨恨，反对党发言人揭露英军装备落后导致伤亡过多。布朗成为众矢之的，人们不因他以往的财政业绩而谅解时弊，亦无人理会正是布朗在金融危机之初出手拯救银行，使英国金融系统免于崩溃。何况布朗

① 2006—2007年，各类媒体连篇报道工党政府以贷款换取爵位丑闻案：12名富商向工党提供了价值1400万英镑的"秘密贷款"后，其中4名成为英国上院议员。这种做法违反了英国1925年颁布的《反腐败法》，英国朝野震惊，警方随即展开调查。布莱尔和工党的执政前景更加迷茫。

本人言行不慎，屡犯低级错误。如对下属态度粗暴；在下院辩论时因语病遭人哄笑；在给阵亡士兵母亲的慰问信中写错士兵名字；大选关键时刻对女选民出言不逊；在电视竞选辩论直播时口才欠佳；等等，均使对手借机得势。三场辩论下来，工党支持率不仅居保守党之下，甚至被自民党[①]反超，沦落为第三位。

在分析英国政府更替时，不可忘记英国两党制下的钟摆效应。保守党重新上台，除了新任首相卡梅伦的个人素质外，很大程度上在于选民对英国政坛上的工党产生了“视觉疲劳”，2003年以来工党上层的一系列做派，使他们感到厌倦，试图觅求新的变革。保守党在梅杰下台后的13年里，久久积弱不振。它政治上的保守主义特征和缺陷，使之在两大党政策较为接近的情况下，无法像当年布莱尔那样，采取稍大的政治路线和策略变更，唯有借工党内部矛盾和积弱之机，借势返回政坛。

2010年5月的大选中，使保守党看到一线生机。它获得306个议席，成为议会第一大党，但不拥有议会多数党的有效地位，而工党和自民党在议会650个议席中分获258个和57个议席，形成多年来第一个“无多数议会”。为了取得组阁权，保守党和工党均向自民党示好，幕后交易各显其能。议席数领先的保守党与自民党就组建新政府问题进行了一系列磋商和谈判，并在一些问题上作出了让步，最终得以同自民党结盟。

保守党领袖卡梅伦入主唐宁街10号，组建了英国自第二次世界大战以来的首个联合政府。年轻首相声称，两党组成了强大而稳定的政府。但英国历史证明，除了在进行战争的特殊情况下，所有的联合政府均是短命的。这是保守党最大的隐忧。首先，联合政府目前的境况颇不乐观，庞大预算赤字和经济复苏缓慢等问题，考验新政府的执政能力。其次，卡梅伦的保守党未能占据议会多数席位，在政府中需要与自民党一致行动。而两党政见一向存在较大分歧。双方在经济、移民以及与欧洲关系等问题上意见不和，长期合作存在困难和不确定性。自民党是否会更改主张主动配合？保守党占据着内阁中多数席位，可党魁克莱格将成为副首相，还将获得包括副首相在内的5个内阁席位。保守党为了与自民党结盟，不得不在税收和选举改革等关键问题上作出让步，但内阁和议会中的协调一致未提上日程，这都为日后两党的合

① 自民党成立于1988年，由自由党和短暂存在的社会民主党合并而成。

作前景埋下隐患。如果双方最终未能实现合作，保守党可能会解散议会重新进行大选，单独组建少数派政府，可那时是否会得到多数议席来延续政府的生命？人们都在拭目以待。

十、君主制：未曾奏响的挽曲

几百年来，在英国等级社会的金字塔上，君主始终是一颗璀璨的明珠。新千年开启之后，人们都在思忖：倘若不列颠废除了贵族院和贵族制度，不列颠这颗古老政治明珠是否还会光芒依旧？

注重传统的英国人，不会轻易地告别君主制。他们总是相信，国王或女王稳居宝座，是政治稳定的象征。他们依然铭记，第二次世界大战结束时，温莎王室家族的声望正处高点。不善言辞的乔治六世以其大战中的卓越表现赢得了普遍的敬重。当纳粹德国对伦敦狂轰滥炸时，他和王后泰然自若，四处奔走、到重灾区访问难民，到战场附近慰问战士，颁发勋章，展示了盎格鲁—撒克逊民族应有的不屈不挠的坚毅品质和凝聚力，以及坚决与德国法西斯战斗到底的决心。大战结束时，万众高唱“神佑吾主”，用掌声和欢呼向王室致敬。1952 年国王逝世时，50 万人走上街头，目送灵车。功勋盖世的丘吉尔含泪奉献花圈，上书“勇者无敌”。而当时的王位继承人伊丽莎白在声望和形象上，可与当时欧洲任何的王室公主媲美。大战中，她参加了陆军勤务团，成为民兵组织的一员，驾车修车，照片被报刊争相登载。

伊丽莎白女王即位不久，就面对着一个崭新的“媒体时代”。王室家族的形象屡屡显露在报刊和荧屏上，几无隐私可言，有意封锁王室消息的时代一去不返。君主必须走下神坛，成为公民认可的自然人。半个多世纪中，伊丽莎白二世的工作相当忙碌。从即位到 2005 年，她以英国国家元首的身份主动出访 200 多次，每年参加国事访问 2—3 次。在不无形式主义的宪法理论上，女王依然是国家和政府首脑，是立法机构的组成部分，是军队的总司令，是国教的最高领袖，是部分英联邦国家的名义元首。每个派驻外国的英国大使都要受到女王接见，每个莅任的外国大使也要拜谒女王陛下。此外，女王的工作还包括参加大型典礼活动，颁发勋章，剪彩致辞，访问医院学校等。她在各种场合中保持微笑，要表现得对所有的事情都深感兴趣，一举一动都要格外谨慎。女王循规蹈矩的做派表达了一种长治久安的理念。民众们也乐意在邮票、钱币和多种印刷品上保留女王端庄、高贵、典雅的姿态，加上她妻显夫荣，儿女双全，给人一种家庭美满、母仪天下的形象。那时的民意测验中，公众对女王工作的认可度居高不下。20 世纪 80 年代，公众对女王工作的认可度，竟然达到 92% 左右。

漫漫岁月，偶尔也有不协调的声音，但多是关于女王墨守成规，对外部环境的变化反应略显迟钝，未能与时俱进，等等。可在 1981 年 7 月，一场规模空前的“世纪婚礼”赢得了全世界的惊叹，伦敦街头 60 余万人开怀畅饮，咏唱赞歌。翌年，王孙威廉降生，王储一家三口的美好生活成为媒体津津乐道的重点内容。戴安娜王妃的光彩靓丽使许多明星名模黯然失色。王室要员的每一次露面都要引起轰动。

不料，到了 80 年代后期至 90 年代，英国王室笼罩在婚姻丑闻的迷雾中难以自拔，王室声誉丧失殆尽。伊丽莎白女王眼看着自己 4 个子女中，有 3 个先后出现婚姻危机，生活丑闻屡见报端。最令人愤懑的是王储查尔斯与哈米拉关系过于密切，王妃红杏出墙，媒体报道纷纷扬扬，引发了一大堆棘手难题。1992 年 11 月 20 日，王室居所之一温莎堡突遭大火，损失惨重。为缓解纳税人的不满，王室对外宣布：从 1993 年起，王室收入中的一大部分将依法纳税。享受王室年金的王室成员减为 3 人：女王、太后和王储。

即便如此，王室丑闻此伏彼起，君主制的声望空前低下。坊间街头，人们常常议论英国是否还有必要保留君主制；报纸上，揭露王室成员色情密闻的照片、文章赫然排在显要位置；电视节目里，竟然出现“吾主吾民”之类的政治专题节目，各色人等聚坐一起，一本正经地建议如何在未来打破常规，越过查尔斯王子，将王权直接传给王孙。所有这些，都在不同程度上影响到君主制度的前途。

1996 年，王储王妃的婚姻到了尽头。一年后，戴安娜在巴黎遇车祸，香消玉殒。1997 年 9 月 6 日，王室为戴安娜举行了盛大的悼念活动，数百万人参加。二十多亿观众收看了戴安娜的葬礼。王室声誉跌至低谷。公众对英国君主制的认可度一度下降到 47%。英国王室遭遇了历史上最严重的危机，公民的支持率成为决定君主制生死存亡的关键因素。

随后，王室为弥补自身声誉尽力而为。伊丽莎白女王为了改变自己在公众中的形象，几度莅临酒馆、饭店和商店，微服私访，白金汉宫每年向公众开放数次，给人们带来了一点点欣慰。

接着，她和威尔士亲王宣布准备纳税，除女王本人、太后和女王丈夫爱丁堡公爵外，王室其他成员要靠王室领地的收入维持生活。一些媒体记者也一反往常捉笔代劳。查尔斯王子的声望有所好转，他与哈米拉的婚姻也没有引起的什么风波。种种“调整”和“改变”，使得王室在可以预见的将来里保持它的作用，逐渐往平民化方向发展，与社会的距离感有所缩小。

2008 年 6 月 15 日，为了回应联合国前不久建议英国举行一次全民公决，以决定是否继续保留君主制的说法，英国广播公司曾委托民调机构对 1000 名 16 岁以上英国民众进行了电话访问，大约 78%的人认为英国应该继续保有王室，80%的被访者认为英国在 30 年内应该保留君主制。当问及君主制是否应该在现任女王伊丽莎白二世过世后结束,68%的人明确表示不同意。与此同时，另外一项由发现频道所做的民调显示，英国年轻人支持君主制。约七成 18—24 岁的年轻人赞同保留君主制，只有 16%的年轻人倾向共和制。这项民调还显示，民众更倾向于由威廉王子而不是他的父亲查尔斯王储来继承王位担任下一任国王。深受国民喜爱的已故王妃戴安娜仍受民众欢迎，近 7 成受访者表示对她依然爱戴。

应该看到，英国社会上下在现代化的风雨中，逐渐养成了对王室污点的宽容性。1938 年，爱德华八世立意与美国寡妇辛普森结婚时，承受了巨大压力，被迫逊位。而在 69 年后，即在 2005 年 4 月 9 日，王储查尔斯王子与他的老情人卡米拉低调成婚时，尽管不无非议，却已有不少人表示理解，委婉认可他们长期曲折的情感追求。这等于在一定程度上认可了查尔斯王子的王位继承权。

英国实行君主立宪制，王室已有近千年的历史。不列颠的君主经历过形形色色的事件，包括内战的洗礼、法庭的审判、刑场上的斩首和退位的胁迫，可每一次君主制都转危为安，再次获得尊荣与辉煌。早在 1871 年，自由党开明政治家查理・迪尔克勋爵等人就抨击王室花费巨大，在社会上掀起一股要求取缔君主制的浪潮。一百年后，工党激进主义者托尼・本旧话重提。可最后响应者寥寥，不了了之。关键在于，要求废除君主制者在议会中始终没有形成势力。而内阁首相们，包括工党党魁布莱尔和布朗等以内，都与女王和王室友好相处，定期觐见。甚至在改造上院之际，他们也不想对王室有任何触动。

如此情况下，英国王室还可再做让步，英国君主制还可以再做调整。在习惯于变中求稳的英国人看来，其他形式的政体未必就不会有动荡、代价和教训，或许温莎家族依旧有一个并不昏暗的前景。

译名对照及索引

（按汉语拼音排序）

B

C

D

G

H

J

K

L

M

N

O

P

Q

R

S

T

W

X

Y

Z

英国历代君主及在位时间

（一）威塞克斯王室

艾格伯特	802—839
埃瑟尔沃尔夫	839—855
埃瑟尔巴尔德	860—866
艾特尔雷德一世	866—871
阿尔弗列德	871—899
老爱德华	899—925
阿塞尔斯坦	925—940
爱德蒙	940—946
伊德列德	946—955
伊德威格	955—959
爱德加	959—975
殉道者爱德华	975—978
艾特尔雷德二世	978—1016
刚毅者爱德蒙	1016

（二）丹麦王室

克努特	1016—1035
哈罗德	1035—1040
哈迪克努特	1040—1042

（三）威塞克斯王室

信士爱德华	1042—1066
哈罗德	1066

（四）诺曼王朝

威廉一世（征服者威廉）	1066—1087
威廉二世	1087—1100
亨利一世	1100—1135
斯蒂芬	1135—1154

（五）安茹王朝

亨利二世	1154—1189
理查德一世	1189—1199
约翰	1199—1216

（六）金雀花王朝

亨利三世	1216—1272
爱德华一世	1272—1307
爱德华二世	1307—1327
爱德华三世	1327—1377
理查德二世	1377—1399

（七）兰开斯特王朝

亨利四世	1399—1413
亨利五世	1413—1422
亨利六世	1422—1471

（八）约克王朝

爱德华四世	1461—1483
理查德三世	1483—1485

（九）都铎王朝

亨利七世	1485—1509
亨利八世	1509—1547
爱德华六世	1547—1553
玛丽一世	1553—1558
伊丽莎白一世	1558—1603

（十）斯图亚特王朝

詹姆士一世	1603—1625
查理一世	1625—1649
查理二世	1660—1685
詹姆士二世	1685—1688
威廉三世	1688—1702
玛丽二世	1688—1694

安妮	1702—1714

（十一）汉诺威王朝

乔治一世	1714—1727
乔治二世	1727—1760
乔治三世	1760—1820
乔治四世	1820—1830
威廉四世	1830—1837
维多利亚	1837—1901

（十二）萨克斯—科堡—哥达王朝

爱德华七世	1901—1910

（十三）温莎王朝

乔治五世	1910—1936
爱德华八世	1936
乔治六世	1936—1952
伊丽莎白二世	1952—

英国历任首相任职时间表

序号	中文译名	姓 名	政 党	任 期
1	沃波尔爵士	Sir Robert Walpole	辉格党	1721—1742
2	威尔明顿伯爵	1st Earl of Wilmington	辉格党	1742—1743
3	亨利·配兰	Henry Pelham	辉格党	1743—1754
4	纽卡斯尔公爵	1st Duke of Newcastle-upon-Tyne	辉格党	1754—1756
5	德文希尔公爵	4th Duke of Devonshire	辉格党	1756—1757
6	纽卡斯尔公爵	1st Duke of Newcastle-upon-Tyne	辉格党	1757—1762
7	布特伯爵	John Stuart, 3rd Earl of Bute	托利党	1762—1763
8	乔治·格伦威尔	George Grenville	辉格党	1763—1765
9	罗金厄姆侯爵	2nd Marquess of Rockingham	辉格党	1765—1766
10	查塔姆伯爵（威廉·皮特）	1st Earl of Chatham	辉格党	1766—1768
11	格拉夫顿公爵	3rd Duke of Grafton	辉格党	1768—1770
12	诺斯勋爵	Frederick North, Lord North	托利党	1770—1782
13	罗金厄姆侯爵	2nd Marquess of Rockingham	辉格党	1782
14	谢尔本伯爵	2nd Earl of Shelburne	辉格党	1782—1783
15	波特兰公爵	3rd Duke of Portland	辉格党	1783
16	小皮特	William Pitt the Younger	托利党	1783—1801
17	阿丁顿	Henry Addington	托利党	1801—1804
18	小皮特	William Pitt the Younger	托利党	1804—1806
19	格伦威尔勋爵	1st Baron Grenville	辉格党	1806—1807
20	波特兰公爵	3rd Duke of Portland	辉格党	1807—1809

21	珀西瓦尔	Spencer Perceval	托利党	1809—1812
22	利物浦伯爵	2nd Earl of Liverpool	托利党	1812—1827
23	坎宁	George Canning	托利党	1827
24	戈德里奇子爵	1st Viscount Goderich	托利党	1827—1828
25	威灵顿公爵	1st Duke of Wellington	托利党	1828—1830
26	格雷伯爵	2nd Earl Grey	辉格党	1830—1834
27	墨尔本伯爵	2nd Viscount Melbourne	辉格党	1834
28	威灵顿公爵	1st Duke of Wellington	托利党	1834
29	皮尔	Robert Peel	保守党	1834—1835
30	墨尔本伯爵	2nd Viscount Melbourne	辉格党	1835—1841
31	皮尔	Robert Peel	保守党	1841—1846
32	罗素勋爵	Lord John Russell	自由党	1846—1852
33	德比伯爵	14th Earl of Derby	保守党	1852
34	阿伯丁伯爵	4th Earl of Aberdeen	辉格党	1852—1855
35	帕麦斯顿子爵	3rd Viscount Palmerston	辉格党	1855—1858
36	德比伯爵	14th Earl of Derby	保守党	1858—1859
37	帕麦斯顿子爵	3rd Viscount Palmerston	自由党	1859—1865
38	罗素伯爵	1st Earl Russell	自由党	1865—1866
39	德比伯爵	14th Earl of Derby	保守党	1866—1868
40	迪斯累里	Benjamin Disraeli	保守党	1868
41	格莱斯顿	William Ewart Gladstone	自由党	1868—1874
42	迪斯累里	Benjamin Disraeli	保守党	1874—1880
43	格莱斯顿	William Ewart Gladstone	自由党	1880—1885
44	索尔兹伯里侯爵	3rd Marquess of Salisbury	保守党	1885—1886
45	格莱斯顿	William Ewart Gladstone	自由党	1886
46	索尔兹伯里侯爵	3rd Marquess of Salisbury	保守党	1886—1892
47	格莱斯顿	William Ewart Gladstone	自由党	1892—1894
48	罗斯伯里伯爵	5th Earl of Rosebery	自由党	1894—1895
49	索尔兹伯里	3rd Marquess of Salisbury	保守党	1895—1902
50	巴尔福	Arthur Balfour	保守党	1902—1905
51	坎贝尔—班纳曼	Henry Campbell-Bannerman	自由党	1905—1908

52	阿斯奎斯	H. H. Asquith	自由党	1908—1916
53	劳合・乔治	David Lloyd George	自由党	1916—1922
54	博纳・劳	Bonar Law	保守党	1922—1923
55	鲍德温	Stanley Baldwin	保守党	1923—1924
56	麦克唐纳	Ramsay MacDonald	工党	1924
57	鲍德温	Stanley Baldwin	自由党	1924—1929
58	麦克唐纳	Ramsay MacDonald	自由党	1929—1935
59	鲍德温	Stanley Baldwin	自由党	1935—1937
60	张伯伦	Neville Chamberlain	自由党	1937—1940
61	丘吉尔	Winston Churchill	自由党	1940—1945
62	艾德礼	Clement Attlee	工党	1945—1951
63	丘吉尔	Winston Churchill	保守党	1951—1955
64	艾登爵士	Sir Anthony Eden	保守党	1955—1957
65	麦克米伦	Harold Macmillan	保守党	1957—1963
66	霍姆爵士	Sir Alec Douglas-Home	保守党	1963—1964
67	威尔逊	Harold Wilson	工党	1964—1970
68	希思	Edward Heath	保守党	1970—1974
69	威尔逊	Harold Wilson	工党	1974—1976
70	卡拉汉	James Callaghan	工党	1976—1979
71	玛格丽特・撒切尔	Margaret Thatcher	保守党	1979—1990
72	梅杰	John Major	保守党	1990—1997
73	布莱尔	Tony Blair	工党	1997—2007
74	布朗	Gordon Brown	工党	2007—2010
75	卡梅伦	David Cameron	保守党	2010—

大事年表

约25万年前	大陆人移至不列颠
约5500—6000年前	新石器时代开始
公元前2000—公元前600年	青铜时代；“陶盆文化”出现
公元前3000—公元前1000年	“巨石文化”出现
公元前2000—公元前1600年	“威塞克斯文化”出现
公元前55年8月27日	罗马恺撒率军远征不列颠未果
公元前54年	恺撒再次进攻不列颠，无功而归
公元43年	罗马皇帝克劳狄一世统兵征伐不列颠成功
122—128年	修建“哈德良长城”
2世纪	基督教传入不列颠
287年	北欧海盗开始骚扰不列颠沿海
314年	阿尔宗教会议
367年	皮克特人、苏格兰人、撒克逊人和法兰克人进入英格兰
410年	罗马人在不列颠的统治结束
429年	盎格鲁人、撒克逊人和朱特人进入不列颠
449—450年	北欧原始部族大规模侵入英格兰
597年	罗马教廷派奥古斯丁率众到肯特王国传教
604年	修建伦敦圣保罗教堂
663年	惠特比宗教会议
672年	赫伯特全英格兰宗教大会

731年	比德的《英吉利教会史》问世
789年	北欧丹麦海盗船队骚扰不列颠沿海
796年	麦西亚国王奥发与罗马皇帝签订贸易条约
825—829年	各国争夺霸权，威塞克斯国王艾格伯特得操胜券
871年	阿尔弗列德登上威塞克斯（871—899年）王位
886年	阿尔弗列德进驻伦敦，成为“丹麦区”外英格兰人的公认领袖
917—921年	威塞克斯国王爱德华占领丹麦法区南部
980年	丹麦人大举进犯英格兰，英格兰战败
991年	英格兰首次支付巨额赔偿金——“丹麦金”
1016—1035年	克努特任丹麦和英格兰国王
1042年	丹麦人在英国的统治结束，信士爱德华即位
1052年	戈德温叛乱失败
1066年	爱德华国王逝世，诺曼底大公威廉征服英国
1071年	威廉一世完成对英格兰的征服
1072年	苏格兰国王马尔科姆臣服
1081年	开始兴建伦敦塔
1086年	编成《土地调查清册》
1129年	贝弗利获自治特许状，成为英国第一个自治市
1135年	斯蒂芬攫取英国王位
约1140年	哥特式建筑风格开始流行英国
1153年	安茹王朝建立
1163年	废除因缴纳丹麦金而征集的税收
1166年	陪审团制在英国实施
约1167年	牛津大学创建
1170年	坎特伯雷大主教贝克特被杀
1193年	伦敦选举市长，实行自治
1209年	部分牛津大学师生前往剑桥避难，剑桥大学萌芽
1215年6月15日	约翰王和25名贵族签署《大宪章》
1221年	多明各修会在不列颠出现
1222年	英格兰首次征收人头税

1224 年	方济各修会出现
1231 年	剑桥大学组建
1254 年	大贵族提出《牛津条例》，提出定期召开议会的原则
1262 年	英语成为法律和法庭中的通用语言
1265 年	“西门”议会召开
1274 年	牛津大学默顿学院建立
1277 年	爱德华一世进兵威尔士
1282 年	威尔士人争取独立失败，亲王卢埃林遇难
1283 年	英格兰兼并威尔士
1295 年	“模范议会”召开
1296 年	英格兰兼并苏格兰
1298 年	福尔柯克战役，苏格兰人败于英军
1314 年	苏格兰长矛兵在班诺克本河畔击败英军，苏格兰独立
1327 年	爱德华二世惨死
1337 年	英法“百年战争”开始
1341 年	议会两院制形成
1346 年	克雷西战役
1348 年	黑死病登陆英格兰
1351 年	议会颁布“劳工法令”
1356 年	黑太子俘获法国国王
1362 年	英语成为议会和季审法庭工作语言
1369 年	百年战争重起
1371 年	苏格兰国王罗伯特二世即位
1375 年	英法签署停战协议，英国丧失大部分属地
1381 年	瓦特·泰勒起义；威克利夫首次将《圣经》翻译成英文
1382 年	威斯敏斯特公学建立
1387 年	乔叟开始写作坎特伯雷故事
1399 年	兰开斯特王朝建立
1415 年	英法阿让库尔战役
1422 年	婴儿亨利六世即位
1437 年	苏格兰国王詹姆士一世被害

1440 年	伊顿公学建立
1451 年	格拉斯哥大学创办
1453 年	“百年战争”结束
1455—1485 年	“玫瑰战争”
1461 年	亨利六世逃往苏格兰；约克公爵爱德华即位，称四世
1476 年	威廉·卡克斯顿创办印刷所
1483 年	两位幼年王子遇难伦敦塔，王叔理查德三世即位
1484 年	议会首次使用英文颁布成文法
1485 年	博斯沃斯荒原战役；都铎王朝建立
1492 年	哥伦布发现西印度群岛
1495 年	阿伯丁大学创办
1499 年	处死王位觊觎者沃贝克
1503 年	苏格兰国王詹姆斯四世与都铎公主玛格丽特成婚
1505—1506 年	组建爱丁堡皇家学院
1507 年	亨利八世即位
1516 年	托马斯·莫尔写成《乌托邦》
1529 年	“改革议会”召开
1532 年	下院呈递《控诉主教书》，宗教改革开始
1535 年	托马斯·莫尔被处死
1536 年	解散修道院
1538 年	发行英文《圣经》
1544 年	亨利八世率重兵进攻法国失利
1547 年	英语取代拉丁语成为英格兰和威尔士教会用语
1548—1549 年	新编《祈祷书》问世，议会通令全国教堂统一使用；天主教集会宣布为非法
1552 年	开始废除汉撒商人在英国的贸易特权
1553 年	爱德华五世夭亡；简·格雷郡主在位 10 日；玛利女王即位
1554—1558 年	全国恢复天主教信仰
1555 年	英国第一家股份贸易公司——“莫斯科公司”问世
1557 年	首届新教大主教克兰默被焚

1558 年	伊丽莎白即位，新教重新得势；英国在大陆的最后属地加来归属法国
1559 年	议会通过“至尊法令”，确立英国圣公教为国教
1560 年	清教运动萌发
1562 年	英国的非洲奴隶贸易开始
1572 年	第一个清教徒教区建立
1577 年	德雷克作环球旅行
1583 年	英国人在北美建立“弗吉尼亚”殖民地
1587 年	处死前苏格兰女王玛丽·都铎
1588 年	打败西班牙“无敌舰队”
1591 年	都柏林三一学院建立
1594 年	爱尔兰反英起义
1600 年	伦敦商人组建“东印度公司”
1601 年	议会通过《济贫法》
1603 年	伊丽莎白一世逝世；斯图亚特王朝建立
1604 年	考德雷的第一部英文词典问世
1605 年	“火药阴谋”流产
1609 年	钦定英文《圣经》问世
1611 年	詹姆士设立从男爵爵位
1622 年	首家英文报纸《每周消息》创办
1628 年	议会通过《权利请愿书》
1629—1640 年	无议会时期
1630—1750 年	巴罗克建筑艺术流行
1638 年	苏格兰起义
1640 年	查理一世召开议会
1641 年	处死斯特拉福德伯爵；爱尔兰厄尔斯特暴动，5 万人被杀
1642 年	内战开始
1644 年 7 月	马斯顿荒原战役
1645 年	纳斯比战役
1646 年	查理一世签署投降书；废除骑士领有制

1647 年	内战重起
1649 年	处死查理一世；建立共和国；平等派被镇压；掘土派活动，“普莱德清洗”；克伦威尔率军侵入爱尔兰
1650 年	议会颁布《航海法案》
1654 年	苏格兰合并于英国，原有议会取消
1653 年	克伦威尔任护国主
1652—1654 年	第一次英荷战争
1658—1660 年	理查德·克伦威尔任护国主
1660 年	斯图亚特王朝复辟，查理二世即位；皇家学会正式成立
1661—1678 年	“骑士议会”
1662 年	“划一法”实施
1664—1667 年	第二次英荷战争
1664—1665 年	伦敦瘟疫流行
1666 年 9 月 2—6 日	伦敦大火灾
1672 年	《信教自由宣言》颁布，非国教徒获得信仰自由；第三次英荷战争
1675 年	辉格党出现；格林威治天文台建立
1679 年	议会通过《人身保护法》；托利党产生
1683 年	英国第一个博物馆——阿西默林博物馆创办
1685 年	詹姆士二世即位；蒙默斯公爵谋反
1687 年	牛顿的《自然科学的数学原理》问世
1688 年	“光荣革命”
1689 年	议会通过《权利法案》
1690 年	博因河战役
1694 年	议会通过《三年法案》；英格兰银行建立
1701 年	议会通过《王位继承法》；英国与荷兰等国组成反法大联盟，西班牙王位继承战争开始
1704 年	布伦海姆战役
1705 年	哈雷出版《彗星天文学论》
1706 年	拉米伊大捷；《晨邮报》开始发行

1707 年	苏格兰与英格兰合并
1708 年	奥德纳尔德战役
1709 年	马尔普拉凯战役
1713 年	《乌特勒支和约》签定，西班牙王位战争结束
1714 年	汉诺威王朝在英国建立
1715 年	“觊觎王位者”在苏格兰发动叛乱失败
1716 年	议会通过《七年法案》
1720 年	南海公司股票危机
1721—1742 年	沃波尔主持政府工作，为第一位内阁“首相”
1733 年	约翰·凯伊发明飞梭；消费税引发政府危机
1739 年	英国因“割耳”问题，与西班牙发生战争危机
1742 年	与西班牙发生贸易战争
1744 年	歌曲《上帝庇佑英王》问世
1745 年	年幼的“王位觊觎者”领导苏格兰反英叛乱
1746 年	平定苏格兰高地人暴乱
1752 年	采用格里高利历法
1753 年	大英博物馆创办
1755 年	塞缪尔·约翰逊博士出版《英语词典》
1756—1763 年	“七年战争”
1760 年	乔治三世即位
1763 年	格里夫斯发明了多锭纺纱机——“珍妮机”；威尔克斯事件发生
1765 年	议会通过《印花税法案》，并在北美殖民地实施
1767 年	瓦特改进纽卡门蒸汽机
1769 年	理发师阿克莱特发明了水力纺纱机
1770 年	詹姆士·库克在澳大利亚登陆，宣布它为英国属地
1775 年	北美独立战争爆发
1776 年	亚当·斯密发表《国富论》；北美殖民地发表独立宣言
1779 年	克隆普顿发明“骡机”
1781 年 10 月 19 日	英军在约克镇投降
1782 年	瓦特发明联动式蒸汽机

1783 年	英国正式承认美国独立
1785 年	卡特赖特发明自动织布机；《泰晤士报》创办
1788 年	乔治三世精神错乱，威尔士亲王摄政
1789 年	法国大革命爆发
1793 年	法国处死路易十六；英国对法宣战
1796 年	詹纳首次接种牛痘疫苗
1798 年	爱尔兰农民暴动，2.5 万人遇难；马尔萨斯《人口论》发表；纳尔逊率英国舰队战胜法国舰队；第二次反法联盟组成
1800 年	英国合并爱尔兰，爱尔兰议会被取消
1801 年	英格兰和威尔士进行人口普查
1802 年	“丹达斯”号汽船试航成功；英国等国与法国签订“阿眠和约”
1803 年	道尔顿创立原子论，编制原子量表；发明造纸机器
1804 年	特里维西克在威尔士制造铁路蒸汽机车
1805 年	英国同俄国等国组成第三次反法联盟；特拉法加海角海战
1806 年	英国组织第四次反法联盟
1808 年	“卢德事件”发生
1809 年	第五次反法联盟
1811 年	“卢德运动”
1812—1814 年	英美战争
1813 年 10 月 16 日	反法联军赢得莱比锡大捷
1815 年 6 月 18 日	反法联军在滑铁卢战役中击败拿破仑军队；议会颁布“谷物法”
1818 年 8 月 16 日	曼彻斯特“彼得卢惨案”；议会颁布“六项禁令”
1820 年 2 月	格拉斯哥工人举行政治罢工
1821 年	《曼彻斯特卫报》创办
1823 年	皮尔主持刑法改革
1825 年	议会废除机器出口的禁令；斯蒂芬森的蒸汽机车运行成功；第一次世界性经济危机

1829 年	颁布《天主教徒解禁法令》；伦敦组建“都市警察”
1830 年	发生破坏农业机器的“斯温”事件；托利党一党统治终结，辉格党政府组建，议会改革开始；棉纺织工人成立“全国劳工保护协会”
1831 年	“工人阶级全国联合会”建立；法拉第证实电磁感应现象
1832 年	议会改革法令通过，部分“腐败选区”被废除
1833 年	议会通过最早的工厂法——《10 小时工作制法案》
1834 年	颁布“济贫法修正案”；“全国各业统一工会”组建；英国殖民地废除奴隶制
1836 年	“伦敦工人协会”建立
1837 年	洛维特起草“人民宪章”
1838 年	人民宪章以法案公布，宪章运动出现高潮；“反谷物法同盟”建立
1839 年	宪章派《国民请愿书》被下院否决；英国挑起鸦片战争
1841 年	英国第二次人口普查
1842 年	宪章运动第二次高潮；鸦片战争结束，英国迫使清政府签订《南京条约》，割占香港
1846 年	废除《谷物法》；英国外科手术首次使用麻醉剂
1847 年	英国陷于经济危机，宪章运动复苏
1848 年	法国二月革命爆发，宪章运动第三次高潮
1849 年	废除《航海条例》
1851 年	英国在“水晶宫”举办第一届世界博览会
1851—1852 年	侵略缅甸战争；“路透社”建立
1853 年	诺斯科特等提出建立常任文官制度的报告；政府首次征收遗产税
1854 年	英国参加克里木战争
1855 年 5 月 21 日	政府颁布文官制度改革的正式法令——《关于录用王国政府文官的枢密院命令》；南丁格尔战时医院中引入医疗保健制

1856 年	麦克斯韦的《论法拉第的力线》发表
1856—1860 年	第二次鸦片战争
1857 年	印度反英民族大起义
1858 年	东印度公司解散；爱尔兰民族革命团体芬尼党建立
1859 年	达尔文的《物种起源》发表
1861 年	第三次全英国人口普查
1863 年	伦敦地铁首次运行
1865 年	麦克斯韦发现电磁波的传播速度
1866 年	大西洋海底电缆铺设成功
1867 年	第二次议会法改革；通过“英属北美法案”，加拿大成为英国第一个自治领
1868 年	全国工会代表大会召开
1869 年	废除因负债而遭监禁的刑律；苏伊士运河开通
1870 年	威廉·福斯特的《教育法案》被政府推行
1871 年	颁布《军事改革条例》；工会活动合法化；第四次全英国人口普查
1872 年	实施“秘密投票法”
1873 年	《最高法院令》颁布；爱尔兰自治联盟建立
1874 年	工会代表首次当选为下院议员
1875 年	迪斯累里政府购买尼罗河的大部分股票
1876 年	维多利亚女王宣布为印度女皇
1879 年	非洲祖鲁反殖民战争
1880 年	颁布 5—10 岁义务教育法
1881 年	格莱斯顿政府提出《爱尔兰土地条例》；第五次全英人口普查；社会民主同盟建立
1882 年	凤凰公园事件，爱尔兰总督卡文迪什被芬尼党暗杀团误杀
1883 年	重新划分选区
1884 年	第三次议会改革；费边社建立
1886 年	格莱斯顿的第一个《爱尔兰自治案》被否决
1887 年	维多利亚女王在位 50 年的“黄金庆典”

1888 年	英国各郡建立议会；苏格兰工党建立
1889 年	伦敦码头工人大罢工；潘克赫斯特夫人建立女权联盟
1890 年	伦敦电气化地铁运行；伦敦首次举行五一节工人示威
1891 年	实施初级义务教育
1893 年	独立工党建立；格莱斯顿的第二个《爱尔兰自治案》被否决
1894 年	分等级征收遗产税
1895 年	伦敦经济学院建立
1896 年	格拉斯哥地铁运行
1897 年	维多利亚在位 60 年的“钻石庆典”
1899—1902 年	英布战争
1900 年	劳工代表委员会成立，工党诞生
1901 年	澳大利亚自治领建立；第七次人口普查；英国潜水艇下水
1902 年	英国与日本缔结同盟
1903 年	“妇女社会政治同盟”建立
1904 年	里兹大学建立
1905 年	英国与法国签订协议；实施《失业工人法》
1906 年	劳工代表委员会改称工党
1907 年	英国与俄国签订协议，划定在伊朗的势力范围；伦敦帝国理工学院建立
1908 年	政府颁布《养老金条例》
1909 年	建立全国性劳动介绍所；自由党提出“人民预算案”
1911 年	实施《国民保险法》；通过议会改革法，削弱上院
1911—1912 年	海员与码头工人大罢工
1912 年	泰坦尼克号遇难
1913 年	第三次《爱尔兰自制案》被上院否决
1914—1918 年	第一次世界大战
1915 年	劳合·乔治任首相，自由党分裂
1916 年	英军在索姆河战役中首次使用坦克；英国与德国舰队在日德兰半岛附近激战

1917 年	德国实行“无限制潜艇战”；美国对德国宣战
1918 年 11 月 11 日	德国投降，第一次世界大战结束；1918 年，年满 30 岁的妇女获选举权
1921 年夏	签署《英爱协定》，英国宣布爱尔兰南部 26 郡为“爱尔兰自由邦”
1922 年	劳合·乔治为首的联合政府解体
1924 年	工党首次上台执政
1925—1927 年	一广播公司改建为“英国广播公司”（BBC），开创短波广播业务
1926 年	全国总罢工
1928 年	英国妇女获得与男子同等的选举权
1929 年	工党首次成为议会第一大党，再次执政；弗莱明发现青霉素
1931 年	“全民政府”建立；威斯敏斯特法颁布，英联邦正式成立
1932 年	“饥饿进军”
1935 年	签署《英德海军协定》
1936 年	爱德华八世逊位；电视节目转播
1938 年 9 月	签署《慕尼黑协定》
1939 年 9 月 1 日	德国突然进攻波兰，第二次世界大战爆发
1940 年	丘吉尔任首相；英军“敦刻尔克大撤退”
1941 年	德苏战争爆发；《大西洋宪章》公布
1942 年	《贝弗里奇报告》发行
1943 年	英、美、苏签署《德黑兰宣言》和《德黑兰总协定》
1944 年 6 月	诺曼底登陆
1945 年 5 月	德国无条件投降，欧洲战事结束；工党大选胜利，艾德礼组阁
1946 年	实施《国民保险法》
1946—1947 年冬天	英国气温达 1880 年以来最低点
1947 年	印度和巴基斯坦分离和独立；煤矿业国有化
1948 年	政府宣布铁路国有化；宣布英国建成福利国家

1949 年	大西洋公约组织建立；国民免费医疗制开始实施
1950 年	英国承认中华人民共和国
1951 年	保守党上台执政；英国参加朝鲜战争
1952 年	欧洲煤钢共同体成立；乔治六世去世，伊丽莎白二世即位；英国原子弹爆炸成功
1954 年	丘吉尔辞去保守党领袖，艾登继任首相；取消食品配给制
1956 年 7 月	苏伊士运河危机；英国在坎伯兰建成世界第一个大型核动力发电站
1957 年	氢弹实验成功
1958 年	披头士音乐队成立；首次封赐上院终身贵族
1959 年	实施邮政编码体制；欧洲自由贸易联合体建立
1960 年	英属非洲殖民地纷纷独立
1961 年	赌博商店合法化
1963 年	麦克米伦托病辞职。霍姆继任首相；法国拒绝英国加入欧共体
1964 年	工党重返政府；威尔逊任首相
1965 年	废除死刑
1966 年	海员罢工；获取足球世界杯
1967 年	播放彩色电视节目
1968 年	北爱尔兰动乱；英国实行夏时制
1969 年	选举权年龄限由 21 岁降为 18 岁
1970 年	开放大学成立，推行电视教学；保守党希思政府建立
1971 年	议会通过英国参加欧共体议案；实施《1969 年离婚法》
1972 年	煤矿和电力工人罢工
1973 年元旦	英国加入欧共体
1974 年元旦	下令全国电厂每周供电 3 日；颁布男女薪酬平等法令
1975 年	撒切尔夫人任保守党领袖；北海油田的利润收归国库
1976 年春	威尔逊辞去首相职务，卡拉汉继任内阁首相
1977 年	伊丽莎白“白银庆典”
1978 年	世界第一个试管婴儿诞生

1979年	英国从马耳他撤军；保守党获胜，撒切尔夫人任首相；蒙巴顿勋爵在爱尔兰被害
1981—1987年	政府将1/3的国有企业转为私有
1981年9月	撒切尔夫人改组内阁："四人帮"建立社会民主党
1982年4—6月	英国与阿根廷为争夺马岛发动战争，英国获胜
1984年	中英双方达成了关于香港前途的决议；煤矿工人罢工
1985年3月	煤矿工人停止罢工
1987年10月	飓风扫荡南英格兰
1988年	颁布版权法
1989年	苏格兰征收人头税
1990年11月	撒切尔夫人辞去领袖，梅杰任保守党党魁和内阁首相；英吉利海峡隧道接通；英国参加海湾战争
1991年	英国人首次飞向太空
1992年	保守党大选胜利，继续执政
1993年	议会批准《马约》；欧盟建立
1994年	布莱尔任工党党魁；英法海底隧道竣工
1995年	工党修改党章第四条
1997年	工党大选胜利上台执政；英格兰银行脱离政府控制；戴安娜王妃遇难；苏格兰克隆羊多利诞生；中国恢复对香港的主权
1998年	签署《北爱尔兰和平协议》
1999年	议会上院实行改革，废除世袭贵族政治特权
2000年	千禧年庆典
2001年	工党大选胜利，继续执政
2002年	王太后逝世；伊丽莎白二世"黄金庆典"
2003年	追随美国参加伊拉克战争
2004年5月	立陶宛、波兰、匈牙利等10国加入欧盟
2005年6月	伦敦赢得2012年奥运会举办权；7月，爱尔兰共和军宣布停止武装斗争
2006年3月	苏格兰实施公共场合禁烟令；4月21日，伊丽莎白二世80寿诞

2007年7—8月	布莱尔辞去首相职位；戈登·布朗继任首相；全英国实施公共场合禁烟令
2008年	世界性股市震荡，并引发经济危机
2009年3月	英格兰银行大幅度减息
2010年4月	冰岛火山爆发，北欧多遭受火山灰污染
2011年7月	《世界消息》因电话窃听丑闻停刊
2012年4月	伊丽莎白二世在位60周年庆典；7月27日—8月12日，伦敦成功举办奥运会

参考文献

一、中文书籍

艾弗·埃文斯:《英国文学简史》，人民文学出版社 1984 年版。

苏珊·李·安德森:《密尔》，中华书局 2003 年版。

汉里德·奥顿:《西德、法国和英国的外交政策》，商务印书馆 1989 年版。

阿萨·勃里格斯:《英国社会史》，中国人民大学出版社 1991 年版。

伯里:《思想自由史》，吉林人民出版社 2003 年版。

陈乐民主编:《战后英国外交史》，世界知识出版社 1994 年版。

杜兰:《社会文明史》，东方出版社 1999 年版。

凯林·法林顿:《刑罚的历史》，希望出版社 2003 年版。

亚当·弗格森:《道德哲学原理》，上海人民出版社 2005 年版。

R. G. 甘米奇:《宪章运动史》，商务印书馆 1979 年版。

安东尼·吉登斯:《超越左与右——激进政治的未来》，社会科学文献出版社 2000 年版。

蒋孟引主编:《英国史》，中国社会科学出版社 1988 年版。

奈杰尔·考索恩:《英国王室罗曼史》，吉林人民出版社 1998 年版。

约翰·克拉潘:《简明英国经济史——从最早时期到 1500 年》，上海译文出版社 1980 年版。

玛格丽特·柯尔:《欧文传》，商务印书馆 1995 年版。

斯克德·库克:《战后英国政治史》，世界知识出版社 1997 年版。

伊丽莎白·拉德克利夫:《休谟》，中华书局 2003 年版。

M. 罗赛蒂:《雪莱夫人》，江苏教育出版社 2006 年版。

约翰·洛克:《政府论》，商务印书馆 2000 年版。

梅德里克特:《英国现代史 1914—1964》，商务印书馆 1990 年版。

J. E. 尼尔:《女王伊丽莎白一世传》，商务印书馆 1992 年版。

亨利・佩林:《英国工党简史》上海人民出版社 1977 年版。

爱德华・皮尔斯:《梅杰传》，世界知识出版社 1991 年版。

钱乘旦等:《日落斜阳——20 世纪英国》，华东师范大学出版社 1999 年版。

温斯顿・丘吉尔:《英语国家史略》（上、下），新华出版社 1985 年版。

玛格丽特・撒切尔:《唐宁街岁月》，远方出版社 1997 年版。

玛格丽特・撒切尔:《通向权力之路——撒切尔夫人自传》，当代世纪出版社 1998 年版。

安德鲁・桑德斯:《牛津简明英国文学史》（上、下），人民文学出版社 2000 年版。

亚当・斯密:《道德情操论》，商务印书馆 1997 年版。

王觉非主编:《英国近代史》，南京大学出版社 1997 年版。

王荣堂:《英国近代史纲》，辽宁大学出版社 1988 年版。

王绳祖:《国际关系史》第一卷，世界知识出版社 1995 年版。

王振华、刘绯、陈志瑞主编:《重塑英国：布莱尔主义和“第三条道路”》，中国社会科学出版社 2000 年版。

艾里克・威廉斯:《资本主义与奴隶制度》，北京师范大学出版社 1982 年版。

吴国盛:《科学的历程》（上、下），湖南科学技术出版社 1997 年版。

大卫・休谟:《自然宗教对话录》，商务印书馆 2002 年版。

阎照祥:《英国政党政治史》，中国社会科学出版社 1993 年版。

阎照祥:《英国政治制度史》，人民出版社 1999 年版。

阎照祥:《英国贵族史》，人民出版社 2000 年版。

阎照祥:《英国政治思想史》，人民出版社 2010 年版。

扬德豫、查良铮:《拜伦诗歌精选》，北岳文艺出版社 2000 年版。

张乃仁、扬蔼琪编译:《外国服装艺术史》，人民美术出版社 1992 年版。

张顺洪等:《大英帝国的瓦解——英国的非殖民化和香港问题》，社会科学文献出版社 1997 年版。

二、英文书籍

Adams, A. B., *Constitutional History of England*, London, 1984.

Adelmen, P., *The Rise of the Labour Party 1880–1945*, Longman, 1972.

Anorld, C. J., *Roman Britain to Saxon England*, Groom Helm, 1984.

Barlow, F., *The Feudal Kingdom of England 1042–1216*, Longman, 1983.

Baker, D., ed., *England in the Early Middle Ages*, Hutchinson, 1966.

Barnard, T. & Fenlon, J., ed., *The Dukes of Ormonde, 1610–1745*, The Boydell Press, Woodbridge, 2000.

Batlett, C. J., *The Special Relationship, A Political History of Anglo-American Relations since 1945*, Longman, 1992.

Beattie, A., *English Parties Politics, Documents and Commentary*, 2 Vols, London, 1970.

Beatie, J. M., *Crime and Courts in England 1660–1880*, Clarendon Press, 1968.

Beard, C., *The Office of Justice of the Peace in England in Its Origin and Development*, New York, 1909.

Beckett, J. V., *The Aristocracy in England 1660–1914*, Basil Blackwell, 1986.

Black, J., *The British and The Grand Tour, Groom Helm*, 1985.

Bolton, J. L., *The Medieval English Economy 1150–1500*, London, 1980.

Bradley, R., *The Social Foundation of Prehistoric Britain: Themes and Variations in Archaeology of Power*, Longman, 1984.

Bridbury, A. R., *Economic Growth, England in the Later Middle Age*, London, Allen & Unwin, 1962.

Briggs, A., *The Age of Improvement, 1783–1867*, Longman, 1964.

Brown, A. L., *The Governance of Later Medieval England 1272–1461*, Stanford University Press, 1989.

Bulmer-Thomas, I., *The Party System in Great Britain*, London, 1933.

Butler D. & Butler, G., *British Political Facts 1900–1994*, Macmillan, 1994.

Butt, R., *A History of Parliament, The Middle Ages*, London, 1989.

Cannon, J., *Aristocratic Century, the Peerage of Eighteenth Century England*, Cambridge University Press, 1984.

Chard, C., *Pleasure and Guilt on the Grand Tour: Travel Writing and Imaginative Geography 1600–1830*, Manchester University Press, 1999.

Checkland, S., *The Rise of Industrial Society, in England*, Longman, 1982.

Chester, *The Rise of Industrial Society*, Longman, 1982.

Collinson, P., *The Elizabethan Puritan Movement*, Clarendon, 1986.

Cook, C. & Taylor L. ed., *The Labour Party*, Longman, 1986.

Cook, C. & Stevenson, J., *The Longman Handbook of Modern British History, 1714–1980*, Longman, 1963.

Coward, B., *The Stuart Age 1603–1714*, Longman, 1980.

Edwards, J. G., *The Commons in Medieval English Parliaments*, London, Athlone Press, 1958.

Ensor, R., *England 1870–1914*, Oxford University Press, 1963.

Evans, E., *The Forging of the Modern State, Early Modern Britain 1783–1870*, Longman, 1983.

Evans, M., *Death of Kings: Royal Death in Medieval England*, Continuum International Publishing Group, 2000.

Felling, H., *Origin of the Labour Party 1880–1900*, Oxford University Press, 1974.

Filmer. R., *Patriarcha and Other Writings*, Cambridge University Press, 1984.

Fisher, D., *The Anglo –Saxon c. 440–1042*, Longman, 1983.

Fryer, P., *Staying Power, The History of Black People in Britain*, Pluto Press, 1984.

Foord, A. S., *His Majesty Opposition, 1714–1830*, Oxford University Press, 1964.

Robin Frame, *Ireland and Britain, 1170–1450*, Hambledon, 2003.

Glucklich, A., *Sacred Pain: Hurting the Body for the Sake of the soul*, Oxford University Press, 2001.

Goodman, E., *The Origin of Law Tradition in the Western*, Feseral Press, 1995.

Grundy, I., *Lady Mary Wortley Montagu*, Oxford University Press, 2001.

Guun, S. J., *Early Tudor Government, 1485–1558*, Macmillan, 1995.

Hagert, A., *The Age of Milton: An Encyclopedia of Major 17th-Century British and American Authors Book*, Greenwood Press, 2004.

Hallidy, F. E., *A Concise History of England, From Stonehenge to the Atomic Age*, Thamas & Hudson, London, 1974.

Hanahm, J., ed., *The Nineteenth Century Constitution, Documents and Commentary*, Cambridge University Press, 1969.

Harlevy, E., *The Liberal Awakening 1815–1830, A History of the English People in the Nineteenth Century*, London, 1960.

Hay, J., *The Development of the British Welfare State 1880–1975*, *Documents of Modern History*, Edward Arnald, 1978.

Haynes, F. E., *Criminology*, Cambridge University Press, 1994.

Hill, C., *Puritanism and Revolution*, Nalson, 1981.

Hill, C., *The Century and Revolution 1603–1714*, Nalson, 1981.

Hill. W. W., *The Growth of Parliamentary Partie 1689–1742*, London, 1985.

Holmes, G., *The Age of Oligarchy*: *Pre-industrial Britain 1722–1783*, Longman, 1993.

Holt, R., *Sport and the British*: *A Modern History*, Oxford University Press, 1989.

Horn, D. B. & Ransome, M. ed., *English Historical Documents 1714–1783*, Eyre & Spottiswoode, London, 1957.

Hostettler, J., *A History of Criminal Justice in England and Wales*, Waterside Press, 2009.

Houldsworth, W. S., *The History of English Law*, Boston, 1922.

Jacob, E., *The Fifteenth Century 1399–1485*, Oxford University Press, 1961.

James, R. R., ed., *Winston Churchill*: *His Complete Speeches 1897–1963*, Vol. 7, New York, 1974.

Jennings, I., *Party Politics*, Vol.2, Cambridge University Press, 1968.

Jennings, I., *The Cabinet Government*, Cambridge University Press, 1959.

Jeremy, B., *Britain in the Age of Walpole*, Macmillan, 1984.

Jarret, D., *Britain 1688–1815*, Longman, 1983.

Jones, J., *The Revolution of 1688 in England*, London, 1972.

Kenyon, J. ed., *The Tudor Constitutional History*, *Documents and Commentary*, Cambridge University Press, 1978.

Lander, J. R., *The Limitations of English Monarchy in the Later Middle Age*, University of Toronto Press, 1989.

Leonard, R., *The World of Gainsborough 1727–1788*, Time-Life Books, 1969.

Leonard, R., *Rural England 1086–1135*: *A Study of Social and Agrarian Condition*, Oxford University Press, 1959.

Lloyd & Laing, J., *The Origin of Britain*, Rutledge & Kegan Paul, London & Henley, 1980.

Lloyd, T., *Empire*, *Welfare State*, *Europe*: *English History 1906–1992*, Oxford University Press, 1993.

Loach, R., *History of England, From the Restoration to the Death of William III*, New York, 1923.

Loades, D., *Power in Tudor England*, Macmillan, 1997.

Loh, W. D., *Social Research in the Judicial Process: Cases, Reading, and Text*, New York: Russel Sage Foundation, 1984.

Loyn, *The Governance of Early Medieval England 1087–1272*, Edward Arnald, 1984.

Mackintosh, J. P., *The British Cabinet*, Methuen, 1968.

Maitland, F. W., *The Constitutional History of England*, Cambridge University Press, 1926.

Marriot, J., *England since Waterloo*, London, 1922.

Marshall, D., *Eighteenth Century 1714–1783*, Longman, 1980.

Mckisack, May, *The Fourteenth Century 1307–1399*, The Clarendon Press, 1959.

Medley, D., *A Student's Manual of English Constitutional History*, Blackwell, 2007.

Meller, W. C., *A Knight's Life in the Days of Chivalry*, Kessinger Publishing, 2005.

Mingay, G., *English Landed Society in the 18th Century*, London, 1963.

Myers, A. R., ed. *The English Historical Documents 1327–1485*, London, 1959.

Mortimer, R., *Angevin England 1154–1258*, Blackwell, 1996.

Newcombe, D., *Henry VIII and the English Reformation*, London & New York, 1995.

Ormrod, W., *Political Life in Medieval England, 1300–1450*, St. Martin Press, 1955.

Perroy, E., *The Hundred Years War*, London, Eyre and Spottiswoode, 1969.

Poole, A. L., *From Domesday Book to Magna Carta, 1807–1216*, Oxford University Press, 1964.

Poter, R., *English Society in the Eighteenth Century*, Allen Lane, 1982.

Postan, M., *The Medieval Economy and Society, An Economic History of Britain in the Middle Age*, London, Weidenfeld and Nicolson, 1972.

Pounds, N., *A History of the English Parish: The Culture of Religion from Augustine to Victoria*, Cambridge University Press, 2000.

Powiche, M., *The Thirteenth Century, 1216–1307*, Clarendon Press,1962.

Read, D. *England 1868–1914*, Longman, 1979.

Roberts C. & Roberts, D., *A History of England, Prehistory to 1714*, Prenticehall, Inc.,

Englewood, N. J., 1980.

Roberts C., & Roberts, D., *A History of England, 1688 to the Present*, Prenticehall, Inc., Englewood, N. J., 1980.

John Roskell, *Parliament and Politics in Late Medieval England*, Vol.2, The Hambledon Press, 1981.

Ryan, C., *The Tourist Experience*, Learning Business Press, 2002.

Scott, J., *The Upper Growth, Property and Privilege*, Macmillan,1982.

Seaman, L. C., *Post-Victorian Britain 1902–1951*, Methuen,1966.

Seward, D., *The Hundred Years War, The England in France, 1337–1453*, Athenaeum, 1978.

Stenton, F., *Anglo-Saxon England, c. 550–1087*, The Clarendon Press, 1947.

Stephenson, C. & Marcham F., ed., *Sources of English Constitutional History, A Selections of Documents from A. D. 600 to the Present*, New York & London, 1937.

Stone, L., *The Crisis of the Aristocracy, 1550–1641*, Oxford University Press, 1967.

Storey, R., *The End of the House of Lancaster*, New York, Stein and Day, 1967.

Joseph Tanner, *Tudor Constitutional Documents, A. D. 1485–1603, with a Historical Commentary*, Cambridge University Press, 1922.

Tames, R. L., *Documents of the Industrial Revolution 1750–1689*, Hutchinson Educational, 1971.

Trrow, J., *English Rural Society 1200–1350*, New York, Barnes and Noble, 1969.

Trevelyan, G. M., *England under Stuarts*, Methuen, 1980.

Trevelyan, G. M., *The English Revolution 1688–1689*, Oxford University Press, 1974.

Tuner, *The Conflict of English Constitution in Seventeenth Century 1603–1689*, Cambridge University Press, 1960.

Watson, S., *The Reign of George III 1760–1815,* Oxford University Press, 1974.

Whitman, J. Q., *The Origin of Reasonable and Doubt: Theological Roots of the Criminal Trial*, Yale University Press, 2008.

Williams, B., *The Whig Supremacy 1716–1760*, Oxford University Press, 1962.

Williams, B., ed., *The Eighteenth Century Constitution, Documentary and Commentary*, Cambridge University Press, 1969.

Williams, P., *The Later Tudors, England 1547–1603*, Oxford University Press, 2002.

Williamson, J. A., *The Tudor Ages*, Longman, 1979.

Wikinson, B., *The Later Middle Ages in England 1216–1485*, Longman, 1982.

Wikinson, B., *Constitutional History of Medieval England 1216–1399*, Longman, 1963.

Wood, A., *Nineteenth Century Britain 1815–1915*, Longman, 1985.

Woodward, L., *The Age of Reform 1815–1870,* Oxford University Press, 1962.

责任编辑：杨美艳
封面设计：石笑梦

图书在版编目（CIP）数据

英国史 / 阎照祥 著 . 2 版（修订本）
－北京：人民出版社，2014.1（2022.4 重印）
（国别史系列）
ISBN 978－7－01－012782－8

I. ①英…　II. ①阎…　III. ①英国－历史　IV. ① K561

中国版本图书馆 CIP 数据核字（2013）第 263703 号

英国史（修订本）
YINGGUO SHI (XIUDINGBEN)

阎照祥　著

人民出版社 出版发行
（100706　北京市东城区隆福寺街 99 号）

北京盛通印刷股份有限公司印刷　新华书店经销

2014 年 1 月第 2 版　2022 年 4 月北京第 4 次印刷
开本：710 毫米 ×1000 毫米 1/16　印张：29　插页：8
字数：503 千字

ISBN 978－7－01－012782－8　定价：88.00 元

邮购地址 100706　北京市东城区隆福寺街 99 号
人民东方图书销售中心　电话（010）65250042　65289539